DAS ALLGEMEINE UND DAS BESONDERE

Günther Mensching

DAS ALLGEMEINE UND DAS BESONDERE

Der Ursprung des modernen Denkens im Mittelalter

J.B.Metzlersche Verlagsbuchhandlung
Stuttgart

Die Deutsche Bibliothek – CIP-Einheitsaufnahme

Mensching, Günther:
Das Allgemeine und das Besondere: der Ursprung des modernen Denkens im Mittelalter / Günther Mensching. – Stuttgart: Metzler, 1992

ISBN 3 476 00827 4

Einbandgestaltung: Willy Löffelhardt

Satz: WS 7 GmbH, Stuttgart

Druck: Gulde Druck, Tübingen

Printed in Germany

Inhalt

Bibliographie
Seite 368

Personenregister
Seite 375

Vorrede

DIE BEKANNTESTE KONTROVERSE der mittelalterlichen Philosophie bezieht sich auf die Frage, ob die allgemeinen Begriffe, mit denen die Einzeldinge bestimmt werden, außerhalb der Gedanken als das Wesen der Dinge Wirklichkeit haben oder nur von Menschen gedacht seien. Der Streit durchzieht in verschiedenen Konstellationen und einander vielfältig widersprechenden Lösungsversuchen die gesamte Geschichte des mittelalterlichen Denkens. Das scheinbar sehr spezielle Problem, welche Seinsweise den Universalien zukomme, bewegte indessen nicht nur Logik und Metaphysik. Die Leidenschaft, mit der die Frage immer wieder behandelt wurde, zeugt davon, daß es um den Kern des theoretisch-wissenschaftlichen Verständnisses von Realität und um deren praktische Gestaltung ging. In der Auseinandersetzung um das Problem der Universalien vollzog sich ein epochaler Schritt in der Selbstreflexion des Bewußtseins, der alle Sphären des Geistes neu prägte und die gesamte europäische Zivilisation auf den Weg zur Moderne brachte.

Denn es hing nicht allein der Status logischer und metaphysischer Begriffe von der Lösung des Universalienproblems ab, sondern es wurde auch die Stellung des einzelnen Menschen zu dem gesellschaftlichen System, in dem er lebt, in neuer Weise bewußt. Die Gestalt der politischen Verhältnisse bestimmt sich nämlich entscheidend danach, ob die Individuen von einer gesellschaftlichen Naturordnung geschützte, aber unselbständige Glieder der Korporationen sind, oder ob ihnen eigene Substanz zukommt; ob das Recht vornehmlich durch allgemeine Pflichten inhaltlich bestimmt ist oder ob es formal ist und freie und gleiche, aber fundamental konkurrierende Rechtspersonen voraussetzt, deren Verhältnisse aus ihren besonderen Willensakten hervorgehen.

Die Naturerkenntnis, die auf eine Hierarchie von Substanzen und

Sphären abgestufter Allgemeinheit gerichtet ist, um zum schlechthin Seienden sich zu erheben, ist von dem produktiven Verhältnis zur Natur ganz verschieden; denn hier kommt es auf die scheinbar unwesentlichen Eigenschaften der Dinge an, und deren Wesen kann dann nicht mehr mit der Hierarchie der Allgemeinbegriffe identisch sein. Wenn die theoretische und praktische Aneignung der Natur durch fortschreitende gesellschaftliche Arbeitsteilung den gezielten menschlichen Eingriff in die Naturprozesse ermöglicht und so das passiv-rezeptiv akzentuierte Verhältnis ablöst, dann entspricht dem eine epochale Veränderung in der Konzeption von Welt. Die Menschen beginnen sich als Subjekte zu begreifen, die planmäßig Bedingungen ihres Lebens verändern und sogar neu hervorbringen können, die vorher als Bestandteile der ewigen göttlichen Ordnung galten. Die Freiheit des Einzelnen beginnt eine ideelle und auch eine materielle Gestalt anzunehmen.

Die geistige und politische Emanzipation des Subjekts gilt seit langem schon als epochaler Prozeß der Neuzeit: Die Französische und die Amerikanische Revolution sollten ihn durch die Deklaration der Menschenrechte zum Abschluß gebracht haben. Die Freiheit des Einzelnen in einer vernünftigen Gesellschaft ließ sich als Ergebnis des nun zielstrebig beförderten Fortschritts erwarten. Die Geschichte hat diese Hoffnung jedoch enttäuscht. Zwar brachte die historische Entwicklung die formale Freiheit und Gleichheit aller, aber der Konflikt, die Konkurrenz wurde zugleich zum Movens der Vergesellschaftung. Die Weltgeschichte, fern davon, aus dem vernunftbestimmten Willen einer geeinten Menschheit hervorzugehen, zeigt im Gegenteil die Tendenz, zu einem Weltbürgerkrieg überzugehen, in dem es keine Fronten, aber überall Feinde gibt.

Die neuzeitliche Naturwissenschaft ermöglichte zudem die scheinbar grenzenlose Beherrschung und künstliche Reproduktion von Naturprozessen. Die Freiheit der Menschen, ihre Individualität herauszubilden, die immer auch durch das Maß verfügbarer Natur bestimmt ist, müßte hiernach vollkommen sein. Aber die schon in der frühen Neuzeit gewonnene Überzeugung, die Natur setze dem menschlichen Verstand und der aus ihm entspringenden Produktivität keinen Widerstand entgegen, weil sie metaphysisch wesenlos sei, hat sich inzwischen derart in die Praxis umgesetzt, daß die materiellen Bedingungen der menschlichen Existenz in Frage gestellt sind, die Welt selbst und damit die Freiheit sich als endlich erweisen.

Zudem regredieren die Individuen intellektuell und psychisch immer mehr zu massenhafter Uniformität. Ein Einfluß auf die ökonomischen Mächte, welche die Naturbeherrschung verwerten und an die das Leben aller gebunden ist, bleibt ihnen fast nicht mehr. Denn ihre Bedürfnisse, um derentwillen die erweiterte Naturbeherrschung in Gang gesetzt wurde, sind inzwischen bis ins einzelne vom ökonomischen Prozeß selbst hervorgebracht und folgen den ökonomischen Gesetzen. Selbst die Gedanken sind nicht frei, sondern in einem früher unvorstellbaren Maße extern produzierte Schemata, denen gegenüber die Kraft des Verstandes, die den Einzelnen auf Objektivität hinordnet, so nachläßt, daß jeder emotional eingängige Aberglaube widerstandslos Verbreitung findet.

Deshalb ist auch die ursprünglich revolutionäre Überzeugung des Einzelnen, aus sich selbst zu sein, was er ist, in weitem Maße Schein: Das Besondere ist nur mehr akzidentelles Moment in einem anonymen und subjektlosen Allgemeinen. Der neuzeitliche Prozeß der Zivilisation, in dem in scheinbar unaufhaltsamem Fortschritt die politische Heteronomie aufgelöst wurde und die individuelle Subjektivität sich differenzierte, hat seine Richtung diametral umgekehrt.

Eine der wichtigsten theoretischen Fragen der Gegenwart zielt daher auf die Gründe und Bedingungen dieses Umschlagens. Das Problem betrifft viele wissenschaftliche Disziplinen. Klar ist indessen, daß eine Antwort insbesondere die Historizität aller menschlichen Verhältnisse einbeziehen muß. Die philosophische Untersuchung des langen Prozesses, in dem sich das moderne Denken herausbildete, kann lehren, daß dessen konstitutive Momente schon im Hochmittelalter präformiert wurden. Der Beginn der neuzeitlichen Epoche ist somit kein abrupter Neubeginn an einem Nullpunkt, sondern das Resultat einer kontinuierlichen und zugleich von Widersprüchen gezeichneten Entwicklung. Eine solche Untersuchung zeigt aber auch, welchen Preis die neuzeitliche Revolution gekostet hat. Sie läßt ermessen, wie wenig der Übergang vom Mittelalter zur Neuzeit ein geradliniger und eindeutiger Fortschritt war, wie es eine immer noch weit verbreitete Meinung will.

Der Fortschritt, im christlichen Europa zunächst als Vergöttlichung der Menschen gedacht, die sich als diesseitige Pilger auf dem Wege zum jenseitigen Heil befinden, wird spätestens im hohen Mittelalter zum profanen Prozeß, dessen Ergebnis ambivalent ist. Der Einzelne tritt aus der Geschlossenheit der traditionellen Gesellschaft und ihrer Herrschaftsordnung heraus, muß dafür aber auch deren Schutz und Solidarität preisgeben. Persönliche Abhängigkeitsverhältnisse haben ein Ende, aber die in ihnen nach Regeln ausgeübte Gewalt wird nun anonym und grenzenlos.

Die alte christliche Idee des unendlichen Wertes jeder einzelnen Seele, die gerettet und der Seligkeit teilhaftig werden soll, macht sich nach Jahrhunderten wieder als eine die Traditionen erschütternde Kraft geltend. Hatte das Christentum die antike Weltkonzeption mit dem Gedanken aufgebrochen, jeder Mensch sei jedem anderen gleich und habe deshalb Anspruch auf die Erlösung vom diesseitigen Leiden, so tritt diese revolutionäre Überzeugung nach der Etablierung des Christentums als Staatsreligion hinter einer spätantiken Konzeption von Allgemeinheit zurück: Nicht eine anarchische eschatologische Brüdergemeinde wird zur historischen Kraft, sondern ein gegliedertes System von Abhängigkeiten, das mit einer bis dahin in der okzidentalen Welt nicht dagewesenen Dynamik die heterogene Partikularität der Stämme und Individuen auf ein Eines hinordnet, dessen weltliche Gestalt in einem universalen Reich bestehen, dessen objektiver Grund aber allem Weltlichen transzendent sein sollte. Die Zivilisierung Europas war an die Hypostase des Einen und Allgemeinen gebunden. Die Überzeugung, mit dem individuellen Leben an einem für alle verbindlichen Menschheitsziel zu arbeiten, das auch die eigene Glückseligkeit einschließt, konstituiert seit Augustinus die eigentümliche europäische Auffassung von Geschichte, die noch die schärfsten Gegner der christlichen Theologie in der Neuzeit mit ihr verbindet.

Die historische Erschütterung dieses in sich vielschichtigen, zahlreiche Konflikte und Sonderentwicklungen einschließenden, aber dennoch in den tragenden Grundbestimmungen stabilen Systems von Herrschaft zu Beginn des 14. Jahrhunderts setzt die versteckte individualistische Potenz des Christentums unter gänzlich neuen Bedingungen frei. Die Partikularität der Nationen und Individuen, schließlich auch der religiösen Konfessionen verschiebt die Gewichte in der historischen Dialektik von Allgemeinem und Besonderem zugunsten des letzteren. Die Allgemeinheit politischer Mächte unterliegt einer Entmythologisierung. Gesellschaft, Staat und deren sämtliche Gliederungen sollen nur mehr entfremdete Produkte der individuellen Tätigkeit sein. Ihre revolutionäre, dem individuellen Bedürfnis angemessene Umgestaltung stieß also nicht an eine metaphysische Naturschranke, aber sie entband jenen Antagonismus, den Kant noch als ungesellige Geselligkeit auf den weltbürgerlichen Zustand hingeordnet sah, während er heute alle Zivilisation zu zerreißen droht.

Aus dieser Perspektive will das vorliegende Buch an einigen zentralen Modellen untersuchen, in welcher Weise sich das Verhältnis von Allgemeinem und Besonderem in der Philosophie des Mittelalters darstellt. Die Antinomien, die das Problem systematisch in sich birgt, sind als Knotenpunkte der Entwicklung zum modernen Denken zu bestimmen, in denen das Selbstbewußtsein der realhistorischen Bewegung sich artikuliert. Die Philosophie hat nämlich die historischen Veränderungen immer schon direkt oder zumeist indirekt reflektiert. Denn in den philosophischen Entwürfen hat sich seit den Anfängen des autonomen, über die mythischen Vorstellungen sich erhebenden Denkens die menschliche Vernunft, je ihrer Epoche entsprechend, zu sich selbst verhalten. In solcher Konzentration schließt die Philosophie das Modell, nach dem die historische Wirklichkeit gestaltet ist, als entwickelte gedankliche Form in sich ein.

Beide, die Grundstruktur der historischen Welt und das philosophische Denken[1], weisen eine immanente Folgerichtigkeit auf, die sich durch schroffe Widersprüche und abrupte Brüche ebenso herstellt wie durch die stimmige Fortsetzung bereits vorhandener Entwicklungslinien. Die in der Zeit durch Kritik und Affirmation des jeweils Vorgegebenen sich entfaltende Kontinuität des philosophischen Denkens ist der komprimierteste Ausdruck der historischen Bewegung, deren scheinbarer Fatalität sie sich zugleich durch die Frage nach ihrer immanenten Vernunft und Unvernunft autonom entgegenzustellen sucht.

Auch dort, wo die theoretische Reflexion von der empirischen Welt ganz absieht und auf die zeitlosen logischen Gesetze sich richtet, ist sie, unerachtet der apodiktischen Geltung ihrer Sätze, auf die reale Geschichte bezogen, denn die Wendung des Denkens auf seine reinen Formen erfolgt letzthin aufgrund historischer Erfahrung, die eine epochale transempirische Objektivität hat.[2] Für die anderen philosophischen Disziplinen, die Seiendes in verschiedener Bestimmtheit zum Gegenstande haben, ist die Beziehung zur Geschichte leichter evident. In dem Bemühen, die zu erkennende Sache so zu erschließen, wie deren denkunabhängige Struktur es erfordert, sind sie auf gedachtes Denken, Begriffe, verwiesen, in denen die Sache schon immer nach dem historischen Stande der Erkenntnis objektiviert

1 Die hier angestellte Überlegung beschränkt sich auf die europäische Philosophie. Ob die anderen traditionellen Hochkulturen, zumal die asiatischen, ihr Selbstbewußtsein in einer analogen Weise artikuliert und in einer eigenen Disziplin reflektiert haben, muß hier außer Betracht bleiben.

2 In diesem Sinne wäre, an die Theoreme der formalen Logik anschließend, eine Geschichtsphilosophie der logischen Formen zu entwickeln. Die Historizität des Denkens wäre in der Sphäre zeitloser Geltung aufzuweisen, ohne diese auf kontingente Empirie relativieren zu müssen.

ist. Im Sachgehalt der Begriffe hat sich stets Geschichte sedimentiert. Sie sind Abbreviaturen akkumulierter Erfahrung, deren Genesis in ihnen stillgestellt, aber nicht erloschen ist.

Wenn durch die Spontaneität des hic et nunc tätigen Geistes eine neue Synthesis der Gedanken, eine ungeahnte Perspektive der Wissenschaft sich herstellt, so bestimmt sich deren Wahrheit immer am Maßstab des verbindlich Gedachten. Denn der historische Erfahrungsgehalt der Begriffe umfaßt nicht vage subjektive Stimmungen, sondern den objektiven Stand des Bewußtseins einer Sache, das Resultat des Ganges der Wissenschaft. Die alte Definition der Wahrheit als der *adaequatio intellectus et rei*, in der zeitgenössischen Philosophie fast ganz aufgegeben, wäre dabei erneut aufzunehmen, wenn weder Begriff noch Sache für unmittelbar gehalten werden. Wahrheit, die Relation beider, ist vielmehr die zeitliche Genesis des Zeitlosen, das gleichwohl vom endlichen Subjekt gedacht wird und deshalb immer durch die Geschichte vermittelt ist, wiewohl die Totalität aller zum Wissen verknüpften Begriffe, auf die alle Erkenntnis hingeordnet ist, als das System der ewigen Gedanken Gottes erscheinen muß.

Von der These ausgehend, daß die zeitliche Folge der Gedanken über Generationen und Epochen hinweg eine immanente Notwendigkeit aufweist, die der realgeschichtlichen Bewegung gerade auch dort entspricht, wo das Denken autonom seiner eigenen Konsequenzlogik folgt, soll hier der Versuch gemacht werden, am mittelalterlichen Universalienproblem den sukzessiven Konstitutionsprozeß der Moderne zu verfolgen. Wenn also die authentische Philosophie in ihren zentralen Lehrstücken Geschichte reflektiert, dann ist eine ihr angemessene Untersuchung selbst Geschichtsphilosophie, die sich nicht aus der Dynamik ihres Gegenstandes ausschalten kann, um neutral beobachtend ein chronologisches Protokoll des vergangenen Denkens anzufertigen.

Das hier bestimmende Interesse ist vielmehr, den historischen Prozeß aus der Perspektive seines Resultates zu betrachten. Wie das Gegenwärtige nur durch die Erkenntnis seines Gewordenseins verstehbar ist, so erschließt sich die *prima facie* chaotische Fülle des Vergangenen nur durch das reflektierte Bewußtseins des aus ihm Gewordenen. Die Unterscheidung zwischen Wesentlichem und Unwesentlichem ist hierbei immer schon gemacht. Das Kriterium ihrer Angemessenheit ist abstrakt nicht anzugeben. Es entstammt dem gegenwärtigen Bewußtsein, das sich nur hierdurch das Material seiner eigenen Vergangenheit aneignen kann. Die Stimmigkeit der Unterscheidung muß sich in den Analysen selbst erweisen.

Im spekulativen Vorgehen unterscheidet sich dieser Versuch von der heute üblichen Philosophiegeschichte. Während diese vornehmlich die Absicht verfolgt, die Entwicklung der Lehren, die Herkunft und Fortentwicklung der Motive sowie die zumeist kontingenten Umstände ihrer Verbreitung zu dokumentieren und die Originaltexte frei von Irrtümern und Entstellungen zu rekonstruieren, kann die philosophische Philosophiegeschichte hierbei nicht stehenbleiben, so unabdingbar auch sie auf exakte historisch-kritische Quellenerschließung und auf die Kenntnis empirischer Umstände angewiesen ist. Die Untersuchung, die dem Ursprung des modernen Denkens im Mittelalter gewidmet ist, will zur philosophischen Rezeption jener Traditionen beitragen, gegen die sich die neuzeitliche Fortschrittlichkeit seit der Renaissance stets heftig gewehrt hat: Modern sein hieß jahrhundertelang, die Fesseln des finsteren Mittelalters abzuwerfen und seine geistige Erbschaft auszuschlagen, ja, jede Gemeinsamkeit mit einem Geist, der sich klerikaler Heteronomie untergeordnet habe, als reaktionäre Tendenz zu verdächtigen.

Die Kapitel des vorliegenden Buches werden zeigen, daß das moderne Bewußtsein weder einem plötzlichen Erwachen des aufgeklärten Geistes noch einem moraltheologisch verwerflichen Abfall der Philosophie von der Wahrheit des Christentums sich verdankt. Solche bis heute nachhaltig wirkenden Fehlurteile dadurch zu korrigieren, daß die mittelalterlichen Texte in systematisch-philosophischer Absicht analysiert werden, dient der kritischen Selbstreflexion des gegenwärtigen Bewußtseins. Denn die historische Erfahrung der Gegenwart wird nur dann über die Zufälligkeit eines reflexionslosen Seismogramms hinausgelangen, wenn sie philosophisch auf ihren Grund befragt wird.

So entsteht, ohne daß dies in jedem Abschnitt ausdrücklich erörtert werden könnte, ein wechselseitiges Begründungsverhältnis zwischen dem Vergangenen und dem Gegenwärtigen: Die objektive Gestalt des gegenwärtigen Bewußtseins steht in der Kontinuität des Denkens überhaupt – auch wenn es sich heute zu seiner Selbstzerstörung anschickt. Umgekehrt zeigt Vergangenes seinen Grund erst im Späteren, vom dem aus es mehr ist als ein Gewirr willkürlicher Einfälle. Diese dialektische Verbindung von Vergangenem und Gegenwärtigem ist nicht *factum brutum*, sondern gründet selbst in Reflexion. Hierin liegt wiederum die Differenz zur historistisch betriebenen Philosophiegeschichte. Es ist nicht um den gleichsam kriminalistischen Nachweis einer lückenlosen Indizienkette von Einflüssen und Bezugnahmen der Autoren aufeinander zu tun. Solche Historie ist nämlich abstrakt. Indem sie von ihrer eigenen historischen Stellung willkürlich absieht, der sie doch nicht entrinnen kann, ist sie subjektiver als viele vermeintliche Projektionen auf das Material, die sich auf die denkerische Disziplin der überlieferten Theorien einlassen.

Zudem drückt auch der trockenste Motivforscher das Bewußtsein der Gegenwart aus, freilich ohne dieser Partizipation reflektierend mächtig zu sein. In der inzwischen verbreiteten Meinung, die Konstruktion epochaler Entwicklungslinien und die dabei notwendige Verwendung allgemeiner Begriffe müsse aus der Detailforschung erst resultieren, entspricht einem unkritischen Empirismus: Eine in diesem Sinne wirklich voraussetzungslose Forschung wäre bei jedem einzelnen Gegenstand tendenziell unendlich, ihre Resultate chaotisch-unverständlich. Gewiß spiegelt sich in dem Bedürfnis nach einer der Deutung sich enthaltenden Historie die Verzweiflung über die Unvernunft der Weltgeschichte; aber im Verzicht auf eine wirkliche Aneigung der Tradition, die – gerade die mittelalterlichen Kommentarwerke lehren es – von jeher deren Interpretation darstellt, ist auch die Perspektive des weltbürgerlichen Zustandes preisgegeben.

Im Gegensatz zu solchen resignativen Tendenzen will dieser geschichtsphilosophische Versuch, das Denken des Mittelalters zu erschließen, einige seiner reflektiertesten Gebilde immanent, durch die Entbindung ihrer eigenen spekulativen Potenzen gleichsam über sich selbst hinaustreiben. Die Gedanken der mittelalterlichen Autoren sind beim Wort zu nehmen, mit den ihnen gegebenen Prämissen so zu spekulieren, daß ihr historischer Sinn sich als Implikation der theoretischen Argumente herausstellt.

Der geschichtsphilosophischen Verfahrensweise entsprechend, bezieht sich die Untersuchung hauptsächlich auf die Originaltexte. Die für fast jedes Kapitel unübersehbare philologisch-geistesgeschichtliche Sekundärliteratur konnte daher nur mit wenigen Hinweisen einbezogen werden. Da eine *systematische* Rezeption des mittelalterlichen Denkens durch die avancierte Philosophie bis heute fast unterblieben ist, war auch kaum auf Arbeiten verwandter Intention einzugehen. Eine systematische, freilich ganz bruchlos affirmative Beziehung zum Mittelalter, zumal zu Thomas von Aquin und zu Duns Scotus, hat nur die im späten 19. Jahrhundert sich formierende Neuscholastik hergestellt, nachdem die katholische Schulphilosophie bis ins 18. Jahrhundert völlig im Schatten der epochalen Strömungen eine anachronistische Randposition innehatte und unfähig gewesen war, auf die fortschreitende Moderne einzugehen. Bis in die Mitte dieses Jahrhunderts stellte der erneuerte Thomismus und Scotismus die katholische Reaktion auf die Aufklärung, den deutschen Idealismus, den Marxismus und andere für die kirchliche Dogmatik verwerfliche Philosopheme dar. Ihre Absicht war also offen apologetisch, aber die negative Fixierung auf ihre Gegner hat die besten Autoren dieser Richtung zu einer solchen Zuspitzung ihrer Argumente gebracht, daß diese entweder ihrem vorgegebenen Zweck zuwiderliefen oder den mittelalterlichen Texten Gewalt antaten.

Seit indessen die organisierende Kraft der philosophischen Systeme, statt deren Begrenztheit in kritischer Reflexion zu durchbrechen, sich selbst paralysiert, hat auch die Neuscholastik ihren Einfluß weithin verloren. Viele ihrer Nachfolger beschränken sich inzwischen auf historische Detailforschungen – Beleg dafür, daß der Katholizismus seine vormalige Stärke, die durchgebildete philosophische Argumentation in objektiver Absicht, heute fast eingebüßt hat. Ihrer philosophischen Fundamente beraubt, verkommt die Theologie zu blindem Dogmatismus und erbaulichem Nihilismus.

Die mittelalterlichen Traditionen aber kannten trotz aller Auseinandersetzung um *auctoritas* und *ratio* die strikte Trennung von Glauben und Wissen nicht. Der Glaube sollte den Menschen nichts objektiv Widervernünftiges abverlangen. Die Theologie des Mittelalters war daher selbst eine epochale Gestalt des philosophischen Denkens, deren Aporien der Nährboden für die autonome Philosophie der Neuzeit waren. Die vorliegende Arbeit führt daher auch, anders als manche neueren theologischen Werke über das Mittelalter, keine fundamentale Unterscheidung der beiden Disziplinen ein. Denn sie will weder, wie die Neuscholastik, die Überlegenheit des mittelalterlichen Denkens über das moderne erweisen noch die doppelte Wahrheit lehren.

Die folgenden Erörterungen sind mit Unterbrechungen in den Jahren 1981 bis 1991 entstanden. Sie gingen aus Vorlesungen hervor, die der Autor 1981 bis 1984 an der Universität Hannover und im Studienjahr 1984/85 an der Universität Paris I (Panthéon-Sorbonne) gehalten hat. Der Text ist seither mehrfach umgearbeitet, der größere Teil völlig neu geschrieben, die Thematik spezifiziert, die Quellenbasis verbreitert worden.

Die Orthographie der Zitate folgt der jeweiligen Schreibweise in den verwendeten Textausgaben.

I.

Die Hypostase des Einen

KEINE PHILOSOPHIE HAT die Traditionen von Mittelalter und Neuzeit nachhaltiger bestimmt als der Neuplatonismus. An seinen Lehren, die seit der Spätantike bis zur Renaissance in charakteristischen Varianten wiederkehrten, hat das frühe mittelalterliche Denken die Überzeugung gewonnen, das Altertum beerbt zu haben. Das beginnende neuzeitliche Bewußtsein aber fand in ihm den Gegenstand von Kritik. Schien es im ersten nachchristlichen Jahrtausend, als konvergiere der Inbegriff von weltlicher Wissenschaft, die heidnische griechische Philosophie, mit der christlichen Offenbarung, so entstand im hohen Mittelalter ein Denken, das der Tradition kritisch gegenübertrat. Es war dies die Manifestation eines Selbstbewußtseins, das seine theoretische Gewißheit aus der inneren Widersprüchlichkeit des Überlieferten gewann. Dazu war dieses neue Denken, das sich in den Jahrhunderten der mittelalterlichen Geschichte selbst nur zögernd begriff, gleichwohl in der Lage, weil die philosophische und theologische Tradition das affirmative Modell eines Selbstbewußtseins bot, das sich mit der Welt einig glaubte, so daß der Hervorgang alles einzelnen Seienden aus einem irreduktiblen Grunde demonstrierbar erschien. Das kontingente menschliche Erkennen sowohl wie seine Gegenstände schienen auf ein Eines zurückführbar, das alle zufällige Subjektivität des Denkens und die Kontingenz der einzelnen gegebenen Dinge zu übersteigen schien, beidem aber einen Platz in einer festen Ordnung verlieh.

Was bei Platon noch ein tastender Versuch war, die Ideen als das wahrhaft Seiende in eine Ordnung zu bringen und die vielen Ideen in einer obersten zu vereinigen, wurde bei Plotin und seinen unmittelbaren Schülern zu einer ausgeführten Metaphysik. Das Parmenideische Motiv, das schon das Denken Platons wesentlich bestimmte, tritt bei Plotin weit schärfer hervor: Das wahrhaft Seiende ist nur das Überempirische, Unveränderliche, das allem Einzelnen, Begrenzten und aller Bewegung vorgeordnet ist.

Das philosophisch artikulierte Selbstbewußtsein bildete sich in der europäischen Tradition an der zunächst unbefragt objektiven Idee des Einen. Das Eine galt als Inbegriff des Realen, innerhalb dessen es keinen Widerspruch, kein undurchschaubares Chaos geben konnte. Nur das Eine war im eigentlichen Sinne Substanz, das Viele ihm entsprungen und ihm gegenüber wechselndes Akzidenz. Diese Struktur der europäischen Philosophie ermöglichte es, die gesamte anorganische und organische Natur sowie die gesellschaftliche Welt als geordneten Kosmos zu denken, als ein Gefüge abgestufter Allgemeinheit. Die Gattungen und die daraus entspringenden Arten sollten als Universalien das metaphysische Wesen alles Einzelnen bestimmen, dem von sich aus keine Bestimmtheit zukommen sollte. Seine Dignität bemaß sich an seiner angeblichen genealogischen Nähe zum Urprinzip, also daran, ob es sich direkt oder nur durch viele vermittelnde Zwischenglieder aus ihm herleiten ließ. Der Seinsgrad des Seienden war die Stufe der Allgemeinheit, auf der es sich bestimmen ließ. Das einzelne materiell existierende Ding und ebenso das menschliche Individuum waren von sich aus fast ein Nichts; was ihnen ein Wesen verlieh, floß ihnen aus den höheren, geistigen Substanzen zu. Nur soweit das Einzelne an diesem Höheren partizipierte, war ihm in der allumfassenden Seinsordnung ein Rang zuzumessen. Dies galt für die Metaphysik ebenso wie für die Politik.

So hatte das neuplatonische Denken die physische und die moralische Welt als nach einem Prinzip strukturiert gedacht, wonach es für das Bewußtsein eines Jahrtausends fast unangefochten ein unverrückbares Oben und Unten in der Natur und in der Gesellschaft gab. Die Hierarchie der Himmelssphären war ebenso objektiv wie die Pyramide der politischen Macht. Die oberste Spitze beider war das Eine, das im vorchristlichen Neuplatonismus des Plotin und des Proklos noch nicht personal vorgestellt wurde, nach dem Eintritt des Judentums und Christentums in die philosophische Tradition jedoch die Züge eines wollenden, Zwecke verfolgenden Wesens annahm. Die menschlichen Seelenvermögen konnten diesem Wesen analog erscheinen, denn es wurde zugleich als oberster Intellekt verstanden, auf den als Inbegriff aller Vollkommenheit jede Erkenntnis der einzelnen, dem Einen entstammenden Seelen sich wieder zurückwenden sollte. Das Selbstbewußtsein der Individuen bestand damit in der aszetischen Hingabe an den Ursprung. Was diesem fernstand, das Sinnliche zumal, war nicht das Selbst und sollte unterdrückt werden. Die Individualität der Seelen war demnach ein Schein, den sie durch eigene Anstrengung zu tilgen suchten.

Der Neuplatonismus war stets ein Herrschaftsdenken, das dem obersten Allgemeinen die metaphysische Kraft zumaß, alles Besondere zu bestimmen. Aber dieses sollte zugleich am Einen ontologisch partizipieren. Die Vielheit der Seienden koinzidierte in dem einen univoken Sein. Ein von ihm Verschiedenes sollte es nicht geben.

Diesem Substanzdenken erwuchs mit innerer Notwendigkeit ein Widerspruch, der sich historisch Geltung verschaffte. Wenn Substanz im ontologischen Sinne nur ein Seiendes sein kann, das aus sich selbst heraus besteht, nicht aber durch seine Beziehung zu anderem bestimmt sein darf, so war die empirische Verschiedenheit der seienden Dinge unbegreiflich. Nicht einmal die generische und spezifische Bestimmtheit der ideellen Substanzen ließ sich begründen. Stellte sich heraus, daß die für substantiell gehaltenen Entitäten nur in Relation zu ihnen gegenüber akzidentellen Bestimmungen eine angebbare Bedeutung haben, so begann objektiv das Ende einer Denkweise, die dem Allgemeinen, Ideellen den unbedingten Primat über das Besondere, Materielle zuspricht. Erwacht also das Bewußtsein, daß der Herr nicht schlechthin substantiell, also nicht Herr unabhängig vom Sklaven ist und der Sklave nicht ein bloß relational bestimmtes Dasein durch den Willen des Herrn hat, so entsteht ein zunächst negatives, protestatives Bewußtsein der Menschen von sich selbst als Individuen. Die Einheit des Seins geriet in Zweifel, weil die substantiellen Wesenheiten als Universalien sämtlich nur an einem *subiectum* existieren konnten, welches letzthin das einzelne empirische Ding sein mußte. Die Frage, wie die universellen Entitäten zum faktischen Singulären sich verhielten, war trotz der unterstellten Einheit des Seins nicht zu beantworten. Der Gegensatz beider Seiten mußte sich um so mehr verschärfen, je radikaler ihre ontologische Einheit behauptet wurde.

Das klassische, Altertum und einen großen Teil des Mittelalters umfassende Denken löste sich danach vermöge seiner eigenen zentralen Aporie auf. Denn es wollte die reine Darstellung des Allgemeinen sein, demgegenüber die spekulative, konstruierende Arbeit des Denkens noch keine konstitutive Bedeutung haben sollte; da es im Gegenteil als Emanation des Einen verstanden wurde, blieb es diesem hörig. Es war nur Nachvollzug der gegebenen Seinsordnung. Die Stufen, auf denen historisch der Widerspruch in der Konzeption der Seinsordnung zum Bewußtsein kam, bezeichnen in der nachantiken

Philosophie die Fortschritte eines seiner eigenen Tätigkeit gewahr werdenden Selbstbewußtseins, das seine politische Befreiung von einer naturhaften Herrschaftsordnung intendierte, seiner eigenen Intention aber nur schrittweise und zögernd innewurde. Das theoretische Bewußtsein des Widerspruchs im traditionellen Neuplatonismus, das dessen moralisches und politisches Weltverständnis mitumfaßt, ist zu Beginn mehr Antizipation als Ausdruck einer Stellung des Subjekts zur Objektivität, in der beide durch Kritik vermittelt sind. Die Kritik beginnt ein Selbstbewußtsein zu entwickeln, das dem Inbegriff affirmativen Denkens, als welches der Neuplatonismus gelten kann, entgegentritt.

Reine Objektivität, das reine, an und für sich Wahre, das von seiner denkenden Darbietung unabgängig sein sollte, ließ sich nicht mehr behaupten, denn das Denken erkannte von ihm und von den unter ihm stehenden Wesenheiten, daß von diesen mit Gewißheit sich lediglich ihre begriffliche Natur aussagen ließ, welche aber nur dem Denken angehört. Das Eine war danach nur das logische *principium identitatis*, die Bedingung, nach der das Subjekt seine Begriffe und logischen Operationen widerspruchsfrei verknüpft. Die Identität von logischer und ontologischer Ordnung liquidierte sich selbst in dem Maße, in dem in der philosophischen Spekulation das Subjekt auf seine eigene Leistung sich besann. Es ist dies der Kern eines Selbstbewußtseins, das sich als Subjekt der Kritik gegen die autoritativ gegebene Tradition stellt. Logik, die im Neuplatonismus die Spekulation auf den in der Welt präsenten Logos umfaßte, beginnt in dieser Phase sich von der Metaphysik zu trennen. Die kritische Einsicht, daß sich das Gefüge der substantiellen Begriffe einer Verdoppelung von Reflexionsbestimmungen verdankt, bereitet sich schon im Dialektikstreit des 11. Jahrhunderts vor.

Das antike und frühe mittelalterliche Denken verstand sich wesentlich als Kontemplation, als Aufstieg des Bewußtseins aus niederen, endlichen Stufen des Seins zu höheren und schließlich zum unvergänglichen Prinzip selber. Auf dem Wege der Abstraktion, dem moralisch die Aszese entsprach, sollte sich das endliche menschliche Subjekt über seine Befangenheit im blinden Hier und Jetzt, in undurchschauter Empirie, zum absoluten Grunde von Sein und Denken gleichermaßen erheben. Dies Verfahren, in dem bereits der Sinn der Platonischen Dialektik besteht[1], sollte zum Einen, ontologisch Ersten führen. War dieser Schritt einmal durch die vollendete Abstraktion von den Trugbildern der empirischen Erfahrung vollzo-

1 Cf. Platon, *Phaidon* 83 A und *Philebos* 16 C – E.

gen, so sollte sich aus dem Einen auch wieder die Mannigfaltigkeit herleiten, die reale Genesis der Gegenstände der Erfahrung begreifbar werden können. Was bei diesem Vorgehen grundsätzlich aus der Reihe der Substanzen herausfällt, ist das Einzelne in seiner Individualität. Es wurde als bloß materiell gedacht, Materie aber galt als ganz bestimmungslos.

So war in der philosophischen Spekulation wie in der gesellschaftlichen Realität das Allgemeine vom Besonderen abgespalten, diesem trotz aller Beschwörung der Einheit des Seins unvermittelt entgegengesetzt. Die Stabilität dieses als ungeworden angesehenen Verhältnisses war an die unbefragte Geltung einer Ordnung gebunden, die Herrschende und Beherrschte einander gegenüberstellte. Solange die subsumtive Ordnung der *genera* und *species* als das im Wechsel der Generationen und Individuen metaphysisch Subsistierende galt, war die Hierarchie der Könige und Vasallen, der Grundherren und Hintersassen genealogisch begründet. Dem König kam die größere subsumtive Macht zu als dem Vasallen, der Hintersasse aber war das an die Materie des Bodens gebundene unfreie Individuum, das weder über andere noch auch nur über sich selbst bestimmen konnte. Das Urprinzip dieser Ordnung, in dem diese als die Zeit überdauernde Struktur ihre Genesis haben sollte, war göttlich. So hatte der Neuplatonismus, zumal im Mittelalter, politische Evidenz durch die faktischen Verhältnisse.

Dennoch war diese feste Ordnung mehr als ein bloßes Gewaltverhältnis. Sie erhob vielmehr ausdrücklich den Anspruch, Ausdruck der objektiven Vernunft zu sein. Wenn sie diesem Anspruch genügen sollte, mußte Willkür, der Selbstwiderspruch des Prinzips, ausgeschlossen sein. Der unvermittelte Gegensatz von Allgemeinem und Besonderem, der in der Seinsstruktur selber begründet sein sollte, beginnt sich jedoch aufzulösen, sobald seine Vernünftigkeit mit Argumenten dargetan werden soll. Der spekulative Intellekt erfaßt das vormals selbstverständliche Verhältnis des Substantiellen zum Akzidentellen, dessen starrer Gegensatz durch jedes ihn begründende Argumet objektiv in Fluß gerät. Sobald der Gegensatz überhaupt als ein Verhältnis begriffen wird, erwacht keimhaft des Bewußtsein, daß die scheinbar unabänderliche und an sich vernünftige Seinsordnung von den ihrerseits vernunftbegabten Subjekten abhängig ist, deren Verstandestätigkeit nicht allein in der passiven Reproduktion des an sich Seienden bestehen kann. Die reine Substantialität des Einen, Allgemeinen, das vom Vielen, Individuellen losgelöst existieren sollte, erwies sich als ein Glaube, den das Denken auflösen mußte, ob es dies wollte oder nicht.

Damit erlangt objektiv das Individuelle eine Bedeutung, die ihm vorher nicht zugemessen wurde. Schon die antike Philosophie hatte den Anspruch der Vernunft erhoben, daß kein einzelnes Seiendes und keine einzelmenschliche Seele von ihr ausgenommen sei. Im hohen Mittelalter wird dieser Anspruch auf eine epochemachende Weise ernstgenommen. Dies leitet geistig die bürgerliche Emanzipationsbewegung ein, welche mit der Tradition objektiver Ordnungen in der Metaphysik wie in der politischen Realität radikal bricht, bis zur Liquidation von Vernunft selber. Die Konsequenzen dieses Prozesses wurden erst lange nach dem Ende des Mittelalters denkbar; die Bedingungen aufgrund derer er möglich wurde, liegen gleichwohl im Bruch des frühscholastischen Denkens mit dem unbedingt geltenden Autoritätsprinzip beschlossen. Die Dialektik der Vernunft, der scheinbar unaufhaltsame Fortschritt der Entmythologisierung, der die Vernunft schließlich aller Objektivität beraubt, nimmt den Charakter einer historischen Fatalität erst an, nachdem der Nominalismus der *via moderna* herrschendes Bewußtsein geworden und alle gesellschaftlichen Verhältnisse ihm gemäß zu einer zweiten Natur geworden sind.

Um dem systematischen Wendepunkt dieser Entwicklung zu finden, bedarf es des Rekurses auf jene geschichtliche Phase, in der das kritische Bewußtsein der Moderne sich an der affirmativen Metaphysik des Neuplatonismus herausbildete.

Platons Bestimmung der Einheit der vielen Ideen in einer höchsten, der des Guten, und die daraus folgende Hierachie der Ideen wird von Plotin an Radikalität überboten. War bei Platon die Einheit der Ideen selber eidetisch und damit als ein der Vernunft faßbarer Begriff gedacht, so ist der oberste Punkt, aus dem Plotin die Ideen und darüber hinaus alles empirische Seiende herleiten will, den Ideen gegenüber transzendent, sogar Vernunft das Produkt dieser Einheit. Der alle einzelnen Argumentationen beherrschende Gedanke ist die Zurückführung des Mannigfaltigen auf das oberste Eine (το ἕν), das, wiewohl Quelle alles Seienden, unbewegt in sich verharrt. Es ist als Prinzip absolut und bedarf des von ihm Prinzipiierten, von ihm Abhängigen nicht:

»Das Erste nämlich muß ein Einfaches vor allen Dingen Liegendes sein, verschieden von allem was nach ihm ist, für sich selbst seiend, nicht vermischt mit etwas was von ihm stammt, und dabei doch in anderer Weise fähig den anderen Dingen beizuwohnen, wahrhaft Eines seiend und nicht zunächst etwas anderes und dann erst Eines. [...] Denn wenn es nicht einfach wäre, entrückt aller Zufälligkeit und aller Zusammengesetztheit, und wahrhaft und eigentlich Eines, dann wäre es nicht mehr der Urgrund; erst dadurch, daß es einfach ist, ist es von allen Dingen das Unabhängigste und so das Erste.«[2]

Dieses Ur-Eine hat das Viele durch Emanation erzeugt. Mit diesem Begriff, der die gesamte patristische und einen großen Teil der scholastischen Schöpfungslehre bestimmt hat, will Plotin den Platonischen Chorismos einerseits aufheben und die Einheit der Welt denkbar machen, andererseits den Vorrang des Prinzips gegenüber allem von ihm Begründeten festhalten. Die Emanation der in sich geordneten Vielheit aller Dinge aus den Einen soll einerseits die bei Platon nur postulierte Teilhabe des Seienden an seinem Eidos begründen, andererseits ist das Ding nicht, wie Aristoteles es intendierte, konkrete Einheit von Allgemeinem und Besonderem. Die völlige Abhängigkeit des durch Emanation hervorgebrachten Seienden von seinem Prinzip hat nach Plotin die Folge, daß Seiendes überall und sogar dort, wo es zum Bewußtsein seiner selbst gelangt, in allen seinen Akten nur auf das Eine sich zurückwenden kann. Es ist Ursprung und Telos des Geistes, der Seele und des körperlichen Seienden:

»Das Eine ist alles und doch kein einziges, denn der Ursprung von allem ist nicht alles, sondern alles ist aus ihm, da es gleichsam zu ihm hinaufgeeilt ist. [...] Aber wie kann es aus dem einfachen Einen kommen, da in diesem sich keinerlei Vielfältigkeit, keine Zusammenstückung von irgendetwas zeigt? Nun, ebendeshalb, weil nichts in ihm war, kann alles aus ihm kommen; gerade damit das Seiende existieren könne, ist jenes selbst nicht Seiendes, ist aber dessen Erzeuger. Diese vergleichsweise so genannte Zeugung ist ja die ursprüngliche; da jenes von vollkommener Reife ist, [...] so ist es gleichsam übergeflossen und seine Überfülle hat ein Anderes hervorgebracht. Das so entstandene aber wendete sich zu jenem zurück und wurde von ihm befruchtet, und indem es entstand, blickte es auf jenes hin; und das ist der Geist.«[3]

Der bildliche Ausdruck »Überfülle« (ὑπερπλῆρες) verdeckt die Schwierigkeit für Plotins Prinzipienphilosophie, den Hervorgang der Mannigfaltigkeit aus reiner vermittlungsloser Einheit zu demonstrieren. Unter der Voraussetzung der Unterschiedslosigkeit des Prinzips kann für dieses nicht einmal der Parmeindeische Anspruch der Identität von Denken und Sein aufrechterhalten werden. Metaphysi-

2 Plotin, *Enneades* V, 4, 1., Übersetzung von R. Harder in: Plotin, *Schriften*, Bd. 1, Hamburg 1956, S. 151.
3 Enn. V, 2, 1, l. c., S. 239.

sches Denken, das bei Parmenides auf sein identitätslogisches Fundament sich besann, um als Wissenschaft auftreten zu können, gesteht bei Plotin implizit die Irrationalität des Prinzips ein. Denn das Erste ist nach dieser Lehre nicht die Vernunft, vielmehr stellt der νοῦς das erste Emanationsprodukt dar, das im ἕν, seinem Ursprung, zugleich seinen Gegenstand erhält. Da der νοῦς somit den Unterschied von Denken und seinem Gegenstand immer schon voraussetzt, kann er nicht das unterschiedslose Erste sein. So ist es zwar, wie bei Parmenides, reine Identität, welche aber ihrerseits nicht mit Denken identisch sein kann: Es ist »kein Denken, sonst wäre Andersheit (ἑτερότης) in ihm; noch auch Bewegung; denn es ist vor der Bewegung und vor dem Denken«[4]. Der Versuch Plotins, ein oberstes Seiendes zu finden, das nicht Denken ist, wenn auch dessen Ursache, muß es subjektlos fassen. Nicht einmal die tautologische Beziehung eines von allem Sachhaltigen gereinigten Selbstbewußtseins kommt ihm zu: »Eigentlich darf man ihm auch das Beisichselbstsein nicht zuschreiben, um die Einheit rein zu wahren.«[5]

Das ἕν entzieht sich somit jeder Prädikation. Wie es zum Anderen seiner selbst gelangt, und sei dieses auch nur die virtuelle Selbstverdoppelung des νοῦς, kann Plotin nicht sagen.[6] Alles Seiende außer dem ἕν ist nur dessen Abbild. Sein kommt ihm nur vermöge des obersten Einen zu. Für die menschliche Erkenntnis, welcher das Telos des Einen vorgegeben ist, bilden die einzelnen Dinge den Anfang der Kontemplation, insofern sie selbst das wenn auch schwache Abbild des Urbildes sind. Das ἕν hat nur vermöge seiner »Übergüte« (ὑπεράγαθον)[7] ein Anderes aus sich herausgesetzt, den νοῦς welcher sich selbst als einen von sich verschiedenen Gegenstand denkt; die Andersheit ist aus dem Einen gesetzt, nicht aber bildet sich der seiner selbst bewußte νοῦς an einem irreduktiblen Anderen.

In objektiver Form nimmt diese neuplatonische Denkfigur das Selbstbewußtsein des subjektiven Idealismus vorweg. Es ist dies die Absolutsetzung eines Denkens, das alle seine Bestimmungen aus sich

4 Enn. VI, 9, 6, l. c. S. 191.
5 L. c.
6 Aus dieser Schwierigkeit folgte schon in der ältesten neuplatonischen Schule der Übergang zum Mysterienkult, der durch die Irrationalität der Emanation gedeckt schien. Die mystischen und theosophischen Spekulationen, die in der europäischen Philosophie unter wechselnden historischen Voraussetzungen aktuell waren, haben sämtlich dasselbe Modell der Argumentation. Sie verklären, was sie nicht erklären können.
7 Plotin, l. c.

selbst erzeugt zu haben wähnt und noch die Andersheit, das letzte Residuum des irreduktiblen Gegenstandes außer ihm, in eine willkürliche Setzung verwandelt. Die Wendung zum modernen Bewußtsein ist unter diesem Aspekt die Fortsetzung der Tradition: Ontologisch gibt es in der Welt nichts als das, was der Intellekt denkt, der die Begriffe aus sich selbst bildet.

Indem der νοῦς sein Sein denkt, entfaltet er als Weltvernunft den κόσμος νοητός, die Welt der Ideen, welche von ihm selbst nur virtuell verschieden sind, da sie nur immaterielle Entitäten sein sollen. Die empirischen Einzeldinge sind nur durch die Ideen bestimmt und erlangen durch sie ein Wesen, das teleologisch auf seinen Ursprung zurückverweisen soll. Sie sind nur als Seiende bestimmt, wenn sie einem Ganzen als Teile zugehören. Das Verhältnis beider Seiten fällt ontologisch in den νοῦς als das von Einheit und Vielheit.[8] Die Ideen sind die Inbegriffe der »Ganzheiten«, die Teile haben können. Ihr größerer oder kleinerer Umfang weist ihnen ihren höheren oder niederen Rang zu. Der Grad der Allgemeinheit, den die Ideen als Begriffe haben, ist ontologisch das unmittelbare Abbild ihres Seinsgrades. Hierin ist der ebenso naive wie radikale Universalienrealismus angelegt, der den im menschlichen Denken gebildeten Begriffen keine eigene Seinsweise zuerkennt, weil er jenes selber nur als das unvollkommene Abbild des den Menschen transzendenten νοῦς zu fassen vermag. Anders als bei Aristoteles sind die Ideen somit nicht als Formen mit Materie zum konkreten Ding verbunden. Materie ist nicht einmal in untergeordneter Weise seinskonstitutiv.

Ein expliziter Universalienrealismus war das Denken des Neuplatonismus in der ausgehenden Antike indessen noch nicht. Denn eine solche Position setzt ein Bewußtsein der Differenz von subjektivem Begriff und objektiver Seinsstruktur voraus. Eine solche aber ist unter den Prämissen des Plotinischen Denkens gar nicht möglich, da das Sein der Begriffe und das der Gegenstände identisch sein soll. Die geistige Tätigkeit der Kontemplation, der θεωρία, ist folglich nicht nur auf das menschliche Denken beschränkt, sondern bestimmt zugleich und vor allem das Verhältnis der wahrhaft seienden Wesenheiten zueinander. Wie der Inbegriff von Denken nach Plotin überhaupt subjektlos ist, so ist umgekehrt das intelligible Moment der Natur, der λόγος, der sie erkennbar macht, jeweils Moment der universalen Theorie. Die Dinge enthalten Theorie in sich. Sie *sind* Betrachtung und können deshalb vom menschlichen Intellekt betrachtet werden.[9]

8 Enn. VI, 7, 2, l. c., Bd. 3, S. 251.
9 Cf. Enn. III, 8, l. c., S. 3 ff.

Die Voraussetzung dieses objektiv-idealistischen Einheitsdenkens ist die Vollendung der Reduktion der Andersheit auf das Urprinzip. Die Reflexionen Plotins zum Begriff der Materie sind Konsequenz und Kritik des Platonischen Dualismus und des Aristotelischen Vermittlungsversuches zugleich. Gegen Platon wird eingewendet, daß die Unterschiede der Ideen, die doch das wahrhaft Reale sein sollen, eines Mediums ihrer Bestimmtheit gegeneinander bedürfen. Sind viele Ideen das je ungeteilte Sein, so müssen sie eine Gemeinsamkeit haben, die sie als Ideen bestimmt; eine solche Bestimmung aber kann, da die Ideen bereits das Sein an sich sind, nur *eine* sein. Zudem ist ihre Bestimmtheit als Ideen nur gegen ein ihnen gegenüber toto genere Anderes möglich, von dem sie sich abheben. Hatte Platon diesen Unterschied als Chorismos letzthin unüberbrückt gelassen, so kam es der neuplatonischen Philosophie auf dessen Schließung an. Die Konstitution der empirischen Dinge aus den drei gänzlich verschiedenen Genera, wie sie der *Timaios*[10] lehrt, ist ein für Platon unlösbares Problem. Die Reduktion der drei Konstitutionsgründe des Seienden auf einen vollständigen Grund ist die Aufgabe, vor die sich die neuplatonische Reflexion gestellt sah. So mußte Plotin zu zeigen versuchen, woher die Unterschiede der Ideen untereinander stammen, denn sie sind, für sich genommen, unterschiedslos, Abbilder des Ur-Einen. Ihre Unterschiede sind deshalb an einem ihnen fremden Material real:

»Wenn die Ideen nun viele sind, so muß es notwendig ein Gemeinsames in ihnen geben und auch ein Eigenes, wodurch sich die eine von der anderen unterscheidet. Dies Eigene also, dieser absondernde Unterschied ist die individuelle Gestalt der Idee. Ist aber eine Gestalt da, so gibt es etwas, das gestaltet wird, *an* dem der spezifische Unterschied ist; es gibt dort also auch eine Materie, welche die Form aufnimmt und für jede das Substrat ist. Ferner wenn es in der oberen Welt einen intelligiblen Kosmos gibt und der irdische sein Abbild ist, dieser aber zusammengesetzt ist unter anderem aus Materie, so muß es auch dort oben Materie geben.«[11]

Der gegen Platon kritische Gedanke, daß die Ideen eine homogene intelligible Welt getrennt von der sinnlich-manifesten nicht bilden können, führt indessen bei Plotin nicht zu einer Dialektik von εἶδος und ὕλη, sondern zur Steigerung des monistischen Idealismus. Die Unmöglichkeit, die Vielheit der gleichartigen Ideen zu behaupten

10 Cf. Platon, *Timaios*, 48 E – 53 A.
11 Enn. II, 4, 4, l. c., Bd. 1, S. 249.

ohne in der intelligiblen Sphäre die Negation zuzugestehen, hat Plotin herausgestellt. Sollte die Parmenideische Konsequenz vermieden werden, daß die Unterschiede bloßer Schein seien, so mußte auch der κόσμος νοητός durch Negation gegliedert sein. So blieb nur die Konsequenz, ihn mit dem κοσμος αίσθητός in durchgängige Beziehung zu setzen. Der Dualismus wurde in einen Monismus zurückgenommen, der nur scheinbar dialektisch ist. Die Materie der νοητά unterscheidet sich nach Plotin von der Materie der αίσθητά. Letztere ist nicht das Moment, das zur Idee hinzutritt, um die endlichen Dinge zu konstituîeren; vielmehr ist sie Abbild einer intelligiblen Materie, die schon den fürsichseienden Ideen Bestimmtheit verleiht. Ausdrücklich sagt Plotin, die intelligible Materie sei geistig. Sie ist gleichwohl nur Träger der Bestimmtheit, deren Grund wiederum die Ideen sind. Da die Bestimmtheit aber aus der Konkretion von Ideen und Materie resultieren soll, kann sie den Ideen unabhängig von Materie nicht zukommen. Die hierin gedanklich angelegte Dialektik wird jedoch nicht ausgeführt, vielmehr im Sinne einer auf Widerspruchsfreiheit gerichteten *prima philosophia* aufgelöst: Die Materie, deren einzige, negative Bestimmung die Bestimmungslosigkeit ist, wird zu dem den Ideen gleichursprünglichen Moment, das von dem beide umfassenden Einen gesetzt wird. Zwischen der göttlichen und der irdischen Materie besteht das Verhältnis von Urbild und Abbild wie zwischen den Ideen und den intelligiblen Bestimmungen der empirischen Dinge. Der Chorismos war nach Plotinischer Überzeugung geschlossen, weil sowohl die intelligible wie die sinnliche Welt Materie in sich enthalten sollten. Die Konsequenz dieser Lehre, die für die europäische Philosophie in wechselnden Varianten weithin verbindlich blieb, ist die Sublimierung der Materie. Sie wurde abstraktiv so zugerüstet, daß sie selbst als ein bloßes Moment des Geistes erschien.

Das Paradigma der Materie war für Plotin die bloße Negation, der Unterschied schlechthin, ohne den nur das Parmenideische Sein wäre. Der Unterschied unter Absehung von dem, was unterschieden ist, wird zum ontologischen Grunde der Materie, die in der Hierarchie des Gewordenen, Emanierten die stets gleichbleibende Grundlage der Bestimmungen ist: »Die intelligible Andersheit, welche die Materie hervorbringt, ist ewig, denn sie ist der Ursprung der Materie, sie und die erste Bewegung; daher man auch die Bewegung ›Andersheit‹ genannt hat, weil Andersheit und Bewegung gleichzeitig erwuchsen.«[12]

12 L. c.

Die Materie als reine Negativität, als das Sich-von-sich-Unterscheiden des Ur-Einen, hat danach auch nicht die Bestimmung der Körperlichkeit, vielmehr kommt ihr diese erst auf einer niederen Emanationsstufe zu. Alle qualitativen und quantitativen Bestimmungen sind eidetisch. Daher unterscheidet sich der Plotinische Materiebegriff zunächst von dem des Aristoteles und dem des Thomas von Aquin. Eine Hinordnung auf Quantität kommt der Materie nach Plotin nicht zu; sie ist vielmehr kontinuierlich, *quantum discretum* eine spätere Bestimmung, die ihr vom schaffenden Wesen aufgeprägt wird. So ist die Plotinische Materie noch abstrakter als das dritte Genus aus Platons *Timaios*: »Nicht einmal die Idee der Körperlichkeit hat die Materie, denn wenn die Idee der Körperlichkeit Begriff ist, ist sie von der Materie verschieden, also ist die Materie etwas anderes.«[13]

Das für die Genesis des modernen Bewußtseins so wichtige Problem des Verhältnisses von Metaphysik und Logik war im Plotinischen Einheitsdenken zwar noch nicht gestellt, aber in ihm wird die Voraussetzung für die Kritik am traditionellen Realismus geschaffen. Gerade indem Plotin, für allen späteren Neuplatonismus paradigmatisch, alle logischen und metaphysischen Bestimmungen in monotoner Argumentationsweise auf das Eine schlechthin zu reduzieren sucht, schafft er die Aporie, die den exzessiven Universalienrealismus scheitern läßt. Der falschen Alternative zwischen der Welt als Tautologie oder strukturlosem Chaos des Mannigfaltigen will er entgehen, indem er dem Einen und den ihm nachgeordneten Entitäten die Fähigkeit zutraut, ihr Anderes zu erzeugen. Die Differenz zwischen Bestimmtem und Unbestimmtem und schon die vorgängige zwischen den Ideen untereinander ist eine Reflexionbestimmung, die Negation; denn eine zweite Quelle von Bestimmtheit kann es nicht geben.

Die Konsequenz hieraus ist, daß die Materie, die von jeder substantiellen und akzidentellen Form frei sein soll, nur die negative Beziehung der Ideen aufeinander ist. Der Unterschied, die Andersheit, die von sich aus nicht die Wesensbestimmung von Seiendem ausmachen kann, ist nach Plotins eigener Einsicht eine Relation ohne Relata: »Ihr [der Materie] Spezifisches nun ist nicht von ihrem Sein verschieden und ist keine Zutat, sondern besteht vielmehr in ihrem Verhältnis zu anderen Dingen, daß sie nämlich ein anderes als die anderen ist.«[14] Die Denknotwendigkeit des Unterschiedenen, wenn bestimmte Entitäten gedacht werden, nimmt Plotin als Legitimation einer Hyposta-

13 L. c., S. 267.
14 L. c., S. 271.

sierung zum ontologischen Prinzip. Der Unterschied unter Abstraktion von allem Unterschiedenen ist so beharrend und einfach wie das Urprinzip selber. Ist Bestimmtes, so auch dessen Gegenteil, das Bestimmungslose, das als Andersheit die bei wechselnden Relata stets gleiche Relation darstellt. Darin besteht die Entsubstantialisierung der Materie, mit der die Vergeistigung des gesamten Kosmos geleistet sein soll. Die Distinktion zwischen irdischer und intelligibler Materie ist deshalb nur fiktiv. Ist Materie nur die in sich unbestimmte Relation des Unterschiedes, so kann diese nicht noch einmal unterschieden sein. Gibt Plotin an, die intelligible Materie sei »alles zugleich; es gibt also nichts in das sie sich verwandeln könnte, denn sie hat schon alles in sich«[15], so fiele sie ungewollt mit dem ἕν zusammen.

Dieser Monismus, der so wenig wie jeder andere die Herkunft des Unterschiedes deduzieren kann, ließ den Schluß zu, daß das wahrhaft Dingliche universale Idee sei und umgekehrt die Ideen dinglichen Charakter hätten. Darin erkannte schon die Philosophie, die zum Auftreten des Nominalismus im 12. Jahrhundert führte, ein Problem, an dem der Universalienstreit sich entzündete. Unter dem Aspekt, daß das einzelne Ding existiert, ließ sich nicht angeben, in welchem Verhältnis die ihm ontologisch gleichen Bestimmungen zu ihm stehen, die ihm als *subiectum* inhärieren. Solange die Genese der Begriffe im denkenden Subjekt nicht in die Spekulation einbezogen wurde, konnte das Problem noch nicht einmal zum Bewußtsein kommen.

Im Neuplatonismus ist dem subjektiven Erkennen vielmehr das Ziel gesetzt, im Absoluten seine Rationalität abzulegen. Erkennen ist nach dieser Konzeption der Aufstieg der Seele zum Einen, dem sie entstammt. Erkenntnis führt so gar nicht zu den inneren Konstitutionsgründen des Gegenstandes, sondern zu seiner durch Abstraktion stilisierten Erscheinung, die als ontologischer Grund ausgegeben wird. Daß menschliches Denken die empirischen Gegenstände nur zu bestimmen vermag, wenn es ihr Identisches schon vor der Erfahrung besitzt, führt zu dem folgenreichen Schluß, daß das Identische, Eine auch der Ursprung von Gegenstand und Denken sei. Für das menschliche Denken folgt daraus, daß es zu dem ihm Vorgegebenen streben muß, das seinerseits bei allem Bestimmen am Werk ist, um bei dem zu sein, was es selbst erst zu dem bestimmt, was es ist. Die Erkenntnis des Prinzips aber hebt die Rationalität auf, denn in ihm ist nichts zu unterscheiden und daher auch nichts Bestimmtes auszusa-

15 L. c., S. 247.

gen. Denn jede Aussage würde das Eine in sich distinguieren. So bleibt nur die Tautologie als adäquate Darstellung des Absoluten. Um diese zu vermeiden, nimmt Plotin Zuflucht zu einer anderen als der wissenschaftlichen, diskursiven Erkenntnisweise. Die Schwierigkeit zu sagen, was denn das Eine sei, »beruht haupsächlich darauf, daß man des Einen gar nicht auf dem Wege des wissenschaftlichen Erkennens, des reinen Denkens wie der übrigen Denkgegenstände innewerden kann, sondern nur vermöge einer Gegenwärtigkeit, welche von höherer Art ist als die Wissenschaft«[16].

Die Herstellung reiner Unmittelbarkeit im Verhältnis der Seele zum Einen, die in der mystischen Schau gelingen soll, ist durch die Abstraktion des Denkens von seiner eigenen Tätigkeit vermittelt. Diese aszetische Konzentration des Subjekts auf das vermeintlich Substantielle enthält das Motiv des Opfers, welches aber noch nicht das bestimmende war, da das Subjekt sich historisch noch gar nicht gewonnen hatte. So hatte die Aszese zunächst eine der theoretischen Intention des Neuplatonismus entgegengesetze Funktion: Sie vermochte die Kraft autonomer Selbstreflexion zu stärken. Die vermeintlich genesislose Geltung des seienden Allgemeinen wird auf den Denkprozeß übertragen, der zu ihm hinführt. Dies lenkte die Aufmerksamkeit der Reflexion auf die objektiven Gesetze des subjektiven Denkens. Es war eine Jahrhunderte später wirksam werdende Bedingung für die Entstehung des modernen Selbstbewußtseins, das seine reine Form in den Gesetzen der Logik entdeckte.

Die neuplatonische Tradition glaubte die Logizität der Welt dargetan zu haben. Unter Rekurs auf ältere stoische Vorstellungen sollte die Welt eine Seele haben, die das Wesen jedes einzelnen Dinges als λόγος bestimmte. Zwar war Plotin zufolge das Urprinzip selber nicht Vernunft, diese aber sein erstes Produkt. Der νοῦς ist ein emanatives Prinzip, das die Gattungen und Arten des Seienden erzeugt hat. In ihm sind Erkennen und Schaffen identisch. Das Geschaffene folgt denselben Regeln wie das Erkennen, dessen Logik daher mit der der Dinge zusammenfällt. Von der Stufe höchster Allgemeinheit, dem νοῦς, bis zur *species specialissima* stellt somit die Ordnung der Welt eine Hierarchie von Wesenheiten abgestufter Universalität dar. Die Beschäftigung mit der Logik vollzog sich in der Gewißheit, daß deren Begriffe Abbilder der seienden Entitäten seien. Ist die Substanz aller Dinge Produkt eines denkend tätigen Absoluten, so kann die Untersuchung der Begriffe und der Verhältnisse unter ihnen, die Logik, unmittelbar als Wissenschaft vom Seienden schlechthin gelten.

16 Enn. VI, 9, 4, 1. c., S. 181.

Bis zum Auftreten des Nominalismus im 12. Jahrhundert, das durch den vorhergehenden Dialektikstreit vorbereitet wurde, blieb die Logik in der Metaphysik fundiert. Dennoch wurde die Bedingung für die Trennung beider Bereiche schon im Neuplatonismus geschaffen. Die Wissenschaft von den Begriffen nahm den Charakter einer Autonomie an, der die Entdeckung begünstige, daß Begriffsbildung, Urteil und Schluß Operationen des endlichen menschlichen Verstandes sind und deren Resultate, wiewohl nach dem Widerspruchsgesetz gewonnen, vom Seienden in ihrer Seinsweise differieren.

Plotins Schüler Porphyrius hat unter der Voraussetzung der Einheit von Logik und Metaphysik die Kategorienschrift des Aristoteles mit einer Einleitung versehen. Allgemeine Begriffe sind nach aristotelischer Lehre das, was naturgemäß von Mehrerem ausgesagt werden kann.[17] Die vielen Einzeldinge finden ihre metaphysische Substanz in dem ihnen wesensgemäß prädizierten Begriff. Die Operation des Prädizierens ist jedoch auf dieser historischen Stufe noch nicht primär als Tätigkeit des menschlichen Intellekts verstanden; sie ist vielmehr reproduktive Synthesis des Vielen zum Einen. Jeder Akt des Prädizierens, der die für vollständig adäquat geltende Subsumtion vieler *singularia* unter ein Allgemeines vollzieht, bestätigt den Primat des Eidetischen, indem er das Besondere mit ihm identifiziert, so die Individuen mit ihrer Species, die vielen verschiedenen Species mit ihrer Gattung und in dieser Weise unter Abstraktion von immer weiteren Differenzen höher zum Einen hin.[18]

Die logische Ordnung, in der dieser Rückgang des Intellekts in den vermeintlichen absoluten Grund des Denkinhaltes geschieht, ist Gegenstand der Isagoge. Sie reflektiert auf die Arten von Universalien und auf ihre Beziehungen untereinander. Die fünf Arten von Universalien, die Porphyrius und nach ihm die gesamte metaphysische Tradition angeben, sollen Entitäten, Bestimmungen von geistigem Seiendem sein, das mit dem körperlichen Seienden in ungebrochener Kontinuität steht. Art, Gattung, Unterschied, Proprium und Akzidenz sollten wie Mensch, Sinnenwesen, Vernünftigkeit, Fähigkeit zu lachen, Weißhaarigkeit Allgemeinbegriffe sein, die auf Seiendes unmittelbar bezogen sind. Daß zwischen beiden Arten von Begriffen ein Unterschied besteht, der in den reflektierenden Verstand fällt, so daß direkte und reflexe Universalien auseinandertreten, ist bis zum frühesten Nominalismus nicht systematisch bedacht worden. *Intentio prima* und *intentio secunda* sind im Neuplatonismus noch ungeschieden.

17 Cf. Aristoteles, *Organon* II (Περὶ ἑρμηνείας), 17 a–b.
18 Cf. Porphyrius, *Isagoge*, übers. v. E. Rolfes, Hamburg 1958, Kap. 2.

Die ontologische Interpretation der fünf Prädikabilien führt im Anschluß an Porphyrius zu einem unlösbaren Problem. Der Unterschied von Gattung und Art, die Differenz, ist selber ein Universale, welches an dem, wovon es ausgesagt wird, real ist. *Genus proximum* und *differentia specifica* sind nach Aristoteles, dem schon die neuplatonisch geprägte Dialektik gefolgt ist, die Momente der vollständigen Wesensbestimmung eines Seienden.[19] Der Begriff eines Seienden ist so konkrete Einheit unterschiedener Bestimmungen. Die neuplatonische Metaphysik, der es um die Einheit des Seienden zu tun ist, gerät schon hier in eine Schwierigkeit. Zerfällt das Ding in drei Bestandteile, von denen noch außerdem zwei, Gattung und Art, durch den dritten, den Unterschied, sich negativ aufeinander beziehen, oder ist die ungeteilte Einheit des Wesens das Ansich und dessen Unterteilung nur die Erscheinung des Wesens in endlichen Verstand? In beiden Fällen ist die neuplatonische Substanzlehre in Frage gestellt, welche nur dem Allgemeinen Realität zuspricht.

Die Isagoge des Porphyrius ist für die Entwicklung der Scholastik und der *via moderna* als Quelle von großem Einfluß gewesen. Die logische Ordnung der *genera* und *species* wurde in dieser Schrift an der obersten Kategorie der Substanz veranschaulicht und ist als *arbor Porphyriana* tradiert worden. Das Bild des Baumes wurde zugleich als Schema der Seinsordnung im metaphysischen wie im politischen Sinne verstanden, obwohl Porphyrius diese Implikation nicht affirmativ vertreten hat: »Was [...] bei den Gattungen und Arten die Frage angeht, ob sie etwas Wirkliches sind oder nur auf unseren Vorstellungen beruhen, und ob sie, wenn Wirkliches, körperlich oder unkörperlich sind, endlich, ob sie getrennt für sich oder in und an dem Seienden auftreten, so lehne ich es ab, hiervon zu reden, da eine solche Untersuchung sehr tief geht und eine umfangreichere Erörterung erfordert als sie hier angestellt werden kann.«[20]

Hiermit waren die Fragen gestellt, die das Verhältnis von Logik und Metaphysik betrafen und deren Beantwortung in spekulativer Folgerichtigkeit zur Auflösung des neuplatonischen Denkens führte. Die Entwicklung, die zum Nominalismus, zur aristotelischen Hochscholastik und schließlich zum umfassenden nominalistischen Bewußtsein gelangte, hat ihre Ergebnisse nicht in direkter Linie, durch die bloße Evidenz der Argumente gezeitigt; sie resultierte vielmehr zugleich aus den politischen und gesellschaftlichen Kämpfen ihrer je-

19 Cf. Aristoteles, *Organon* V (Topik), 143b.
20 Porphyrius, l. c., Kap. 1, S. .

weiligen Epoche, deren Bewußtsein in den sich wandelnden Theorien zum Ausdruck kommt.

Für die metaphysische und logische Spekulation des lateinischen Mittelalters bilden die Kommentare des Boethius zu einigen Teilen des Aristotelischen *Organon* und zur *Isagoge* des Porphyrius sowie seine Übersetzungen der ihnen entsprechenden Schriften eine der wichtigsten Quellen. Seine theoriegeschichtliche Rolle wurde oft unzutreffend auf die fragmentarische Überlieferung des Aristoteles beschränkt. Auf ihn geht indessen die Prägung der lateinischen philosophischen Terminologie zurück, die in vielem bis heute verbindlich blieb. Sie ermöglichte eine Reflexion auf Probleme, die der bis dahin tradierten Philosophie verborgen geblieben waren.[21]

Wenngleich es die Absicht des Boethius war, in seinen Kommentarwerken die Übereinstimmung der zentralen Lehren Aristoteles' und Platons herauszustellen, sind ihm die Probleme der platonischen Form des Ideenrealismus bereits deutlich geworden. Namentlich im zweiten Kommentar zur Isagoge wird eine aus aristotelischen Quellen sich herleitende Interpretation der drei Fragen des Porphyrius vorgetragen, in der die naive Einheit von Logik und Ontologie objektiv aufgelöst ist.

Für die neuplatonische Philosophie ist es eine Schwierigkeit zu erklären, weshalb nicht jeder durch Abstraktion gewonnene Begriff, wiewohl ohne subjektiven Fehler gebildet, mit dem sinnlich gegebenen Objekt unbedingt übereinstimmt. Nicht jeder abstrakte Begriff subsistiert in der Weise, in der er von der *res*, die der Abstraktion zugrundelag, losgetrennt wurde. Dennoch ist er nicht falsch: »Linea in corpore quidem est aliquid et id quod est, corpori debet, hoc est esse suum per corpus retinet. Quod docetur ita: si enim separata sit a corpore, non subsistit; quis enim unquam sensu ullo separatam a

21 Die Ablösung der westlichen Philosophie von der griechischen Sprache lenkte das Bewußtsein auf die Differenz von Sprache und dem von ihr Bezeichneten, somit die Differenz von Begriff und ontologischem Sachverhalt. Die Schärfung des philosophischen Bewußtseins geschah durch die Aneigung des entfalteten griechischen Denkens im lateinischen Sprachkreis. Ein Motiv für die Reflexion auf die Differenz von ansichseiender Idee, dem subsistierenden Wesen realer Dinge, und der begrifflichen Darstellung war die Distanz des lateinisch denkenden Boethius gegnüber den Originaltexten. Die Übernahme der Inhalte des griechischen Denkens in die lateinische Weltsprache bedeutete trotz der erklärten Absicht, die Kontinuität des philosophischen Bewußtseins herzustellen, einen Bruch in der Tradition.

corpore lineam cepit?«[22] Der Platonische Unterschied zwischen νοητά und αἰσθητά ist auch bei Boethius noch vorausgesetzt. Die aristotelische Intention der Vereinigung beider aber ebenso. Trennt der abstrahierende Intellekt aber die Momente, so ist für Boethius die Frage nach der hieraus resultierenden Seinsweise des Abstrahierten gestellt. Wenn auch nicht bezweifelt wird, daß das Abstraktionsprodukt das Wesen sei, so differiert es doch von seinem *esse in mente*: »Animus cum confusas res permixtasque in se a sensibus cepit, eas propria vi et cogitatione distinguit. Omnes enim huiusmodi res incorporeas in corporibus esse suum habentes sensus cum ipsis nobis corporibus tradit, at vero animus, cui potestas est et disiuncta componere et composita resolvere, quae a sensibus confusa et corporibus coniuncta traduntur, ita distinguit, ut incorpoream naturam per se ac sine corporibus in quibus est concreta speculetur et videat.«[23]

Genera und *species*, nach herrschender Überzeugung das Wesen der Dinge, haben hiernach die ihnen zugeschriebene Allgemeinheit nicht in den Dingen, sondern nur in dem Verstande, der sie denkt. Ihr Sein enthält als das Eine und Ungeschiedene in den Dingen nach Boethius sogar einen Widerspruch: »Genera et species aut sunt atque subsistunt aut intellectu et sola cogitatione formantur, sed genera et species esse non possunt. Hoc autem ex his intellegitur. Omne enim quod commune est uno tempore pluribus, id unum esse non poterit.«[24] In dieser Reflexion deuten sich die realistische und die nominalistische Position des mittelalterlichen Universalienstreites schon an. Ein kritischer Weg aus der Aporie schien erst Jahrhunderte später nach einer sukzessiven Entdinglichung des neuplatonischem Allgemeinen gangbar. Die Frühscholastik hat die Bedeutung des reflektierenden Selbsbewußtseins, welche in der Konzeption des Boethius sich andeutet, noch nicht erkannt, obwohl der Kommentar zur *Isagoge* wie die übrigen Schriften desselben Autors im frühen Mittelalter kanonische Lehrbücher waren.[25]

22 Boethius, *In Isagogen Porphyrii commenta*, ed. S. Brandt, Wien und Leipzig 1906, S. 164.
23 L. c., S. 164 f.
24 L. c., S. 161.
25 Es war dies vielleicht vom Geist einer historischen Epoche verhindert, in der ein theologisch begründeter *ordo naturae*, der später in der beginnenden Scholastik fraglose Gewißheit besaß, noch nicht existierte. Das Christentum stützte zu jener Zeit die Einheit der politischen Welt nicht. Die Spaltung der Kirche in eine byzantinische und eine römische fällt in das Zeitalter des Boethius. Dessen wissenschaftliche und politische Tätigkeit war an die relative Stabilität der Macht Theoderichs gebunden.

Die Lösung, die Boethius für die Fragen des Porphyrius bietet, räumt implizit dem reflektierenden Verstand eine für die begriffliche Fixierung der Wesenheiten konstitutive Funktion ein. Zwar steht für ihn fest, daß die Wesenheiten objektiv in der Ordnung der Dinge seien, aber der abstrahierende Verstand, der sie zu erkennen vermag, verleiht ihnen erst die Allgemeinheit, die sie neuplatonischer Überzeugung zufolge unmittelbar besitzen sollten. Die allgemeinen Begriffe können nicht einfache Abbilder von an sich seienden Urbildern sein. An sich sind nach Boethius die Gattungen und Arten nur Ähnlichkeiten der einzelnen Dinge. Nur an ihnen, deren Realität somit zugestanden ist, können sie überhaupt substantiell sein. Allgemeinheit aber erhalten sie erst in einem Intellekt, der die Dinge unter dem Aspekt ihrer Ähnlichkeit in Beziehung zu setzen vermag. Die Ähnlichkeit ist aber die Erscheinung der Dinge für ein Subjekt. Damit ist implizit gesagt, daß das behauptete Wesen die hypostasierte Erscheinung der Dinge ist. Dem sucht Boethius – ohne daß dies ausdrücklich gesagt wird – durch die Aufnahme der Bestimmung »substantielle Ähnlichkeit« entgegenzuwirken. Dieser Begriff, den Boethius von Alexander von Aphrodisias übernahm, setzt die Existenz der Einzeldinge voraus, welche in der Beziehung der Ähnlichkeit zueinander stehen. Diese Relation aber fällt in das die Ähnlichkeit registrierende Subjekt, das mithin nicht bei einer substantiellen Bestimmung, sondern bei einer Nachbildung der *res* ist, von der die Abstraktion ausgeht.[26] Ist das Wesen des Einzeldings seine für substantiell angesehene Ähnlichkeit zu anderen Dingen außer ihm, so ist es – was alle Substanzmetaphysik zu vermeiden sucht – relational und damit akzidentell, den Dingen äußerlich. Wird das Wesen in dieser Bestimmung als das wahrhaft Reale angesehen, so verdinglicht die Philosophie einen Relationsbegriff, dessen Allgemeinheit in der Tat im Denken gründet.

Die spekulative Intention des Boethius war, den Universalien in den Dingen einerseits und im sie erfassenden Denken andererseits eine je verschiedene Seinsweise zuzuerkennen: Die Universalien

Dessen Liberalität gestattete noch die klassische Bildung und Gelehrsamkeit, ehe deren Kontinuität für Jahrhunderte abbrach.

26 Dies ist schon bei Alexander von Aphrodisias implizit gesagt: Das Allgemeine (τό καθόλου) sei Ähnlichkeit und Nachbildung der partikulären Dinge (ὁμοιώματα καὶ ἀπομάξεις μερικῶν). Cf. zu diesem Zusammenhang zwischen Boethius und Alexander: J. Reiners, *Der aristotelische Realismus in der Frühscholastik*, Aachen 1907, S. 9.

»sunt igitur huiusmodi res in corporalibus atque in sensibilibus, intelliguntur autem praeter sensibilia, ut eorum natura perspici et proprietas valeat comprehendi. Quocirca cum genera et species cogitantur, tunc ex singulis in quibus sunt eorum similitudo colligitur ut ex singulis hominibus inter se dissimilibus humanitatis similitudo, quae similitudo cogitata animo veraciterque perspecta fit species; quarum specierum rursus diversarum similitudo condsiderata, quae nisi in ipsis speciebus aut in earum individuis esse non potest, efficit genus. Itaque haec sunt quidem in singularibus, cogitantur vero universalia nihilique aliud species esse putanda est nisi cogitatio collecta ex individuorum dissimilium numero substantiali similitudine, genus vero cogitatio collecta ex specierum similitudine.«[27]

Wenngleich demnach Boethius keine fundamental andere Erkenntnisweise als die des Neuplatonismus kennt, so sind doch deren Aporien deutlich bezeichnet. Die These, daß die Wesensform in den Einzeldingen sei, ist aristotelisch. Zwar sollte der platonische Chorismos aufgehoben sein, aber die weiteren Untersuchungen des Boethius machen deutlich, daß ein neuer Dualismus begründet wird. Da das Einzelding in seiner Singularität das Seiende sein soll, so existiert sein Wesen, dem doch Allgemeinheit zukommen soll, mit ihm in singulärer Weise. Seine Seinsweise ist also seinem Begriff nicht angemessen. Hierbei ist vorausgesetzt, daß Allgemeines und Besonderes getrennt sind: Seiendes kann nur entweder allgemein oder singulär sein. Die vom Nominalismus später aufgenommene Konsequenz ist schon bei Boethius nicht vermeidbar: Das Wesen wird seinem Begriff gemäß nur als Reflexionsbestimmung verstanden, der per se kein Sein zukommt. Die nominalistische Konsequenz hat Boethius jedoch nicht gezogen, denn es kam ihm auf eine Darstellung der neuplatonischen Metaphysik mit aristotelischen Mitteln an. Die Antwort auf die Fragen der Isagoge mündet daher in einem Paradoxon: Die Universalien haben in ihrer Allgemeinheit kein Sein, ihr Sein ist andererseits nicht allgemein. Tendenziell verneint Boethius den Realitätsgehalt der aus Erkenntnis resultierenden Allgemeinbegriffe. In welcher Weise dem Allgemeinbegriff eine andere Seinsweise zukommen soll als dem in den Dingen subsistierenden Wesen, gibt er nicht an. Dies hätte eine entfaltete Erkenntnistheorie erfordert, zu der Boethius nur erst einige Motive beiträgt.

Die Reflexionen des Boethius zeigen tentativ die Lösungsmöglichkeiten für die Aporien des Neuplatonismus auf. Die Scholastik hat sie im 11. und 12. Jahrhundert spekulativ zu entfalten versucht. Dabei

27 Boethius, l. c., S. 166.

stellte sich heraus, daß die theoretischen Modelle, die vor allem in der Schule von Chartres entstanden, sämtlich den Nominalismus befördert haben. Die neuplatonische Denkweise ist in der naiven Überzeugung begründet, Objektivität vermittlungslos darstellen zu können; sie intendiert reine Ontologie, die indessen nur möglich ist, wenn in ihr »das Subjekt überhaupt nicht vorkommt – auch in negativer Form nicht«[28]. Bis zu seiner Auflösung hat der Neuplatonismus, der auf Boethius folgte, jahrhundertelang das Modell einer objektiven Philosophie geboten, das für die nach Objektivität strebende christliche Glaubenslehre das Fundament bildete.[29]

Das Dogma, das die Menschwerdung Gottes, die Inkarnation des Logos lehrte, war ein zunächst mythologisch erscheinender Schritt zur Auflösung der starren neuplatonischen Objektivität. Damit war zunächst auch der in der Bergpredigt zum Ausdruck gelangende Anspruch vereinbar, den scheinbar substantiellen Unterschied zwischen dem herrschenden Allgemeinen und dem beherrschten Besonderen aufzuheben und damit zugleich das Gewaltverhältnis unter den Menschen. Der Sinn der christlichen Hoffnung auf Erlösung bestand darin, alle Menschen als Individuen vom Leiden zu befreien. Dieser Geist des frühen Christentums war mit dem Neuplatonismus nicht bruchlos eines Sinnes, denn dessen Vorstellung von der Himmelsreise der Seele bedeutete die aszetische Auslöschung der Individualität. Hat aber nach christlicher Überzeugung Gott sich den Menschen in der Offenbarung mitgeteilt, hat er die Welt nach dem Bilde seiner eigenen Vernunft als rationale Ordnung des Seienden erschaffen; und ist er darüber hinaus gar selber Mensch geworden, ohne seine Einheit in der Vielheit der endlichen Substanzen aufzulösen, so ist er nicht das Plotinische ἕν, sondern ein in sich differenziertes Subjekt. Als von Ewigkeit sich auf sich beziehender Intellekt war in ihm eine Andersheit anzunehmen, aber nicht nach außen, sondern innerlich.

In der Prinzipientheorie des Neuplatonismus fand das Christentum eine ontologische Begründung für seine Glaubenslehre, die durch die Verschmelzung mit jener philosophischen Tradition zu einer objektiven Theologie wurde. Gott bezieht sich danach von Ewigkeit her auf den Sohn und den heiligen Geist, sowie wechselseitig und umgekehrt.[30]

28 K. H. Haag, *Kritik der neueren Ontologie*, Stuttgart 1960, S. 85.

29 Für die jüdische und islamische Theologie gilt dies mutatis mutandis ebenso.

30 Cf. hierzu das *Symbolum Athanasianum* aus dem 5. Jahrhundert, Denzinger 39

Die Lehre von der Trinität, um deren Darlegung mit den Mitteln der aristotelischen Philosophie auch Boethius sich bemüht hat, konnte indessen nur Evidenz beanspruchen, solange der naive Begriffsrealismus Gültigkeit hatte. Dies gilt für die Evidenz der Theologie überhaupt. Sobald diskursives Denken darangeht, die Theologie vor dem Rückfall in den Mythos zu bewahren, sobald es die sacra doctrina als Wissenschaft zu begründen sucht, ist ihre Objektivität auf das begründende Denken relativiert. Die Geschichte der rationalen Durchdringung der christlichen Lehre ist der Prozeß ihrer inneren Auflösung. Bevor jedoch ein aufklärerisches Bewußtsein mit dem Anspruch grundsätzlicher Kritik an der tradierten Theologie und an den Verhältnissen hervortrat, die der Theologie bedürfen, hatte der christliche Neuplatonismus die Funktion, die Einheit eines wenn auch heteronom bestimmten Bewußtseins in einer Welt herzustellen, die von den Kämpfen unzivilisierter Stämme beherrscht war.

II.

Renovatio Romani Imperii
Zur politischen Funktion des Neuplatonismus

Die Epoche der Scholastik beginnt mit der Reichsgründung Karls des Großen. Sie war in ihren Anfängen der erste geistige Niederschlag jener politischen und gesellschaftlichen Umwälzung, in deren Verlauf die nordalpinen Völker die Geschichte des Altertums beendeten und das Christentum annahmen. Die Triebfeder dieses Zeitalters war geistig die Ausbreitung des Christentums, politisch die durch Gewalt vermittelte Vereinigung der Barbarenvölker unter ein *regnum*, ökonomisch die Ausbildung der Grundherrschaft, eines festen Systems von Abhängigkeiten. Die Momente dieses Prozesses sind wechselseitig verknüpft. Es war dies ein anderer Vorgang als die Einbeziehung fremder Völker in das römische Weltreich, auf welches Karl der Große sich gleichwohl berief. Die römischen Eroberungen bedeuteten, spätestens seit der Kaiserzeit, für die besiegten Völker einerseits die formelle Subsumtion unter die Pax Augusta, die Teilhabe am römischen Rechtssystem, andererseits tendenziell die Übertragung der politischen Struktur und der Produktionsverhältnisse auf das neue Territorium. Nie erreichtes Telos der römischen Geschichte war die Einrichtung der Welt als gigantische Polis, die Urbanisierung auch noch der abgelegensten Provinz nach dem Vorbilde der Hauptstadt. Was die Völker übernehmen sollten, begriff sich auf seiten der Eroberer als fertige Kultur, die durch die einverleibten Völker und ihre Traditionen nicht mehr wesentlich verändert werden konnte.

Das Karolingische Reich hingegen konnte das Prinzip, nach dem es die Mannigfaltigkeit der heterogenen und einander vielfach feindlichen Völker zur Einheit bringen wollte, nicht als eine politisch reale Form übernehmen, denn es war selbst erst Resultat eines historischen Prozesses, in dem antik-römische, christliche und gentile Momente zur Synthesis gelangten. Zwar hatte das Christentum schon lange im römischen Kaiserreich eine staatstragende Funktion übernommen, aber der Staat und seine Verwaltung waren dadurch nicht entscheidend verändert worden. Die stationäre Zentralgewalt mit ihrem Beamtenapparat und ihrem stehenden Heer waren Träger der Herrschaft geblieben. Die fränkische Erneuerung des Römischen Reiches fand einen Staat in diesem Sinne gar nicht mehr vor und hat ihn auch nicht restauriert. Die Ursachen hierfür sind politisch und zugleich ökonomisch. Die gesellschaftliche Reproduktion geschah nicht mehr als ein von den urbanen Zentren regierter und auf sie hingeordneter Prozeß, sondern vermöge einer Form des Grundeigentums, deren Voraussetzung ein naturwüchsiges Gemeinwesen, die Familie und die zum Stamm erweiterte Familie war. Es ist dies die gegenüber der entfalteten antiken frugale Kultur der geschlossenen Hauswirtschaften, in der Arbeitsteilung und Handel eine untergeordnete Rolle spielten. Diese agrarische Produktionsweise wurde im Verlaufe des frühen Mittelalters der Feudalordnung erst im Zuge der stammespolitischen Konsolidierung des Reiches unterworfen. Gegenüber der Völkerwanderung, mit deren Resultaten die fränkischen Könige sich auseinanderzusetzen hatten, bedeutete die von ihnen begründete Grundherrschaft einen Fortschritt zur Seßhaftigkeit hin.

Der Sieg über die feindlichen Sachsen, deren zwangsweise Christianierung, stellte eine formelle Einheitlichkeit her, der die Lebensweise und die politische Verfassung der Stämme erst noch gemäß werden mußten. Hierfür gab es kein vorgegebenes Muster wie in der alten römischen Geschichte. Dies drückte sich auch darin aus, daß der Kaiser, die Spitze der weltlichen Macht, nicht an einem Orte regierte, sondern an wechselnden Pfalzen. Die geistliche Macht hingegen war zur Karolingerzeit bereits zentralisiert. Der Papst residierte in Rom, Reminiszenz und Antizipation zugleich: Die Einheit des Reiches sollte im Namen einer universalen Kraft hergestellt werden, die zunächst nur im Geist weniger Menschen Realität besaß. Die Vielfalt der naturwüchsigen Stämme mußte gegenüber dieser Einheit erst zum Unwesentlichen herabgesetzt werden. Die mittelalterliche Geschichte, die mit dem Karolingischen Reich beginnt, setzt an einem archaischen Punkt an, den die untergegangene römische Zivilisation schon lange hinter sich gelassen hatte. Aber sie bedeutet schon an ihrem Anfang einen Fortschritt gegenüber der blinden Gewalt, mit der die Stämme in der Völkerwanderung aufeinanderschlugen. Die Aufhebung der zufälligen Unterschiede, die durch die Stammeszugehörigkeit gegeben waren, gehörte zur Bestimmung mittelalterlicher Geschichte. Die Menschen sollten durch den Geist des Christentums und der mit ihm verbundenen Philosophie aus der Partikularität ihrer bloß natürlichen Existenz überhaupt erst zur Menschheit gebildet werden.

Die Absicht Karls des Großen, die feindselige Verschiedenheit der europäischen Stämme in der *universitas christiana* aufzuheben, verstand sich als der Vollzug eines heilsgeschichtlichen Auftrages: Die Menschheit sollte in der Periode ihrer irdischen Existenz Gott ähnlicher werden. Das *ipsum esse* sollte der wahre Gegenstand ihres Intellekts und Willens sein. Das bedeutete für die Individuen Aszese, die Opferung irdischer Interessen; politisch galt es, die Spuren ihrer naturwüchsigen Herkunft auszulöschen. Völker und Individuen, die dem Göttlichen, mithin reiner Identität, ähnlich werden sollten, mußten auch die Differenz zueinander ablegen.

Die Bereitschaft, *eine* Oberherrschaft anzunehmen und die Unterwerfung unter sie als »Heiligung durch übernatürliche Wiedergeburt vermöge der heiligmachenden Gnade der Taufe«[1] zu begreifen, entsprang nicht nur der Überzeugungskraft der reinen Idee des Einen, sondern war ebenso durch Gewalt erzwungen. Darin unterscheidet sich das Reich Karls des Großen nicht von anderen Großreichen vor und nach ihm. Die Verheißung einer ewigen Glückseligkeit, der Erlösung der gesamten Welt, schloß aber die Erfüllung der individuellen Wünsche ein. Dieser christliche Gedanke des Wertes der einzelnen Seele steht objektiv im Widerspruch zu dem Herrschaftsdenken, das das Christentum kennzeichnete, seit es im römischen Imperium zur Staatsreligion geworden war; dennoch beförderte er die Errichtung des neuen Reiches, das sich als *civitas Dei* verstand. In der Ausdehnung dieses Reiches auf alle Menschen sollte die weltgeschichtliche Aufgabe der neuen Herrschaft bestehen. Die Fehden der Stämme sollten ein Ende haben; sie waren das Negative, Diabolische, aber sie wurden durch gesteigerte Gewalt beendet. Darin besteht die von den meisten Interpreten dieser Epoche vernachlässigte Negativität der *universitas Christiana*: Gewalt steht am Anfang der Realisation einer Idee, die Gewalt ausschließt.

Die Legitimation zu dieser Gewalt bezog die neue Herrschaft aus

1 Dies ist die dogmatische Bestimmung einer der Wirkungen der Taufe. Cf. J. Braun, *Handlexikon der katholischen Dogmatik*, Freiburg i. Br. 1926, S. 280.

dem Augustinischen Dualismus, demzufolge *civitas terrena* und *civitas Dei* bis zum jüngsten Gericht in fortwährendem Kampfe stehen. Was bei Augustinus aber den Sinn eines Antagonismus von Diesseits und Jenseits hatte, ist im Bewußtsein des 9. und 10. Jahrhunderts bereits zu einem innerweltlichen Prozeß geworden.

Die *civitas Dei,* als deren Vorkämpfer die Karolinger sich verstanden, sollte als das expandierende fränkische Reich die Christianisierung der Welt betreiben. Das jenseitige Telos der Weltgeschichte war entgegen der ursprünglichen Intention des Augustinus zu einem innerweltlichen Movens säkularisiert.[2] Obwohl die politische Praxis dieser Epoche der Vergöttlichung der Menschheit dienen sollte, ihre Ziele also der Weltlichkeit der Antike und der Neuzeit entgegengesetzt waren, bereitet sich in ihr der Gedanke eines innerweltlichen Geschichtsprozesses vor, der Jahrhunderte später im bürgerlichen Denken erneute, aber nicht unvermittelte Wirksamkeit erlangte.

Die Augustinische Verbindung der antiken Philosophie mit der christlichen Lehre vereinigt einander Widerstreitendes. So sehr die neuplatonische Reduktion der Mannigfaltigkeit auf die reine Einheit des ἕν dem christlichen Monotheismus entgegenkam, sosehr sich die Emanationslehre zur begrifflichen Erläuterung des biblischen Schöpfungsberichtes anbot, so wenig sind doch andererseits die soteriologischen Motive der christlichen Religion mit der antiken Seinslehre vereinbar. Insofern in der platonischen Tradition nur das wahrhaft Seiende Gegenstand der Betrachtung war, das mit Nichtsein Behaftete aber nicht, war das vergängliche Individuum und die Verkettung der geschichtlichen Zufälle der Wissenschaft gar nicht würdig, die sich nur auf das Notwendige und damit auf das Allgemeine richten kann.

2 Adorno hat diese Wendung der Augustinischen Idee von Erlösung zu einer Vorstellung von innerweltlichem Fortschritt festgestellt: »Schon im Augustinischen Theologumenon einer immanenten Bewegung der Gattung auf den seligen Stand hin lag das Motiv unwiderstehlicher Säkularisation.« (*Stichworte*, Frankfurt/M. 1969. S. 33) Das karolingische Sendungsbewußtsein verklärt seine sich weltlich durchsetzende Herrschaft, indem es sich auf Augustinus beruft, ohne ihn jedoch gänzlich zu mißdeuten. Es ist dies der historisch vielleicht früheste Beleg für die Dialektik des Fortschritts, der Adorno in diesem Zusammenhang nachgeht: »Die existente Menschheit wird anstelle der noch ungeborenen, unterschoben, Geschichte zur Heilsgeschichte unmittelbar.« (l. c., S. 32) Darin liegt einerseits die Rechtfertigung der faktischen Geschichte und ihrer Opfer, andererseits aber der kritische Gedanke, daß die Vertröstung auf das Jenseits hohl ist.

Indem Augustinus sein Denken systematisch auf die Geschichte als einen mit eigener Notwendigkeit auf die Erlösung zielenden Prozeß und auf das Heil des Individuums richtet, fügt er dem Neuplatonismus neue Momente hinzu. Die Spannung zwischen einem antiken Verständnis des Allgemeinen und einer Idee des Individuums, dem das Heil zuteil werden soll, bewegt das Augustinische Denken und danach in wechselnder Akzentsetzung die gesamte mittelalterliche Philosophie.

Um dem Ziel der Vergöttlichung der Menschheit näher zu kommen, schien unter anderem die Förderung der Bildung ein notwendiges Mittel. Die Philosophie und ihre Tradition sollten dem theologisch bestimmten Ziel dienen. Dazu bedurfte es des systematischen Rückgriffs auf die Reste der überlieferten antiken Bildung, die von den Klöstern tradiert wurden. Aus den Bemühungen, die Vereinigung der klassischen Philosophie und der christlichen Tradition über die Kirchenväter hinauszutreiben, ist die früheste Gestalt der Scholastik entstanden.

Sie diente der Einigung des fränkischen Reiches und entspringt somit der problematischen Absicht, Herrschaft auf Vernunft zu begründen. Die einigende Kraft sollte im Glauben liegen, aber dieser war nur zur Objektivität, zur Evidenz für die Subjekte zu bringen, wenn die Übereinstimmung von Offenbarung und Metaphysik mit den Mitteln der vorchristlichen Dialektik und Rhetorik beweisbar war. Die Disziplinen des Triviums hatten in dieser Hinsicht bereits instrumentellen Charakter, lange bevor die *via moderna* ihn verabsolutierte.

Für die frühscholastische Epoche war indessen weit bedeutsamer, daß die Beschäftigung mit den *artes liberales*, die den menschlichen Geist für die *divina sapientia* kultivieren sollte, schon auf den Logos führte, der nach dem neuplatonischen Verständnis der Zeit in allem Seienden inkarniert sein sollte. Das Instrument, die Logik, war selbst Wissenschaft vom Logos, als dessen Inbegriff der göttliche Geist galt. Deshalb erschien es zunächst unbedenklich, wenn die Dialektik die Formen des Denkens untersuchte, denn deren Inhalt, die Gegenstände des Denkens, sollte ihnen unmittelbar entsprechen. Die Ordnung der logischen Begriffe gründete in der Hierarchie der metaphysischen Substanzen, deren Prinzip das göttliche Wesen war. Diese Überzeugung der frühen Scholastik war bis zu ihrem konsequentesten spekulativen Ausdruck, der *Divisio naturae* des Scotus Eriugena, ungebrochen wirksam. Sie erlaubte aber eine Verselbständigung der logischen Reflexion, die das Selbstbewußtsein der Philosophie als der Disziplin der weltlichen menschlichen Vernunft hervorbrachte. Dies führte folgerichtig zum Zerfall der neuplatonischen Metaphysik, zum Universalienstreit und schließlich zur *via moderna*. Die Säkularisierung, die sich im geschichtsphilosophischen Selbstverständnis der Epoche objektiv ankündigt, bildet ebenso unfreiwillig auch die Entwicklung der logisch-metaphysischen Spekulation vor.[3]

Das Werk der frühesten Scholastiker – Alkuin, Hrabanus Maurus, Fredegisus, Candidus von Fulda und Hinkmar von Reims – besteht in Kompilationen und Exzerpten aus den zur Verfügung stehenden Texten der Tradition. Eine eigene theoretische Position ist hier noch nicht ausgeführt. Die Tätigkeit dieser Begründer der ersten Dom- und Klosterschulen war indessen politisch bestimmt. Die Schulen, deren Aufgabe die Pflege der klassischen Bildung war, sollten die fast völlig analphabetischen nord- und mitteleuropäischen Völker in die Kontinuität einer durch das Christentum bestimmten geistigen Tradition einbeziehen. Dadurch sollte die politische Kontinuität des sich bildenden Reiches durch das Bewußtsein der ihm angehörenden Menschen hergestellt werden. Der militärischen Strategie des Imperiums kam der planmäßig ausgeführte Bildungsauftrag der Schulen zu Hilfe. Wenngleich diese nur wenigen zugänglich waren, so ist ihnen doch zu verdanken, daß das Christentum nicht auf die Stufe bloßer Mythologie zurücksank und die Tradition der profanen Wissenschaft, wiewohl viele ihrer Quellen lange verschüttet waren, nicht gänzlich abbrach, sondern, wenn auch als Propädeutik der Theologie, ein entscheidendes Medium für die spätere Emanzipation des profanen Selbstbewußtseins bilden konnte.

Die Gestalt der Rationalität, die das frühe scholastische Denken ausbildete, entstand unter heteronomen Bedingungen, über die sie

3 Unter diesem Aspekt hat M. Grabmann recht, wenn er das Verhältnis von *auctoritas* und *ratio* als das zentrale Problem der gesamten Scholastik bestimmt (cf. *Die Geschichte der scholastischen Methode*, Bd. I, Freiburg 1909, S. 28 ff.). Beginnt das religiös gebundene Bewußtsein damit, sich selbst mit dialektischen Mitteln zu artikulieren, so muß es die Dialektik in die Theologie einführen. Deren *auctoritas,* soweit sie nur die Stelle unbefragter Herrschaft vertritt, muß dadurch erschüttert werden. Als vernunftlose Gewalt aber hätte die *auctoritas* des Gottesstaates keine Objektivität besessen. Im Bestreben, die *auctoritas* zu begründen, untergrub die *ratio* sie auf lange Sicht notwendig. Solange die Vernunft freilich als beherrschende Kraft, ja als das Wesen Gottes selbst galt, trat dieser Widerspruch nicht in Erscheinung. Die Logik war letzthin die Wissenschaft von den Gedanken Gottes, und daher war die Dialektik zunächst ein Instrument der *deificatio*.

sich erhob und die sie dennoch zugleich verklärte. Die Funktion der durch die sogenannte karolingische Renaissance begünstigten Philosophie und Theologie war die Apologie einer sich etablierenden Herrschaftsordnung. Die Überzeugung, daß die Einheit das Prinzip der Vielheit sei und folglich politisch einer Herr sein müsse und nicht viele, sollte erst zum herrschenden Bewußtsein gebracht werden. Die egalitären, demokratischen Momente des Christentums mußten daher sowohl in der metaphysischen Spekulation wie in der politischen Praxis bis zum Erwachen der ersten nominalistischen Kritik zurücktreten. Im kriegerischen karolingischen Zeitalter war es zwar keine Frage, ob Vernunft mit Herrschaft überhaupt vereinbar sei, aber die auf militärische Überlegenheit gestützte Vormacht des fränkischen Königs schuf sich eine Grundlage im zeitgenössischen Rechtsdenken, dessen Objektivität wiederum an Theologie und Metaphysik gebunden war.

Die Gefolgschaftsordnung und die daraus folgende Grundherrschaft wurden in der karolingischen Epoche auf das Vasallenverhältnis gestützt, welches seinerseits durch wechselseitige *fides* zwischen Oberherrn, Vasallen, Aftervasallen und Grundholden zusammengehalten wurde. Die Vereinheitlichung des Rechts, das diese Verhältnisse bestimmte, förderte eine Vasallenhierarchie, an deren Spitze der Kaiser stehen sollte. Das Medium, vermöge dessen die Individuen in dieser Gesellschaftsformation aufeinander bezogen waren, war die *fides*, die eidlich sanktionierte Treue, deren Allgemeinheit in der *fides christiana* begründet war.[4] Der heilsgeschichtliche Auftrag des Kaisers bestand in der Förderung des Gottesstaates; so war auch er durch die *fides* gegenüber Gott gebunden. Gott selbst konnte nach diesem Verständnis nicht ein Wesen jenseits aller Norm sein. Aus seiner Allgüte und Weisheit folgte vielmehr, daß er seine *fideles* gegen die Ungläubigen, gegen das Reich des Teufels, schützte.

Der frühmittelalterliche Begriff des Glaubens hat so sein Modell in den politischen Abhängigkeitsverhältnissen, wie diese umgekehrt in ihm begründet sind. In dieser Ordnung hat die Religion – im Gegensatz zur Neuzeit – eine objektive Funktion. Sie und ihr gedankliches

4 Zur Bedeutung der *fides* im fränkischen Lehnrecht cf. H. Mitteis, *Lehnrecht und Staatsgewalt*, Weimar 1933, S. 43ff. Die doppelte Bedeutung des Begriffs *fides* ist nicht eine Äquivokation, sondern in dem einen Bewußtsein begründet, das die gesellschaftliche Realität ebenso bestimmt wie die Spekulation. – Sozialgeschichtliche Details hierzu bietet M. Bloch, *La société féodale. La formation des liens de dépendance*, Paris 1939, insbes. S. 226 ff.

Modell besitzen Objektivität, die über die subjektive Meinung der Individuen hinausgeht. Die Überzeugung von der Natürlichkeit der feudalen Gesellschaft, die sich erst seit dem 8. Jahrhundert etablierte, erhält ihre Stütze in der übernatürlichen Offenbarung und in der objektiven Metaphysik, deren Lehren alle Zeit transzendieren sollten. Immerhin bedeutete die *commendatio*, d. h. die freiwillige Unterwerfung eines Vasallen unter einen Lehnsherrn oder die eines Gemeinfreien unter einen Grundherrn[5], daß der Einzelne den Schutz einer Gesellschaft genoß, die den Krieg aller gegen alle ebensowenig kannte wie die schrankenlose Willkür der politisch Herrschenden. Die Bildungspolitik der Karolinger, die die Einrichtung von Vasallität und Grundherrschaft begleitete, diente deren metaphysischer Begründung. Nur ein Imperium, das eine objektive Theorie für sich hatte, konnte der heidnischen römischen Vergangenheit und den unzivilisierten Stämmen gegenüber Anspruch auf übermenschliche Legitimität erheben. Die philosophische und theologische Reflexion, die ja dem Absoluten selber galt, hatte aber deshalb Autonomie gegenüber der Herrschaft, die sie begünstigte. So mußte der theoretische Gedanke, der Ausdruck des Seins schlechthin sein sollte, politische Bedeutung haben.

Die neuplatonische Lehre von der teleologischen Verfassung der Welt, deren Ursprung im göttlichen Geist und von der unmittelbaren Substantialität des Höheren, weil Allgemeineren und damit der Herrschaft Näheren ist von den Denkern der karolingischen Epoche und deren Nachfolgern bis zum 12. Jahrhundert übernommen worden. Die historische Konstellation, deren Ausdruck sie war, ließ es zu, daß sie unter den Bedingungen, die sich seit der Antike gänzlich gewandelt hatten, erneut eine apologetische Funktion einnehmen konnte. Im späten Altertum behauptete die neuplatonische Philosophie in Konkurrenz mit der weithin individualistischen Stoa eine Weltvernunft, die in allem Empirischen enthalten, diesem gegenüber jedoch die höhere Dignität besitzen und ihm zugleich auch transzendent sein sollte. Einem Partikularen konnte danach keine Selbständigkeit zukommen, denn was es ist, sollte ihm durch Emanation verliehen sein.

Die Einheit des Römischen Reiches, die zur Zeit von Plotin, Porphyrius und Proklos bereits zerbrach, sollte in der Idee der Einheit der Vernunft wiederhergestellt werden. Dennoch war die neuplatonische Philosophie die verklärende Beschwörung eines historisch Besiegten, objektiv schon Vergangenen. In der Zeit, als das konsolidierte Weltreich durch die Völkerwanderung in Gefahr geriet, bildete der

5 Cf. hierzu M. Bloch, l. c., S. 231 und 279 ff.

Neuplatonismus den historischen Prozeß der Ausbreitung der Pax Augusta gleichsam selber noch einmal als zeitlos-ontologischen ab: Das Urbild Rom emaniert in die vielen Abbilder in den Provinzen, die ihrerseits auf ihr Prinzip als auf ihr Telos sich zurückbeziehen. Die Blindheit des Plotinischen ἕν ist aber ein Hinweis darauf, daß das Zentrum ein außer ihm liegendes vernünftiges Telos nicht mehr kannte. Die klassische Antike, in der die Welt als universale Polis eingerichtet werden sollte, verlor ihr Selbstbewußtsein.

Die christliche Heilslehre läßt das Bewußtsein eines Telos der Welt, einen bis dahin unbekannten Chiliasmus entstehen. Nach dem Zusammenbruch der alten römischen Weltordnung nimmt deren nordalpine *renovatio* ihre Kraft zur Unterwerfung der Völkerstämme von der Verheißung eines Reiches jenseits aller empirischen Ordnung, in welchem diese ihr geschichtliches Ziel haben sollte. Das Ziel der Geschichte ist ihre eigene Aufhebung. Indem aber die faktische Geschichte als Heilsgeschichte verstanden wurde, beginnt der auf das Jenseits gerichtete Heilsanspruch des Christentums die realen Verhältnisse zu verklären. Diese apologetische Wendung des zentralen Augustinischen Gedankens stimmt mit der neuplatonischen Metaphysik überein: Ist die diesseitige Welt auf ihre Rückkehr in ihren Ursprung hingeordnet, so wohnt ihr von jeher der Logos inne, der am Ziel zu sich selbst kommt.

So erhebt die frühe scholastische Philosophie und besonders ihr konsequentester Vertreter, Johannes Scotus Eriugena, den Anspruch, den Hervorgang der gesamten physischen und moralischen Welt aus dem obersten transzendenten Sein dargestellt zu haben. Das Besondere ist danach *nur* begründet, nicht selber Grund. Der Vorrang des Allgemeinen, das zu seiner Existenz keines Besonderen bedarf, ist überall vorausgesetzt. Die Einheit, die es politisch in der Vielfalt der Stämme und ihren partikularen Traditionen herzustellen galt, wurde im spekulativen Gedanken als metaphysisch möglich bestimmt. Darin lag eine historische Antizipation, ein Anspruch der Vernunft wurde gesetzt, dessen Einlösung ausstand, denn die Christianisierung Nord- und Osteuropas war noch nicht vollbracht, und die formell vereinigten Stämme, namentlich im ostfränkischen Bereich, bildeten noch keine politische Einheit.

Auf die Frage, warum nach dem Zusammenbruch des weströmischen Reiches wiederum ein Universalreich zur historisch bestimmenden Kraft wurde und nicht die antagonistische Vielfalt naturwüchsiger Gemeinwesen bestehen blieb, gibt es deshalb keine überzeugende geschichtswissenschaftliche Antwort. Die christlich akzentuierte Idee des Einen, zu dem das Viele als seinem Ursprung zurückfinden müsse, ist aus den sozialhistorischen Gegebenheiten nicht herzuleiten. Nichts Ökonomisches machte sie notwendig. Der politische Zwang allein kann sie auch nicht vollends erklären, denn die Macht war selbst nach der Christianisierung Mittel- und Nordeuropas so wenig zentriert, daß das komplexe Geflecht von wechselseitigen Abhängigkeiten, das der Feudalismus darstellt, die fehlende Einheitlichkeit erst einmal herstellen mußte. Insofern kommt dem Einheitsdenken der karolingischen Epoche ein antizipativer Charakter zu. Die Gewalt, die die Idee des Gottesstaates verwirklichen sollte, setzt sie voraus. So sehr die Idee in den Dienst der politischen Gewalt tritt, so ist sie doch zugleich von ihr geschieden.

Die Einheit des Seienden, deren affirmative Darstellung das Interesse von Philosophie und Theologie war, galt als Urbild der politischen Einheit des erneuerten Römischen Reiches. Gegen die vernunftlose Barbarei der sich befehdenden Völkerstämme war dies ein Fortschritt, tat sich doch hierin die Absicht kund, die Einheit der menschlichen Gattung herzustellen, den Menschen als solchen ein Selbstbewußtsein zu ermöglichen, das den Einzelnen als Angehörigen des einen Stammes nicht bloß negativ auf die anderen Stämme bezog. Die geistigen Mittel, die dies Einheitsdenken verwandte, stammten aus der Antike und waren durch die Idee der Heilsgeschichte aktualisiert: Die ideale Polis, die in der Antike als schon wirklich verstanden wurde, sollte am Ende aller Zeit liegen. Historisch Vergangenes wurde damit in modifizierter und vergeistigter Form zum Telos der Menschheit schlechthin stilisiert. Was aber das beschränkte Bewußtsein der Barbaren transzendiert, ist nicht schon Fortschritt schlechthin; dessen metaphysisches Modell übernimmt vielmehr die ungelösten Widersprüche seines antiken Ursprungs in die christliche Geschichte. Wohl war es aufklärerisch, die Unterschiede der Stämme zum Unwesentlichen herabzusetzen und die *essentia humana* zum Universale zu erheben, indem das Singuläre seine Substanz hat; aber in der Hypostase des einheitstiftenden Allgemeinen ließ die neuplatonische Denkweise das Individuelle in Bedeutungslosigkeit verharren, nachdem schon Plotin es fast zum Nichts herabgesetzt hatte. Zwar verschaffte der Glaube an das Allgemeine, Gott und seine Heilstaten, den Individuen das noch schwache Bewußtsein eigener Dignität, welches durch die hiervon abhängige gesellschaftliche Bedeutung der *fides in temporalibus* bestärkt wurde. Die Frage nach der tatsächlichen Substantialität des Allgemeinen mußte sich jedoch neu stellen, nachdem das Reich weithin konsolidiert war und die Städte mit ihrer Lebensweise wieder objektiv bedeutsam wurden. Kritisches Bewußtsein, das in Distanz zu den Verhältnissen trat, die es ermöglichten, war an jene Urbanität gebunden, die sich im hohen Mittelalter der Feudalität entgegenstellte.

Die europäische Feudalgesellschaft, die auf der wechselseitigen *fides* ihrer Mitglieder beruhen sollte, war eine Ordnung der Ungleichheit, die in ihren Anfängen sogar noch die Sklaverei kannte.[6] Die Verhältnisse, in denen die Großen viele Vorrechte, die ihnen verpflichteten Unfreien aber nur wenige besaßen, waren auch im Inneren nicht ohne Gewalt etabliert worden. Die Autotraditionen und Kommendationen, durch die ein Gemeinfreier sich unter den Schutz eines Herrn stellte und ihm dafür teilweise oder ganz seine Freiheit, d. h. die Verfügung über Leib und Eigentum opferte, waren nicht stets freiwillig, sondern vielfach erzwungen.[7]

Der christliche Neuplatonismus, der die feudale Herrschaftsordnung legitimierte, ist deshalb im Kern seiner Metaphysik widersprüchlich. Zwar wollte er positive Manifestation der Einheit der menschlichen Gattung sein und die negative Beziehung der Stämme und Völker im Krieg beenden, um sie schließlich *einer* Herrschaft zu unterwerfen. Dies aber war ohne äußere und innere Gewalt nicht zu haben. Der Primat des Einen, Allgemeinen ging zu Lasten des Vielen, Individuellen, das auf den unteren Rang der Emanations- und Herrschaftsordnung verwiesen wurde. Das historische Ergebnis, das erneuerte Römische Reich, sollte in der seinerseits nicht bloß historischen, sondern überzeitlichen Wahrheit des Christentums gründen. Zu solcher Legitimation einer geschichtlich entsprungenen Gesellschaftsformation war es aber nicht bruchlos fähig. Seiner Idee entsprachen vielmehr Friede und die Gleichheit der Menschen. Einen substantiellen Unterschied von Herrschenden und Beherrschten konnte es danach nicht geben. Die begriffliche Entfaltung dieses Widerspruches ist die Triebkraft der späteren scholastischen Philosophie, deren Problem fortan das Verhältnis von Allgemeinem und Besonderem ist.

Der christliche Neuplatonismus der Frühscholastik ist ein extremer Universalienrealismus, der bei Johannes Scotus Eriugena als objektive Theorie alles geschaffenen und ungeschaffenen Seienden auf-

6 Unter Hinweis auf die einschlägigen Dokumente schildert G. Duby diese vielfach ignorierte Tatsache: *L'économie rurale et la vie des campagnes dans l'occident médiéval*, Paris 1962, S. 100 ff.

7 Cf. die mit vielen Belegen versehene Darstellung dieser Verhältnisse bei J. Kulischer, *Allgemeine Wirtschaftsgeschichte des Mittelalters und der Neuzeit*, 4. Aufl. Darmstadt 1971, Bd. 1, S. 40 ff.

tritt. Die Spekulation, die aus der Überzeugung folgt, die substantielle Ordnung der Dinge und der Gesellschaft sei mit der Hierarchie der begrifflich fixierten Wesenheiten identisch, will den christlichen Glauben in einer Metaphysik fundieren, die Inbegriff jedes möglichen Wissens ist. Die Prinzipientheorie, die bei Plotin bereits entfaltet ist, vereinigt sich bei Scotus Eriugena in bis dahin unerreichter systematischer Konsequenz mit der Dogmatik der christlichen Religion. Die Identität von biblischer Offenbarung und neuplatonischer Philosophie, die das Hauptwerk des Scotus Eriugena demonstrieren will, bringt jenen Universalismus zum Ausdruck, der im karolingischen Zeitalter beginnend das Mittelalter bestimmt hat. Die Ordnung der Dinge, die aus dem einen göttlichen Urgrunde entspringt und von den *primordiales causae* bis zur letzten Stufe, den materiellen Körpern, reicht, ist nur vom einem Gedanken konstituiert:

»Omne quod est, aut participans, aut participatum, aut participatio est aut participatum participans. Participatum solummodo est, quod nullum superius se participat, quod de summo ac solo omnium principio, quod deus est, recte intelligitur; ipsum siquidem omnia quae ab eo sunt, participant, quaedam quidem immediate per se ipsa, quaedam vero per medietates interpositas; participans vero solummodo est, quod supra se naturaliter constitutum participat, a nullo vero infra se posito participatur; quoniam infra se nullus ordo naturalis invenitur, sicut sunt corpora quorum participatione nulla rerum subsistit.«[8]

Die hierarchische Ordnung des Seienden ist kontinuierlich durch das Kausalverhältnis. Die höheren Substanzen entlassen aus sich die niederen als ihre Wirkungen, umgekehrt ist die Subsumtion der vielen einzelnen Seienden unter weniger zahlreiche Arten, diese unter Gattungen und schließlich unter die *primordiales causae*, die irreduziblen Kategorien, der Aufstieg des Geistes von den Wirkungen zur Ursache. Der logische Umfang der Begriffe ist Ausdruck ihres Seinsgrades. Der universalste Begriff muß alle anderen unter sich befassen. Der logischen Subsumtionskraft des universalsten Begriffs entspricht ontologisch die höchste Wirkmächtigkeit. Nur durch diese Kraft ist das System kohärent. Die Entitäten stehen in einem Gefolgschaftsverhältnis zueinander, das sie essentiell aneinander partizipieren läßt: »Hinc facillime datur intelligi nihil aliud esse participationem nisi ex superiori essentia secundae post eam essentiae derivationem, et ab ea quae primum habet esse secundae ut sit distributo.«[9]

8 Johannes Scotus Eriugena, *De divisione naturae*, Oxford 1681 (Reprint Frankfurt/M. 1964), S. 102 (Buch III., Kap. 3).
9 L. c.

Die Stufenfolge der Wesenheiten erlaubt die Gliederung der Natur als eine Schöpfungsordnung, die zugleich mit der Struktur der Feudalgesellschaft konvergiert.[10] Die Interpretation des logischen Subordinationsverhältnisses der *genera* und *species* als genetisches Folgeverhältnis erlaubt die Verschmelzung der neuplatonischen Emanationslehre mit dem theologischen Dogma der Schöpfung. Die Auslegung des biblischen Schöpfungsberichtes, die Eriugena bietet, dient so dem Nachweis der bruchlosen Einheit von Offenbarung und Philosophie. Die übernatürliche Wahrheit begründet die weltliche Wissenschaft und beinhaltet zudem die Norm des gesellschaftlichen Verhältnisses der Menschen. Weil Offenbarung und weltliches Wissen wie Urbild und Abbild aufeinander bezogen sind, gibt es nach dieser Lehre auch keinen Konflikt zwischen Autorität und Vernunft. Vielmehr kann die Vernunft, da sie ebenso göttlichen Ursprunges ist wie die wahre Autorität, auf die immanente Folgerichtigkeit der Dialektik vertrauen[11], ohne eine ihr äußere Gewalt fürchten zu müssen:

»Et vide quomodo naturalem rerum consequentiam divinum nobis manifestat eloquium. ›Producat‹, inquit, ›terra animam viventem in genere suo.‹ Primo genus posuit, quoniam in ipso omnes species et continentur et unum sunt, et in eas dividitur et multiplicatur per generales formas specialissimasque, quod etiam ostendit dicens: ›jumenta et reptilia et bestias terrae secundum species suas.‹ Ac per hoc intelligitur quod ars illa quae dividit genera in species et species in genera resolvit, quae διαλεκτική dicitur, non ab humanis machinationibus sit facta, sed in natura rerum, ab auctore omnium artium quae vere

10 Dieses neuplatonische Schema bildet sich auch in der Struktur der Kirche ab. Der Ritus der Bischofsweihe und die dem Bischof übertragene Kraft, den niederen Klerus durch die nur ihm vorbehaltene Spendung des Sakraments der Priesterweihe gleichsam zu erzeugen, sind nicht allein magische Praktiken, sondern die Bestätigung der in der Emanation gründenden Ordnung der Teilhabe. In der Spendung und im Empfang des Sakramente bekundet sich die Universalität des mittelalterlichen Bewußtseins. Die Kraft, Riten zu vollziehen und Sakramente zu spenden und zu empfangen, ist hierarchisch gegliedert. Die von ihr bewirkten Gnaden aber sind eines in ihrem göttlichen Grunde. Cf. die Bemerkungen zur Bischofsweihe bei G. Duby, *Die drei Ordnungen*, Frankfurt/M. 1981, S. 29ff.

11 Cf. Scotus Eriguena, l, c., S 38 (I, 68): »Nulla itaque auctoritas te terreat, ab his quae rectae contemplationis rationabilis suasio edocet. Vera enim auctoritas rectae rationi non obstitit, neque recta retio verae auctoritati. Ambo siquidem ex una fonte, divina videlicet sapientia, mamare dubium est.«

artes sunt, condita, et a sapientibus inventa, er ad utilitatem solertis rerum indaginis usitata.«[12]

Umgekehrt verweist die Verbindlichkeit logischer Regeln, derer der in den *artes liberales* geschulte Verstand sich versichert, auf eine Objektivität, die der Zufälligkeit bildlicher Vorstellungen, die den *sensus litteralis* des biblischen Schöpfungsberichtes bestimmt, überlegen ist. Der *sensus spiritualis,* den Scotus Eriugena wie schon Origenes und Augustinus vom wörtlichen Schriftsinn absetzt, ist nicht wiederum durch allegorisierende Auslegung, sondern nur durch Abstraktion von allem Bildlichen als das in diesem Gemeinte zu gewinnen.[13]

In der Dialektik, in der das Gefüge des geschaffenen und ungeschaffenen Seienden bilderlos sich darstellt, gelangt der menschliche Geist näher zu Gott, dem unveränderlichen Urgrund. So gewinnt das reflektierende philosophische Bewußtsein in der Lehre des Scotus Eriugena die für die Scholastik charakteristische Gewißheit, das Prinzip der Offenbarung selber denken zu können. Die Vernunft, die sich in der philosophischen Interpretation der Dogmen entfaltet, kann daher nur ihre eigene Autorität anerkennen. Aus der Einheit von wahrer Religion und Philosophie folgt, daß auch die historische Überlieferung der Kirchenväter am Kriterium innerer Widerspruchsfreiheit sich messen lassen muß, denn was widersprüchlich ist, kann nicht göttlichen Ursprungs sein.

Die Zuversicht der Philosophie in die autoritative Kraft ihrer eigenen Evidenz ermöglichte durch ihre jahrhundertelange Wirksamkeit schließlich ein Selbstbewußtsein jenes Denkens, dem die Wahrheit das Ergebnis seines eigenen produktiven Reflexionsprozesses, nicht aber bloßer Nachvollzug des scheinbar ontologisch Gegebenen ist. Für Scotus Eriugena ist die Selbstgewißheit des Denkens noch durch objektive Theologie und deren geoffenbarte Wahrheit gestützt, die freilich umgekehrt durch Dialektik überhaupt erst erklärbar und damit verständlich werden soll. Hat sich Gott den Menschen zu erkennen gegeben, so sind göttlicher und menschlicher Geist als Urbild und Abbild substantiell miteinander verwandt. Die Tätigkeit der subjektiven Vernunft, die sich seit dem Ende des Mittelalters emanzipierte, ist hier noch von einer außer ihr vorgestellten objektiven Vernunft bestimmt, für die sie ihrerseits nicht konstitutiv sein kann. Der universale *ordo* aller Naturen ist nur von der obersten Ursache gestiftet; den

12 L. c., S. 163 (IV, 4).
13 Cf. l. c., S. 66 (I, 64).

Wirkungen kommt es nur zu, sich zu ihrem Ursprung zurückzuwenden.

Die Erkenntnislehre des Scotus Eriugena bleibt daher im Umkreis des früheren Neuplatonismus. Die Kritik an der bloßen Autorität trifft jedoch implizit Herrschaft als argumentlose Gewalt. Dies entspricht der karolingischen Konzeption der Heilsgeschichte, in der die Politik des Kaisers aus der Einheit von Offenbarung und Vernunft sich herleiten sollte. Zwar ist nach Eriugena das göttliche Wesen, abgesehen von allem geschaffenen Seienden, nur in übertragenem Sinne einer Prädikation zugänglich, denn in seinem letzten Beisichsein ist Gott weder den Menschen noch den Engeln erkennbar[14]; aber das bedeutet nicht, daß es deshalb bloßer Willkürwille sei, der sich selber und damit allem ihm Nachgeordneten beliebig die Norm setzt. Vielmehr weist alles geschaffene Seiende eine der philosophischen Reflexion durchsichtige begriffliche Ordnung auf, deren überempirische Evidenz nur aus einer göttlichen Quelle stammen konnte. Dem frühen mittelalterlichen Bewußtsein war dies eine daseiende Vernunft, deren Substantialität noch nicht in Zweifel geraten war. Es wurde als die Vollkommenheit der Schöpfung angesehen, welche nicht beliebig sein konnte. Gegen dies aus dem göttlichen Wesen stammende Gesetz durfte deshalb keine Autorität verstoßen, die sich auf die Offenbarung berief. Denn die Vernunft ist *natura prius* gegenüber aller Autorität, die der Zeit nach das Frühere sein mag. Herrschaft ist somit nicht schlechthin ἀρχή, sie hat ein ihr vorgegebenes Gesetz: »Rationem priorem esse natura, auctoritatem vero tempore, didicimus. Quamvis enim natura simul cum tempore creata sit; non tamen ab initio temporis atque naturae coepit esse auctoritas. Ratio vero cum natura ac tempore ex rerum principio orta est.«[15]

Ein unauflöslicher Widerspruch zwischen Autorität und Vernunft ist für Eriugena noch hypothetisch. Dies änderte sich, als die philosophische Reflexion in der unabweislichen Geltung der logischen Gesetze nicht länger die Spiegelung des *mundus intelligibilis* anerkannte, sie vielmehr als die reine Form ihres eigenen Selbstbewußtseins anzusehen begann. Diese Selbstgewißheit hatte sich an der fraglos objektiven Schöpfungsordnung gewonnen – Vorbedingung für die säkulare Erkenntnis, daß das denkende Subjekt es ist, in dem die Vielheit zur Einheit, die Natur zur durchgängigen Bestimmtheit gebracht wird.

Für Scotus Eriugena ist der Urgrund, der die disparate Mannigfal-

14 Cf. 1. c., II,28.
15 L. c., S. 39 (I, 69).

tigkeit der erscheinenden Dinge zur Einheit verbindet, rein objektiv. Er ist das Wesen des Unterschiedenen, das in ihm aufeinander bezogen ist. Die All-Ursache muß deshalb als zeitlose Relation des Unterschiedenen gedacht werden, ohne daß indessen diesem eine von der All-Ursache unabhängige Substantialität zukäme. Einheit und Vielheit sind so im Gedanken Gottes vor der Erschaffung der Welt schon gesetzt. Die Prinzipienphilosophie des Scotus Eriugena durchdringt hier das Dogma von der Trinität, die als ewige Beziehung Gottes auf sich selbst erscheint: »Num igitur divinitatem ingenitam et gignentem, et deitatem ingenitam, et deitatem procedentem credimus; et dum sit una, et inseparabilis divinitas, differentias tamen substantiales recipit? In Patre enim deitatem ingenitam, in Filio deitatem genitam, in Spiritu Sancto deitatem procedentem accipimus. [...] Est igitur substantialis causa ingenita et gignens; et est substantialis causa genita; item substantialis est causa procedens, et tres causae unum sunt, et una causa essentialis.«[16] Die Beziehung des in Gott Unterschiedenen ist hiernach eine zeitlose *relatio ad intra*. Die trinitarische Spekulation des Scotus Eriugena zielt darauf ab, die Möglichkeit von Weltschöpfung und Erlösung denkbar zu machen. Die Unterscheidung von Welt und Gott muß in Gott selber liegen, jedoch so, daß dessen Einheit als All-Ursache gewahrt ist.

Der Übergang der Beziehung Gottes auf sich selbst zu einer Beziehung auf die geschaffene Welt ist nach dieser Lehre der Prozeß der Emanation, dessen Rationalität jedoch bei Eriugena ebensowenig wie in jedem anderen neuplatonischen System bestimmbar ist. Ist es schon ohne Selbstwiderspruch des reinen Prinzips nicht möglich, daß Gott sich selber Gegenstand wird, so gerät die Emanation des in Gott Gedachten in die sichtbare Welt noch tiefer in die Antinomie, entweder Gott und Welt identisch setzen und damit die Heilsgeschichte streichen, oder die sichtbare Welt von der intelligiblen trennen zu müssen, so daß die Emanation des obersten Logos, der nur sich selbst Ähnliches zu bewirken vermag, allein die hierarchische Stufenfolge der Gedankenformen von *genera* und *species* betrifft. Der Hervorgang konkreter Dinge ist deshalb auch nur in abstrakter Form möglich gewesen, als Verdoppelung der Wesenheiten: »Causas enim [...] eorum quae facta sunt homines ante saecula per substitutas voluntate bona, secundum eas visibilem et invisibilem, et non existentem substituit creaturam. [...] Causam quidem angelorum creans produxisse credimus causam uniuscuiusque complentium mundum, qui super nos est essentiarum et virtutum, rationem hominum uiuscuiusque ex

16 L. c., S. 84 (II, 30).

Deo esse accipientium.«[17] Darin liegt objektiv ein Bruch zwischen *mundus intelligibilis* und *mundus sensibilis*, den Eriugena teils neuplatonisch verdeckt, indem er den letzteren zum Abbild des ersteren erklärt, teils offen zugesteht, indem er den Unterschied nach Analogie des Sündenfalls bestimmt.

Das Paradies, aus dem die Menschen wie auch alle übrigen Geschöpfe vertrieben wurden, ist das Universum der spirituellen Wesenheiten, in das er und die gesamte Schöpfung am Ende der Zeit zurückkehren werden: »Non enim in mundo moles corporea spatiisque distantes, multiplicesque diversarum partium eius varietates, vera ratio considerat et honorificat: sed naturales et primordiales illius causas in seipsis unitas atque pulcherrimas, in quas dum finis suus venerit, reversurus erit, et in eis aeternaliter mansurus.«[18]

Wenngleich Scotus Eriugena keine Schwierigkeit darin findet, den biblischen Schöpfungsbericht und die Schilderung des Paradieses mit der Bestimmung eines Kosmos reiner Ideen in Übereinstimmung zu bringen, so wird dennoch deutlich, daß die intelligible Natur vor dem Sündenfall sich von der sinnlich mannigfaltigen unterscheidet, die der Gegenstand des Bewußtseins der von Gott abgefallenen Menschen ist:

»Etenim ut ratio docet, mundum iste in varias, sensibilesque species, diversasque partium suarum multiplicitates, non erumperet, si Deus casum et intervitium primi hominis, unitatem suae naturae deserentis, non praevideret: ut saltem post ruinam suam de spiritualibus ad corporalia, de aeternis ad temporalia, de incorruptibilibus ad caducae, de summis ad ima, a spirituali homine in animalem, a simplici natura ad sexuum divisionem [...] suum miserabilem interitum, tali poen admonitus cognosceret: et ad suae dignitatis pristinum statum paenitendo, superbiamque suam deponendo, divinasque leges quas transgressus fuerat implendo, redire postularet.«[19]

Die Welt der sinnlichen Gegenstände wird mit dem Baum der Erkenntnis identifiziert.[20] Diese Motive der Genesisinterpretation in der *»Divisio naturae«* haben den Sinn, das sinnlich Individuierte, Materielle als eine Täuschung des von der reinen Wahrheit abgefallenen menschlichen Intellekts zu bestimmen und ihm damit die Substantialität sui generis zu nehmen. Erst indem die Menschen

17 L. c., S. 106 (III,8).
18 L. c., S. 53 (II, 11).
19 L. c., S. 53 (II, 12).
20 Cf. l. c., IV, 22.

ihrer sinnlichen Neigungen bewußt werden, erscheint für sie die Welt der einzelnen sinnlichen Gegenstände, wie auch ihre eigene *species* sich zu sondern beginnt. Entspringt nach dieser Theorie die Welt der individuellen Dinge gleichsam der subjektiven Verblendung des menschlichen Gattung und steht diesem Trugbilde der wahre *mundus intelligibilis* gegenüber, so ist an dieser Konsequenz des neuplatonischen Realismus deutlich, daß seine nominalistische Umkehrung folgen mußte, so daß das Produkt der fehlgeleiteten Einbildungskraft nicht mehr das Besondere ist, sondern das Allgemeine.

Das Problem des extremen Universalienrealismus, zu erklären, wie die konkrete sinnliche *res* zur begrifflich fixierten allgemeinen Wesenheit sich verhalte, schien durch die Interpretation des Mythos vom Sündenfall lösbar. Wenn das Urprinzip durch die *primordiales causae*, die Ideen, die Bestimmtheit der Einzeldinge produziert, so ist deren Singularität subjektiver Schein für den menschlichen Intellekt; denn die geschaffene Natur ist Abbild des göttlichen Geistes und der in ihm urbildlich feststehenden logischen Ordnung. In diesem Sinne kommt dem Einzelnen, das ontologisch Schein ist, Substantialität nur als Theophanie zu.[21] Nur insofern ihm von der göttlichen Allursache Sein verliehen wurde, ist es mehr als flüchtiger Zufall, durch den das Materielle bestimmt ist.[22] Die menschliche Erkenntnis ist so nicht die Aneignung einer fremden Natur, sondern eine der Selbstoffenbarungen Gottes; eine Erkenntnis des Einzelnen ist danach gar nicht möglich, da es von sich aus nichts ist. Darin liegt die radikale Reduktion des Körprlichen auf das Geistige, die Scotus Eriugena vornahm, um die wiederspruchsfreie Einheit des Seins darstellen zu können.

Wenngleich die Menschen durch einen göttlichen Gnadenakt des Logos teilhaftig werden, so artikuliert sich hierin dennoch der Keim eines Selbstbewußtseins, das im Prozeß seiner allmählichen Aufklärung über sich selbst die Transzendenz Gottes gegenüber der Welt und dem menschlichen Denken eingezogen hat. Die Tautologie von Grund und Begründetem, auf die die Emanationslehre des Scotus Eriugena hinausläuft, ermöglicht, da das einzelne materielle Ding nur den ihm von Gott gegebenen Namen zur Substanz haben soll, einen Nominalismus, der das System der Namen nur dem denkenden weltlichen Subjekt immanent zu setzen braucht, um die traditionelle metaphysische Substanzenlehre zu liquidieren.

Der Universalienrealismus des Eriugena begründet theologisch die

21 Cf. l. c., III, 3-4.
22 Cf. l. c., I, 34.

Lehre von der Erlösung, die folgerichtig als eine *reversio* des von der reinen Wahrheit durch den Sündenfall abgekehrten Geistes gefaßt wird: »In ipsum Deum ascendit, qui universitatem creaturae simul contemplatur, et discernit, et dijudicat; neque ejus judicium fallitur, quoniam in ipsa veritate quae nec fallitur nec fallit, quia est quod ipse est, omnia videt.«[23] Zu dieser Schau der Ursachen, mit denen der Betrachter eins werden soll, wird er fähig durch die Aszese, die Abwendung von der *varietas* der sinnlichen Dinge. Damit gibt er deren Individualität sowie zugleich die eigene auf. Die Erlösung, das Telos der gesamten Natur und damit des Menschen geht auf Kosten der einzelnen Seele, um die es dem Christentum ursprünglich zu tun war.

Wiewohl Scotus Eriugena in der Lehre von der Rückkehr aller geschaffenen Natur in ihren Ursprung das Ende der Welt zum Gegenstande hat, entspringt sein Denken hier dem Bewußtsein der karolingischen Epoche, deren Exponenten die Augustinische *civitas Dei* verwirklichen wollten. Die *reversio* der menschlichen Natur galt es geschichtlich durch die Bildung des Gottesstaates zu vollziehen, in dem am Ende aller Zeit die Seelen den ewigen Sabbat genießen sollten. Die Vergöttlichung des Menschen, der die karolingische Politik zu dienen vorgab, war indessen die Reproduktion dessen, was auf der Stufe der zeitgenössischen Reflexion als Natur bestimmt war: Wie die spirituelle Hierarchie der metaphysischen Wesenheiten im Gegensatz zu den sinnlichen Dingen mit dem Denken Gottes identisch ist, so gilt dem frühen mittelalterlichen Bewußtsein auch die feudale Gesellschaftsordnung als Abbild jener intelligiblen Natur. Die *civitas Dei* sollte den unveränderlichen Gedanken Gottes auf ihre Weise entsprechen. Damit war Faktisches, das System gesellschaftlicher Abhängigkeiten und seine Norm, die intelligible Ordnung metaphysischer Teilhabe, wechselseitig aufeinander bezogen, in einem Bewußtsein zusammengebracht, das naiv beidem unmittelbare Substantialität zumaß. Die Entdeckung der Aporien dieses neuplatonischen Bewußtseins mußte daher im realhistorischen Prozeß die scheinbare Naturwüchsigkeit der feudalen Gesellschaft erschüttern und zuvor die Gedankenform zerstören, von der sie getragen war.

23 L. c., S. 284 (V, 36).

III.

Wie der Realismus seine Naivität verlor Zur Genese des Universalienstreits

Das nominalistische Denken hat sich nicht in abrupter Antithese der überkommenen platonischen Philosophie entgegengestellt, sondern in einem langen Prozeß herausgebildet, in dem der Neuplatonismus seiner inneren Aporien gewahr wurde. Im Verlaufe dieses Prozesses erschienen Elemente einer neuen theoretischen Orientierung, die oft keine direkte Verbindung zueinander aufweisen und primär nur Variationen der überlieferten Lehre darstellen. Das bedeutet nicht, daß die Denker des 11. und 12. Jahrhunderts nur die für sie kanonischen Texte, Porphyrius, Boethius und die *Logica vetus*, wiederholt hätten. Die kleinen Variationen der Kommentare legten vielmehr schließlich die dezidiert nominalistische Position nahe. Sie ist ein legitimes Produkt des extremen Realismus, der den Neuplatonismus metaphysisch vollenden wollte und eben dadurch seinen Sturz herbeiführte.

Das metaphysische Problem des Neuplatonismus war die Bestimmung der Einzeldinge, deren Realität bis ins 11. Jahrhundert in der Theorie keine Rolle gespielt hatte. Wenn die Individualität der Dinge nichts ist als die je zufällige Verbindung von Akzidentien, wie können sie dann Subjekte in Urteilen sein? Wie kann von einem metaphysisch an sich substanzlosen Einzelding mit Anspruch auf Wahrheit ausgesagt werden, daß es Träger eines bestimmten *genus* und einer davon unterschiedenen *species* sei? Galten doch die Universalien, *genera*, *species*, Differenzen und selbst Akzidentien als in höherem Maße seiend als das Ding, von dem sie ausgesagt werden. Die Aussage aber ist in der neuplatonischen Tradition das getreue Abbild der Realität, ihre Struktur ist nicht von der des inneren λόγος der Dinge verschieden. Wessen Sein wird dann aber im Urteil vermöge der Kopula affirmiert, das des Universale oder das des Singulare? Ist das Ding, über das etwas ausgesagt wird, eine Zusammensetzung aus Besonderheit und Allgemeinheit, so ergibt sich die Frage, wie diese notwendig verschiedenen Momente sich zur Einheit des seienden Dinges vereinen können. Denn gilt für alle metaphysischen Urteile der Satz vom zu vermeidenden Widerspruch, so kann kein Seiendes, über das geurteilt wird, die Einheit des Entgegengesetzten sein. Deshalb versuchte die gesamte metaphysische Tradition eines der Momente auf das andere zu reduzieren.

Es entsprach der Präokkupation des frühen mittelalterlichen Denkens, das Allgemeine, dessen Ausdruck die allgemeinen Begriffe waren, als die Substanz des Besonderen zu behandeln. Zudem konnte diese Gestalt des Denkens für sich geltend machen, daß eine durchgängige Bestimmtheit der Natur nur denkbar ist, wenn die Einzeldinge in einem Gemeinsamen übereinstimmen. Ist dieses nur eine zufällige äußere Ähnlichkeit, so ist keine Regel der Übereinstimmung angebbar, und die Welt ist an sich chaotisch. Ist die Ähnlichkeit aber substantiell, wie schon Boethius lehrte, so ist sie mehr als Erscheinung: das Gesetz, nach dem sich ein einzelnes Seiendes zu dem bestimmt, was es ist. Indessen gerät die Theorie der substantiellen Ähnlichkeit in die Schwierigkeit dartun zu müssen, inwiefern das singuläre Ding mehr ist als die Verdoppelung seines immanenten Gesetzes.

Die Metaphysik, die unmittelbar dem ersten Hervortreten des Nominalismus voranging, hat den Gedanken des Boethius, daß die Singularität und die Universalität dasselbe Subjekt haben, so zu entfalten versucht, daß das Universale unmerklich auf seine Bedeutung in der subjektiven Abstraktion relativiert wurde. Die Interpretationen der Boethianischen These durch Pseudo-Hrabanus, Adelard von Bath, Walter von Mortagne, Gauslenus von Soissons und Gilbertus Porretanus sind sämtlich der Intention nach strikt begriffsrealistisch, zumal eine Alternative hierzu noch gar nicht bestand. Dennoch erhält das Individuelle in den Glossen und Paraphrasen des 11. und 12. Jahrhunderts zu Boethius und Porphyrius eine wesentliche Stelle in der Argumentation. Dies ist für das mittelalterliche Denken etwas Neues, kam es doch bei Plotin und Scotus Eriugena kaum auch nur in negativer Form vor. Deshalb konnte es bei diesen Autoren auch noch keine Reflexion auf das Medium geben, in dem sich das Universale, Essentielle mit dem Singulären, der existierenden *res*, zur Einheit verbindet. Das Problem der Einheit der entgegengesetzten Bestimmungen war noch nicht zum Bewußtsein gekommen, da die eine Seite, das Besondere, vorab zum Unwesentlichen herabgesetzt war.

Es war widerspruchsvoll, das Individuelle des Dinges als regellose Zusammensetzung von Akzidentien zu bestimmen und das Universale als das Substantielle ihm unvermittelt gegenüberzustellen, gleichzeitig aber die Einheit beider Seiten im existierenden Ding zu unterstellen. Die Beziehung des Substantiellen zum Akzidentellen blieb ungeklärt, zumal die Akzidentien ihrerseits Universalien sein sollten, von denen die Individualität noch einmal hätte unterschieden werden müssen. In diesem Stande der Reflexion war die nominalistische Position schon angelegt. Wenn die Individualität des Dinges dem Universale unvermittelt gegenübersteht, dann ist es nur noch ein Schritt zu der Behauptung, die *res* sei gar nicht ontologisch durch die Wesenheit bestimmt; sie habe überhaupt keine metaphysische Form und sei vielmehr nur die Widerspiegelung der Bestimmungen, die das reflektierende Subjekt in sie projiziert hat. Um zu dieser Lehre zu gelangen, muß das rein objektiv vorgestellte subiectum aller Wesenheiten nur durch das menschliche Denken ersetzt werden. Was dieses Denken erkennt, kann hiernach objektiv nur die Tautologie der eigenen Reflexionsbestimmungen sein. Diese Konsequenz wird freilich erst bei Ockham gezogen.

Die Universalientheorien des späten 11. und beginnenden 12. Jahrhunderts sind indessen noch darum bemüht, die Objektivität des Allgemeinen zu bestimmen, indem sie jene Momente unter Wahrung des Widerspruchsprinzips zu berücksichtigen versuchen, welche vom älteren Neuplatonismus vernachlässigt worden waren. So rückt das Sein der *entia individualia* in dem Sinne in den Vordergrund, daß *genus*, *species*, Differenz und Individualität in ihnen vereint real sein sollen. Die Einheit der unterschiedenen und ihrerseits substantiellen Bestimmungen sollte das subsistierende Ding selber sein, nicht aber eine synthetische Leistung des erkennenden Subjekts. Dennoch war die begriffsrealistische Philosophie dieser Epoche genötigt, die Leistung des abstrahierenden Denkens indirekt in die Theorie einzubeziehen. Denn wenn die *universalia* ontologisch nur *ein* Subjekt haben, also ungetrennt im einzelnen Ding existieren, ihre Verschiedenheit aber nicht bloßer Schein sein soll, was vollbringt dann ihre Trennung? Ist die Abstraktion eine von der Struktur des Dinges vorgezeichnete, gleichsam dingliche Tätigkeit, dann zerfällt virtuell die mühsam behauptete Einheit des Dinges von selber in die Momente, die die Einheit konstituieren sollten. Die im 11. Jahrhundert allmählich, aber unübersehbar sich vollziehende Abkehr vom konsequenten Neuplatonismus, für den das Einzelne nur akzidentell war, führt mit innerer Notwendigkeit eine zunächst ungewollte Wendung zum denkenden Subjekt herbei. Denn wird dem Einzelnen Substantialität, wahres Sein zuerkannt, dann kann sich Erkenntnis nicht länger nur als Negation des Scheins der Einzelheit verstehen. Die aszetische Negation des Endlichen und die Hinwendung zum Sein höherer Dignität verlieren ihren handgreiflichen Sinn. Das bedeutet, daß der *contemptus mundi* zurücktritt. In der philosophischen Reflexion treten Allgemeinheit in logischer und ontologischer Bedeutung auseinander.

Für die Autoren aus dem Umkreis der Schule von Chartres sind die begriffstheoretischen Reflexionen unmittelbar ontologische Theoreme. Der *ordo intelligendi* war noch nicht vom *ordo rerum* grundsätzlich geschieden, die Distinktion beider wird von verschiedenen Autoren jedoch schon nahegelegt.[1] So wird in einem Manuskript des 11. Jahrhunderts[2] die Differenz zwischen Logik und Ontologie bereits mit Argumenten bestimmt, die die Position Abaelards vorwegnehmen, aber das Ziel der Argumentation ist es, nach der Trennung beider Wissenschaften Ontologie rein betreiben zu können. Darin aber liegt ein Zugeständnis, das den Neuplatonismus bereits modifiziert. Nach aristotelischer, von Boethius tradierter Lehre ist das *genus* das, was ausgesagt wird, während das neuplatonische Verständnis ihm als einem Universale unmittelbares Sein wie dem Ding selber zuschreibt. Die dinghafte Realität des Universale verfällt in der Vorgeschichte des Abaelardschen Denkens schon der Kritik: »Res enim non praedicatur; quod hoc modo probant: si res praedicatur, res dicitur; si res dicitur res enunciatur si res enunciatur, res profertur. Sed res

1 Die Schule von Chartres ist in ihren Hauptvertretern Bernhard und Thierry von Chartres, sowie Bernhard Silvestris und Clarenbald von Arras konsequent neuplatonisch. Aber der exzessive Realismus, der alles einzelne Seiende unmittelbar aus Gott herleiten will und daher dessen Substantialität gänzlich leugnet, schlägt in Pantheismus um: »At aeternum nihil est aliud quam divinitas; unitas ipsa divinitus est. At divinitas singulis rebus forma essendi est; nam sicut aliquid ex luce lucidum est vel ex calore calidum, ita singulae res esse suum ex divinitate sortiuntur. Unde Deus totus et essentialiter ubique esse vere perhibetur. Unitas igitur singulis rebus forma essendi est.« (Thierry von Chartres, *De sex dierum operibus*, in: W. Jansen, *Der Kommentar des Clarenbald von Arras zu Boethius De Trinitate*, Breslau 1926, S. 108.)

2 Ms. 1310 de St. Germain, V. Cousin hat es fälschlich Hrabanus Maurus zugeschrieben: *Ouvrages inédits d'Abélard*, Paris 1836, S. LXXVII ff.

proferri non potest. Nihil enim profertur nisi vox; neque enim aliud est prolatio quam aeris plectro linguae percussio.«[3]

Die Logik ist aufgrund dieses Arguments noch nicht ein System bloßer Zeichen, sondern hier wird immer noch die Angemessenheit der Aussage an das in sich subsistierende Wesen der Dinge postuliert, als dessen Abbild der Begriff und sein sprachlicher Ausdruck ganz traditionell verstanden werden. Das *genus* ist deshalb real als die substantielle Ähnlichkeit, die der Intellekt den *species* entnimmt. Die Fragen, wie der Intellekt den Unterschied von *genus* und *species* mit Anspruch auf Wahrheit feststellen und wie sie als separat subsistierende Entitäten sich zum Dinge verhalten, beantwortet Pseudo-Hrabanus, indem er Boethius resümiert und ihn in charakteristischer Weise variiert: »Alio namque modo universalis est (substantia eadem) cum cogitatur, alio singularis cum sentitur. Hic innuit nobis Boethius quod eadem res individuum et species genus est, et non esse universalia individuis quasi quiddam diversum, ut quidam dicunt, scilicet speciem nihil esse quam genus informatum, et individuum nihil aliud esse quam speciem informatam. Aliter autem non diceretur universalitas et singularitas eidem subjecto accidere.«[4]

Dieser Glosse zufolge ist das Einzelding ontologisch nicht verschieden von Gattung und Art. Die Verschiedenheit der Universalien in logischer und ontologischer Bestimmung, die bei Boethius hervortrat, spielt an dieser Stelle keine Rolle. Vielmehr wird das Verhältnis von *genus*, *species* und Individuum als jeweils das von Materie und Form behandelt. Das *genus* als solches ist unbestimmt im Hinblick auf die *species* und deshalb Materie für deren Form. Die begrifflichen Bestimmungen sind in diesem Zusammenhang dem üblichen Verständnis der *arbor porphyriana* entgegengesetzt: Hier wird der abstraktere und höhere Begriff des *genus* zur Materie, weil er für sich genommen unbestimmt ist im Hinblick auf die Differenzen der *species*. Die vielen Formen der *species* differenzieren die ihnen gemeinsame Gattung. So ist das Ding die metaphysische Einheit von generischer Materie und spezifischer Form, die durch die Differenz beider bestimmt ist. Zu dieser nicht individuellen Einheit tritt akzidentell die individuelle Form hinzu, und das Ding erscheint als Einheit von Materie und Form.

Die Glosse des Pseudo-Hrabanus kann indessen das fundamentale Problem des Begriffsrealismus nicht lösen. Wenn nämlich das empirische Einzelding unmittelbare Einheit von Universalität und Singu-

3 L. c., S. LXVIII.
4 L. c., S. LXIX.

larität sein soll, so bleibt die Beziehung beider ungeklärt, denn das Universale ist das Überempirische; seine reale und nicht nur durch das menschliche Denken konstituierte Spezifikation und Individuation bleibt ein mysteriöser Prozeß. Es tritt außerdem noch das Problem hinzu, wie das *genus*, das doch das höherrangige Universale sein soll, zugleich Materie für die *species* sein kann. Materie wäre hier identisch mit Allgemeinheit, deren höchster Grad mit der *prima materia* zusammenfiele. Da sie nach aristotelischer Lehre gänzlich unbestimmt ist und die Bestimmung, derer sie fähig ist, nicht aus sich selbst erhalten kann, würde ihr diese von niederen, weniger allgemeinen Stufen des Seins aufgeprägt werden. Wenn der menschliche Intellekt sich zur Schau der allgemeinen Ideen erhöbe, so wäre dies sein Übergang in Materie. Die Spiritualisierung der Materie, die der Neuplatonismus für das klassische Denken vollendete, läßt eine solche spekulative Umkehr seiner Ordnung zu. Das Einheitsdenken läßt das Entgegengesetzte ineins fallen. Die ontologische Interpretation der Universalienlehre erweist schon hier, wo die Implikationen der aristotelischen Metaphysik noch gar nicht bekannt waren, ihre Grenze. Der im 11. Jahrhundert erneute Versuch, den Platonischen Chorismos zwischen Idee und empirischem Ding aufzuheben, führt entweder zur Spiritualisierung des Einzeldinges zurück oder zur Restriktion der Idee auf eine empirische Gegebenheit.

Die Einheit von Allgemeinem und Besonderem im singulären Ding, welche die neuplatonische Frühscholastik rein objektiv darzustellen suchte, erwies sich als ein Problem, zu dessen Lösung sich die Aufnahme aristotelischer Theoreme anbot. So hat die Philosophie im 12. Jahrhundert den Boden für die dann folgende systematische Rezeption der Aristotelischen Lehre vorbereitet. In derselben Epoche zeichnet sich indessen eine Denkweise ab, welche dem Einzelding ausdrücklich substantielle Realität zuweist und die Universalien als Aspekte des Dinges bestimmt, die gleichfalls real sein sollen. Gattung, Art und Individuum treten hiernach hervor je nach dem Gesichtspunkt, unter dem das Ding untersucht wird, ohne daß die Frage nach der Einheit dieser Bestimmungen in einem denkenden Subjekt konsequent gestellt würde. Die Bestimmungen werden zwar bereits hier als Benennungen konstitutiver Momente des Seienden behandelt, aber als solche sollen sie zugleich metaphysische Formen sein.

In dem Traktat des Adelard von Bath *De eodem et diverso* kommt dies deutlich zum Ausdruck:

»Genus et species [...] etiam rerum subiectarum nomina sunt. Nam si res consideres, eidem essentia et generis et speciei et individui nomina imposita sunt, sed respectu diverso. Volentes etenim philosophi de rebus agere secundum hoc quod sensibus subiectae sunt, secundum quod a vocibus singularibus notantur et numeraliter diversae sunt, individua vocarunt, scilicet Socratem, Platonem et ceteros. Eosdem autem altius intuentes, videlicet non secundum quod sensualiter diversi sunt, sed in eo quod notantur ab hac voce ›homo‹ speciem vocaverunt. Eosdem item in hoc tantum, quod ab hac voce ›animal‹ notantur, considerantes genus vocaverunt. Nec tamen in consideratione speciali formas individuales tollunt, sed obliviscuntur, cum a speciali nomine non ponantur, nec in generali speciales oblatas intelligunt, sed inesse non attendunt, vocis generalis significatione contenti. Vox enim haec ›animal‹ in re illa notat substantiam cum animatione et sensibilitate; haec autem ›homo‹ totum illud et insuper cum rationalitate et mortalitate: ›Socrates‹ vero illud idem addita insuper numerali accidentium discretione.«[5]

Die Universalienlehre des Adelard von Bath nimmt die Einheit der Bestimmungen als Namen in einem denkenden Subjekt in Anspruch, ohne diesem systematische Bedeutung beizumessen. Ist das empirische Ding, dessen Substantialität ausdrücklich zugestanden wird, je nach dem gewählten Gesichtspunkt Individuum, Art oder Gattung, so sind die Resultate der jeweiligen Betrachtungsweise entweder der Sache äußerliche Merkzeichen, oder das Problem ihrer Einheit bleibt so rätselhaft wie zuvor. Da Adelards Theorie nicht auf die Begriffe von Art und Gattung abzielt, sondern sie als Seiende behandelt, bleibt ihr nur die Wiederholung der Behauptung, das Ding sei ontologisch eines, der Unterschied der Begriffe nach dem Grad ihrer Allgemeinheit falle in das abstrahierende Subjekt. Wenn dies aber zutrifft, dann ist die sonst von Adelard vertretene neuplatonische Erkenntnislehre aufgehoben. Die Abstraktion, die vom sinnlich konkreten Individuum zur reinen Substanz führt, gelangt nicht zu einem Sein höherer Dignität, sondern zu Denkbestimmungen, die sich – wie Adelard selbst sagt – dem »Vergessen« dessen verdanken, von dem ausgegangen wurde. Sind die Universalien aber ohne Einschränkung die Bestimmungen des Wesens der sinnfälligen *res*, wie im gesamten Begriffsrealismus behauptet wird, so dürfte die Tätigkeit des abstrahierenden Intellekts zur Erklärung der Differenz der Universalien untereinander gar nicht in Anspruch genommen werden. Sie erweist sich jedoch schon hier als konstitutiv für ihr Resultat. Die nominalistische Denkrichtung hat hieran angeknüpft, jedoch ohne Rücksicht darauf, daß die Universalien nicht schon deshalb rein subjektiv sein

5 Adelard von Bath, *De eodem et diverso*, ed. H. Willner, Münster 1903, S. 11 f.

müssen, weil sie ohne den Rekurs auf das Subjekt nicht zu bestimmen sind.

Die Schule von Chartres, der Adelard nahestand, hatte sich bei ihren Vertretern Bernhard und Thierry die Aufgabe gestellt, die Lehre Platons mit der des Aristoteles zu vereinigen.[6] Dies bedeutete zunächst, daß die Aristotelische Aufhebung des Platonischen Chorismos noch einmal nachvollzogen wurde. Die Position des Aristoteles wurde indessen so interpretiert, daß sie mit der These, Universale und *res* seien indifferent, zusammenfiel. Noch bevor der größere Teil der Aristotelischen Schriften bekannt wurde , polarisierten sich die philosophischen Positionen mit Notwendigkeit: Universalität und Individualität waren durch die bloße Behauptung ihrer Identität nicht zusammenzuzwingen. Da die Universalien als *res* verstanden wurden, war eine der sich anbietenden Lösungsmöglichkeiten, sie als eine bestimmte Art von *res* zu interpretieren. Die These der frühesten Nominalisten, »universale est vox«, ist am Anfang selbst noch eine Spielart des Realismus und entspringt aus ihm.[7] Extremer Realismus und früher Nominalismus bleiben beide im Kontext der objektiven Metaphysik, die freilich im 11. und 12. Jahrhundert genötigt ist, das denkende Subjekt in ihre Refkexionen einzubeziehen.

Dies hat Johannes von Salisbury, der zeitgenössische Historiker der Kontroverse um die Universalien, registriert. Selbst der neuplatonischen Position der Schule von Chartres verbunden, hat er die Bedeutung des abstrahierenden Subjekts für die Genesis der Allgemeinbegriffe nicht bestritten:

»Siquidem homo homini conformis est, in eo quod uterque est homo, etsi personalibus proprietatibus differant. Habet autem commune cum equo (a quo tota specie, id est universa naturae suae forma, et, ut sic dixerim, tota facie dissidet) quod vivunt et sentiunt, scilicet quod animalia sunt. Illud itaque in quo conveniunt homines, naturae forma similes et sola numero (quod hic scilicet unus, et ille alter) differentes, speciei censetur nomine. Quod autem diversarum formarum quasi communis imago est, generis

6 Cf. hierzu A. Clerval, *Les écoles de Chartres au Moyen-Age du Ve au XVIe siècle*, Chartres 1895, S. 244 ff.

7 Für diesen hier systematisch zu bestimmenden Sachverhalt gibt es historische Hinweise. So existiert ein Brief des Ivo von Chartres an Roscelin, in dem diesem zwar der Wunsch abgeschlagen wird, in das Domkapitel von Chartres aufgenommen zu werden, aber der Stil des Briefes läßt auf eine engere Verbindung schließen: cf. J. P. Migne (Hrsg.), *Patrologia. Series Latina*, Paris 1878 – 1890 (im folgenden abgekürzt: *PL*), 162, col. 17 f.

suscepit nomen. Ergo ex sententia Aristotelis genera et species non omnio quid sunt, sed quale quid quodammodo concipiuntur; et quasi quaedam sunt figmenta rationis se ipsam, in rerum inquisitione et doctrina subtilius exercentis.« [8]

Walter von Mortagne, der ebenfalls dem Umkreis der Schule von Chartres zugehört, stimmt mit deren grundsätzlicher These überein, was existiere, sei das Individuum. Da die Universalien aber dem Individuellen gegenüber selber dinghafte Realität haben sollen, so kam es darauf an, die Einheit dieser Entitäten widerspruchsfrei darzustellen. Johannes von Salisbury hat die Ausgangspunkte der Kontroverse, in der die nominalistische Position bereits involviert ist, bezeichnet: »Eorum vero, qui rebus inhaerent, multae sunt et diversae opiniones, siquidem hic, ideo quod omne quod unum est, numero est, aut rem universalem, aut unam numero esse, aut omnino non esse concludit. Sed quia impossibile substantialia non esse, existentibus his quorum sunt substantialia, denuo colligunt, universalia singularibus, quod ad essentiam unienda.« [9]

Um die nominalistische Position zu vermeiden, müssen die Universalien als substantielle *res universales* gelten. Da sie aber zusammen mit dem durch sinnfällige Akzidentien bestimmten Einzelding existieren sollen, ergibt sich ein Widerspruch. Die Einzeldinge sollen als subsistierende Seiende je eines, d. h. einfach sein; das aber können sie nicht sein, da sie von den ebenfalls substantiellen Allgemeindingen essentiell bestimmt werden. Walter von Mortagne sucht einen Ausweg aus dieser Aporie, indem er die Verschiedenheit der Entitäten als Unterschiede des *Status* eines und desselben Dinges darstellt: »Partiuntur itaque status duce Gautero de Mauritania, et Platonem, in eo quod Plato est, dicunt individuum; in eo quod est homo, speciem: in eo quod est animal, genus; sed subalternum: in eo quod substantia, generalissimum.« [10]

Die argumentative Kraft des Lösungswortes *status* ist jedoch gering, denn es war ja gerade das Problem, inwiefern die verschiedenen *status* in einem Ding eines sind. Wenn deren metaphysische Einheit im Ding dogmatisch behauptet wird, so ergibt sich darüber hinaus noch die Frage, in welcher Hinsicht sie verschieden sind, wenn die Verschiedenheit des *status* nicht eine im Subjekt sich herstellende Beziehung sein soll. Die metaphysische Aporie des neu-

8 Johannes von Salisbury, *Metalogicus* II, 20 (PL 199, col. 885 C).
9 L. c., II, 17 (*PL* 199, col. 874 D – 875 A).
10 L. c., col. 875 A.

platonischen Denkens ist hiermit noch nicht überwunden, denn es läßt sich mit den Mitteln der Statuslehre nicht angeben, wie denn ein Universale, das mit dem Einzelding eines sein soll, seiner Bestimmung gerecht werden kann, von vielen prädiziert, also auch mit vielen Einzeldingen eines zu sein. Die Einheit des Seins, die für die *res universales* in noch höherem Sinne gelten soll als für die *singularia*, löst sich in der Metaphysik auf, sobald das Singuläre als substantielle Realität zugestanden wird. Existieren nur Einzeldinge und kommt der philosophierenden Abstraktion keine konstitutive Bedeutung zu, so ist das Allgemeine geradezu ein Nichts, was die Nominalisten später auch explizit behauptet haben.

Die neuplatonische Ontologie kannte die Differenz von *ordo essendi* und *ordo cognoscendi* zunächst gar nicht und begann erst im 12. Jahrhundert die Notwendigkeit einer Scheidung einzusehen. Das Subjekt, das die Seinsordnung denkt, ist nur deren zufälliger Spiegel. Aus dieser Überzeugung ergab sich die Schwierigkeit, Gedanken und Dinge theoretisch zu scheiden, denn die Gedanken sind nur die Abbilder des Wesens der Dinge; ein eigener Seinscharakter kann ihnen nicht zukommen. Der logisch unabweisliche Gegensatz zwischen Allgemeinheit und Besonderheit, der zugleich eine Differenz von Substanzen bezeichnen soll, ist entgegen der Intention der Schule von Chartres ontologisch nicht in einem gemeinsamen Subjekt, dem Ding, zu vereinigen. Hatte die klassische neuplatonische Präokkupation für das Allgemeine das Besondere zum Nichtsein herabgesetzt, so führte die Wendung der begriffsrealistischen Philosophie zum konkreten Einzelding auf das Problem von *essentia* und *res*, das sich aber als unlösbar erwies, weil beide Momente dieses Verhältnisses in gleichursprünglicher Unmittelbarkeit festgehalten wurden und das Medium, in dem sie aufeinander bezogen sind, die Reflexion des erkennenden Subjekts, außer Betracht blieb. Bis zum Auftreten des Nominalismus bei Abaelard galt das Verhältnis von Allgemeinem und Besonderem als rein objektiv. Es ließ sich kontemplativ fixieren wie die Beziehung äußerer Dinge, ohne Rücksicht darauf, daß es Begriffe waren, die das Ergebnis historisch vollzogener Aneignung von Seiendem durch die Menschheit darstellen. Auf der Stufe des naiven neuplatonischen Realismus hatte sich das menschliche Denken noch nicht selbst in den Begriffen und ihren logischen Verhältnissen erkannt.

Indessen erwacht in der Reflexion auf die Aporien der realistischen Universalienlehre das Bewußtsein der Differenz von Logik und Ontologie. Logik als Lehre von dem in der Welt inkorporierten λόγος war identisch mit Ontologie. Um diesen λόγος zu erschließen, bedurfte es der Dialektik, der Kunstfertigkeit des erkennenden Subjekts, das sich seiner selbst durch seine Tätigkeit bewußt wird. Die Dialektik ist auf dieser Entwicklungsstufe die Lehre von der Handhabung der Instrumente, die das wahre Sein erschließen und ihm daher angemessen sein müssen. Aber diese Instrumente gehören dem Subjekt an, das durch deren Verfeinerung zum Subjekt der Kritik wird. Es vermag mit dem Instrumentarium scheinhafte Objektivität aufzulösen, unbefragte Autorität zu erschüttern.

Eine affirmative neuplatonische Position konnte sich nur durch indirekte Konzessionen an die sich herausbildende nominalistische Denkweise behaupten. Die Objektivität der Metaphysik ließ sich nur noch unter dem uneingestandenen Rekurs auf die denkende Subjektivität festhalten.

Ein anonymer Traktat des 11. Jahrhunderts aus dem Umkreis der Schule von Chartres legt von dem Übergang von reiner Ontologie zur Reflexion auf das Subjekt bereits Zeugnis ab:

»Est autem primum propositum sententiae nostrae: quidquid est est individuum; quod ex ipso rerum effectu omnibus rei veritatem intuentibus manifeste indicatur. Unde, si genera et species sint, sunt autem quippe materia individuorum sunt, oportet quod individua sint. Sed et ipsa individua sunt et genera et species; est igitur eadem essentia et genus et species et individuum, ut Socrates est individuum et species specialissima et genus subalternum et genus generalissimum. Quod qualiter sit per diversas attentiones discernitur. Nullam vim tamen faciunt in rerum essentias attentiones hominum; nullius enim attentio confert ipsis rebus vel esse quod non sunt, vel non esse quod sunt.«[11]

In dieser metaphysischen Position ist der objektive Idealismus Platons in doppelter Hinsicht aufgegeben. Die Universalien sind, was ihre Existenz anbetrifft, auf die Individuen beschränkt, mit denen sie real identisch sein sollen. Es ist nicht mehr die Rede von einer Teilhabe des Individuums am höheren Sein des Universale, sondern umgekehrt von der Bedingung der Existenz des Universale, dem unabhängig vom Individuum keine Substantialität mehr zuerkannt wird. Außerdem erscheint die Verschiedenheit der Universalien als die von Aspekten, die das Ding in den Augen des Betrachters gewinnt. In dieser Form der Unterschiedenheit sind die Universalien aber erst bestimmt, im Ding sind sie real. Im Begriff der *attentio* nimmt die Schrift Bezug auf das betrachtende Subjekt, das aber für das Wesen

11 B. Hauréau, *Notices et extraits de quelques manuscrits latins de la Bibliothèque Nationale*, Paris 1892, Bd. 5, S. 312.

der Dinge keine konstitutive Kraft hat. Darin kündigt sich die Einsicht an, daß der *Begriff* des Wesens von dessen Subsistenz im Ding verschieden ist.

In der Indifferenzlehre und in der Statuslehre gelangt die neuplatonische Metaphysik zur vollständigen Partikularisierung der Universalien. Die Einheit des Universale, das nach aristotelisch-porphyrianischer Definiton von Vielem ausgesagt wird und in Vielem subsistiert, löst sich auf. Denn das Individuum Sokrates ist im Status der Menschheit *species*, aber nach indifferentistischer Lehre ist nicht zu demonstrieren, wie die Menschheit des Sokrates auch anderen Menschen immanent ist. Das Universale ist nur eine Verdoppelung des Individuums, das mit anderen Individuen in bestimmter Hinsicht indifferent ist. Dieser Konsequenz haben die Realisten auszuweichen versucht, indem sie die Individualität des Sokrates in der *»Socratitas«* bestehen ließen.[12] Dieser Begriff verdoppelt aber das Individuum erst recht; es ist eine tautologische Bestimmung, die den Anschein erweckt, ein Universale zu sein. An dieser Stelle bleibt die traditionelle neuplatonische Orientierung bestimmend, welche dem Universale die vorrangige Substantialität zuerkannte, während das Individuum aus hiervon trennbaren Bestimmungen bestehen sollte.

Wird die *Socratitas* substantialisiert, so ist deren bruchlose Einheit mit *humanitas* und *animalitas* wiederum problematisch. Der anonyme Traktat *De generibus et speciebus* hat diese Schwierigkeit der indifferentistischen Universalienlehre bereits gesehen:

»Homo quaedam species est, res una essentialiter, cui adveniunt formae quaedam et efficiunt Socratem, quin illud idem eodem tempore in Platonem informatum sit formis Plotonis. Et hoc intelligunt de singulis speciebus ad individua et de generibus ad species. Quod si ita est, quis potest solvere quin Socrates eodem tempore Romae sit et Athenis? Ubi enim Socrates est, et homo universalis ibi est, secundum totam suam quantitatem informatus Socratitate. Quidquid enim res universalis suscipit, tota sua quantitate retinet. Si ergo res universalis, tota Socratitate affecta, eodem tempore et Romae est in Platone tota, impossibile est quin ibi etiam eodem tempore sit Socratitas quae totam illam essentiam continebat. Ubicumque autem Socratitas est in homine, ibi Socrates est;

12 Cf. l. c., S. 313: »Si quis ergo Socratem attendat tanquam Socratem, id est in omni proprietate Socratitatis, invenient illum cum nullo convenientem, potius ab omnibus differentem per Socratiatem quae in illo solo reperitur et in aliis esse non potest, vel eodem, vel consimilis, cum nil sit consimile Socrati secundum statum Socratis, et sic Socrates secundum hunc differentem statum, est individuum.«

Socrates enim homo socraticus est. Quid contra hoc dicere possit, rationabile ingenium non habet.«[13]

Die Universalität des Wesens ist hier, ohne daß dies eingestanden würde, nur eine begriffliche Allgemeinheit. Die Ähnlichkeit der Individuen wird mit einem in sich unterschiedslosen Begriff belegt. Die Universalität verliert damit tendenziell ihre metaphysische Dignität. Das Universale ist am Ende nur noch das Ununterscheidbare, damit aber negativ bestimmt. Die These, es sei nur ein Wort, um eine an sich unerkennbare Sache zu bezeichen, liegt nahe:

»Quod si quis dicat proprietatem Socratis in eo quod est homo non magis esse in pluribus quam ejusdem Socratis inquantum est Socrates; aeque enim homo qui est socraticus in nullo alio est nisi in Socrate, sicut ipse Socrates; verum, quod concedunt; ita tamen determinandum putant: Socrates inquantum est Socrates nullum prorsus indifferens habet quod in alio inveniatur; sed inquantum est homo plura habet indifferentia quae in Platone et in aliis inveniuntur. Nam et Plato similiter homo est, ut Socrates quamvis non sit idem homo essentialiter qui est Socrates. Idem de animali et substantia.«[14]

Gauslenus von Soissons und vor allem Gilbertus Porretanus haben, vermutlich wegen dieser Schwierigkeiten, eine andere Lösung des Universalienproblems versucht, die sogenannte Collectio-Lehre.[15] In dem Traktat *De generibus et speciebus* wird diese Wendung ausführ-

13 Cousin, *Ouvrages inédits d'Abélard*, S. 513 f. Der Traktat *De generibus et speciebus* ist vermutlich von Gauslenus von Soissons verfaßt. Cf. Überweg-Geyer, *Grundriß der Geschichte der Philosophie*, Bd. 2, Berlin 1928, S. 211 f.

14 L. c., S. 518. Wenn die Universalien das an den Dingen sind, was diese als je einzelne von anderen *nicht* unterscheidet, so ist im Resultat kein Unterschied zur Lehre von der substantiellen Ähnlichkeit gegeben. Die negative Formulierung aber impliziert objektiv, daß das Positive, *quod quid est, id quod potest existere*, sich der Negation der Differenz verdankt, welche ihrerseits negativ ist. Die positive Essenz wäre so Resultat einer Negation der Negation. Dies ist indessen nicht die reale Bewegung, sondern der Gedanke, der diese erfaßt. Alle diese Implikationen konnte das Denken der neuplatonischen Schulen im 11. und 12. Jahrhundert noch nicht erfassen. Erst bei Duns Scotus ist die Einsicht erreicht, daß die neuplatonischen, aber auch die aristotelischen Bestimmungen des Individuums ihren Gegenstand negieren.

15 Unter diesem Titel wurde diese Version der neuplatonischen Universalienlehre vorgestellt von J. Reiners, *Der aristotelische Realismus der Frühscholastik*, Bonn 1907.

lich besprochen und als Position des Autors angegeben. Mit den Indifferentisten ist der Autor darin einig, daß die Wesenheiten der einzelnen Menschen einander ähnlich oder qualitativ unterschiedslos sind. Aber sie sind numerisch verschieden. Der numerischen Verschiedenheit gleicher Wesenheiten steht aber deren Summe gegenüber, die das wahrhaft subsistierende Allgemeine sein soll: »Speciem igitur dico esse non illam essentiam hominis solum quae est in Socrate, vel quae est in aliquo alio individuorum, sed totam illam collectionem ex singulis aliis hujus naturae conjunctam. Quae tota collectio, quamvis essentialiter multa sit, ab auctoritatibus tamen una species, unum universale, una natura appellatur, sicut populus, quamvis ex multis personis collectus sit, unus dicitur.«[16]

Die Collectio-Lehre reduziert die Allgemeinheit der Platonischen Idee auf die bloße mathematische Summe, die Gesamtheit der je gleichartigen Dinge. Was diese Theorie erklären will, setzt sie indessen voraus. Das Problem, das sich dem neuplatonischen Denken stellte, war doch gerade, die Gleichartigkeit der vielen existierenden Einzeldinge zu erklären. Was erlaubt die Zuordnung der Individuen zu einem Universale? Worin ist das Universale darüber hinaus mehr als ein zufälliges Merkmal, in dem einander gleichgültige Einzeldinge übereinstimmen?

Auf diese Fragen kann die Lehre des Gauslenus von Soissons nicht antworten. Deshalb drängt sich die nominalistische Konsequenz auf, die Gauslenus jedoch nicht zieht: Die Idealität jener Summe der *singularia* gehört dem zählenden und zuordnenden Subjekt an. Die Allgemeinheit, in der die *singularia* versammelt werden, hat *extra mentem* keinerlei Subsistenz. Gilbertus Porretanus hat daher versucht, die auch von ihm vertretene Collectio-Lehre durch Argumente zu stützen, die der aristotelischen Metaphysik nahekommen. Gattungen und Arten werden danach als Subsistenzen im Unterschied zu den Akzidentien bestimmt, deren Träger das Individuum ist: »Subsistit, quod ipsum accidentibus, ut possit esse, non indigent. Itaque genera et species, id est generales et speciales subsistentiae, subsistunt tantum, non substant vere, neque enim accidentia generibus speciebusve contingunt. Ut quod sunt accidentibus debeant. Non enim ipsa genera vel species indigent accidentibus ut sint. Individua vero subsistunt quidem vere. Nam neque ipsa individua, sicut neque genera, neque species indigent accidentibus ut sint.«[17]

16 Cousin, l. c., S. 524.

17 Gilbertus Porretanus, *In librum de duabus naturis et una persona Christi*, *PL* 64, col. 1375 C.

Da Gilbertus neben den *genera* und *species* auch die Individuen als Subsistenzen bestimmt, bleibt die Beziehung der Entitäten wiederum ungeklärt, denn die Universalien sind nur die stilisierten, d. h. der Akzidentien beraubten Individuen; umgekehrt sind diese nur Subsistenzen, insofern sie wie Spiegel die Ähnlichkeiten der *genera* und *species* aufweisen. Die Einzelsubsistenz ist mit jeder anderen ihrer Art konform. Die numerische Gesamtheit der Einzelsubsistenzen aber ist bei Gilbertus nur scheinbar metaphysisch begründet. In Wahrheit bezeichnet der Begriff der *collectio* nicht die Verhältnisse von Seiendem, sondern deren Klassifikation in den Formen des endlichen Verstandes. Das Universale wird zum logischen Begriff. Dies gibt er indirekt zu, wenn auch so, daß die Reflexion immer noch ein der zu erkennenden Sache äußerliches Tun ist: »Genus vero nihil aliud putandum est, nisi subsistentiarum secundum totam eorum proprietatem, ex rebus secundum species suas differentibus similitudine comparata collectio. Qua similitudinis comparatione omnes illae subsistentiae dicuntur unum universale, unum dividuum, unum commune, unum genus, una eademque natura.«[18]

Die Universalien in ihrer Fixierung als Begriffe von Seiendem erscheinen bereits hier als Resultate der Tätigkeit des menschlichen Intellekts, der die disparaten Dinge unter der Voraussetzung sich aneignet, daß der Aspekt der Allgemeinheit, den er an sie heranträgt, zugleich ihnen selber angehört. Diese Synthesis des empirisch Mannigfaltigen zur Einheit seines Wesensbegriffes schien in der Epoche der Frühscholastik noch problemlos möglich, denn die Naturlehre war theologisch begründet. Was der menschliche Intellekt erkennt, das sind die substantiellen Formen, die der göttliche Intellekt in die Natur gelegt hat. Fällt diese Begründung fort, so stellt die Theorie des Gilbertus Porretanus nur eine Vorform jenes späteren Empirismus dar, der keine metaphysische Struktur der Welt mehr anerkennt.

Die konsequente neuplatonische Tradition hat die Argumente selber hervorgebracht, die der Nominalismus gegen den Universalienrealismus verwandte. Es bedurfte hierzu eines theoretischen Selbstbewußtseins, das kritisch den Schein von Objektivität entmythologisiert, mit dem der extreme Realismus die Universalien umgeben hatte. Die Modifikationen des Neuplatonismus sind Ausdruck einer epochalen historischen Veränderung, in der die ausschließlich durch die Agrargesellschaft gekennzeichnete Periode ein Ende findet und die Städte an Bedeutung zunehmen. War das Einzelne, die materielle *res*

18 L. c., col. 1389 D.

singularis wie das menschliche Individuum, in der karolingischen Epoche gar kein Thema, Partikularität im Gegenteil von der auf den universalen christlichen Heilsanspruch sich berufenden politischen Herrschaft aufzuheben, so beginnt das Denken in der Periode relativer Konsolidierung des Reiches um das Jahr 1000 der Bestimmung einer Welt sich zuzuwenden, in der der Missionsauftrag der Karolinger formell erfüllt war. Das heilsgeschichtliche Ziel war der irdischen Realität nicht mehr unüberbrückbar fern; die Christianisierung Europas hatte vielmehr die Idee gleichsam in die empirische Welt inkorporiert. Die Säkularisierung des Augustinischen Dualismus von *civitas Dei* und *civitas terrena* hatte begonnen. Das Bewußtsein wandte sich der Welt und den endlichen Dingen zu, denen zunehmend als solchen – und nicht nur als an sich scheinhaften Manifestationen göttlicher Gedanken – Substantialität zugeschrieben wurde. Im 12. Jahrhundert hatte der religiös geförderte *contemptus mundi* bereits so weit abgenommen, daß von dieser Epoche als von einer Renaissance gesprochen werden kann.[19] Der spürbare materielle Fort-

19 Ein charakteristisches kulturgeschichtliches Zeugnis für die neue Bewertung, die der Einzelne im 12. Jahrhundert erfuhr, ist die neu entstehende Vorstellung des Fegefeuers als des Ortes, an dem der Seele nach dem irdischen Tode ein individuelles Strafmaß auferlegt wird. J. Le Goff ist der Frage nachgegangen, warum das Fegefeuer erst im 12. Jahrhundert ausdrücklich bezeichnet wird. Er kommt zu dem Schluß, daß das Bewußtsein der Epoche den materiellen Fortschritt schon registriert haben muß: »L'humanité chrétienne ne croit plus dans son ensemble que le Jugement dernier est pour demain. Sans être devenue heureuse, elle a fait l'expérience de la croissance après des siècles de simple reproduction, sinon de récession. Elle produit davantage de ‚biens', des valeurs jusqu'alors uniquement situées dans la vie future s'incarnent plus ou moins ici-bas: la justice, la paix, la richesse, la beauté. L'église gothique semble avoir fait descendre le paradis sur terre, elle semble un lieu de rafraichissement, de lumière et de paix.« (*La naissance du Purgatoire*, Paris 1981, S. 312).
Die Individualität gewinnt, lange vor der Etablierung eines bürgerlichen Gesellschaftssystems, eine erhöhte Bedeutung, die sich in der Individualisierung der Sünden und Strafen kundtut. Wie sehr die Fortschritte in der Naturbeherrschung und die beginnende Intensivierung des Handels die Lehre von der menschlichen Seele beeinflussen, lehrt die Moral des *contemptus mundi*. Die Menschen sollen sich ihr zufolge nur so weit auf die materielle Welt einlassen, als die Natur ihnen das Überleben sichert. Die Bedürfnisse, die darüber hinausgehen, sind sündhafte Konkupiszenz. Für die aszetische neuplatonische Moraltheologie war demnach die einfache Reproduktion der Gesellschaft die unveränderliche Norm. Der allmähli-

schritt schien zu belegen, daß die empirische Welt nicht *toto genere* schlecht ist, sondern daß sie dem Ziel der Vergöttlichung durch menschliche Arbeit näher gebracht werden kann. In der Arbeit aber wird das natürliche Material zu einem gesetzten Zweck formiert. Die Dinge, insofern sie Artefakte sind, erweisen sich als Seiende, die aus diesem Formierungsprozeß hervorgehen und seine konstitutiven Momente in sich enthalten. In einer Epoche, die sich anschickt, wenigstens in einigen Bereichen zur erweiterten Reproduktion überzugehen, mußte der Konstitutionsprozeß der Dinge von besonderem Interesse sein.

Dies Interesse hat sich in der Metaphysik, der Wissenschaft vom Seienden schlechthin, niedergeschlagen. Galt bis dahin das Universale unmittelbar als das Wesen der Dinge, so unterscheidet die im 12. Jahrhundert beginnende Denkbewegung das in den Dingen subsistierende Wesen von seinem Begriff, den der menschliche Intellekt nach Regeln sich bildet und vermöge dessen er die Dinge zu bestimmen strebt. Die synthetische und analytische Funktion des Verstandes gelangt selber allmählich zur Reflexion. Der diskursiv operierende Verstand leistet in der Erkenntnis dessen, was ist, Arbeit, die ein vorher nicht existierendes Ergebnis hat. Erkenntnis hat ihre Idee nicht mehr auf allen Stufen in der passiven Schau der vermeintlich vom Denken unabhängigen Wesenheiten, sondern sie begreift sich tendenziell als der gegenständlichen Tätigkeit analog. Indem sich das Denken in diesem Sinne der Logik zuwandte, bereitete sich eine Konzeption von Erkenntnis vor, in der das produktive Verhältnis des Menschen zur Natur bereits als Modell dient. Mit dem Übergang zu intensiverer Landwirtschaft, der wachsenden Bedeutung des Bergbaus und des städtischen Handwerks wurde Arbeit zunehmend als formierende und produzierende Tätigkeit aufgefaßt, nicht länger nur als ein Sammeln dessen, was vorhanden ist.[20]

che Übergang zur erweiterten Reproduktion im 12. Jahrhundert schlägt sich in der differenzierten Bewertung der Sünden nieder. Sünden und Strafen werden einander formal kompatibel, dem Gedanken des Aequivalents unterworfen. Zudem gestattete der Glaube an das Fegefeuer, einige früher verbotene Berufe, wie das Zinsgeschäft, der Sanktion durch die Höllenstrafe zu entreißen.

20 Cf. hierzu G. Duby, *L'économie rurale et la vie des campagnes dans l'occident médiéval*, S. 56 ff. Im 9. und 10. Jahrhundert war ein Großteil Europas ganz ohne Städte, und die wenigen römischen Städte hatten ihre Bedeutung verloren. Die Subsistenz der Landbevölkerung war weitgehend durch Sammeln, Jagd und Fischfang gesichert. Erst allmählich beginnen um die Siedlungen herum systematisch Ackerbau und Viehzucht.

Arbeit ist im hohen und späten Mittelalter nicht länger bloß niedere Tätigkeit von Sklaven und Unfreien, die im vollen Sinne gar nicht als Menschen angesehen werden, sondern Sie gilt als Folge der Erbsünde, die alle Menschen betrifft. Die Vernunft und das Selbstbewußtsein der Menschen sind also nicht, wie die Antike glaubte, der Arbeit entgegengesetzt, Arbeit wird vielmehr selbst als vernunftbestimmte Tätigkeit gefaßt. Eine Entfaltung dieser Motive geschieht jedoch erst im 13. Jahrhundert.[21]

Um dem christlichen Gebot der Arbeit nachzukommen, bedurfte es verbesserter Werkzeuge, welche Naturbeherrschung ermöglichen. Werkzeuge aber sind Artefakte, selber geformte Natur, in der der menschliche Intellekt sich vergegenständlicht hat. Der dem menschlichen Zweck angemessene Gebrauch ist wiederum ein Formieren des Naturgegenstandes durch das schon Formierte. Was sich in diesem Prozeß der Arbeit als das in Wahrheit Substantielle erhält, sind einerseits die Formen der Natur, andererseits aber der menschliche Intellekt, der in jeder Arbeit sich Zwecke setzt und das gegebene Material, letzthin die gesamte Natur, zum Mittel ihrer Realisierung bestimmt.

Dazu war die Kenntnis der Gesetz der Natur, deren innerer Formen,

Cf. in demselben Sinne: J. Le Goff, *La civilisation de l'occident médiéval*, Paris 1965, besonders das Kapitel »La vie matérielle«, S. 249 ff.

21 Zur Bewertung der Arbeit im Mittelalter cf. den Artikel »Arbeit« in: *Theologische Realenzyklopädie*, Bd. 3, Berlin 1978, S. 626 ff. Die veränderte Bewertung der Arbeit ist an den epochalen Aufschwung der Städte geknüpft. Handel und Gewerbe konnten sich in großem Maßstab entfalten, weil die Landwirtschaft ein Mehrprodukt zu erwirtschaften begann, welches gegen städtische Produkte getauscht werden konnte. Das Mehrprodukt wurde möglich durch systematische und intensivere Anbaumethoden.

Agrarische und artisanale Arbeit waren geschieden. Galt für die erstere, daß Arbeitsteilung wenig oder gar nicht stattfand, so für die letztere, daß hier, besonders in einigen Gewerben, wie der Tuchweberei, die Arbeitsteilung bereits fortgeschritten war. Das 12. Jahrhundert ist indessen dadurch charakterisiert, daß in ihm das systematische Interesse für die agrarische Arbeit sich intensiviert. Dies schlägt sich in Traktaten über die Agronomie nieder. Das Niedere, der Boden, wird zum Gegenstand eines theoretischen Interesses, während zuvor nur das Höhere, womöglich Übernatürliche der Zuwendung würdig war.

Artisanale Arbeit, auf dem Lande wie in der Stadt, findet freilich im Rahmen der Stände und Korporationen statt. Lohnarbeit im modernen Sinne ist dieser Epoche fremd. Cf. hierzu: J. Heers, *Le travail au Moyen-Age*, 2. Aufl. Paris 1968, S. 101.

erforderlich. Dieses Wissen war aber nicht unvermittelt gegeben, sondern selbst ein Resultat von Arbeit. Deren konsequentester Ausdruck war die philosophische Spekulation, welche seit der inneren Wendung des Realismus sich der weltlichen Wissenschaft zuwendete. Das Interesse an den Universalien als den allgemeinen Bestimmungen in den einzelnen Dingen entspricht der wachsenden Bedeutung der Naturbeherrschung, deren theoretisches Bewußtsein der Neuplatonismus in seiner traditionellen Form nicht sein konnte. Die aristotelische Philosophie, deren zentrales metaphysisches Thema das Verhältnis von Materie und Form ist, trat an seine Stelle.

Fällt die Kenntnis dessen, was ist, dem menschlichen Intellekt nicht durch bloße Schau zu, sondern vielmehr durch die Arbeit des *intellectus componens et dividens*, so sind dessen Instrumente zu untersuchen.[22] Das philosophische Bewußtsein des 11. und 12. Jahrhunderts ist von der beginnenden Einsicht in die Differenz von Ontologie und Logik gekennzeichnet. Sind die logischen Gesetze nicht das neuplatonische Abbild der intelligiblen Weltstruktur, so sind ihr gegenüber nur zwei Positionen möglich:

Logik ist entweder die Lehre von der reinen Form des menschlichen Selbstbewußtseins und von den Instrumenten, durch deren Vermittlung das wahre Sein sich erschließen läßt, oder aber sie ist gänzlich überflüssig, weil sie mit dem Weltgrund nicht kompatibel ist. Beide Positionen traten im 11. Jahrhundert als Parteien des Dialektikstreits in Gegensatz zueinander. Diese Auseinandersetzung hat Schlüsselcharakter für die Entstehung des modernen Bewußtseins. Wiewohl zeitlich etwas früher als die metaphysische Diskussion über die Universalien in der Schule von Chartres, antizipiert der Dialektikstreit die Konsequenz der Trennung von Ontologie und Logik.

Die Dialektik, eine der *artes liberales*, konnte sich schon früher als Wissenschaft des Geistes von sich selber begreifen, da nach neuplatonischer Überzeugung Schöpfung, Erhaltung und Erlösung der Welt mit der objektiv verstandenen Entfaltung logischer Begriffe identisch sein sollten. In dieser von Scotus Eriugena am konsequentesten ver-

22 M. de Gandillac hat darauf hingewiesen, daß die intellektuelle Arbeit im 12. Jahrhundert sich in der allmählichen Formierung des Gelehrtenstandes Ausdruck verschafft (cf. *Entretiens sur la Renaissance du 12e siècle*, hrsg. v. M. de Gandillac und E. Jeauneau, S. 17 f.). Der Geist schickt sich demnach auch an – was die Form seiner sozialen Organisation betrifft –, seine klösterliche Bindung an das Übernatürliche aufzuheben und der Form der diesseitigen Welt sich zuzuwenden, die er nur durch die Vermittlung seiner eigenen Formen sich aneignen kann.

tretenen Lehre waren die Gesetze der Logik der göttliche Maßstab, an dem alle Wissenschaft und damit auch die Theologie sich zu messen hatte. Die Überzeugung, die Realität und zumal ihr göttlicher Urgrund sei mit Vernunft identisch, ist der affirmative Kern der klassischen Theologie, die mit immanenter Notwendigkeit ihre Gegenposition hervorbrachte. Alles, was ist, muß sich vor der Vernunft rechtfertigen, die das ontologische Apriori darstellt. Die Entdeckung, daß in der Verknüpfung von Begriffen, Urteilen und Schlüssen der endliche menschliche Verstand sein eigenes Instrumentarium, nicht aber notwendig die Realität selbst zum Gegenstande hat, ist in den Äußerungen zum Dialektikstreit schon antizipiert, ehe sie metaphysisch begründet wird.

In der Überzeugung, die Dialektik, über die der menschliche Verstand verfügt, sei das unvollkommene Abbild der göttlichen Vernunft, hatte die Theologie seit der karolingischen Epoche die rationale Argumentation in der Dogmatik nicht für eine Rechtfertigung des Glaubens vor der Vernunft gehalten, sondern vielmehr für eine Form des Gottesdienstes selbst. So begriff sie sich als die wahre Darstellung der obersten Vernunft im endlichen Verstande der Menschen. Diese Überzeugung hatte sich schon in den Jahrhunderten der Auseinandersetzung zwischen den christlichen Autoritäten und der antiken Philosophie gebildet. Die weltliche Wissenschaft und ihre reinste Form, die Philosophie, mußte danach als Autorität gelten. Deren Vereinbarkeit mit dem Glauben wollten die Kirchenväter dargetan haben. Die antike Lehre von der Vernunft handelte also schon von einer Allgemeinheit, die das Christentum übernahm. Die substantielle Gleichheit der Vernunft in allen Menschen, welche die Stoa ebenso wie die platonische und aristotelische Tradition lehrte, kam mit der christlichen Überzeugung von der Gleichheit der menschlichen Seelen überein. Die Seele war aber von vornherein als der spirituelle Teil des Menschen verstanden worden. Ihr höchstes Vermögen war der Intellekt, dessen Regeln für alle Menschen verbindlich sind. Die essentielle Übereinstimmung der menschlichen Individuen ließ sich also durch die Geltung der Logik wissenschaftlich demonstrieren. Wenn so schon nach antiker Lehre die Substanz des Menschen von einem göttlichen Logos bestimmt ist, so schien dies mit dem christlichen Dogma der Menschwerdung Gottes vereinbar. Oberstes Gesetz der antiken Metaphysik und Logik ist aber die Widerspruchsfreiheit. Die christliche Dogmatik, die hieran sich maß, mußte deshalb alle einzelnen Dogmen nach diesem Gesetz dartun, wenn sie nicht in den Mythos zurückfallen wollte, in dem es Eindeutigkeit in diesem Sinne nicht gab.

Dabei war die Interpretation des Bibeltextes stets schon in der Gefahr, das göttliche Wort als allegorische Darstellung metaphysischer Sätze aufzufassen. Die Theorie des mehrfachen Schriftsinnes schon bei Origenes weist darauf hin. Das Werk des Scotus Eriugena indessen ist im frühen Mittelalter die konsequenteste Form, in der das biblische Wort in die Begriffssprache der Philosophie übersetzt wurde. Das bedeutete von Anbeginn, daß der Rückfall in den Mythos durch die prinzipienphilosophische Interpretation der Schrift vermieden werden sollte. Um sich vom Mythos zu scheiden, mußte die Theologie selbst als eine Form der Philosophie auftreten, denn sie wollte ja sagen, was das Wort Gottes bedeute. Das Bedeutete stellte sich als philosophischer Gedanke heraus.

Aber die Dogmen sollten zugleich auch unmittelbare Bedeutung haben und nicht etwa vollständig auf die Lehren der Platonischen und Aristotelischen Philosophie zurückgeführt werden. Aus diesen unvereinbaren Desideraten ergab sich im 11. Jahrhundert der Widerstreit zwischen Theologie und Dialektik, die über ihre bloß methodische Bedeutung sich zu erheben begann.

Der christliche Kultus kennt seit seinen Anfängen das Sakrament des Altars, in dem Leib und Blut Christi unter den Gestalten von Brot und Wein real zugegen sind. Die Einssetzungsworte bestimmen dogmatisch, daß eine Wesensverwandlung von Brot und Wein in Leib und Blut Christi geschehe. Dieser Vorgang, den jede Messe wiederholt, ist der Dogmatik zufolge nicht symbolisch, sondern real. Leib und Blut werden nicht repräsentiert, sondern real präsentiert. Die Feier der Eucharistie war die Bekräftigung der spirituellen Einheit der Kirche als des mystischen Leibes Christi. In ihr manifestierte sich die Einheit der Christenheit, die im Sakrament ihrer Partizipation am Göttlichen sich versicherte. Der Universalienrealismus des frühen Mittelalters war die Voraussetzung für die Eucharistielehre und für die in ihr geäußerte Überzeugung, die Einsetzungsworte brächten die Wandlung von Wein und Brot in Blut und Leib Christi zustande. Denn die Einheit des göttlichen Logos, der sich in Christus inkarniert hat, wird in Form des Sakramentes an die Gemeinde ausgeteilt. Dadurch sollte sich die Christenheit nicht nur geistig einig wissen, sondern am Leib Christi in sublimierter Weise physisch teilhaben.[23]

23 Ohne die Sublimation der Materie, die in der Platonischen und vor allem der neuplatonischen Metaphysik sich spekulativ ausdrückt, wäre die Eucharistielehre und mit ihr die geschichtliche Form des katholischen Universalismus nicht möglich gewesen.

Es geht daher bei dem Altarssakrament um die Kommunion des nach neuplatonischer Lehre wahrhaft Realen, des Logos, der in Christus Mensch geworden ist. Das Sakrament dient folglich der Vorbereitung der menschlichen Seele auf ihre Vereinigung mit Gott, welcher schon in der Philosophie Plotins und mehr noch von Scotus Eriugena als Rückwendung der Seele auf ihren Ursprung verstanden wurde. Nur solange eine realistische Metaphysik Geltung hat, kann es eine Eucharistie im ursprünglichen Sinne geben.

Gegen diese Lehrmeinung, die im frühen 11. Jahrhundert noch nicht ausdrücklich zum Dogma erhoben war, wendet Berengar von Tours ein, daß eine Substanz nicht ohne ihre Form zugrunde gehen könne. Die Wandlung in der Messe dürfe deshalb nicht als ein realer Vorgang begriffen werden, der die Materie betreffe, denn die Trennung der Substanz von der ihr eigenen Form könne nur im Intellekt vollzogen werden: »Sacramentum est invisibilis gratiae visibilis forma, non formam a formato divisam quod solus facere potest intellectus.«[24]

Gestützt auf Augustinus und Ratramnus vertritt Berengar die Lehre, daß eine Wandlung der Substanz unter Fortbestand ihrer Form logisch und deshalb auch metaphysisch unmöglich sei. Wenn der Intellekt eine Trennung der Momente vornehmen kann, dann bekundet sich hierin das beginnende Bewußtsein der Verschiedenheit der Universalien im *modus subsistendi* und im *modus intelligendi*. Damit stimmt überein, daß nach Berengar Brot und Wein nach der Konsekration weiterhin das sind, was sie vorher waren. Das Sakrament, in dem die Substanz Christi die sichtbare Form von Blut und Wein angenommen hat, kann demnach nur geistige, nicht aber physische Bedeutung haben. Nur durch eine symbolische Interpretation des Sakramentes schien noch begreifbar zu werden, daß der Leib des historischen Christus in der Messe ubiquitär sei. Denn es ist unter der Voraussetzung des strikten Realismus unmöglich, daß der eine und ungeteilte Leib Christi, der auferstanden ist, sich in jeder zelebrierten Messe jeweils in kleine Quanta von Brot und Wein partikularisiert, die in der Kommunion stückweise ausgeteilt werden: »Con-

24 Berengar von Tours, *De sacra coena*, A. F. u. F. Th. Vischer, Berlin 1834, S. 193. Derselbe Gedanke wird häufig wiederholt: »Constat autem in ipsa veritatis perspicuitate, ad quam cum pervenerit purgatior anima, [...] nichil adversum eum temeritati, nichil humanae licet auctoritati, omne, quod constet ex materia et forma, vel quarumcumque prorietatum confluentia, ipsum quod est, maxime debere formae, et si esse per corruptionem subiecti desierit, maxime illud quoque amissioni formae necessario imputari.« (l. c., S. 92).

tra religionem, quia duas Christo attribuis carnes, unam, quae nunc facta sit in altari, alteram que in coelo sedeat ad dexteram patris, cum constet, non nisi unum corpus, quod propria, non tropica locutione dicatur corpus, habere Christum.«[25]

Der kritische Einwand, der den Lösungsversuch durch die symbolische Interpretation der Eucharistie schon im Begriff der *locutio tropica* in sich schließt, mißt die Theologie an der Dialektik, vor deren Regel die Lehre bestehen muß: »Irrevincibiliter manet, omne, quod est, aliud esse in eo, quod est, aliud in eo, quod aliquid est, nec posse quippiam aliquid esse, cui contingat, ipsum non esse.«[26]

Der Irrtum der Eucharistielehre, den Berangar erkannt hat, ist systematisch derselbe, auf den die Metaphysik später reflektiert: Ein Allgemeines und Eines kann nicht zugleich und in derselben Hinsicht sein Gegenteil sein. Der eine Leib Christi kann sich nicht in der Gestalt der vielen Hostien vervielfältigen. Der neuplatonische Ultrarealismus[27] treibt in der Theologie ebenso wie in der Metaphysik seine Aporien hervor. Der Ausweg, den Berengar zu finden glaubte, ist den Universalientheorien aus dem Umkreis der Schule von Chartres verwandt. Ebenso wie diese muß sich Berengar auf das denkende Subjekt beziehen, um die Allgemeinheit, die das Sakrament und die Universalien auf verschiedene Weise repräsentieren, noch festhalten zu können. Die symbolische Interpretation der Eucharistie bringt das Subjekt ins Spiel, in dem Symbol und Symbolisiertes aufeinander bezogen werden: »In similitudinem accipis sacramentum, non de similitudine panis, secundum veracordiam tuam, nec de pane, qui tropica locutione dicatur panis, secundum quod dicis non negare te, esse panem in sacrificio Christi, quia sit ibi portiuncu-

25 L. c., S. 244. Die Passage richtet sich, wie das ganze Buch, gegen Lanfranc, der die Position Berengars schon früher zurückgewiesen hatte: *De corpore et sanguine Domini*, PL 150. Zur Beziehung zwischen Berengar und Lanfranc cf. J. de Montclos, *Lanfranc et Bérenger*, Löwen 1971. Das Buch dient der Apologie der Realpräsenz; von diesem Zweck abgesehen, stellt es den Konflikt mit den zu Gebote stehenden philologischen und geistesgeschichtlichen Mitteln dar.

26 Berengar, l. c., S. 70.

27 Auf der Lateransynode von 1059 mußte Berengar eine ihm aufgezwungene Formel annehmen und bekennen, die den Ultrarealismus unverhüllt bekundet: »Ego Berengarius corde credo et ore confiteor panem et vinum, quae ponuntur in altari, per mysterium sacrae orationis et verba nostri Redemptoris substantialiter converti in veram et propriam, vivificatricem carnem et sanguinem Jesu Christi.« (Lanfranc, l. c., *PL* 150, col. 411)

la sensualiter carnis [...], sed de pane, qui propria locutione dicatur panis, qui consecrationem admittere potest et fieri sacramentum, quod dum fit, etiam similitudo fit ipse panis corporis Christi.«[28] Das symbolische Verständnis des Sakramentes impliziert ein symbolsetzendes Subjekt, das, da eine physische Beziehung zwischen Hostie und Leib nicht hergestellt werden kann, die Präsenz Christi nur im Glauben behaupten kann.

Diese Konsequenz ist indessen erst im neuzeitlichen Protestantismus entfaltet worden, welcher nicht möglich gewesen wäre ohne den Nominalismus, den Berengars Abendmahlslehre erst in einem Motiv präludiert. Hier wird indessen bereits deutlich, daß der moderne Rationalismus und die irrationalistische Glaubenslehre, die in der Epoche der Aufklärung feindlich einander gegenüberstehen, einer gemeinsamen geistigen Formation entstammen. Berengar selbst hat nicht den Glauben im neuzeitlichen Sinne befördern wollen, sondern die dialektisch geschulte Vernunft des Subjekts. Das dialektische Argument entscheidet über den dogmatischen Inhalt, demgegenüber das argumentierende Subjekt an Autonomie gewinnt. Die kirchliche Autorität ist nicht die höchste, vielmehr muß diese nach der Dialektik bestehen können: »Ratione agere in perceptione veritatis incomparabiliter superius esse, quia in evidenti res est, sine vercordiae coecitate nullus negaverit. [...] Verbis dialecticis ad manifestationem veritatis agere non erat ad dialecticam confugium confugisse, a qua ipsam Dei sapientiam et Dei virtutem video minime abhorrere, sed suos inimicos arte revincere. [...] Maximi plane cordis est, per omnia ad dialecticam confugere, quo qui non confugit, cum secundum rationem sit factus ad imaginem Dei, suum honorem reliquit.«[29]

Obwohl die Lehre Berengars wie die der anderen Dialektiker des 11. Jahrhunderts gar nicht unmittelbar auf eine systematische Kritik an der vom Christentum bestimmten politischen und gesellschaftlichen Realität abzielten, hat sie eine Reaktion hervorgerufen, die von ihr die Fundamente des Christentums gefährdet sah. Berengars Lehre erschütterte in der Tat den naiven Realismus, der die christliche Sakramentenlehre ebenso bestimmte wie die Konzeption der sozialen Ordnung. Die symbolische Interpretation der Sakramente wies unwillentlich der denkenden Subjektivität eine konstitutive Rolle für die Objektivität des Glaubensinhaltes zu. Die Autorität der Tradition verlor im selben Maße an Einfluß. Dies gilt in analoger Weise für die gesellschaftliche Ordnung. Wenn die neuplatonische Emanationsleh-

28 L. c., S. 253.
29 L. c., S. 100 f.

re aus dialektisch bestimmbaren Gründen nicht mehr uneingeschränkt gilt, dann ist auch die feudale Herrschaftsordnung, die ja ein Abbild der Himmelshierarchie sein sollte, nicht mehr überzeugend theologisch zu begründen. Diese Implikationen sind zwar weder Berengar noch seinen Gegnern zum Bewußtsein gekommen, aber die Heftigkeit der Reaktion ist erklärbar aus der Ahnung, daß der neuplatonische Kosmos und sein Abbild, geistliche und weltliche Gesellschaftsordnung, letzthin durch Vernunft nicht zu stützen sind, so wenig wie jedes andere Herrschaftssystem.

Der Ultrarealismus in der Sakramentenlehre war nach dem Angriff Berengars nicht mehr zu halten. Die Gegner Berengars, insbesondere Lafranc und Guitmund von Aversa, haben deshalb den Substanzbegriff im aristotelischen Sinne interpretiert. So sollte die Messe die Wandlung der Substanz des Brotes und Weines in die des Leibes Christi zustandebringen, während die Akzidentien, die von der Substanz distinkt sind, bestehenbleiben. Diese Wendung erlaubte es zunächst, weiterhin von dem real präsenten Leib Christi zu sprechen, denn die aristotelischen Kategorien *quantitas*, *ubi*, *situs* und *habitus* bezeichnen der Substanz inhärierende Akzidentien. Wenn sie aber von der Substanz verschieden sind, so können sie von ihr getrennt werden. Die Substanz des Leibes Christi kann also nach dieser Auffassung in vielen Quanta des Brotes und Weines an vielen Orten gleichzeitig real präsent sein.

Die radikale Scheidung zwischen Substanz und Akzidenz befördert indessen die Verflüchtigung des Substanzbegriffes zu einer bloßen Glaubenstatsache, der gegenüber die natürlichen Akzidentien zufällig sind. Der Begriff der Substanz wird völlig unbestimmt, wenn er nicht auf bestimmte Akzidentien bezogen ist. Außerdem ist bei diesem seinerseits dialektischen Interpretationsversuch das Problem noch nicht berücksichtigt, in welcher Weise Substanz und Akzidenz verschieden sind: real wie Dinge oder virtuell im menschlichen Verstande. Die dialektische Argumentation liquidiert tendenziell die Theologie, die sich ihrer um der eigenen Objektivität willen bedienen mußte.

In dem Maße, in dem die menschliche Vernunft auf sich selbst und ihre innere Gesetzmäßigkeit zu reflektieren begann, relativierten sich die theologischen Begriffe zu Reflexionsbestimmungen, ohne daß das im 11. und 12. Jahrhundert schon erkannt worden wäre. Von der in dieser Zeit sich verbreitenden dialektischen Bewegung ging für die Kirche und den von ihr garantierten katholischen Universalismus die Gefahr der Säkularisierung des Glaubensinhaltes aus. Hielt die Kirche an der realistischen Sakramentenlehre fest, so verfiel sie dem magischen Denken, dem sie sich in ihren Anfängen entgegengestellt hatte. Wendete sie sich aber der symbolischen Intrepretation der Sakramente und der übrigen Mysterien zu, so ist am Ende nicht mehr zu sagen, was das Symbolisierte sei, und die Theologie verfällt dem Nihilismus.

Um diesen Konsequenzen zu entgehen, haben Petrus Damiani und einige andere Theologen derselben Epoche die Dialektik in der Theologie überhaupt verworfen. Denn die Dialektiker konnten als Garantie für die Wahrheit philosophischer Urteile nur die Evidenz des Widerspruchsprinzips selbst anführen, das keinen Verstoß erlaubt. Der metaphysischen Orientierung des Zeitalters entsprechend stand diese logische Evidenz noch immer für die Seinsstruktur selbst, so daß außer der göttlichen Vernunft die gesamte Natur nach dem Widerspruchsgesetz organisiert sein muß. Danach ist es geradezu geboten, Naturwissenschaft zu treiben, denn die Natur verwies ja auf ihren göttlichen Urheber durch ihre intelligible, dialektisch darstellbare Struktur zurück.[30]

Die Realität der Einzeldinge, die der von Gott gestifteten vernünftigen Ordnung teilhaftig sind, verschafft sich in der neuplatonischen Schule von Chartres bereits Geltung. Die Theologie geriet hierdurch zunächst in die Defensive, denn die Wissenschaft schickte sich an, weltlich zu werden. Dies wird besonders an der Gründung von Schulen in den oberitalienischen Städten deutlich, welche sich dem Rechtsstudium widmeten und in diesem Zusammenhang auch Dialektik und Rhetorik pflegten.

Die von der menschlichen Vernunft erfaßbare Ordnung der Dinge, die nach der herrschenden Überzeugung zeitlos objektiv war, setzte dem Willen Gottes insofern eine Grenze, als dieser gegen jene gesetzliche Ordnung nicht verstoßen konnte. Die von den Dialektikern verfochtene Vernunft konnte als Maßstab der Dinge nur unter dem Rekurs auf eine subsistierende Naturordnung behauptet werden, die dem göttlichen Intellekt entspricht und auch den Kanon für die Willensakte Gottes ausmacht. Das natürliche Gesetz, das letztlich im Widerspruchsgesetz fundiert ist, setzt der Allmacht Gottes eine Gren-

30 In diesem Sinne hat die Schule von Chartres eine Naturphilosophie betrieben, die freilich von der modernen weltlichen durch ihren kontemplativen Grundzug geschieden ist. Was sie der kirchlichen Autorität indessen verdächtig machte, war ihre pantheistische Komponente, die sich aber ebenfalls aus dem Neuplatonismus herleitet. Cf. hierzu E. Jeauneau, *Lectio philosophorum. Recherches sur l'Ecole de Chartres*, Amsterdam 1973.

ze, denn Gott selbst ist an die Norm gebunden, die er als oberste Vernunft dem Seienden vorgeschrieben hat. Diese Vernunft galt als das Absolute, und der göttliche Wille war insofern an die Essenz Gottes gebunden.

Darin aber sah die antidialektische Reaktion eine unzulässige Hypostasierung der menschlichen Vernunft zur göttlichen. Was für die empirische, geschaffene Natur und den sie erkennenden Intellekt gilt, ist ihnen zufolge auf deren Urheber nicht zu übertragen. Alle theologischen Untersuchungen am Maßstab der Dialektik sind deshalb illegitim, ja sogar die Naturforschung widerspricht der göttlichen Heilsordnung: »Non enim creator temporis ad dimetiendas plagas coeli et planetarum concursus sive motus siderum discernendos, seu ad mundanae philosophiae studium, quod totum pene circa peritura expenditur, amatores perennis vitae vocabat, sed ›Accipietis‹, inquit, ›supervenientem Spiritum ad testificandum nomen meum.‹ Tanquam pauperibus spiritu et mundi contemptoribus diceret: Nolite inquirere solis aufractus, vel evagationem lunae, quibus nimis mundi philosophi studuerunt.«[31]

Petrus Damiani, einer der politisch erfolgreichsten Denker seiner Zeit, hat die antidialektische Tendenz am schärfsten zum Ausdruck gebracht. Seine Schrift *De divina omnipotentia* versucht, eine Theologie zu entwerfen, deren oberster Begriff die Allmacht Gottes ist. Die Frage, aus deren Anlaß die Schrift verfaßt wurde, war, ob Gott Geschehenes als solches ungeschehen, etwa das historische Faktum der Gründung Roms auslöschen könne. Aus der Allmacht Gottes ergibt sich, daß seinem Willen hierbei keine Hindernisse im Wege stehen, denn die *voluntas divina* ist die Ursache aller existierenden Dinge. Die Zeitordnung legt Gott keine Beschränkung auf, denn die Zeit kann dem göttlichen Willen nicht vergeordnet sein.[32] Gegenüber dem Willen Gottes gibt es auch keine Naturgesetze, nach denen die

31 Manegold von Lautenbach, *Opusculum contra Wolfelmum Coloniensem*, PL 155, col. 168 B. Die Streitschrift Manegolds will wie die Pamphlete anderer Antidialektiker der Verweltlichung des Wissens entgegenwirken. Diese polemische Richtung steht im Zusammenhang der cluniazensischen und gregorianischen Reformbewegug. Manegold, Lanfranc und Petrus Damiani sind zunächst selber Dialektiker gewesen.
32 Cf. Petrus Damiani, *De divina omnipotentia*, *PL* 145, col. 604 C: »In illa igitur ineffabili suae majestatis arce persistens, sic omnia in praesentiae suae constituta conspectu, uno ac simplici contemplatur intuitu, ut sibi nunquam penitus vel praeterea transeant vel futura successant. Cui dum semper esse atque idem esse est per aeternitatem; dum omne, quod labitur, circumscribit, intra semetipsum omnium cursus temporum, claudit.«

Handlungsweise Gottes zu erschließen wäre. Jedes kontingente Naturereignis könnte durch göttlichen Entschluß auch anders eintreten: »Quae enim contraria sunt in uno eodemque subjecto congruere nequeunt. Haec porro impossibilitas recte quidem dicitur, si ad naturae referatur inopiam: absit autem, ut ad majestatem sit applicanda divinam. Qui enim naturae dedit originem, facile, cum vult, naturae tollit necessitatem. Nam qui rebus praesidet conditis, legibus non subjacet, conditoris: et qui naturam condidit, naturalem ordinem ad suae deditoris arbitrium vertit.«[33]

Die Naturgesetze erschienen demnach nur dem kreatürlichen menschlichen Verstand als unabdingbare Formen des Seins. Aber sie haben keine absolute Geltung, weil ihr Grund, der göttliche Wille, selbst nicht notwensig konstant ist. Darauf weisen nach Damiani auch die vielen Wunder hin, jene den Naturgesetzen widersprechenden Ereignisse, von denen schon in der Bibel berichtet wird: »Hinc est quod saepe divina virtus armatos dialecticorum syllogismos, eorumque versutias destruit; et quae apud eos necessaria jam arque inevitabilia judicantur, omnium philosophorum argumenta confundit.«[34]

Indem Petrus Damiani die Objektivität der Naturgesetze vor dem göttlichen Willen liquidiert, schränkt er notwendig zugleich die Geltung des Widerspruchsprinzips ein. Es sollte nur für den *ordo disserendi*, die menschliche Weise der Orientierung in der Welt gelten. Seine Erhebung zu einem absoluten, auf nichts mehr relativierbaren ontologischen Axiom ist nur die frivole Tat jener weltlichen Philosophen, die ihre Dialektik über die göttliche Autorität stellen:

33 L. c., col. 612B. Sätze wie den zitierten und die Tendenz des gesamten *Opusculum* 36 sind vielen Interpreten anstößig erschienen. So haben in neuerer Zeit vor allem Angehörige verschiedener Orden den Makel fortzudisputieren versucht, der in der Relativierung des Widerspruchsprinzips besteht. Die fromme Heiligenlegende, an der diese Autoren unter dem Deckmantel der philologisch geistesgeschichtlichen Methode weben, verträgt nicht die Einsicht, daß der verehrte Heilige die Grundlagen seines eigenen Kultes antizipierend in Frage stellte. Cf. hierzu: J. Gonsette, *Pierre Damien et la culture profane*, Löwen und Paris 1956; J. Leclerq, *Saint Pierre Damian, Ermite et homme d'Eglise*, Rom 1960; F. Dressler, *Petrus Damiani, Leben und Werk*, Rom 1954. Die Verschleierung der intellektfeindlichen Motive Damianis ist indessen selbst im katholischen Lager nicht unwidersprochen geblieben: R. Bultot, *Une fausse querelle à propos de Saint Pierre Damien*, Löwen und Paris 1965.

34 L. c., col. 610 D.

»Sed quid sibi volunt vani quilibet homines et sacrilegi dogmatis inductores, qui dum aliis quaestionum suarum tendiculas struunt, quod in eas ipsi ante praecipites corruant, non attendunt; et dum simpliciter gradientibus scandala frivola inquisitionis objiciunt, ipsi potius in lapidem offensionis impingunt. [...] Secundum naturalem namque variae vicissitudinis ordinem potest fieri ut hodie pluat; potest et fieri ut non pluat. Sed quantum ad consequentiam disserendi, si futurum est ut pluat, necesse est omnino ut pluat. [...] Atque ideo quantum ad ordinem disserendi, quidquid fuit, impossible sit non fuisse; et quidquid est, impossibile sit non esse; et quidquid futurum est, impossibile sit futurum non esse. Videat ergo imperite sapientum, et vana quaerentium caeca temeritas; quia si haec quae ad artem pertinent disserendi, ad Deum praviter referant; jam non tantum in praeteritis, sed in praesentibus ac futuris, eum impotentem penitus, et invalidum reddant.«[35]

Der militante Angriff des Petrus Damiani auf die weltliche Wissenschaft hat systematisch ein zwiespältiges Resultat. Wenn er einerseits das Recht der Dialektik in der Theologie radikal leugnet, kehrt er nackte Herrschaft hervor, und der Versuch einer Rechtfertigung von Macht durch Vernunft wird gegenstandlos. Beide Sphären treten als *ordo disserendi* und *divina omnipotentia* für die mittelalterliche Philosophiegeschichte zum ersten Mal auseinander. Die unbedingte Geltung der Religion, um die es Petrus Damiani in seinem gesamten Werk zu tun ist, schien ihm nur jenseits der Vernunft zu retten, denn diese hatte bereits ihr eigenes Reich der Bildung etabliert, dessen Subjekte von den kirchlichen Institutionen unabhängig wurden.[36]

35 L. c., col. 602 D – 603B.

36 Wandernde Dialektiker wie Gunzo und Anslem von Besate repräsentierten ein für die Epoche neues Selbstbewußtsein eines Geistes, der den Grund seines Daseins nicht mehr in der Religion sieht. Die formale Vervollkommnung der dialektischen Kunst wird möglich, ohne daß diese sogleich auf das Göttliche bezogen wird. Dieser Typus des Dialektikers hat in besonderem Maße die Angriffe des Petrus Damiani auf sich gezogen: »Fit in diebus nostris, fit rustici et insipientes quique, qui nil pene noverunt, nisi vomeribus arva proscindere, porcos ac diversorum pecorum captabula custoidre, nunc in compitis ac triviis ante mulierculas, et combubulcos suos, non erubescant Scripturarum sanctarum sententias disputare.« (*Epistolae*, lib. 5, *PL* 144, col. 337 B) Wenn dies den tatsächlichen Verhältnissen entsprochen hätte, wäre kaum erklärlich, weshalb sich die antidialektische Polemik des Kardinals Damiani durch seine sämtlichen Schriften zieht. Anselmus und Gunzo wurden einflußreiche Personen im Gefolge der Kaiser Otto I. und Heinrich III. Cf. Anselm von Besate, *Rhetorimachia*, ed. K. Manitius, Weimar 1958.

Die polemische Position Damianis impliziert zudem Skeptizismus und Relativismus. Ist die Kontinuität des Wissens nur die Folge menschlicher Hybris, ein Schein, der vor der Macht Gottes vergehen muß, so kann der *ordo disserendi*, den Damiani zum Instrument der Theologie herabsetzt, nur das Organ pragmatischer Orientierung in einer Welt sein, die jeden Augenblick fundamental geändert werden kann. Indem Petrus Damiani den ungebundenen Willen Gottes zum obersten Begriff der Theologie erhebt, demgegenüber alles menschliche Denken machtlos ist, antizipiert er ein Motiv, das erst dreihundert Jahre später die philosophische und theologische Diskussion bestimmt: Gott, das dem endlichen Verstande verborgene Wesen, dessen Wille sich selber Norm ist.

Das Verdikt über die Dialektik hat indessen eine weitere metaphysische Implikation. Ohne dies zu beabsichtigen, fördert Damiani in seinen Invektiven die Verselbständigung des weltlichen Denkens, auch wenn er sie dem bösen Willen einiger Einzelner zuschreibt. Indem er aber den wahren Grund aller Dinge in den unberechenbaren Willen Gottes legt, untergräbt er selbst das ontologische Fundament der Erkenntnis. Denn was als Wissen außer dem engeren Bereich der Theologie gilt, kann nicht das getreue Abbild der von Gott von Ewigkeit gedachten Weltordnung sein. Es ist vielmehr Schein, den die menschliche Vernunft produziert, indem sie den *ordo disserendi* auf die Gedanken Gottes überträgt. Damiani antizipiert so objektiv die Trennung von Glauben und Wissen, die erst das neuzeitliche Bewußtsein bestimmt.

In der Polemik des Petrus Damiani tritt menschliche Subjektivität als Produzent einer ganzen Welt des dialektischen Scheins auf, welche ihr Korrektiv an einer intelligiblen Natur nicht finden kann, denn die Natur ist der Machtbereich Gottes. Der Abfall von der göttlichen Wahrheit, den Damiani als den Sündenfall der weltlichen Philosophie und Kultur beklagt, setzt eine Freiheit der Subjektivität voraus, derer das menschliche Denken im 11. Jahrhundert noch gar nicht fähig war. Die sündhafte profane Kultur, von der der Kirchenreformer und Eremit sich abwendet, ist nach seiner Einsicht immerhin von Menschen gemacht, denen somit die Kraft zugesprochen wird, die Bedingungen ihres Lebens zu bestimmten.

Gegen die Verselbständigung der profanen Kultur wendet Petrus Damiani die Erneuerung der traditionellen Aszese, die Rückwendung des Menschen auf seinen götlichen Ursprung, die im früheren Neuplatonismus das Opfer der zivilisatorischen Verfeinerung in sich schloß:

»Platonem latentis naturae rimantem respuo, planetarum circulis metas, astrorumque meatibus calculos affigentem, cuncta etiam spherici orbis climata radio distinguentem Pythagoram parvipendo [...] cunctos same rhetores cum suis syllogismis et sophisticis cavillationibus indignos hac questione decerno. [...] Quid enim insanientium poetarum fabulosa commenta? [...] Non mihi Tullani oratores accurata lepidae urbanitatis trutinent verba. [...] Cedant in suas tenebras omnes terrenae sapientiae faecibus delibuti; nil mihi conferant sulphureo caliginosae doctrinae splendore caecati. Christi me simplicitas doceat, vera sapientium rusticitas ambiguitatis meae vinculum solvat.«[37]

Der hierhin zum Ausdruck gelangende *contemptus mundi* entspricht auch darin der neuplatonischen Tradition, daß nur das Bleibende als wahrhaft seiend gilt, und nur diesem kann die menschliche Zuwendung gelten.[38]

Die Abwendung von der Welt, die Damiani mit äußerster Schärfe und zugleich in rhetorisch geschliffener Form gepredigt hat, schloß die Apologie der in ihr wirksamen Macht in sich. Die Verneinung des Diesseits förderte die Kräfte, die letzthin zur Auflösung des katholischen Universalismus führten. Die bewußte Rückwendung auf die schon verloren geglaubte christliche Tugend der Aszese begünstigte ungeistige Gewalt, der die Individuen alles opfern sollen.

Diese Implikationen der Invektiven Damianis sind jedoch ihrer Zeit weit voraus. Denn die hier angelegte Auflösung objektiver Vernunft hätte die Möglichkeit einer objektiven Dogmatik untergraben. Daran konnte die Kirche im 11. Jahrhundert kein Interesse haben. Die antizivilisatorische Polemik Damianis hatte vielmehr eine politische Bedeutung. Die göttliche Allmacht, die Damiani im Jahre 1067, sechs Jahre vor der Inthronisierung Gregors VII. über die weltliche Vernunft erhob, war der Rechtfertigungsgrund für die päpstliche Politik in der Epoche des Investiturstreits. Der aszetische Verzicht auf die weltliche Wissenschaft zugunsten einer Religiosität ohne Reflexion des Verstandes entspricht dem kirchlichen Kampf gegen die weltlichen Fürsten und der angestrebten Befreiung der Kirche und ihrer Amtsträger von der Gewalt der Könige. Die Wissenschaft, die zu dieser Epoche vielfach die Förderung der Kaiser und Könige genoß, galt

37 Petrus Damiani, *Opusculum* 11, *Pl* 145, col. 232B – 233 A.

38 Im 11. Jahrhundert ist diese Denkweise kein »christlicher Humanismus«, wie Dom Leclerq, op. cit., behauptet. Demgegenüber entwickelt R. Bultot in seinem Buch *La doctrine du mépris du monde*, vol. IV, 1: *Pierre Damien*, Löwen und Paris 1963, eine unvoreingenommene Darstellung der Weltverachtung Damianis.

es als Instrument der weltlichen Herrschaft über die Kirche zu eliminieren, so wie es praktisch darum ging, die Simonie der Kirchenämter zu beseitigen. Die Verflochtenheit der Bischöfe in die weltliche Machtsphäre, die durch den maßgeblichen Einfluß der Könige bei der Bischofswahl begünstigt wurde, sollte beendet werden. Indem die Könige darüber hinaus die Laieninvestitur zum geltenden Recht erhoben, wurde die politische Macht das Papstes begrenzt. Diese Verhältnisse hatten sich im früheren Mittelalter hergestellt, als der Papst der weltlichen Schutzmacht des Kaisers bedurfte.

Die Politik Gregors VII. trat gleichsam als Verwirklichung der von Petrus Damiani geforderten Aszese an.[39] Gilt theoretisch, daß alle Betätigung der auf sich gestellten Vernunft nichtig sei und Denken nur im Dienste der Theologie an deren Dignität Anteil haben könne, so gilt praktisch, daß alle politische Aktivität der *civitas Dei* zu dienen habe. Die Politik Gregors hatte die Einheit der Menschheit im Namen des Christentums zum Ziel und versuchte es gegen eine aufsteigende städtisch-weltliche Zivilisation durchzusetzen. Der Anspruch, die Vereinbarkeit von christlichem Glauben und Philosophie demonstrieren zu können, geriet hierbei aus dem Blick. Das weltliche Telos wurde vielmehr als Aufgabe von Machtpolitik interpretiert, welche sich zwar auf einen göttlichen Willen berief, in Wahrheit aber die behauptete Transzendenz Gottes einzog. Entgegen der ursprünglichen Absicht wurde die Verbindlichkeit der christlichen Religion von der Zufälligkeit der gegebenen Machtverhältnisse abhängig.

Der aszetische Grundzug der Gregorianischen Reformpolitik führte nicht zur Spiritualisierung der Kirche, nicht zur Wendung auf ein geistiges Reich, das dem weltlichen hätte Maßstab der Kritik sein können. So radikal war die gregorianische Weltverachtung wiederum nicht; sie förderte geradezu den Machtkampf der weltlichen und geistlichen Fürsten. *Die libertas ecclesiae*, die Gregor VII. verwirklichen wollte, war deshalb nicht die Autonomie des Geistes gegenüber der Macht, sondern nur der Ausdruck des Strebens nach deren vollkommenem Besitz. Dies kommt im *»Dictatus papae«* und in den Dekreten zur Schaffung eines straff gegliederten kirchlichen Apparates zum Ausdruck. Indem Gregor aber die geistliche Funktion des Imperiums und die übernatürliche Stellung des Kaisers auflöste, die Macht

39 Cf. hierzu: A. Fliche, *Etude sur la polémique religieuse à l'époque de Grégoire VII*, Paris 1916. Der Hinweis, daß das Denken des Petrus Damiani nur die geistige Orientierung Gregors bestimmt habe, die politischen Maßnahmen gegen die Simonie aber vom Kardinal Humbert antizipiert worden seien (S. 170), ergänzt die obige These.

der Könige zu schwächen suchte, und den Papst als oberste Gewalt einzusetzen, beförderte er letzthin nur die Tendenz zum politischen Partikularismus; denn die Kirche konnte unter den im 11. Jahrhundert gegebenen Umständen nur die vorübergehend stärkste unter den Partikularmächten sein. Eine universale Theokratie, vielleicht das Ziel der Gregorianischen Reform, wurde nie verwirklicht.[40]

Die Einheit der Christenheit, welche die Realität eines Spirituellen sein sollte, indem es die Menschen innerlich, durch die vernünftige Bestimmung ihres Willens einige, reduzierte sich in der Gregorianischen Reform auf ein Gewaltverhältnis. Wenn aber die spirituelle Einheit der Menschen nicht in der Substanz des Einzelnen real ist, wie es die neuplatonische Denkweise lehrte, sondern durch die bloße Allmacht Gottes und seiner irdischen Stellvertreter erzwungen ist, so befördert dies unter dem Schein der Rückkehr zum ursprünglichen Christentum ein Denken, in dem der spätere Nominalismus eine seiner Quellen hat. Denn das Verhältnis des Einzelnen zum Allgemeinen ist danach logisch und metaphysisch ein bloßes Subsumtionsverhältnis, politisch das des blinden Gehorsams gegenüber dem Inhaber der höchsten Macht.

Wenn der Wille Gottes und seiner Stellvertreter aber ein Willkürwille ist, so ist die Kirche, entgegen den Intentionen Gregors, gar nicht mehr Teil und Ausdruck einer durch die *lex aeterna* bestimmten Ordnung. Sie ist vielmehr die Vollstreckerin der Dekrete des göttlichen Willens in der Welt.[41] Mit der Verwirklichung dieses theoretischen Anspruches in der Sphäre der säkularen Politik, welche charakteristischerweise an deren Kontingenz scheiterte, reduzierte sich die Kirche auf einen Machtfaktor unter anderen. Dies widerspricht aber

40 Die Entwicklung der Konzeption Gregors VII., derzufolge die christlichen Könige dem *sacerdotium* hörig werden sollten, bietet A. Fliche, *La réforme grégorienne*, Bd. 2, Löwen und Paris 1925, S. 317 ff.

41 Dies kommt mehr noch als im *Dictatus papae* im Brief Gregors an Hermann von Metz zum Ausdruck: »Quod si sancta sedes apostolica divinitus sibi collata principali potestate spiritualia decernens dijudicat, cur non et saecularia? Reges quidem et principes hujus saeculi, qui honorem suum et lucra temporalia justitiae Dei praeponunt, eique honorem negligendo proprium quaerunt, cuius sint membra, cuive adhaereant, vestra non ignorat charitas. Nam sicut illi qui omni sui voluntati Deum proponunt, ejusque praecepta plusquam hominibus obediunt, membra sunt Christi; ita et illi, de quibus supra diximus, membra sunt Antichristi. Si ergo spirituales viri, cum oportet, judicantur, cur non saeculares amplius pravis actibus constringunt?« (Gregor VII., *Registrum* IV, Ep. 2, *PL* 148, col. 455B)

ihrem metaphysischen und zivilisatorischen Anspruch. Ist der Einzelne nämlich dem Allgemeinen nur durch Gehorsam verpflichtet, nicht aber durch seine vernünftige Wessensbestimmung mit ihm in Übereinstimmung, so ist die Objektivität des Allgemeinen erschüttert. Der Zweifel am neuplatonischen Universalienrealismus, der die nachgregorianische Epoche bestimmte, war eine spekulative Konsequenz des Investiturstreites, welcher seinerseits metaphysisch bestimmt ist.

IV.

Roscelin und der erste nominalistische Umbruch des Denkens

In der Zeit, in der die neuplatonische Metaphysik sich auflöste, bildete sich als eine von mehreren rivalisierenden Positionen der Nominalismus. Johannes von Salisbury hat rückblickend auf die Schulbildungen seit dem Ende des 11. Jahrhunderts die neue Position mehrfach bezeichnet: »Fuerunt et qui voces ipsas genera dicerent esse et species; sed eorum jam explosa sententia est et facile cum auctore suo evanuit. Sunt tamen adhuc qui deprehenduntur in vestigiis eorum, licet erubescant auctorem vel sententiam profiteri, solis nominibus inhaerentes, quod rebus et intellectibus subtrahunt, sermonibus adscribunt.«[1]

Die Frage nach der Natur der Universalien ist bereits nach diesem zeitgenössischen Zeugnis das zentrale philosophische Problem gewesen: »Naturam tamen universalium hic omnes expediunt, et altissimum negotium, et majoris inquisitionis, contra mentem auctoris explicare nituntur. Alius ergo consistit in vocibus (licet haec opinio cum Roscelino suo fere omnino jam evanuerit), alius sermones intuetur et ad illos detorquet.«[2] Die Trennung von Logik und Metaphysik klingt in der Formulierung Ottos von Freising an: »Roscelius [...], qui primus nostris temporibus in logica sententiam vocum instituit.[3] Die *dialectica in vocibus* wird als Neuerung der *dialectica in rebus* entge-

1 Joh. v. Salisbury, *Policraticus*, VII. c. 12 (*PL* 199, col. 665).
2 Joh. v. Salisbury, *Metalogicon*, II, c. 17 (*PL* 199, col 874).
3 Otto von Freising, *Gesta Friderici Imperatoris*, I, 50. ed. F. J. Schmale, Darmstadt 1974, S. 224.

gengestellt. Die Dialektik ist nach diesem neuen Verständnis nicht mehr die Wissenschaft von den Wesensbegriffen des Seienden, sondern die Lehre von den Worten, deren Verknüpfung das Verhältnis von *universale* und *singulare* darstellt.

Hierbei kam es der neuen Richtung darauf an, die Aporien der Metaphysik zu lösen. Nachdem die Versuche aus dem Umkreis der Schule von Chartres, die *res universalis* und ihr Verhältnis zum *ens singulare* zu bestimmen, die Aporien nur verdeutlicht hatten, die in der univoken Verwendung des Seinsbegriffes bestanden, interpretiert die neue Richtung, die Johannes von Salisbury *»nominalis secta«* nennt, die philosophische Tradition neu. Die Universalien werden hier in Übereinstimmung mit Aristoteles und Porphyrius bestimmt als das, was prädiziert wird. Die hieraus folgende Position ist bei Boethius antizipiert:

»Non de rerum generibus, neque de rebus, sed de sermonibus rerum genera significantibus in hoc opere [scil. Categoriae Aristotelis, G. M.] tractatus habetur, hoc vero Aristoteles ipse declarat cum dicit: ›Eorum quae secundum nullam complexionem dicuntur, singulum aut substantiam significat, aut quantitatem.‹ Quod si de rebus divisionem faceret, non dixisset significat; res enim significatur, non ipsa significat. Illud quoque maximo argumento est Aristotelem non de rebus, sed de sermonibus speculari, quod ait: Singulum igitur eorum quae dicta sunt, ipsum quidem secundum se in nulla affirmatione dicitur, horum autem ad se invicem complexione affirmatio fit. Res enim si jungatur, affirmationem nullo modo perficiunt, affirmatio namque in oratione est. Quocirca si praedicamenta juncta faciunt affirmationem (affimatio vero non nisi in oratione est quae autem junguntur ut affirmatio fiat, hae sunt rerum significantes voces) praedicamentorum tractatus non de rebus, sed de vocibus est.«[4]

Stellt bei Boethius das Verhältnis von Logik und Methaphysik noch kein eigens reflektiertes Problem dar, so entdecken die Autoren des 12. Jahrhunderts diese Implikationen der Boethianischen Lehre neu. Was im fragmentarisch gebliebenen Werk des Boethius nur als eine gleichsam methodische Begrenzung des Gegenstandes der Logik gedacht war, erweist sich in der Epoche Roscelins und Abaelards als eine Argumentation auf dem Gebiete der Metaphysik. Hatte Boethius die Allgemeinheit der Universalien in den denkenden Intellekt verlegt, so leugnete er doch nicht ihre metaphysische Existenz in den einzelnen Dingen.

Demgegenüber reduzieren die frühen nominalistischen Autoren

4 Boethius, *In Categorias Aristotelis*, I, *PL* 64, col. 162 B-C.

das Universale auf das Wort, das in der Prädikation ausgesprochen wird. Das Wort ist ein Seiendes, aber seine Dinglichkeit ist gleichsam sublimiert, so daß es auf viele *res singulares* angewandt werden kann. Die *res universalis* schien somit gefunden, aber diese Form, das neuplatonische Universalienproblem zu lösen, war nur durch die Erneuerung des Chorismos zwischen Universale und einzelnem Ding möglich, denn nur das Wort sollte Allgemeinheit besitzen, während Besonderheit nur den durch das Wort bezeichneten Dingen zugesprochen wurde. Die Worte sind damit als Namen für die Dinge aufzufassen, und die Logik ist die Lehre von der Beziehung dieser Namen untereinander. Wie diese sich auf die Dinge beziehen, bleibt unausgemacht. Ihre Bestimmtheit erhalten die Universalien indessen nur durch die Aussage, denn sie werden nicht mehr als Abbilder der *res* verstanden. Zu einer erkenntnistheoretischen Reflexion, die sich auf das sprechende Subjekt bezogen hätte, kam es zunächst nicht. Sie hätte den Begriff eines erkennenden Subjekts vorausgesetzt, das seiner eigenen Leistung bewußt ist. Die primär ontologische Orientierung, die der frühe Nominalismus von der Schule von Chartres übernommen hatte, ließ eine solche Reflexion nicht zu.

Der Nominalismus Roscelins[5] und seiner anonymen Zeitgenossen ist deshalb noch subjektlos. Die Reduktion der Universalien auf Worte hatte nicht die Absicht, das Subjekt, das die Namen denkt, zum Thema der Reflexion zu machen. Der Träger des Bewußtseins, das den Unterschied zwischen *vox* und *res* zu denken vermag, blieb außer Betracht. Dennoch verschafft sich das Subjekt indirekt Geltung als die Instanz, welche die Namen aus eigenem Interesse bestimmt und hierbei nicht allein die Struktur der Dinge wiedergibt. Schon die frühe Pseudo-Augustinische Schrift *Categoriae decem* deutet die denkökonomischen Vorteile an, die mit der neuen Universalienlehre verbunden sind:

5 Roscelin ist der erste namentlich bekannte Vertreter des Nominalismus. Seine Position ist nur durch Zeugnisse von Zeitgenossen übermittelt: Abaelard, *Historia calamitatum*; ders., *Epistola* 15; ders., *Dialectica;* Johannes von Salisbury, *Polycraticus*; ders., *Metalogicus.* Außerdem hat Anselm von Canterbury in seiner Schrift *De incarnatione verbi* die Position Roscelins ausdrücklich kritisiert. Von Roscelin selbst existiert nur ein Brief an Abaelard, der sich hauptsächlich auf das Trinitätsdogma bezieht. (Cf. J. Reiners, *Der Nominalismus in der Frühscholastik,* Münster 1910, S. 62 ff.) – Der Roscelinsche Nominalismus ist in der Logik des 11. Jahrhunderts schon impliziert, ohne daß Vertreter wie Garlandus Compotista dies polemisch akzentutiert hätten. Cf. die Einleitung von L. M. de Rijk zu: Garlandus Composista, *Dialectica*, Assen 1959, S. LIII ff.

»Nomen namque personam demonstrat, verbum quid quisque faciat patiaturve. Dehinc quoque hoc docente debemus advertere, quo compendio paulatim oratio coarctata per gradem cuncta quae sunt uno vocabulo capta concluserit. Nam cum sit diversa innumerabilisque mortalium nuncupatio, nec comprehendi possit nominum tam lata diversitas, uno tamen vocabulo cum hominen dixeris, noscis omnes. [...] Et quanquam sit horum nominum quoque infinita comprehensio, equum tamen cum quis dixerit, monstrabit omnes. Et si quis leonibus, quod fieri solet, vel bobus imponat nomina, in immensum tenditur uniusquisque cognitio, ut acies mentis obtunditur: sed cum leonem vel taurum dixeris, omnes qui ubique sunt, sub uno nomine naturae succidunt. Verum orationis vis, quae infinita genera procreandi varietate singulis vocabulis colligaverat, parum fecisse visa est, nisi eadem coarctata in unum signulari nuncupatione concluderet. Ideoque et hominem er feram et equum dixit animae, dans cunctis nomen quod omnia possideret. Nec minus ea quae sine anima sunt, brevi ex immensa demostratione signavit: nam cum sit arbor et nucis et castaneae et glandis et mali et caeteraque inexplicabilia genera virgultorum, surculum vocans, singulari omnia et communi vocabulo astrinxit. Similiter ornamentorum diversos lapides compendiose vocavit gemmas. Postremo licet abunde prospexerat dispersa passim genera nota concilians, tamen ingenti quodam et capaci ad infinitum nomine omne quidquid est comprehendens dixit οὖσίαν.«[6]

Es ist charakteristisch für die neue Denkweise, die sich hier abzeichnet, daß die Gegenstände unter dem Aspekt ihrer Verfügbarkeit erscheinen, welche durch die Ordnung der Begriffe gefördert wird. An die Stelle des Subjekts, das seine Begriffe zu vorausgesetzten Zwecken einrichtet, ist die vis *orationis* gesetzt. Das Wort, das die Gattungen und Arten bezeichnet, ist danach ein Instrument, das zweckgerecht bestimmt sein muß, um die Gegenstände zu erfassen. Ein Teil der in dem Zitat genannten Gattungen ist tatsächlich Resultat von Subsumtionen, durch die Verschiedenes um seiner Beherrschbarkeit willen – der Text spricht von Überschauen – in eine Gattung gefaßt wird: Bäume und Sträucher sind so Gehölz, bestimmte Steine sind Schmuckgegenstände. In diesen Bestimmungen kommt nicht das Wesen der Gegenstände an sich selbst zum Ausdruck, sondern zugleich das Interesse, unter dem diese durch das Denken angeeignet werden.

Die nominalistische Wendung in der Philosophie eröffnet die Möglichkeit, die Genesis der Begriffe zu erkennen. In dem Text dämmert eine Ahnung, daß die vormals für unveränderlich gehaltenen Allge-

6 Pseudo-Augustinus, *Categoriae decem ex Aristotele decerptae, PL* 32, 1419 f.

meinbegriffe Resultate und zugleich Instrumente der Aneigung der Natur darstellen, Im Begriff der *»orationis vis«*, welche die Gattungen von Dingen in mannigfacher Neuschöpfung zusammengefaßt habe, ist das geistige Moment der Produktion angedeutet, wenngleich noch in der klassischen, auf Kontemplation gerichteten Form. Das Subjekt der Reflexion hat sich in der Philosophie zunächst nur unmerklich von der Tradition lösen und ihr entgegenstellen können, so wie in der Praxis der Natur das Subjekt ihrer Beherrschung erst nach Jahrhunderten der Blindheit gegenübertrat.

Der Anfang dieses Prozesses, der ökonomisch schließlich die erweiterte Reproduktion brachte, kommt im Medium der Philosophie in der Position Roscelins zum Ausdruck. Die Reduktion der Universalien auf die ihnen entsprechenden Worte ist der entscheidende Schritt, durch den die neuplatonische Position der Kritik verfällt. Denn die naive Behauptung, Begriffe und Dinge seien in Übereinstimmung, wird hierdurch unmöglich. In negativer Form, also ohne ausdrücklichen Hinweis, impliziert dies eine veränderte Stellung des Denkens zur Welt und zu sich selbst. Denken, das sich als unmittelbare Darstellung der Objektivität verstand, kann ihrer nicht mehr gewiß sein. Der allgemeine Aspekt der Dinge, dasjenige, worin sie einander ähnlich sind, ist nicht mehr fraglos ihr substantielles Wesen; er verdankt sich vielmehr einer Sortierung der Dinge, die sich an Merkmalen orientiert, über deren notwendigen oder zufälligen Charakter die Dialektik keine Aussage machen kann. Das denkende Subjekt, ohne das die begriffliche Ordnung nicht wäre, ist von Anfang an die Bedingung, die die Position Roscelins ermöglicht. Diesen systematischen Punkt zu finden war der späteren *via moderna* vorbehalten.

Das naiv-metaphysische Denken war noch nicht wirklich autonomes Denken, denn es glaubte sich abhängig von der spirituellen Naturordnung, so wie die gesellschaftliche Reproduktion in den Jahrhunderten des frühen Mittelalters allenfalls die Konstanz der Gattung sichern konnte. Ein Mehrprodukt und dessen Verwendung zur Produktion neuer Bedürfnisse wird erst in der Epoche des beginnenden Nominalismus erzeugt. Die Wiederholung der geistigen Natur in der philosophischen Kontemplation der Universalienhierarchie und die identische Reproduktion der einmal gegebenen Naturbedingungen der Gesellschaft entsprechen einander. Die nominalistische Orientierung, die später über die Diskussion der Universalienfrage weit hinausreicht, ermöglicht die Veränderung der scheinbar unveränderlichen Naturbedingungen des Denkens und der gesellschaftlichen Realität. Das Subjekt beider mußte hierzu seiner selbst bewußt werden.

Die Hauptthese Roscelins, *universale est vox*, hat Konsequenzen, von denen Abaelard und Anselm berichten. So ist Abaelards *Dialectica* zu entnehmen, daß sein Lehrer Roscelin eine metaphysische These zum Verhältnis von Teil und Ganzem vertreten hat. Ein Ganzes ist demnach nur die äußere Summe aus Teilen, nicht aber Substanz. Die Teile sind von sich aus auch nicht auf das Ganze hingeordnet. Ein einheitliches Ganzes kann deshalb nicht existieren:

»Fuit autem, memini, magistri nostri Roscellini tam insana sententia ut nullam rem partibus constare vellet, sed sicut solis vocibus species, ita et partes adscribebat. Si quis autem rem illam quae domus est, rebus aliis, pariete scilicet et fundamento, constare diceret, tali ipsum argumentatione impugnabat: si res illa quae est paries, rei illius quae domus est, pars sit, cum ipsa domus nichil aliud sit quam ipse paries et tectum et fundamentum, profecto paries sui ipsius et ceterorum pars erit. At vero idem quomodo sui ipsius pars fuerit. Amplius: omnis pars naturaliter prior est suo toto. Quomodo autem paries prior se et aliis dicetur, cum se nullo modo prior sit?«[7]

Die Rücknahme der Universalien in die Worte hat die Partikularisierung der Dinge zur Folge. Ein zusammengesetzes Seiendes, wie das genannte Haus, ist als Ganzes, das aus verschiedenen Teilen besteht, überempirisch, insofern es Einheit von mehreren einzelnen Dingen ist. Diese mußte konsequent als willkürliche Benennung erscheinen. Eine wechselseitige Verwiesenheit von Teil und Ganzem kann Roscelin nicht zugestehen, denn kein Ding hat ihm zufolge Teile; zerfällt es, so erweisen sich die vermeintlichen Teile als die eigentlichen Dinge. Die Teilung eines Dinges ist die Widerlegung seiner Substantialität. Dies hat Abaelard deutlich erkannt: »Hic sicut pseudodialecticus, ita et pseudochristianus, cum in dialectica sua nullam rem partes habere aestimat, ita divinam paginam impudenter pervertit, ut eo loco, quo dicitur Dominus partem piscis asse comedisse, partem hujus vocis, quae est piscis assi, non partem rei intelligere cogatur.«[8]

Ohne daß dies ausdrücklich ausgesprochen würde, reduziert sich für das Roscelinsche Denken die Welt der Dinge auf eine Ansammlung qualitätloser *singularia*, über deren innere Wesensverwandtschaft nichts auszusagen ist. Was immer in einer Aussage für mehr als ein einzelnes Ding gilt, das steht nur für die Aussage selber; eine ontologische Bedeutung kann es nicht haben. Die Prädikation der

7 *Dialectica*, ed. L. M. de Rijk, 2. Aufl. Assen, 1970, S. 554 f.
8 *Epistola* 14, *PL* 178, col. 358.

Universalien stellt für Roscelin kein unlösbares Problem mehr dar wie für den Neuplatonismus. So ist es nicht mehr das eine univoke Sein, das den *entia singularia* zugesprochen wird, vielmehr impliziert die Roscelinsche Bestimmung der Universalien, daß die Prädikationen der Universalien im strengen Sinne Äquivokationen sind: Die Gleichheit des ausgesagten Wortes hat ihre Entsprechung nicht mehr in einer substantiell verstandenen Ähnlichkeit; sie kann nur auf einer begriffslos beobachteten Merkmalgleichheit der Dinge sich gründen. Wenngleich die wenigen Zeugnisse der Philosophie Roscelins es nicht gestatten, ihm eine Erkenntnistheorie zuzuschreiben, so liegt seiner Position doch eine empiristische Konsequenz nahe: Nur das empirische, nicht schon durch Begriffe zur Allgemeinheit erhobene Einzelding *ist*. Was darüber hinausgeht, sind nur Worte.[9]

Die logische Struktur des Gedankens, der über die Realität verfügt, hat keine ontologische Entsprechung in ihr. Das hat indessen zur Folge, daß die einzelnen *entia*, die das Wirkliche sein sollen, nur eine äußere Bestimmung erhalten können. Das Einzelne und das Universale bleiben so unvermittelt wie zuvor. Die ontologische Bestimmtheit der von Roscelin gefundenen res *universalis* ist die Sprache. Das von der Sprache Bezeichnete aber, die *res singularis*, bleibt dem System der Worte äußerlich.[10] Das Universalienproblem stellt sich aufs neue. Wenn das Individuelle wesenhaft das ist, was keine Universalität besitzt, diese vielmehr nur den Worten eignen soll, so wird es zu einem negativen Leertitel. Dieser Sachverhalt ist dem Nominalismus weder im 12. noch im 14. Jahrhundert zum Bewußtsein gekommen. Der Preis, den das von der Natur sich emanzipierende Denken gezahlt hat, besteht im fortschreitenden Verlust der Gegenstände. Der Anfang dieses erst in der fortgeschrittenen Neuzeit unübersehbar werdenden Prozesses liegt in der nominalistischen Wendung des Denkens im 12. Jahrhundert.[11]

Das nominalistische Denken beginnt schon im 12. Jahrhundert, das

9 Der Traktat *De generibus et speciebus* hat diese Implikationen des frühesten Nominalismus deutlich bezeichnet: »Nam cum habeat eorum [scil. nominalium, G. M.] sententia nihil esse praeter individua, et haec tamen significari a vocibus tam universalibus, idem prorsus significabit animal et homo.« (*Ouvrages inédits d'Abélard*, l. c., S. 524; cf. auch die hieran anschließende Passage).

10 Denkbar, wenn auch nach der Quellenlage nicht nachweisbar ist, daß es Roscelin primär um das aus dem Neuplatonismus stammende Universalienproblem und erst sekundär um das Einzelne ging.

11 Schon Roscelins Zeitgenossen haben die Verflüchtigung der Gegenstände im Nominalismus satirisch herausgestellt:

kaum gewonnene Ergebnis der Kritik an der neuplatonischen Tradition in eine affirmative Position umzudeuten. Das Besondere, das nach der Entdinglichung der Universalien als irreduktible Realität sich herauszustellen schien, ist nicht das Andere der Worte, sondern eine Reflexionsbestimmung; denn das Individuelle ist nur negativ bestimmt, als das, was das Allgemeine nicht ist. Es ist so Resultat von Negation, nicht aber unmittelbar und positiv. Behauptet nun der Nominalismus, die *res singularis* sei von Sprache und Denken unabhängige Realität, so verfällt sein Denken in denselben Fehler, den er der Tradition vorwirft: Er hypostasiert eine Abstraktion, die er einerseits als Unmittelbarkeit preist, andererseits auf nur scheinbar anderem Gebiet als Legitimationsgrund für eine neue Form von Herrschaft verwendet. Denn auch die Befreiung der Individuen aus ihrer engen Bindung an die mittelalterliche Ständeordnung vollzog sich als deren abstrakte Negation.

Den Verlust verbindlicher, die Einzeldinge verbindender Allgemeinheit kommt schon in Roscelins Lehre von Teil und Ganzem antizipativ zum Vorschein. Fügen sich mehrere einzelne benennbare Dinge zu einem sie umgreifenden Ganzen zusammen, so entspricht dies dem Verhältnis von *genera* und species oder von Individuen und *species*. Dieses Verhältnis ist nur ein Sprachgebrauch: »Nam cum animal genus sit hominis, vox vocis nullo modo est altera alterius materia; nam neque in qua sit neque de qua sit. Nam de hac voce *animal* non fit haec vox *homo*, neque in ea. Sed aiunt [scil. nominales, G. M.] figuram totam esse locutionem: genus est materia speciei, id est: significatum generis materia est significati speciei. [...] Quod sic aeque ut partes totius, ita species sunt materia generum, non utique in hoc differunt, imo conveniunt.«[12]

Die Sache selbst, welche die Einzeldinge als Teile haben soll, exi-

»Quas, Ruziline, doces, non vult dialectica voces,
Jamque, dolens de se, non vult in vocibus esse;
Res amat, in rebus cunctis vult esse diebus.
Voce retractetur: res sit, quod voce docetur.
Plorat Aristoteles, rugas docendo saniles,
Res sibi subtractas, per voces intitulatas;
Porfiriusque gemit, quia res sibi lector ademit;
Qui res abrodit, Ruziline, Boetius odit.
Non argumentis nulloque sophismate sentis,
Res existentes in vocibus esse manentes.«
(P. Jaffé, *Bibliotheca rerum Germanicarum*, Bd. V, Berlin 1869, S. 187)

12 Dies ist ein Teil der Darstellung der Roscelinschen Position in dem Traktat *De generibus et speciebus*, 1. c., S. 523 f.

stiert so wenig wie *genus* und *species* als Ding, denn nur Einzelnes kann Ding sein. Seine verschiedenen Bestimmungen, die auch dessen Teile bezeichnen, sind wiederum solche von Einzelnem, in das sich das Ding auflöst. So hat auch der Mensch, dessen Körper Teile hat, die mit einer einheitlichen Seele verbunden sind, mehrere Körper. Die Einheit des Körpers ist ein Sprachgebrauch. Nicht einmal die Summe der Einzelteile hat Realität. Die Vereinigung der Seele mit den Körpern muß er behaupten ohne sie beweisen zu können: »Unum singulariter, alterum pluraliter proferrimus, ut hominis, quia alia pars est corpus, alia anima, unam animam dicimus, sed plura corpora propter corporis partes diversas.«[13]

Im frühesten Nominalismus ist bereits angelegt, was Jahrhunderte später zum Vorschein kommt. So ist die Einheit der Person, Voraussetzung des kritischen Selbstbewußtseins, das sich hier der Tradition entgegensetzt, schon objektiv problematisch. Derselbe Schritt der Emanzipation aus der Heteronomie eines unvernünftigen Allgemeinen entzieht sich in seinem Vollzug selbst sein Telos, die Befreiung eines Besonderen, das durch eine vernünftige Allgemeinheit bestimmt und dadurch allererst konkret wäre. Die Partikularisierung und Entqualifizierung der menschlichen Personen ist im nominalistischen Denken angelegt und hat wiederum eine ambivalente Geschichte ihrer Entfaltung. Der Gedanke ermöglichte die Freiheit und Unabhängigkeit der bürgerlichen Rechtspersonen und eröffnete zugleich die Praxis einer Politik, die mit den Individuen mechanisch verfährt, weil sie in sich nur Mechanismen sein sollen.

Aus der Position Roscelins zum Verhältnis von Teilen und Ganzem folgte eine häretische Trinitätslehre.[14] Wenn zudem die Prädikation eines Universale keine ontologische Bedeutung hat, so konnte diese *dialectica in vocibus* vor der Theologie nicht haltmachen, denn diese beanspruchte ja ihrerseits, mit der Dialektik vereinbar zu sein. Schließt nach überkommener theologischer Lehre die Substanz Gottes drei Personen ein, die in der Gottheit konsubstantial und gleichwertig sind, so verschärft sich für Roscelin das Problem, wie das Eine von der Dreiheit aussagbar sein soll. Denn die Trinitätlehre besagt ja nicht wie die metaphysische Universalienlehre die Einheit einer Spe-

13 Roscelin, Brief an Abaelard, in: J. Reiners, *Der Nominalismus in der Frühscholastik*, Münster 1910. S. 73. Cf. zu den Explikationen über Roscelin das 5. Kapitel dieses Buches, S. 34. ff.

14 Diese theologische These ist es vor allem, die den literarischen Nachruhm Roscelins begründete, denn er zog sich durch sie heftige Kritik und die Verurteilung ein Konzil in Siossons im Jahre 1092 oder 1093 zu.

cies in der Vielheit der Individuen, sondern das Subsistieren, das persönliche Fürsichsein der numerisch einen göttlichen Natur in drei real verschiedenen Personen. Diese sind also nicht spezifisch gleich, ihre gemeinsame Natur ist vielmehr numerisch eine. Die Trinitätslehre ist somit nicht eine Dreigötterlehre, sondern das Dogma von einem Gott.

Roscelin konnte hierin nur einen Widerspruch erkennen. Denn wenn die Substanz, die den drei göttlichen Personen eignen soll, nicht nur spezifisch, sondern numerisch eine ist, so muß sie selbst ein Ding sein, das von der Personen nicht nur virtuell, sondern real geschieden ist. Dies würde auf die arianische Position hinauslaufen, welche die Trinität gänzlich leugnete und die völlige Verschiedenheit des Vaters vom Sohn vertrat. Wenn es aber drei göttliche Personen gibt, wie Roscelin der herrschenden Tradition gemäß lehrt, so muß er sie verdinglichen und aus ihrer Beziehung zueinander lösen. Diese Häresie hat sogar eine immanent theologische Begründung. Nach Roscelin hat nämlich die orthodoxe numerische Einheit Gottes zur Folge, daß Vater und heiliger Geist zusammen mit dem Sohn Fleisch geworden sein müßten. Denn sonst würde einer Substanz dasselbe Prädikat zugleich zu- und abgesprochen. Gott wäre inkarniert und nicht inkarniert. Zudem wäre die Transzendenz Gottes nicht mehr zu vertreten, der Pantheismus unabweisbar.

Deshalb behauptet Roscelin drei Personen, die wie drei Engel oder Seelen eines im Willen und in der Macht seien. Was darüber hinaus ihre gemeinsame Substanz ist, das reduziert sich auf die Gewohnheit des Sprachgebrauchs.[15] Da die drei Engel oder Seelen drei Seiende sind, ist Roscelins Lehre ein Tritheismus. Die Gleichheit der Macht und des Willens ist aber keine Einheit der Substanz, denn der gemeinsame Wille mehrerer Personen kann Ergebnis einer Übereinkunft sein, und auch die Macht läßt sich auf diese Weise teilen. Das Modell, nach dem die Beziehung der göttlichen Personen konzipiert scheint, ist das der kontrahierenden bürgerlichen Privatpersonen, die voneinander unabhänging sind und nur durch ihren Willen miteinander übereinkommen.

Der Tritheismus Roscelins ist von seinem Gegner Anselm von Can-

15 Der Brief Roscelins an Abaelard bedient sich der Formel »consuetudo loquendi« (cf. Reiners l. c., S. 72). Die Reduktion der Universalien auf bloß sprachliche Entitäten verbindet den frühesten Nominalismus schon mit jener Strömung der Gegenwartsphilosophie, die alle Sachprobleme durch die Untersuchung des Sprachgebrauchs erörtert. Die Sache existiert nur in ihrer alltagssprachlichen, d. h. subjektiven Erscheinung.

terbury überliefert worden. Sein Werk *De incarnatione verbi*[16] das eigens zur Abwehr der Roscelinschen Häresie verfaßt wurde, ist aufschlußreich für die Anfänge des nominalistischen Bewußtseins und für die Wendung, die das begriffsrealistische Denken nehmen mußte, nachdem es die gegnerische Kritik wahrgenommen hatte. Wird Anselm gewöhnlich als der überlegene und originäre Begründer der eigentlichen Scholastik betrachtet, so übergeht diese Darstellung, daß das Denken Anselms nur als Reaktion auf den nominalistischen Angriff auf das scheinbar Substantielle zu begreifen ist. Das vorgeblich sichere Fundament, auf das Anselm den Glauben gestellt haben soll, verdankt sich einer Kritik an jener Dialektik, die der Theologie ihre Naivität nahm. Anselm vollzieht einen weiteren Schritt auf dem Wege der Säkularisierung des Denkens, deren innere Folgerichtigkeit sich hierin bestätigt.

Roscelins Angriff auf die traditionelle Trinitätslehre ist nicht die Äußerung eines isolierten Häretikers, sondern entsprach einem allgemeinen Bewußtsein, das über einen theologischen Schulstreit weit hinausging. Die Häresie setzt vielmehr den Zweifel am Heilsanspruch der chtistlichen Religion voraus. Fällt das Trinitätsdogma der dialektischen Kritik zum Opfer, so ist zugleich die Lehre von der Inkarnation hinfällig. Damit wiederum war der Erlösungsanspruch des Christentums eng verbunden. Die Politik der geistlichen und weltlichen Macht, welche nach mittelalterlichem Verständnis die Erlösung befördern sollte, ist dann nicht mehr als ein Movens der Heilsgeschichte zu verstehen. Für das Bewußtsein des 12. Jahrhunderts war die radikale Trennung von Religion und Politik indessen noch nicht möglich. Deshalb besaß die Theologie Anselms, die den nominalistischen Impuls aufnahm, indem sie ihn abwehrte, ihre Überzeugungskraft.

Der innere Zusammenhang zwischen der Kritik der realistischen Universalienlehre und dem Tritheismus ist Anselm von Canterbury bereits deutlich gewesen[17]: »Illi utique nostri temporis dialectici, im-

16 Die Schrift ist außerdem noch bekannt unter dem Titel *De fide trinitatis*.

17 Die überlieferten Äußerungen Roscelins und seiner Zeitgenossen stehen sämtlich der Interpretation von B. F. Adlhoch OSB entgegen, welcher zum Ziel hat, Roscelins Nominalismus zu leugnen. Weder die *dialectica in voce* noch der *flatus vocis* seien nominalistisch, und die Trinitätslehre soll hiervon gänzlich unabhängig sein. Adlhoch gehört somit zu jenen meist geistlichen Mediaevisten, die den Beginn des Nominalismus möglichst spät ansetzen möchten, weil er ihnen als böswilliger Bruch des mittelalterlichen Kosmos erscheint. Cf. Adlhoch, »Roscelin und Sanct Anselm«, in: *Philosophisches Jahrbuch*, Bd. 20 (1907), S. 442 ff.

mo dialecticae haeretici, qui non nisi flatum vocis putant universales esse substantias, et qui colorem non aliud queunt intelligere quam corpus nec sapientiam hominis aliud quam animan, prorsus a spiritualium quaestionum disputatione sunt exsufflandi. [...] Qui enim nondum intelligit, quomodo plures homines in specie sint unus homo: qualiter in illa secretissima et altissima natura comprehendet, quomodo plures personae, quarum singula quaeque perfectus est deus, sint unus deus?«[18]

Anselm hat hiermit eine der möglichen Konsequenzen der nominalistischen Position bezeichnet. In seiner Verteidigung der Trinitätsdogmas kritisiert er die Unfähigkeit des modernen Denkens, die Einheit der Menschheit zu begreifen. Dieser Mangel erlangte in späteren Jahrhunderten praktische Wirksamkeit, als sich der politische Universalismus auflöste und die partikularen Nationalstaaten entstanden, mehr noch, als sich eine Gesellschaft konkurrierender Individuen bildete: »Et cuius mens obscura est ad diiudicandum inter equum suum et colorem eius: qualiter discernet inter unum deum et plures relationes eius? Denique qui non potest intelligere aliquid esse hominem, nisi individuum, nullatenus intelligit hominem, nisi humanam personam. Omnis enim individuus homo est persona. Quomodo ergo iste intelliget hominem assumptum esse a verbo, non personam, id est: naturam aliam, non aliam personam assumptam esse?«[19]

Die Person wird zum konstitutiven Element des Rechtsverhältnisses unter den Menschen, welches als positives bürgerliches Recht die Fiktion unabhängiger und gleicher Personen voraussetzt.

18 Anselm von Canterbury, *Epistola de incarnatione verbi, Opera omnia*, ed. F. S. Schmitt, Bd. II, Rom 1940, S. 9 f.
19 L. c., S. 10.

V.

Anselm von Canterbury und die unfreiwillige Modernität der Apologetik

Das Werk des Heiligen Anselm von Canterbury ist von dem Dilemma geprägt, eine doppelte Wahrheit nicht lehren zu können und doch die Verschiedenheit der Schriftautorität von der Evidenz der weltlichen Dialektik festhalten zu müssen, um die erstere gegen die letztere, aber mit deren Mitteln, verteidigen zu können. Die vielgerühmte Geschlossenheit seines Lehrgebäudes erwuchs aus der polemischen Beziehung seines Denkens auf das weltliche Bewußtsein, das der Theologie bereits die naive Selbstgewißheit genommen hatte, unmittelbar mit der Wissenschaft identisch zu sein. Das weltliche Bewußtsein war indessen schon unwiderruflich objektiv, wie der Streit um die Dialektik belegt. Für beide Parteien in dieser Auseinandersetzung stand die Differenz von Autorität und Ratio bereits fest. Der Versuch der Antidialektiker, zu denen auch Lanfranc gehörte, Anselms Vorgänger in den Ämtern des Abtes von Bec und des Erzbischofs von Canterbury, die weltliche Wissenschaft gänzlich zu verwerfen, drohte die Theologie jener Objektivität zu berauben, welche sie vormals ohne Zweifel zu besitzen schien. Demgegenüber erwies die Partei der Dialektiker immerhin die Konsistenz der Vernunft in sich, welcher die christlichen Dogmen nicht notwendig genügen. Am Ende des 11. Jahrhunderts, der Epoche Anselms, war es jedoch noch undenkbar, daß die weltliche menschliche Vernunft aus einer anderen Quelle stamme als dem göttlichen Geist. Deshalb konnte sich Anselm vor die Aufgabe gestellt sehen, die Autorität der heiligen Schrift als des göttlichen Wortes von der nominalistischen Kritik an der substantiellen Realität der Worte auszunehmen, ohne die These zuzugestehen, die Offenbarung spreche eine von der Dialektik gänzlich verschiedene Sprache, sei also mit dem menschlichen Denken nicht zu erschließen. Dazu mußte er das radikale Verdikt der Antidialektiker modifizieren: Glauben und Wissen mußten zu einer Synthesis gebracht werden, die dem Wissen eigene Dignität zugesteht, zugleich aber dem Glauben den Vorrang sichert.

Die heilige Schrift und der auf sie gestützte Glaube sind nach Anselm der Grund des durch die Dialektik gesicherten Wissens, das aus sich heraus das Kriterium für Wahrheit und Falschheit nicht gewinnen kann. Denn die Regeln der formalen Logik sind solche des menschlichen Denkens, das endlich ist und deshalb keinen absoluten Maßstab besitzen kann. Dafür ist vielmehr ein absoluter Grund vorausgesetzt. Noch in seinem Spätwerk *De concordia praescientiae et praedestinationis et gratiae dei cum libero arbitrio* hat er diese Position zum Ausdruck gebracht:

»Siquidem nihil utiliter ad salutem spiritualem praedicamus, quod sacra scriptura spiritus sancti miraculo foecundata non protulerit, aut intra se non contineat. Nam si quid ratione dicimus aliquando quod in dictis eius aperte monstrare aut ex ipsis probare nequimus: hoc modo per illam cognoscimus, utrum sit accipiendum aut respuendum. Si enim aperta ratione colligitur, et illa ex nulla parte contradicit – quoniam ipsa sicut nulli adversatur veritati, ita nulli favet falsitati – : hoc ipso quia non negat quod ratione dicitur, eius auctoritate suscipitur. At si ipsa nostro sensui indubitanter repugnat: quamvis nobis ratio nostra videatur inexpugnabilis, nulla tamen veritate fulciri credenda est. Sic itaque sacra scriptura omnis veritatis quam ratio colligit auctoritatem continet, cum illam aut aperte affirmat aut nullatenus negat.«[1]

Die Formulierung verdeckt den Widerspruch, vor den sich Anselm gestellt sah, als er die unbedingte Autorität der Schrift wiederherstellen wollte. So muß er einerseits die absolute Wahrheit der Schrift voraussetzen, um sie als Quelle der subalternen Wahrheit des Verstandes in Anspruch nehmen zu können. Andererseits muß er die Gewaltsamkeit der Antidialektiker meiden. Denn deren radikale Negation der weltlichen Wissenschaft führte notwendig zur Apologie eines bestimmungslosen Gottes, der in keinem begreiflichen Zusammenhang mit der Wahrheit steht, die dem menschlichen Verstande erreichbar ist.

1 Anselm von Canterbury, *De concordia*, qu. III, 6, *Opera omnia*, ed. F. S. Schmitt, Bd. II, Rom 1940, S. 271 f.

Insistiert Petrus Damiani dergestalt auf der göttlichen Autonomie, daß vor ihr sogar das Widerspruchsprinzip relativiert ist, so erkennt Anselm darin die ungewollte Herabsetzung Gottes zu einem ohnmächtigen Wessen: »Sed et omnipotens quomodo es, si omnia non potes? Aut si non potes corrumpi nec mentiri nec facere verum esse falsum, ut quod factum est non esse factum, et plura similiter: quomodo potes omnia? An haec posse non est potentia, sed impotentia? Nam qui haec potest quod sibi non expedit et quod non debet potest. Quae quanto magis potest, tanto magis adversitas et perversitas possunt in illum et ipse minus contra illas. Qui ergo sic potest, non potentia potest sed impotentia.«[2]

Das Zeitalter, in dem die theoretische Reflexion den Primat des herrschaftlichen Willens über die diskursive Vernunft pries, war aber noch nicht angebrochen. Die Anselmianischen Spekulationen setzen sich denn auch ausdrücklich zum Ziel, das sich zur Emanzipation anschickende weltliche Bewußtsein in die Einheit des christlichen Glaubens zu integrieren, um diesen dadurch für das menschliche Denken in seiner Objektivität zu erweisen.[3]

So hat Anselm in seinen Schriften immer wieder nachzuweisen versucht, daß die weltliche Wissenschaft und ihr Inbegriff, die Dialektik, indem sie auf sich selbst reflektiert, ihres absoluten Grundes innewird und dadurch die Objektivität des Glaubensinhaltes demonstrieren kann. Dieser Wahrheitsbeweis der Autorität sollte aber nur in einer Richtung gelten: Die an sich feststehende absolute Wahrheit des Christentums bedarf eines Beweises durch das menschliche Bewußt-

2 Anselm von Canterbury, *Proslogion*, c. 7, *Opera omnia*, Bd. I, Rom, S. 105.

3 In elementarer Form tritt hier ein apologetisches Verfahren auf, dessen der Katholizismus bis in die neueste Zeit sich bedient hat: Eine wissenschaftliche Theorie, die gegen die Autorität der Kirche sich entwickelt hat und von ihr deshalb zunächst verfolgt wurde, erlangt unbestreitbare Evidenz ihrer Resultate, so daß die kirchliche Autorität, die ja mit dem Wissen einig sein will, sie anerkennen muß; dies tut sie jedoch um den Preis, daß das Neue in dem fundiert wird, was die Autorität von jeher gelehrt hat. Die stets vorausgesetzte Wahrheit des christlichen Glaubens ist damit der Grund aller Wahrheit, auch derjenigen, die gegen die Autorität opponiert. Evidenz und Herrschaft sind hierbei wiederum verschränkt. Zwar ist es das Bestreben dieser integrierenden Apologetik, die Kontinuität des scheinbar Disparaten herzustellen, den Widerspruch zu tilgen und damit die Einheit des Bewußtseins zu bewahren, aber die Wahrheit des Grundes, der alles begründen soll, wird nicht in Frage gestellt. Sie ist eine bloße Voraussetzung, deren Evidenz behauptet, aber nicht bewiesen ist.

sein nicht. Insofern ist der Glaubensinhalt von der Dialektik verschieden. Das menschliche Bewußtsein demonstriert sich selbst seine Abhängigkeit von der ihm vorgegebenen Autorität. Die höchste Einsicht, derer es fähig sein soll, ist seine heteronome Bestimmtheit. Seine Freiheit, auf die es als auf sein Telos bezogen ist, realisiert es, indem es sich unterwirft.

Jedoch hat Anselm nicht das *sacrificum intellectus* gefordert. Die Selbstaufgabe der Vernunft sollte nicht – wie in späterer Theologie – der erste Schritt zum Glauben sein. Vielmehr ist dem Menschen als dem vernünftigen Lebewesen zunächst aufgegeben, mit den Mitteln seiner eigenen Vernunft die Wahrheit sich anzueignen, die ihm durch den Glauben gegeben ist. Der Glaubensinhalt sollte als ein vernünftiger gedacht werden. Die ersten Sätze des *Proslogion* nach dem einleitenden Gebet zeugen davon, daß die Offenbarung von allen kontingenten Denkakten unabhängig bleiben, dies selbst aber eine intellektive Erkenntnis sein sollte: »Non tento Domine, penetrare altitudinem tuam, quia nullatenus comparo illi intellectum meum; sed desidero aliquatenus intelligere veritatem tuam, quam credit et amat cor meum. Neque enim quaero intelligere ut credam, sed credo ut intelligam. Nam et hoc credo: quia nisi credidero, non intelligam.«[4]

In der berühmten Formulierung dieses Zitates, »credo ut intelligam«, ist der Primat des Glaubens ausgesprochen, in dem die Vernunft gründen sollte. Der Satz hat jedoch einen weiteren, von der Anselmianischen Argumentation schwer abzuweisenden Sinn: Der Glaube ist nicht eine separate, selbstgenügsame Instanz der menschlichen Seele; er besitzt vielmehr eine innere Teleologie auf die Erkenntnis. Nur indem der Glaube begriffen wird, kann er seinem Grunde, der göttlichen Wahrheit, gemäß sein. Die Hinordnung des menschlichen Glaubens auf die Erkenntnis ist nach dem Duktus des gesamten Anselmianischen Denkens ein Beweis für die Übersubjektivität des Geglaubten, das durch die unbestreitbare Objektivität der logischen Gesetze dem denkenden Subjekt gleichsam Gehorsam abverlangt. Das Denken endlicher Subjekte reicht über die Endlichkeit hinaus, also muß es das Vermögen hierzu von einem Unendlichen erhalten haben, da es nicht selbst eine ihm gegenüber höherrangige Ursache hervorgebracht haben kann.

Das Absolute, das im Glauben präsent sein soll, ist hiernach der Grund der Vernunft. Insofern geht der Glaube der Vernunft voraus. Aber nach Anselm ist der Glaube zugleich umgekehrt auf Vernunft hingeordnet und strebt deshalb danach, in ihr sich seiner eigenen

4 *Proslogion*, l. c., S. 100.

Grundes zu versichern. Die göttliche Vernunft, die den Glauben im Subjekt bewirkt, ist aber zugleich Telos von dessen intellektiver Tätigkeit. Das durch die Offenbarung Gegebene muß durch das Subjekt zu der ihm an und für sich gemäßen Form der Vernunft gebracht werden. Der subjektive Glaube ist nur ein vorübergehendes Moment in dieser Bewegung.

Damit hätte der Glaube in der Vernunft seinen Grund, und die Anselmianische Intention hätte sich umgekehrt. Wenn ein Grund von seiner Wirkung her erschließbar ist, dann muß es auch einen vernunftimmanenten Weg des Beweises geben, vermöge dessen die Vernunft zu ihrem Grunde gelangt: »Si quis unam naturam, summam omnium quae sunt, solam sibi in aeterna sua beatitudine sufficientem, omnibusque rebus aliis hoc ipsum quod aliquid sunt aut quod aliquomodo bene sunt, per omnipotentem bonitatem suam dantem et facientem, aliaque per plura quae de deo sive de eius creatura necessarie credimus, aut non audiendo aut non credendo ignorat: puto quia ea ipsa ex magna parte, si vel mediocris ingenii est, potest ipse sibi saltem sola ratione persuadere.«[5]

Hierin wendet sich die Argumentation zu einer Apologie des Glaubens vor der Vernunft, die stillschweigend zum objektiven Maßstab wird. *Sola ratione*, ohne stützenden Hinweis auf die Autorität der heiligen Schrift, soll die Wahrheit des christlichen Glaubens demonstrierbar sein. Da der Beweis eines Lehrsatzes nicht aus diesem selbst geschöpft sein darf, so muß auch die Autorität der Schrift durch etwas bewiesen werden, was ihr nicht selbst angehört. Deshalb können es nur disparate Momente sein, die sich zur Einheit von Glauben und Wissen vereinigen, wobei das Problem, in welchem Medium sie aufeinander bezogen sind, noch gar nicht berücksichtigt ist.

Daß der Glaube auf notwendigen Gründen, *rationes necessariae* fußt, welche dem Glauben nicht tautologisch bereits immanent sein dürfen, wenn sie Gründe eines Begründeten sein sollen, hat Anselm eingestanden, ohne die ausdrückliche Konsequenz zu ziehen, daß die *rationes necessariae*, die in der Vernunft liegen müssen, höheren Ranges sind als das Begründete: »Sed si quis legere dignabitur duo parva mea opuscula, *Monologion* scilicet et *Proslogion*, quae ad hoc maxima facta sunt, ut quod fide tenemus de divina natura et eius personis praeter incarnationem, necessariis rationibus sine scripturae auctoritate probari possit; si inquam aliquis ea legere voluerit, puto quia et ibi de hoc inveniet quod nec improbare poterit nec contemnere volet.«[6]

5 Anselm von Canterbury, *Monologion, Opera omnia,* Bd. I., S. 13.
6 *Epistola de incarnatione verbi*, c. 6, *Opera omnia*, Bd. II, S. 20.

Die Autorität der Schrift und der Kirche ist indessen nach Anselms Intention der Maßstab, an dem die Resultate der Reflexion gemessen werden müssen. Zwar strebt der Glaube nach Erkenntnis, aber stets soll er mehr sein als diese.[7] In dieser Wendung lehrt Anselm, daß Denken sich auf den einmal gesetzten theologischen Rahmen, auf die Apologetik, beschränken müsse. Dies bedeutete praktisch, daß die denkenden Subjekte sich der Einheit der kirchlich sanktionierten Dogmatik unterwerfen mußten. Die Aufnahme der Dialektik in die theologische Spekulation kann also nach Anselm nie deren Kritik bedeuten, sondern muß stets der Apologie einer als zeitlos angesehenen Offenbarung dienen. Der Gegner, der durch sein eigenes Mittel besiegt werden soll, ist das weltliche Denken, namentlich Roscelin. Ihm wird unterstellt, er wolle die Weltordnung umstürzen, was das Selbstverständnis des frühen Nominalismus entschieden übertrifft:

»Priusquam de quaestione [trinitatis] disseram, aliquid praemittam ad compescendam praesumptionem eorum, qui nefando temeritate audent disputare contra aliquid eorum quare fides Christiana confitetur, quoniam id intellectu capere nequeunt, et potius insipienti superbia iudicant nullatenus posse esse quod nequeunt intelligere, quam humili sapientia fateantur esse multa posse, quae ipsi non valeant comprehendere. Nullus quippe Christianus debet disputare, quomodo quod catholica ecclesia corde credit et ore confitetur non sit; sed semper eandem fidem indubitanter tenendo, amando et secundum illam vivendo humiliter quantum potest quaerere rationem quomodo sit. Si potest intelligere, deo gratias agat; si non potest, non immittat cornua ad ventilandum, sed sumittat caput ad venerandum.«[8]

Der Brief über die Inkarnation war dazu bestimmt, Roscelins Exkommunikation auf dem Konzil zu Soissons zu befürworten, darüber hinaus aber bezeugt er Anselms wichtige systematische Voraussetzung, daß der von der Kirche verpflichtend gelehrte Glaubensinhalt mit dem Inbegriff von Vernunft identisch sei. Nur so kann sich Anselm überhaupt darauf einlassen, die diskursive Erkenntnis in die Theologie aufzunehmen, um das im Nominalismus Roscelins erwachende

7 Die ursprünglichen Titel des *Monologion* und des *Proslogion* deuten auf diesen Sachverhalt hin. *De ratione fidei* bezeichnet den Grund, den der Glaube außer sich hat, der aber als Beweisgrund der Vernunft zugänglich ist. *Fides quaerens intellectum* weist auf die Teleologie des Glaubens, der zur Einsicht drängt. Beide Male sollte aber der Vernunft nur die Rolle eines Instrumentes zukommen.

8 *Epistola de incarnatione verbi*, c. 1, l. c., S. 6 f.

Bewußtsein einzubeziehen, es aber zugleich seines kritischen Impulses zu berauben.

In fast jedem seiner Werke ist festzustellen, daß Anselms Denken seinen Gegner in der nominalistischen Häresie und deren Vorläufern hat. Schon in seinem frühen *Dialogus de veritate* will Anselm die Reduktion der Urteile auf bloße Verbindungen von Worten bekämpfen. Im Gegensatz zu der Lehrmeinung, welche die Dialektik auf die Worte beschränken wollte, ohne Rücksicht auf das von diesen Bezeichnete, vertritt Anselm die Position, daß die Wahrheit eines Urteils von dem Gegenstande abhängig sei, auf den es bezogen ist. Die bezeichnete Sache selbst ist also die *causa veritatis* des Urteils, dem Richtigkeit zukommt, wenn es ihr entspricht. Ziel der menschlichen Verstandestätigkeit ist die Wahrheit, die Anselm als »rectitudo mente sola perceptibilis«[9] bestimmt. Die bezeichnende Tätigkeit des Verstandes, die sich der Worte bedient, ist in dieser Konzeption schon als von der Beschaffenheit der Sache getrennt verstanden. Anselms Realismus ist deshalb nicht mehr naiv-neuplatonisch, so sehr er auf der *rectitudo* als der verbindenden Idee von Natur und moralischer Welt insistiert.[10] Wenn auch die *rectitudo* die in der Welt präsente Idee der Schöpfungsordnung und zugleich den Kanon der menschlichen Erkenntnis darstellt, so begegnet Anselm damit doch der Kritik, die der Nominalismus am Neuplatonismus geübt hatte.

Wird schon bei Roscelin tendenziell das Bezeichnen verselbständigt, so wendet Anselm dagegen eine *veritas ontologica*, um dem Bezeichnen erst einen konstituierten Gegenstand zuzuordnen. Erfaßt der Geist diese Richtigkeit und gelangt so zu wahren Urteilen, so bezieht sich diese Wahrheit auf ihre Ursache, welche im Gegenstande selber liegen muß, in der *res enuntiata*, der Sache in ihrer tatsächlichen Beschaffenheit. In ihrem objektiv gegebenen Sein ist diese nach Anselm immer wahr, und die vielen wahren, weil seienden Dinge partizipieren an Wahrheit schlechthin, so wie auch die Aussage, wenn sie den Sachverhalt trifft:

»Magister: Quando est enuntiatio vera? Discipulus: Quando est quod enuntiat, sive affirmando sive negando. Dico enim quod enuntiat, etiam quando

9 *Dialogus de veritate*, c. 11, *Opera omnia*, Bd. I, S. 191.

10 Cf. l. c., c. 12, S. 192: »Habes igitur definitionem iustitiae, si iustitia non est aliud quam rectitudo. Et quoniam de rectitudine mente sola perceptibili loquimur, invicem sese definiunt veritas et rectitudo et iustitia. Ut qui unam earum noverit et alias nescierit, per notam ad ignotarum scientiam pertingere possit.«

negat esse quod non est; quia sic enuntiat quemadmodum res est. M.: An ergo tibi videtur quod res enuntiata sit veritas enuntiationis? D.: Non. M.: Quare? D.: Quia nihil est verum nisi participando veritatem; et ideo veri veritas in ipso vero est, res vero enuntiata non est in enuntiatione vera. Unde non eius veritas sed causa veritatis eius dicenda est. Quapropter non nisi in ipsa oratione quaerenda mihi videtur eius veritas. M.: Vide ergo an ipsa oratio aut eius significatio aut aliquid eorum quae sunt in definitione enuntiationis, sit quod quaeris. D.: Non. M.: Quare? D.: Quia si hoc esset, semper esset vera, quoniam manent omnia quae sunt in enuntiationis definitione, et cum quod enuntiat, et cum non est. Eadem enim est oratio et eadem significatio et caetera similiter.«[11]

Ding und Aussage differieren demnach insofern voneinander, als die Wahrheit des Dinges die Ursache der Wahrheit des Urteils ist. Die letztere ist nur die Wirkung der ersteren. Die Bezeichnung eines Seienden in einem Urteil ist also nicht eine originäre Leistung des urteilenden Verstandes, wie der Nominalismus Roscelins es wollte; vielmehr kann die Bezeichnung nur dann Wahrheit beanspruchen, wenn sie nicht nur der Wahrheit der bezeichneten Sache entspricht, sondern an der Wahrheit schlechthin partizipiert. Darin ist die zunächst zugegebene Differenz eingezogen, und es resultiert wiederum eine neuplatonische Theorie. Der absolute Grund der Wahrheit ist Gott, auf den sich alle endliche Erkenntnis vermittels der in den einzelnen Gegenständen liegenden *rectituto* zurückbezieht. Alle partikulare, relative Wahrheit kontigenter Dinge und der auf sie bezogenen. Urteile verweist auf die *summa veritas*: »Veritas quae est in rerum existentia [est] effectus summae veritatis, ipse quoque causa est veritatis quae cogitationis est, et eius quae est in propositione.«[12]

Die logisch erschlossene notwendige Bedingung von Erkenntnis ist nach Anselm deren zureichender Grund. Mit dieser Argumentation wollte Anselm den schon in Auflösung begriffenen Begriffsrealismus restaurieren. Grund und Begründetes, Seiendes und seine Bezeichnung im Urteil verhalten sich letzthin wie Urbild und Abbild im Neuplatonismus. Was Inhalt von Erkenntnis sein kann und die Wahrheit der Urteile garantiert, ist durch eine affirmative Theologie bestimmt. Um deren Möglichkeit zu beweisen, hat Anselm seine Widerlegung des Nominalismus unternommen.

Die Argumentation gelangt indessen nicht zu ihrem gewünschten Ziel. Konzediert Anselm einmal die Verschiedenheit von *vox* und *res* und damit implizit die Differenz von Begriff und daseiendem Wesen,

11 L. c., c, 2, S. 177 f.
12 L. c., c, 10, S. 190.

so kann er die Entsprechenug der getrennten Momente in der *rectitudo* nur postulieren. Die ontologische Wendung des Begriffs *rectitudo* aber ist dogmatisch. Der Hervorgang der inneren Konstitutionsgründe von Seiendem, des *mundus intelligibilis*, ist aus ihr nicht herzuleiten. Wollte Anselm zudem die denkunabhängige Existenz des Grundes von Denken aufweisen, so erweist sich dieser Grund selbst als notwendig bedingt. Er ist eine Reflexionsbestimmung, deren Substantialität von der Leistung der erkennenden Subjektivität nicht zu trennen ist. Indem Anselm die Unabhängigkeit des Grundes behauptet, hypostasiert er ein Resultat des Denkens.

Somit befördert Anselms Argumentation ungewollt die Autonomie des erkennenden menschlichen Subjekts, die er als Irrtum widerlegen wollte. Das betrifft nicht allein die Erkenntnistheorie, sondern ebenso das Verhältnis von Theologie und weltlicher Wissenschaft, das Zentrum der Anselmianischen Spekulation. Ist der Glaube auf den Intellekt hingeordnet, so strebt er zu diesem als seiner *causa finalis*. Erst in der Vernunft käme der Glaube zu sich selbst, denn erst in der intellektiven Erkenntnis wäre der Glaube und sein Inhalt als das bestimmt, was sie sind. Dieser teleologisch gerichtete Prozeß spielt sich im Inneren des denkenden Subjekts ab, dessen Funktion, die Objektivität des Bewußtseins und des Wissens zu konstituieren, damit unausgesprochen und indirekt ins Spiel kommt. Das Subjekt nämlich muß die Synthesis von Glauben und Wissen vollziehen. Die Objektivität des Glaubensinhaltes, die Anselm beweisen will, ist vom Gang des Beweises im diskursiven Intellekt aber nicht unabhängig; denn jeder Beweis beruht auf einem Schluß, dessen *terminus medius* nicht in einem methodisch geregelten Verfahren, sondern durch einen synthetischen Akt des denkenden Bewußtseins zu finden ist. Gelöst von ihrer Genesis im denkenden Subjekt ist die Objektivität des Glaubensinhaltes eine willkürliche Abstraktion und damit erst recht subjektiv.

Das Denken Anselms hat äußerlich Verwandtschaft mit dem des Scotus Eriugena. Beide Autoren versuchen, die Dialektik mit dem Glaubensinhalt ineins zu setzen. Aber bei Eriugena war noch eine naive Voraussetzung wirksam, die Überzeugung, daß der Logos unmittelbar inkarniert sei und die erkennende menschliche Subjektivität überhaupt keine konstitutive Rolle spiele. Die weltliche Vernunft war noch nicht ihrer selbst bewußt auf den Plan getreten; jedes Wissen begriff sich vielmehr noch als auf die theologische Argumentation unmittelbar bezogen. Anselm aber ist Apologet. Nichts muß indessen apologetisiert werden, was in sich selbstverständlich ist. In der Epoche Anselms spielt das Subjekt eine kaum noch zu leugnende Rolle, auch wenn dies noch lange kein Thema der philosophischen Spekulation darstellt. Die Abwehr des Nominalismus, in dem diese Wendung zum Subjekt sich ankündigte, war für das Denken Anselms der entscheidende Antrieb. Was er indessen angreift, muß er selbst in Anspruch nehmen. Das gilt schon für die vielgerühmte systematische Verknüpfung des Stoffes der Glaubenslehre, denn sie setzt ein organisierendes Subjekt voraus, in dem der als transsubjektiv geltende Inhalt und die dialektische Beweismethode zusammentreten. Das Bewußtsein des Scotus Eriugena, in dem Dialektik und Theologie unbefangen eines waren, hatte sich schon aufgelöst. Anselms Versuch, die Trennung aufzuheben, befördert objektiv das Selbstbewußtsein des denkenden Subjekts. Die diskursive Methode, die er verwendet, ist die menschliche Weise, sich des Absoluten zu bemächtigen.

Die Theologie des Anselm von Canterbury hat ihr zentrales Lehrstück im ontologischen Gottesbeweis, dessen Grundstruktur fast sein gesamtes Denken kennzeichnet. Dies ist der Ausdruck der Reaktion auf die weltliche Dialektik, deren Vernunftgründe die selbstverständliche Geltung der christlichen Dogmen erschütterten. Die Evidenz logischer Beweisführung konnte jedoch von einem Denken nicht bestritten werden, dem Gott und Logos identisch waren und das die Rationalität der Weltordnung mit dieser Identität begründen wollte. Die Dialektik, die Anselm in die theologische Argumentation aufnimmt, sollte jedoch nur ein Instrument darstellen, dessen Angemessenheit an den Gegenstand von Gott selbst bewirkt sei. Die dialektisch geschulte theologische Reflexion sollte diesen objektiven Grund selbst erweisen. Hierbei aber bemächtigt sich das menschliche Denken des Absoluten gerade in dem Maße, in dem es sich an ihm als dem höchsten Maßstab mißt. Maßstab und Gemessenes erweisen sich als kommensurabel. Das hatte zur Folge, daß das Verhältnis beider sich umkehrte. Das primär schlechthin Objektive muß sich vor dem Denken erst als solches bestätigen. Alle Beweise, die Anselm für das Dasein Gottes präsentiert, sind nach einem Grundmodell konstruiert: Das Denken gelangt durch Reflexion seiner selbst, *sola ratione*, zu einem es transzendierenden Sein. Das Ziel des Beweises und seine Mittel sind Ergebnis der nominalistischen Kritik. Wenn nämlich die Begriffe und die Regeln ihrer Verknüpfung nur dem abstrahierenden Subjekt angehören, so bemüht sich Anselm, diese Immanenz des Subjekts zu sprengen und am Begriff Gottes zu demonstrieren, daß er mehr als ein *ens rationis*, nämlich das existierende *ipsum esse* sei. Die atheistischen Implikationen des frühen Nominalismus, über die Roscelin selbst sich noch gar nicht im klaren war, hat Anselm dabei schon scharf gesehen, Jahrhunderte bevor der Atheismus eine ausdrücklich vertretene Position war. Daher die Insistenz auf dem Toren, der die Existenz Gottes leugnet. Aufgrund der Einsicht in den zwingenden Charakter des Beweises sollte das Subjekt nach Anselm der Heteronomie der göttlichen Autorität sich unterwerfen. Die Struktur der Anselmianischen Argumentation legt aber vielmehr Zeugnis davon ab, daß in ihr die subjektive Vernunft ihrer selbst sich versichert. Sowohl die Abstraktheit des Gottesbegriffs als auch die Subjektimmanenz des Beweisverfahrens setzt Anselm voraus, während sie doch erst aus der nominalistischen Kritik resultierten.[13] Seine Prämisse ist daher die Konsequenz eben jener Denkrichtung, die er bekämpfen wollte.

Anselms erster ausdrücklicher Versuch, das Dasein Gottes zu beweisen, ist in seinem *Monologion* niedergelegt. Das später so genannte *argumentum ontologicum* ist hier noch nicht erreicht; Anselm schließt vielmehr, platonischem Modell folgend, indirekt aus der Relativität des kontingenten Seienden auf dessen absolute Bedingung, die den gesuchten letzten Grund darstellen soll. Die Endlichkeit des kontingenten Seienden verweist auf einen Grund, vermöge dessen es das ist, was es ist. Die Bestimmtheit des Seienden, sein Wesen, ist ein Allgemeines, dem wie in allen platonischen Richtungen der höhere Seinsgrad zukommt. Die vielen Seienden, deren jedes als ein Gut bestimmt ist, haben diese Bestimmtheit nicht aus sich selbst, sondern aus einem Anderen. Daher sind sie nicht das Gute selbst, sondern nur in gewisser Hinsicht, nur partikular gut. Da die Bestimmung, ein Gut zu sein, nicht willkürlicher Benennung entstammen, sondern Realität im Ding sein soll, partizipiert dieses an einem Guten an sich selbst. Dieses *bonum per se ipsum* ist Gott. In dieser Überzeugung bekundet sich unverändert die neuplatonische Lehre von einem obersten und reinsten Sein, dem Urgrund alles bestimmten Seienden.

Jedoch ist der Anselmianische Weg, diese Ordnung darzustellen, gegenüber den früheren Traditionen umgekehrt: Erkenntnisgrund des Absoluten ist das kontingente Seiende und dessen partikulare kausale Verknüpfung. Anselms Intention, die Bedingung, unter der bestimmtes Seiendes erkannt werden kann, zum Grunde von Erkenntnis und Seienden zu erheben, wird hieran deutlich, zugleich aber auch die Konzession an die weltliche Vernunft, deren Interesse auf die irdischen Dinge und ihre Bestimmungen gerichtet ist, während nach neuplatonischem Verständnis von *theoria* von ihnen nur zu abstrahieren war:

»Cum tam innumerabilia bona sint, quorum tam multam diversitatem et

13 Auf diesen Sachverhalt hat K. H. Haag hingewiesen: cf. *Der Fortschritt in der Philosophie*, Frankfurt/M. 1983, S. 42 f.

sensibus corporis experimur et ratione mentis discernimus: estne credendum esse unum aliquid, per quod unam sint bona quaecumque bona sunt, an sunt bona alia per aliud? Certissimum quidem et omnibus est volentibus advertere perspicuum quia, quaecumque dicuntur aliquid ita, ut ad invicem magis vel minus aut aequaliter dicantur: per aliquid dicantur, quod non aliud et aliud sed idem intelligitur in diversis, sive in illis aequaliter sive inaequaliter consideretur. [...] Ergo cum certum sit quod omnia bona, si ad invicem conferantur, aut aequaliter aut inaequaliter sint bona, necesse est, ut omnia sint per aliquid bona, quod intelligitur idem in diversis bonis, licet aliquando videantur bona dici alia per aliud.«[14]

Um das *bonum per se ipsum* als den Grund des einzelnen Guten zu erweisen, muß Anselms Argument auf die intellektive Tätigkeit des Vergleichens rekurrieren. Der Verstand, der den Vergleich der mehr oder weniger guten Güter vornimmt, muß über den Maßstab schon verfügen, ehe er das Gleiche dem Verschiedenen prädizieren kann. Der Beweis führt daher nicht notwending aus der Immanenz des Verstandes hinaus: »Nihil solet putari bonum nisi aut propter aliquam utilitatem, ut bona dicitur salus et quae saluti prosunt, aut propter quamlibet honestatem, sicut pulchritudo aestimatur bona et quae pulchritudinem iuvant.«[15]

Bestimmt aber der Nutzen ein Gut als solches, so verweist dieses nicht auf das *bonum per se ipsum*, sondern auf die kontingente menschliche Zwecksetzung, die sich in der Praxis, im Gebrauch der Sache ergibt. Das Gute, an dem die einzelnen Güter partizipieren, ist hier nur deren Eigenschaft, zu Zwecken, welche die Menschen sich setzen, tauglich zu sein. Ein mehr als abstrakt menschliches Gut kann dieses Argument nicht demonstrieren. Das *bonum per se ipsum* erweist sich als ein formaler Allgemeinbegriff, unter den menschliche Zwecke und die Mittel, sie zu realisieren, zu subsumieren sind. Einem solchen Universale kommt aber nicht aus sich selbst die Kraft einer Ursache alles Guten zu. Der Wert der Dinge hat wohl eine Ursache, aber diese ist nicht transzendent oberhalb der menschlichen Verfügung über die Dinge. Der Wert ist vielmehr Resultat der menschlichen Aneignung von Natur, welchem Universalität in dem Maße zuwächst, wie die Aneignung der Natur vergesellschaftet wird. Diese Genesis des Gebrauchswertes aller Güter, die Anselm zum Ausgangspunkt seines Gottesbeweises nimmt, ist im Schluß auf das höchste Gut vergessen. Das Beweisziel ist damit objektiv in sein Gegenteil verkehrt: Das höchste Gut, das aus dem Beweisgang resultiert, stellt die Hy-

14 *Monologion*, c. 1, S. 14
15 L. c.

postase menschlicher Zwecke dar. Da Anselm die Begriffe des Guten und des Nützlichen relationslos absolut verwendet, also ohne Angabe, für wen etwas gut oder nützlich sei, kann der Schein entstehen, es gebe ein Nützliches an sich: »Sed quoniam iam perspecta ratio nullo potest dissolvi pacto, necesse est omne quoque utile vel honestum, si vere bona sunt, per idipsam esse bona, per quod necesse est esse cuncta bona, quidquid illud sit. Quis autem dubitet illud ipsum, per quod cuncta sunt bona, esse magnum bonum?«[16]

Ein weiteres Argument, das Anselm in *Monologion* für das Dasein Gottes anführt, zielt auf die Abschließbarkeit der Kausalreihe. Jedes kontingente Seiende hat nach dem Prinzip des zureichenden Grundes eine Ursache seines Seins, die wiederum in einer noch höheren gründet. Jedes kontingente Seiende hat also sein Sein von einem anderen, nicht aus sich selbst: »Quomodo cuncta quae sunt per summam sunt naturam id quod sunt, et ideo illa est per seipsam, alia vero per aliud: ita omnia quae sunt sint ex eadem summa natura, et idcirco sit illa ex seipsa, alia autem ex alio.«[17] Wäre diese Kausalreihe unendlich, so wäre kein letzter Grund eines gegebenen Seienden anzugeben.[18]

Sein und Seiendes sind in diesem Gedankengang substantiell geschieden, nicht aber wechselweise durcheinander bestimmt. Hätte Anselm dies zugestanden, so wäre sein *ordo realis*, dessen obersten Grund er demonstrieren wollte, ins Wanken geraten. Die Denkunabhängigkeit des obersten Grundes hätte sich nicht mehr behaupten lassen, wenn die wechselseitige Beziehung von Grund und Begründetem zur Reflexion gelangt wäre. Die gesellschaftliche Implikation einer solchen Reflexion ist Anselm indessen zum Bewußtsein gekommen: »Ut vero plura per se invicem sint, nulla patitur ratio, quoniam irrationabilis cogitatio est, ut aliqua res sit per illud, cui dat esse. Nam nec ipsa relativa sic sunt per invicem. Cum enim dominus et servus referantur ad invicem, et ipsi homines qui referuntur, omnino non sunt per invicem, quia eadem sunt per subiecta.«[19] Nur wenn vor jedem Beweis unterstellt wird, daß das größte denkbare Wesen die

16 L. c., S. 14f. Die Argumentationsweise wiederholt sich im 2. Kapitel des *Monologion*. Auch hier gelangt der Beweis nicht über die Immanenz des Denkens hinaus, denn das Größte ist nur in der Relation zu Kleinerem bestimmt, welche in den vergleichenden Intellekt fällt. Anselm demonstriert nur die Vorgängigkeit von Begriffen, die dem *actu* vergleichenden Intellekt schon gegeben sein müssen, um einen Maßstab des Vergleichs zu haben. Über den Ursprung der Begriffe ist damit noch nichts ausgemacht.
17 L. c., c. 5, *Opera omnia*, Bd. 1, S. 18.
18 Cf. L. c., c. 4, S. 17.
19 L. c., c. 3, S. 16.

Spitze eines hierarchischen *ordo realis* bildet, kann der Beweis eine Funktion haben.

Das göttliche Sein, dessen unbedingte Realität Anselm durch den Verstand allein beweisen will, gerät dennoch unter der neuplatonischen Prämisse, daß der menschliche Verstand ein Abbild des göttlichen und deshalb zur Erschließung des an sich Wahren fähig sei[20], in Abhängigkeit von jenen kontigenten Seienden, die als Beweisgründe dienen. So ist das kontingente Gut ein Beweisgrund für das höchste und notwendige. Die Verknüpfung, die hier dargetan wird, muß folgerichtig auch für das zu Beweisende gelten, denn in der Erkenntnis ist das zu Beweisende durch die Beweisgründe bedingt: Die Erkenntnis des höchsten Gutes setzt die Existenz der niederen Güter voraus. Das höchste Gut ist aber von der Beziehung auf die niederen Güter nicht zu trennen. Das Gut, das als das höchste in sich selber subsistiert, hat eine negative Beziehung zum Niederen und Kontingenten, die durch die Reflexion hergestellt ist, denn nur in ihr haben diese Begriffe eine Bedeutung und sind durcheinander bestimmt. Soll die Reflexion aber bloßes Instrument sein, das an das Absolute nicht heranreicht, so ist sie, entgegen der Prämisse, der Wahrheit gar nicht fähig. Die Unabhängigkeit des zu beweisenden Gutes verdankt sich einer Abstraktion von den Beweisgründen und von deren Verknüpfung im Medium des Denkens. Wäre diese Abstraktion metaphysisch möglich, so wäre der Beweis falsch. Er hätte das zu Beweisende nicht mit den Beweisgründen zusammengebracht und daher nichts bewiesen. Besteht aber eine Beziehung, so verweist sie auf die Reflexion als ihren Grund. Wenn aber die philosophische Reflexion im Gottesbeweis auf sich selbst verwiesen ist, dann mußte Anselm ein Argument suchen, das diese Immanenz des denkenden Subjekts von innen sprengt und zur Transzendenz Gottes gelangen läßt. Der Weg vom *Monologion* zum *Proslogion* ist somit in sich folgerichtig.

Die Argumentation des *Monologion* setzt kosmologisch an und wendet sich dann zu einem platonischen Gedankengang, demzufolge die Idee des Guten das Urbild aller partikularen Güter ist. In diesem Verfahren gelangt die Vernunft aus der Mannigfaltigkeit der Gegenstände zu sich selbst, aber sie ist immer noch von ihr abhängig.

20 Cf. l. c., c. 67, S. 77 f.: »Aptissime igitur ipsa sibimet esse velut ›speculum‹ dici potest, in quo speculetur ut ita dicam imaginem eius, quam ›facie ad faciem‹ videre nequit. Nam si mens ipsa sola ex omnibus quae facta sunt, sui memor et intelligens et amans esse potest: non video cur negetur esse in illa vera imago illius essentiae, quae per sui memoriam et intelligentiam et amorem in trinitate ineffabili consistit.«

Anselm sah sich daher veranlaßt, im *Proslogion* den umgekehrten, rein spekulativen Weg einzuschlagen, denn es schien ihm selbst nicht angemessen, das höchste Wesen, dem die Subsistenz aus sich selbst zukommen sollte, aus zahllosen Beweisgründen zu erschließen. Deshalb versuchte er nun, das Dasein Gottes aus einem Argument zu beweisen, welches aus dem Begriff Gottes selbst folgt, nicht aber auf ihm Äußeres rekurriert: »Coepi mecum quaerere, si forte posset inveniri unum argumentum, quod nullo alio ad se probandum quam se solo indigeret, et solum ad astruendum quia Deus vere est, et quia est summum bonum nullo alio indigens, et quo omnia indigent ut sint et ut bene sint, et quaecumque de divina credimus substantia, sufficeret.«[21]

Anselm wollte den Beweis des *Proslogion* gegen die »Toren« wenden, welche die Existenz Gottes leugnen. Dabei darf das zu Beweisende nicht schon vorausgesetzt sein; nur die allen Menschen gemeinsame Vernunft darf als Quelle der Gewißheit dienen. Indessen ist das Argument aus der Definition des zu Beweisenden genommen, welche unmittelbar, noch vor dem Existenzbeweis ihres Gegenstandes, vorausgesetzt wird, ohne Prüfung ihrer Herkunft. Die Bestimmung Gottes als eines Seienden, über dem Größeres nicht gedacht werden kann, erfolgt aber bereits aus dem Glauben, der durch den Beweis erst bestätigt werden soll. Getreu der Maxime »Credo ut intelligam« ist der Glaube der Erkenntnis vorgeordnet. Dem entspricht auch die Form, in der der Beweis beginnt: »Domine, qui das fidei intellectum, da mihi, ut, quantum scis expedire, intelligam, quia es sicut credimus, et hoc es quod credimus. Et quidem credimus te esse aliquid quo nihil maius cogitari potest.«[22]

Das Gebet, Ausdruck des Glaubens, schließt die Definition des Gegenstandes in sich, drückt also die Gewißheit von dessen Existenz aus, welche auch die von Anselm angestellte vernünftige Überlegung nicht mehr in Frage stellt. Der »Tor«, der die Existenz Gottes leugnet, kann nicht bestreiten, daß dessen Begriff in seinem Denken und daß dessen Definition verständlich ist. Aus dieser Verständlichkeit soll indessen die extramentale Existenz Gottes folgen: »Et certe id quo maius cogitari nequit, non potest esse in solo intellectu. Si enim vel in solo intellectu est, potest cogitari esse et in re, quod maius est.«[23] Der atheistische Tor soll demnach gar nicht glauben können, was er behauptet; denn wenn er den Begriff Gottes auch nur versteht, so muß

21 *Proslogion*, Prooemium, S. 93.
22 L. c., c. 2, S. 101.
23 L. c.

er das von diesem Begriff Bezeichnete als notwending existierend mitdenken. Aus dem Verstehen des Gottesbegriffs folgt aber nur dessen Sein im Intellekt, aus diesem aber nicht das Sein *in re.*

Der ontologische Gottesbeweis Anselms führt nicht über die Immanenz des Subjekts hinaus. Denn die Definition Gottes, aus der gefolgert wird, spricht das Sein ihres Gegenstandes nicht zugleich kategorisch aus. Ist der so bestimmte Gott nur eine Fiktion, so folgt daraus, daß noch ein Wesen *denkbar* ist, dem außer dem Gedachtsein noch die denkunabhängige Realität zukäme, nicht, daß es wirklich existiert; denn auch dieses Wesen ist ein gedachtes. Die Folgerung gilt daher nur hypotetisch: Wenn das Subjekt der Definition existiert, dann ist Gott nicht nur ein *ens rationis*, sondern real. Darin aber erweist sich die Argumentation als tautologisch. Wer nicht schon glaubend von der Existenz des größten denkbaren Wesens überzeugt ist, kann dem Beweis keine Erkenntnis entnehmen.[24]

Das *argumentum Anselmianum* scheint mit den Problemen des beginnenden Nominalismus nichts zu tun zu haben. Dennoch ist es indirekt auf den Stand der philosophischen Reflexion bezogen, der mit Roscelin erreicht ist. So will das vierte Kapitel des *Proslogion* die Differenz zwischen Begriff und Sache so widerlegen, daß die Anwendung des hierin aufbrechenden nominalistischen Bewußtseins auf den Begriff Gottes nicht mehr möglich ist: »Aliter enim cogitatur res cum vox eam significans cogitatur, aliter cum id ipsum quod res est intelligitur. Illo itaque modo potest cogitari Deus non esse, isto vero minime.«[25]

Der Begriff Gottes ist demnach nicht bloße *vox*, die – wie bei Roscelin – keine Beziehung zur Sache hätte. Vielmehr scheint Anselm nachgewiesen zu haben, daß der subjektive Begriff Gottes den notwendigen Verweis auf die Existenz seines Gegenstandes in sich habe. Bei diesem höchsten Sein will Anselm die nominalistische Trennung

24 Dieser Sachverhalt ist schon in der zeitgenössischen Entgegnung Gaunilos gesehen worden. Der Akzent der hier vorgetragenen Argumentation liegt darauf, daß die Gewißheit der Existenz Gottes aus einer anderen Quelle komme als aus dem Beweis. Nur wenn feststeht, daß das Wesen, über dem Größeres undenkbar ist, tatsächlich existiert, kommt ihm notwending Realität zu: »Prius enim certum mihi necesse est fiat re vera esse alicubi maius ipsum et tum demum ex eo quod maius est omnibus, in seipso quoque subsistere non erit ambiguum.« (Gaunilo, *Quid ad haec respondeat quidem pro insipiente*, in: Anselm, *Opera omnia*, Bd. I, S. 128)

25 *Proslogion, 1. c., S. 103.*

des subjektiven Intellekts und seiner Begriffe von den daseienden Dingen rückgängig machen. Die Spitze der neuplatonischen Universalienhierarchie war hierdurch aber letzthin nicht zu retten. Denn wenn die Universalien bloßer »flatus vocis«[26] sind, der vom Subjekt gemacht ist, dann gilt dies besonders für das oberste Universal, das *ipsum esse.* Der Beweis des *Proslogion* erreicht damit objektiv das Gegenteil seines gesetzten Zieles: nicht das denkunabhängige Sein Gottes, sondern dessen Liquidation zu einem Reflexionsbegriff. Ohne es zu wollen, hat Anselms Apologie das Subjekt bestärkt, das sich des Absoluten versichern will und eben dadurch die Kraft gewinnt, sich der Autorität entgegenzustellen, deren Primat es legitimieren sollte.

Die Gottesbeweise und insbesondere das *argumentum ontologicum* des *Proslogion* sollen einen Begriffsrealismus verteidigen, der die Herleitung des Ursprungs aller Dinge gestattet. Wenn die Existenz der höchsten *res universalis* allein auf dialektischen Wege erwiesen ist, so muß auch der Hervorgang des kontingenten Seienden aus dem *ipsum esse* demonstrierbar sein. Der ontologische Gottesbeweis und die Schöpfungslehre Anselms entsprechen daher einander. Hat das *argumentum ontologicum* die notwendige Existenz des *ipsum esse* aus dem Begriff erschlossen, so sind die Begriffe im göttlichen Verstande die zureichenden Gründe der Dinge. Eines außergöttlichen Momentes bedarf es vor der Erschaffung der Welt nicht.

Die Schöpfungslehre, die Anselm im *Monologion* vorträgt, ist nur unter der Voraussetzung des Begriffsrealismus möglich und muß die Realität eines Stoffes, aus dem die Dinge gemacht sind, bestreiten; denn ein vorgegebener Stoff wäre ein zweiter Grund, der den ersten in seiner Absolutheit einschränkte. Deshalb vertritt Anselm die Lehre, daß Gott die Welt aus nichts geschaffen habe.[27] Die Erschaffung der Welt ist ein spiritueller, auf nichts Materielles bezogener Prozeß, die Selbstverdoppelung des göttlichen Denkens vermöge der Sprache. Alle Dinge sind im Verstande Gottes als dessen inneres Sprechen ewig gegenwärtig. Die Erschaffung der Welt ist danach ein äußeres Sprechen Gottes, bei dem sich Begriff und Sache in jener Übereinstimmung befinden, die der platonische Begriffsrealismus als Grund jeglichen Sprechens unterstellt: »Illa autem rerum forma, quae in eius ratione res creandas praecedebat: quid aliud est quam rerum quaedam in ipsa ratione locutio, veluti cum faber facturum aliquod suae artis opus prius illud intra se dicit mentis conceptione?«[28]

26 *Epistola de incarnatione verbi*, *Opera omnia*, Bd. II, S. 9.
27 Cf. die Kapitel 6–9 der *Monologion.*
28 *Monologion*, c. 10, 1. c., S. 24.

Das innere Wort Gottes ist das Wesen der Dinge, die durch das Aussprechen geschaffen werden, ohne daß eine Materie fremden Ursprungs aufgenommen würde. Nach dieser Theorie verhält sich der göttliche Geist zu sich selbst und ist dennoch bei anderem. Im Denken Gottes haben Begriff und Sache dieselbe Seinsweise. Hierin versucht Anselm, den Begriffsrealismus wiederherzustellen, den der frühe Nominalismus in Frage gestellt hatte. Dem Einwand, die Wesensbegriffe, welche die Dinge innerlich konstituieren sollen, seien in Wahrheit nur konventionelle Worte, begegnet Anselm, indem er die Wesensbegriffe und die diesen entsprechende Sprache auf eine bildhafte Vorstellung im Inneren des Geistes gründen will.[29] Die metaphysische Trennung von Begriff und Sache ist hiernach nur eine Folge menschlicher Willkür. Die Gottesbeweise sollen den Grund aller Wahrheit sichern. Alle kontingente menschliche Erkenntnis, die ihre Gegenstände mit äußeren Zeichen benennt, bezieht sich nach Anselm auf ihren objektiven Grund. So scheint der Gegensatz von Dialektik und Theologie aufgehoben zu sein.

Für die Wiederherstellung des Begriffsrealismus muß das Anselmianische Denken einen hohen Preis entrichten. Denn der Gottesbeweis führt zu einem Absoluten, das in seinem inneren Sprechen sich nur auf sich bezieht. Die Zweiheit, die Anselm unterstellt, um der Verschiedenheit von Begriff und Sache Rechnung zu tragen, ist tautologisch.[30] So werden die kontingenten Einzeldinge zu Verdoppelungen ihres Wesens, von dem Anselm selbst zugibt, daß es seinerseits die Dinge nachahme: »Etenim omnia huiusmodi verba quibus res quaslibet mente dicimus, id est cogitatum: Similitudine et imagines sunt rerum quarum verba sunt; et omnis similitudo vel imago tanto magis vel minus est vera, quanto magis vel minus imitatur rem cuius est similitudo.«[31] Kehrt Anselm das Verhältnis zwischen Imitation und

29 Cf. l. c., S. 24 f.: »Aut enim res loquimur signis sensibilibus, id est qui sensibus corporeis sentiri possunt sensibiliter utendo; aut eadem signa, quae foris sensibilia sunt, intra nos insensibiliter cogitando; aut nec sensibiliter nec insensibiliter his signis utendo, sed res ipsas vel corporum imaginatione vel rationis intellectu pro rerum ipsarum diversitate intus in nostra mente dicendo.«

30 Dies wird besonders deutlich im 29. Kapitel des *Monologion.* Weshalb der göttliche Intellekt sich zu sich selbst verhält, ist so wenig zu bestimmen wie die Herkunft der ἑτερότης im Denken Plotins: »Si igitur summe simplex natura non est aliud quam quod est sua intelligentia, quemadmodum est idem quod est sua sapientia: necesse est ut similiter non sit aliud quam quod est sua locutio.« (l. c., S. 47 f.)

31 L. c., c. 31, S. 48. Die Anselmsche Sprachtheorie belegt die Einsicht von

Original auch um, wenn es um das göttliche Wort geht, welches seiner Natur nach eines ist, so wird die Tautologie doch nicht inhaltsreicher. Zudem entsteht das Problem, wie die vielen qualitativ verschiedenen Dinge das eine göttliche Wort imitieren sollen.

Unausgesprochen ist die Anselmsche Sprachtheorie von dem Problem des Verhältnisses von Allgemeinem und Besonderem beherrscht. Wie die neuplatonische Tradition, der sie angehört, reduziert die Anselmsche Theologie das Besondere auf das Allgemeine. Denn ähnlich sollen die existierenden Einzeldinge dem sie konstituierenden Wort nur in ihrem allgemeinsten Aspekt, als je mit sich identische sein. Dieses Allgemeine ist das Wort, das aus dem göttlichen Geiste geboren sein soll.[32] In diesem zentralen Lehrstück stimmt das Denken Anselms wiederum mit dem nominalistischen Gegner überein, für den die Universalien nur Worte darstellten. Roscelin hatte indessen noch nicht die Konsequenz gezogen, das individuelle Ding selbst sei mit dem Wort innerlich identisch. Anselm irrealisiert demgegenüber die Ordnung der Natur, nicht allein indem er sie auf Worte reduziert, sondern darüber hinaus, indem er die vielen Worte auf das eine zurückführt. In dieser Hinsicht überbietet er geradezu den Nominalismus, dem er wehren wollte.

Die Philosophen, die lange nach dem Ende der mittelalterlichen Metaphysik die Konsequenzen aus dem Nominalismus zogen, haben – ohne es zu wissen – den objektiven Gehalt des Anselmianischen Denkens entmythologisiert und zugleich aufgenommen. Gottes Sprechen, das die Dinge schafft, sollte die Selbstexplikation der Vernunft schlechthin sein. Indessen setzte sich in dieser Theorie der naturbeherrschende Intellekt absolut, der alles machen kann, weil er keinem Hindernis bei der Verwirklichung seines Willens sich gegenübersieht. Bei Anselm hat das Sprechen Gottes letzthin keinen anderen Adressaten als Gott selber. Deshalb muß er auch die Regel seines Sprechens selber gesetzt haben. Setzt der göttliche Geist aber im Sprechen alle Bestimmtheit und deren Regeln sowie den Gegenstand, an dem diese gelten, so ist das Verfahren der Nominaldefinition hypostasiert.

Den Resultaten des Definierens kann nur vermöge der Autorität des höchsten Wesens Objektivität zuteil werden, wie denn Anselms primäres Ziel auch die Wiederherstellung der Autorität war. Sie sollte

K. H. Haag, der Ursprung der Universalien liege in der abstrakten Imitation der Einzeldinge. Cf. Haag, *Der Fortschritt in der Philosophie,* S. 24 und öfter.

32 Cf. das 39. Kapitel des *Monologion.*

zwar mit der Vernunft versöhnt sein, aber dies geschah bei Anselm um den Preis der Gegenstandslosigkeit des Intellekts. Das Absolute der Anselmianischen Theologie mußte nur entmythologisiert werden, um zur modernen Hypostase subjektiver Zeichen zu gelangen, die ihr Maß an keinem Bezeichneten mehr haben.

Die unfreiwillige Modernität der Amselmianischen Apologetik erweist sich in der Rechtfertigungslehre ein weiteres Mal. *Cur deus homo*, die Schrift, welche diesem Teil der christlichen Glaubenslehre gewidmet ist, verfolgt dasselbe Interesse wie das Anselmsche Denken insgesamt. Unabhängig von den geltenden Dogmen, allein gestützt auf »rationes necessariae«, wollte Anselm die Rationalität der Lehre von der Erlösung durch den Tod Christi gegen die möglichen heidnischen Einwände erweisen. Auf diesem Wege sollte die Autorität Gottes verteidigt werden, indem nämlich gezeigt wurde, daß sie mit der Idee der Gerechtigkeit notwendig verknüpft sei. Wie die Vernunft mit dem Glauben, so sollte auch die traditionelle Autorität Gottes mit jenem Begriff von Recht vereinbar sein, der am Ende des 11. Jahrhunderts Aktualität gewann. So rückt in den aufstrebenden Städten, die in dieser Epoche ein neues Element der gesellschaftlichen Reproduktion zu bilden beginnen, die einzelne Person in die Rolle des Trägers von Recht. Gegenüber dem herkömmlichen Abhängigkeitsverhältnis der Vasallität und des Frondienstes auf dem Lande gewinnt die städtische Freiheit an Boden.[33] Was die Personen einander schulden, bemißt sich nunmehr nach dem Grundsatz der Äquivalenz von Leistung und Gegenleistung. Somit hat hier nicht eine Person über andere kraft Herkommens die autoritative Befehlsgewalt; was sie zu fordern hat, ist vielmehr durch das Recht zu begründen, das für beide Seiten gleich ist. Dieses Verständnis von Recht, das sich in der Anknüpfung an römische Traditionen formte, beinhaltete objektiv die Negation des Gewaltverhältnisses, unter dem die Menschen bis dahin gestanden hatten. Begreifen aber die Menschen ihr Verhältnis als eines, das in einem objektiv vernünftigen Recht gründet, so hat dies zumindest die Begrenzung der Autorität von Herrschaft zur Folge. Was die Menschen gesellschaftlich tun, muß vor der Vernunft bestehen können,

33 Die Forschungen von G. Duby haben ergeben, daß sogar auf dem Lande seit dem 11. Jahrhundert Elemente einer neuen Ordnung sich ausbreiten. So ist schon zu dieser Zeit die Tendenz zu einem allgemeinen Äquivalent für den sich verstärkenden Güteraustausch festzustellen. Die Geldwirtschaft dringt in die feudalen Verhältnisse ein. Cf. G. Duby, *Guerriers et paysans*, Paris 1973, S. 200 ff.

die im profanen römischen Rechtsdenken sich ausdrückt. Das Selbstverständnis der westlichen Zivilisation, gegen die Petrus Damiani kämpfte, aktualisiert sich geradezu im Recht. Die dialektische Kunst, die nicht zufällig an den Rechtsschulen in Bologna besonders gepflegt wurde, erweist hier ihre praktische Bedeutung. Anselm, der im Gegensatz zu Petrus Damiani die Dialektik in die Theologie aufnahm, interpretiert folgerichtig das Verhältnis des Sünders zu Gott in Analogie zum privatrechtlichen Verhältnis des Schuldners zum Gläubiger.[34] So ist es bezeichend, daß Anselm den Sünder weniger dem strafrechtlichen Begriff des Verbrechers subsumiert, sondern vielmehr das Schuldrecht zum Kanon der Rechtfertigungslehre nimmt. Hier hat das Prinzip der Äquivalenz Geltung und bestimmt geradezu die Idee der Gerechtigkeit: In ihrem Status gleiche Subjekte treten in ein beide Seiten bindendes Vertragsverhältnis, das von einem Dritten, dem Recht, sanktioniert ist. In der profanen Rechtstheorie ist indessen klar, daß nicht eine der kontrahierenden Parteien oder beide das Recht selber gesetzt haben. Wenn Anselm nach rechtlichen Begriffen zu bestimmen versucht, warum Gott Sünden erläßt, so steht er vor der Schwierigkeit, daß Gott eine der Parteien ist und zugleich Inbegriff der Gerechtigkeit, aus der alle menschlichen Rechtsverhältnisse sich ergeben: »Quaerendum ergo est qua ratione deus dimittat peccata hominibus. Et ut hoc faciamus apertius, prius videamus quid sit peccare et quid pro peccato satisfacere. [...] Si angelus et homo semper redderet deo quod debet, numquam peccaret. [...] Non est itaque aliud peccare quam non reddere deo debitum.[35]

Sowohl durch die Erbsünde wie die aktuelle Sünde wird die Ehre Gottes herabgesetzt, denn der Mensch entwendet vermöge seiner Freiheit göttliches Eigentum. Dafür schuldet er Gott Schadenersatz. Oberste Pflicht des Menschen ist indessen ohnehin der Gehorsam gegenüber Gott: »Omnis voluntas rationalis creaturae subiecta debet esse voluntati dei. [...] Hoc est debitum quod debet angelus et homo deo, quod solvendo nullus peccat, et quod omnis qui non solvit peccat. Haec est iustitia sive rectitudo voluntatis, quae iustos facit sive rectos

34 Auf den Umstand, daß Anselm hiermit jene ältere Lehre ablöst, welche die Rechtfertigung in einem Loskauf des Menschen aus der Gewalt des Teufels bestehen läßt, ist oft hingewiesen worden, aber nur sehr selten hat man das moderne Element in der Anselmschen Lehre wahrgenommen. Cf. G. Söhngen, »Rectitudo bei Anselm von Canterbury als Oberbegriff der Wahrheit und Gerechtigkeit«, in: *Sola Ratione*, hrsg. v. H. Kohlenberger, Stuttgart 1970.

35 *Cur deus homo*, Buch 1, c. 11, *Opera omnia*, Bd. II, S. 68.

corde, id est voluntate. Hic est solus et totus honor, quem debemus deo et a nobis exigit deus. [...] Hunc honorem debitum qui deo non reddit, aufert deo quod suum est, et deum exhonorat; et hoc est peccare.«[36]

Der einfache Schadenersatz, der voraussetzt, daß der Wert des geraubten Gutes gemessen wurde, genügt hierbei nicht. Wie in den späteren bürgerlichen Verhältnissen hat der Geschädigte Anspruch auf ein Schmerzensgeld: »Nec sufficit solummodo reddere quod ablatum est, sed pro contumelia illata plus debet reddere quam abstulit. Sicut enim qui laedit salutem alterius, non sufficit si salutem restituit, nisi pro illata doloris iniuria recompenset aliquid.«[37]

Die Anselmsche Rechtfertigungslehre ist krass widersprüchlich. Einerseits soll die göttliche Gerechtigkeit am Modell des Rechtes demonstriert werden, andererseits ist Gott allmächtig und damit auch über jedes von Menschen denkbare Recht erhaben. Dabei wird die Intention erkennbar, Gott nicht als Inbegriff bloßer Willkür zu fassen, wie Petrus Damiani es tat. Deshalb insistiert Anselm darauf, daß die Gnade Gottes beim Erlaß der Sünden nur eintreten könne, wenn der Mensch die Anstrengung unternehme, Genugtuung zu leisten. Insofern muß Gott selbst die Rechtsordnung einhalten, denn sonst verstieße er gegen sein Wesen. So stellt sich in weiterer Analogie zu den bürgerlichen Rechtsverhältnissen die menschliche Leistung als Abschlagszahlung dar, denn die Schuld ist so unermeßlich hoch, daß der Schuldner sie gar nicht tilgen kann. Die Bitte um Vergebung der Sünden ist dann ein Erlaßantrag: »Qui non solvit frustra dicit: ›dimitte‹. Qui autem solvit, supplicat, quoniam hoc ipsum pertinet ad solutionem ut supplicet. Nam deus nulli quicquam debet, sed omnis creatura illi debet; et ideo non expedit homini ut agat cum deo, quemadmodum par cum pari.«[38]

Gott wird implizit zum Garanten der bürgerlichen Rechtsordnung, aus der die *rationes necessariae* genommen sind, welche auch die Heiden überzeugen müssen.[39] Jedoch ist er zugleich Partei, deren Recht um der Rechtsordnung willen gewahrt werden muß: »Nihil minus tolerandum in ordine rerum quam ut creatura creatori debitum honorem auferat et non solvat quod aufert. [...] Si deo nihil

36 L. c.
37 L. c.
38 L. c., c. 19, S. 86.
39 Die Ungläubigen sind hierbei als bürgerliche Rechtssubjekte unterstellt, die mit den Christen nach gemeinsamen Rechtgrundsätzen Handel treiben. Der intensiver werdende Handelsverkehr mit dem islamischen Orient mag diese Vorstellung beeinflußt haben.

maius aut melius, nihil iustius quam honorem illius servat in rerum dispositione summa iustitia, quae non est aliud quam ipse deus.[40]

An dieser Stelle greift Anselms Theorie auf Vorstellungen des Strafrechts über. Aber auch hier herrscht Äquivalenz; der vom Sünder angerichtete Schaden muß ersetzt werden. Die Gnade Gottes aber ist keine Schenkung, sonderen ein Erlaß, der den Ruin des insolventen Schuldners aufhalten soll. Die Strafe, von der Anselm in diesem Zusammenhang spricht, hat den Charakter einer Zwangsvollstreckung. Die Rolle Gottes ähnelt hier der eines allmächtigen Bankiers, der seinen Kreditnehmer zur Rechenschaft zieht. Obwohl die Rückerstattung dem unermeßlichen Vermögen nichts wesentliches hinzufügt, muß dieser dennoch auf der Einhaltung der Rechtsordnung bestehen. Da aber die unnachsichtige Eintreibung die bürgerliche Existenz des Schuldners vernichten würde, tritt die göttliche Gnade ein. Aber auch diese ist nicht ohne Äquivalent. Die Erlösung der Menschen durch den stellvertretenden Opfertod Christi ist die Einlösung einer Bürgschaft:

»Hoc [scil. satisfactio G. M.] autem fieri nequit, nisi sit qui solvat deo pro peccato hominis aliquid maius quam omne quod praeter deum est. [...] Illum quoque qui de suo poterit deo dare aliquid, quod superet omne quod sub Deo est, maiorem esse necesse est quam omne quod non est deus. [...] Nihil autem est supra omne quod deus non est, nisi deus. [...] Non ergo potest hanc satisfactionem facere nisi deus [...] Sed nec facere illam debet nisi homo. Alioquin non satisfacit homo [...] Si ergo, sicut constat, necesse est ut de hominibus perficiatur illa superna civitas, nec hoc esse valet, nisi fiat praedicta satisfactio, quam nec potest facere nisi deus nec debet nisi homo: necesse est ut eam faciat deus-homo.«[41]

In der Anselmschen Rechtfertigungslehre wird die bürgerliche Rechtsordnung hypostasiert, lange bevor sie im profanen Leben der Menschen vollends verwirklicht ist. Die Begleichung der menschlichen Schuld gegenüber Gott durch den Opfertod des Bürgen ist notwendig um der Idee jener Gerechtigkeit willen, die keine Ausnahme vom Äquivalenzprinzip zuläßt. Zugleich aber offenbart Anselms Theorie einen Charakter des bürgerlichen Rechts, der erst in der Neuzeit entfaltet wurde. Das Vertragsverhältnis zwischen Gott und Mensch entspricht dem eines ohnmächtigen Schuldners zu einem übermächtigen Gläubiger, der nicht allein den Vertrag diktiert hat, sondern darüber hinaus auch noch die allgemeine Rechtsnorm ge-

40 L. c., c. 13, S. 71.
41 L. c., 2. Buch, c. 6, S. 101.

schaffen hat, nach der der Vertrag geschlossen wurde. Das Ziel eines solchen Vertrages kann nur die Unterwerfung des Schuldners sein. Das Rechtsverhältnis verkehrt sich wiederum in ein Gewaltverhältnis, dem das Recht zum Vorwand dient. Die Hobbessche Lehre, daß das Recht durch die Autorität der Macht gesetzt, nicht aber durch die Wahrheit bestimmt sei, bringt diese moderne Implikation des Anselmschen Denkens zum Bewußtsein.

VI.

Exkurs über den gesellschaftlichen Ursprung des Individuums

Die Entdinglichung des Allgemeinen im Denken des 12. Jahrhunderts ist das Ergebnis der in dieser Zeit beginnenden Selbstreflexion. Zugleich aber schlug sich in ihr eine historische Bewegung nieder, in der sich eine gewisse Emanzipation der Menschen von der Natur vollzog. Die Produktionsweise des frühen Mittelalters, die fast völlig auf den sich selber versorgenden ländlichen Gemeinschaften beruhte, in denen die Teilung der Arbeit naturwüchsig sich entwickelt hatte, änderte sich allmählich im 11. und 12. Jahrhundert. Verzehrten die Familien- und Dorfgemeinschaften vorher fast gänzlich ihr erarbeitetes Produkt, soweit sie es nicht an den Grundherrn abgeben mußten[1], so wurde nun infolge geänderter Anbaumethoden ein Mehrprodukt erzeugt. Erst nach dem Jahr 1000, Jahrhunderte nach der Zerstörung des weströmischen Reiches, sind, zunächst im Bereich der Landwirtschaft, wieder Fortschritte in der Naturbeherrschung zu verzeichnen. Größere Landflächen wurden genutzt, neue Siedlungen und Städte gegründet, was oft durch Rodung der ausgedehnten Wälder ermöglicht wurde.[2] Die Planmäßigkeit, mit der hier vielfach vorgegangen

1 Cf. hierzu: G. Duby, *L'économie rurale et la vie des campagnes dans l'occident médiéval*, Paris 1962. In dem 2. Kapitel »Richesse et société. L'économie seigneuriale« wird anhand der verfügbaren Dokumente die Rolle der Hauswirtschaften im Rahmen der Grundherrschaft bestimmt.

2 Cf. hierzu: P. Lavedan. *Historie de l'urbanisme*, Paris 1959, Bd. 1, S. 286 ff. und 415 ff. Die Gruppe der neuentstandenen Städte gegenüber den schon im antiken Römischen Reich bestehenden ist charakteristisch für das hohe Mittelalter. Dies zeugt von einem epochalen Aufbruch, der

wurde, schuf die Voraussetzungen für ein Bevölkerungswachstum, das ohne die intensivere Nutzung des Bodens nicht möglich gewesen wäre.[3]

Indessen wurde die Landwirtschaft im Hochmittelalter nicht nur zunehmend extensiv, sondern auch intensiver betrieben als in früheren Zeiten.[4] Eingriffe in die Natur scheinen bereits vom 10. Jahrhundert an versucht worden zu sein, so die Regulierung von Flüssen und Bächen, um die Wasserkraft zum Betrieb von Mühlen zu nutzen. Mörser und Handmühlen wurden durch Wassermühlen ersetzt, die ein Vielfaches an Mehl produzierten.[5] Die Dreifelderwirtschaft, in der Neuzeit als rückständig und naturwüchsig kritisiert, war im 11. Jahrhundert, als genügend Land zur Verfügung stand, eine fortschrittliche Neuerung, die den Ertrag um ein Drittel zu steigern vermochte. Zudem wurden die Felder vermessen und begrenzt, wodurch das bis heute typische Bild der Kulturlandschaft entstand. Herrenloses Land gab es tendenziell nicht mehr, der Boden war in Besitz genommen. Die Städte, deren Bedeutung sich in dieser Epoche steigerte, konnten trotz gelegentlicher Hungersnöte vom Mehrprodukt des Landes ernährt werden. Lokale Märkte, auf denen es gegen die vom Handwerk der Städte produzierten Waren getauscht werden konnte, wurden zur Institution. Gleichwohl bestimmte der Tausch bei weitem nicht alle gesellschaftlichen Verhältnisse; diese waren vielmehr durch die Abhängigkeit der Bauern und die damit verbundene Abgabepflicht an den Grundherrn charakterisiert.

Mit dem Wachstum der Städte entwickelte sich auch das Bürgertum als ein gegenüber den anderen deutlich bestimmter Stand. Erst im 11. und 12. Jahrhundert begannen die Städte sich nachhaltig vom Land abzugrenzen, wenn auch nicht alle Bewohner einer Stadt als solche bereits Bürger waren. Der bürgerliche Stand, der in der Neuzeit, zur Klasse vereint, die Geschichte bestimmt, setzte sich im Hochmittel-

häufig mit der Bezeichnung »Renaissance des 12. Jahrhunderts« belegt wurde.

3 Cf. Duby, l. c., S. 211 ff. Vermutlich haben um 1000 in Deutschland und Skandinavien nur vier Millionen Menschen gelebt, um die Mitte des 14. Jahrhunderts, vor der großen Pestepidemie, aber 11,5 Millionen. Vor dem 11. Jahrhundert waren wahrscheinlich nur 3% der Fläche Mitteleuropas landwirtschaftlich genutzt.

4 Cf. Duby, l. c., S. 191 ff.

5 Cf. zum Thema der technischen Neuerungen des Mittelalters die übersichtliche Darstellung in: E. Perroy, *Le Moyen-Age. L'expansion de l'orient et la naissance de la civilisation occidentale*, 4. Aufl. Paris 1965, S. 251 ff. Außerdem J. Gimpel, *La revolution industrielle du Moyen Age*, Paris 1975.

alter noch aus mehreren Elementen zusammen. Er speiste sich aus verschiedenen Quellen: Ministeriale, Funktionsträger in königlichem Auftrag, aber ihrem Status nach Unfreie, bildeten zusammen mit den beiden Hauptgruppen, den freien Kaufleuten und den Handwerkern, die Bürgerschaft, die ihre Stadt sowohl äußerlich, durch die Stadtmauer, wie innerlich, durch die allmähliche Einführung des römischen Rechtes, von den Fürsten unabhängig machte.[6] Die in derselben Epoche hervortretenden Zünfte, die die ihnen angehörenden Handwerker von Konkurrenz freihielten, haben die Statik der mittelalterlichen Stadtverfassung entscheidend bewirkt, weil sie die Arbeitsteilung eines historischen Entwicklungsstandes festhielten. Dennoch sind die Zünfte an ihrem Anfang Institutionen, welche die Emanzipation des Bürgertums von den fürstlichen Stadtherren beförderten. Der Begriff der Freiheit nahm in diesem Zusammenhang einen neuen Charakter an: Die rechtliche und praktische Ungebundenheit gegenüber einem Grundherrn, dem der Einzelne im Schutze der Stadt entronnen ist.

Wenn der Einzelne im Denken des 11. und 12. Jahrhunderts allmählich Substantialität, ein Fürsichbestehen gewinnt, so bringt das die historische Tendenz zum Ausdruck, daß er gegenüber dem Allgemeinen, soweit es mit Herrschaft identisch ist, eine neue Selbständigkeit erreicht. Die Hörigkeit gegenüber einem Herrn ließ ihm zuvor kaum eigene Bestimmung; sie war ein wie immer modifiziertes Gewaltverhältnis. Gleichwohl war der Einzelne des hohen Mittelalters nicht das fungible Gesellschaftsatom der Neuzeit, sondern Angehöriger eines Standes, der sich nach der Bestimmung seiner Arbeit und erst an zweiter Stelle nach seiner Geburt richtete. In der wechselnden Bestimmung der Universalien, die nicht zufällig in den philosophischen Texten zumeist am Beispiel des Menschen erläutert werden, hat sich dieser Wandel theoretischen Ausdruck verschafft, und das moderne Selbstbewußtsein hat sich hieran bilden können.

In dem Maße, in dem die Bestimmung des Einzelnen durch die Qualität seiner Arbeit zunahm, gewann er an Dignität gegenüber dem Allgemeinen. Die Tätigkeit des einzelnen qualifizierten Handwerkers, das Geschick des einzelnen Kaufmanns bei der Herstellung oder Beschaffung von Luxusgütern, machte sie für den Herrn wichtig

6 Cf. hierzu die knappe Darstellung bei H. Pirenne, *La civilisation occidentale au Moyen Age*, 2. Aufl. Paris 1969, S. 39 ff. Zur Entstehung der Handwerkerschaft: l. c., S. 153 ff. Zur Entstehung der mittelalterlichen Städte cf. des Standardwerk von E. Ennen, *Frühgeschichte der europäischen Stadt*, Bonn 1953, bes. S. 121 ff.

und unaustauschbar. Je mehr sich die konkrete Arbeit in Berufe spezialisierte, desto mehr trat der Einzelne aus dem natürlichen Gattungsprozeß heraus. Er war mehr als das beliebige Exemplar der Gattung. Der Fortschritt handwerklicher Produktion konkretisierte die Individuen, je mehr die artifizielle Naturbeherrschung sich verfeinerte.[7] Die Arbeitsteilung bewirkt eine Differenzierung des Einzelnen durch seine Arbeit. Dies Verhältnis des arbeitenden Individuums zu seinem Gegenstand bestimmt ihn mit einer neuen Art von Notwendigkeit. Die Bestimmung des Einzelnen ist nicht mehr akzidentell wie in dem früheren Zustand, der die Arbeitsteilung fast nicht kannte. In der sich nur einfach reproduzierenden Agrargesellschaft sind die individuellen Differenzen unwesentlich. Die Entdeckung des Universalienproblems ist der Ausdruck für das erwachende Bewußtsein dieser geschichtlichen Situation.

Die Personen, die im Unterschied zu den unfreien Bauern relative Autonomie erlangten, sind des unmittelbaren Autoritätsverhältnisses ledig, wenngleich immer noch verwiesen auf die Korporation, die die Bedingung ihrer Existenz in der Gesellschaft darstellt.[8] Dieser Fortschritt lange vor der Etablierung kapitalistischer Verhältnisse ist durch die Herausbildung des Gegensatzes von Stadt und Land erst möglich geworden. Die Urbanisierung hatte jedoch noch nicht das Potential grenzenlosen Wachstums in sich. Die Stadt blieb auf das Land bezogen, denn von ihm erhielt sie die materielle Subsistenz. Schon deshalb, weil keine unbegrenzte Ausweitung der landwirtschaftlichen Produktion möglich war, mußten die Städte die Zuwanderungen durch die Korporationen begrenzen.[9] Damit hatten alle dem Kapital analogen Formationen innerhalb der hochmittelalterli-

7 Die flandrische Tuchproduktion, die im 11. und 12. Jahrhundert blühte, bietet das Beispiel für das Hervortreten einer qualifizierten Arbeit aus der naturwüchsigen Arbeitsteilung. In der geschlossenen Hauswirtschaft des frühen Mittelalters war Weben eine Tätigkeit der Frauen. Im Hochmittelalter ging sie an eine spezialisierte Handwerkerschaft über. Ein Element der Luxusproduktion entstand, aus der sich die kapitalistische Produktionsweise bildete.

8 Die Kirche hat sich dieser Emanzipation entgegenzustellen versucht (cf. J. Le Goff, *Marchands et banquiers du Moyen Age*, Paris, 1980). Die Insistenz Anselms und vor ihm schon der Antidialektiker auf der *auctoritas* hat den politischen Sinn, die traditionelle Gesellschaft gegen die Neuerungen der Urbanität zu verteidigen, die in der nominalistischen Philosophie ihr theoretisches Selbstbewußtsein hat.

9 Cf. G. Mickwitz, *Die Kartellfunktionen der Zünfte und ihre Bedeutung bei der Entstehung des Zunftwesens*, Helsinki 1936.

chen Gesellschaft nur eine begrenzte Funktion, die an einer Naturschranke endete.

So sehr die sozialhistorischen und theoretischen Zeugnisse der Epoche die gestiegene Bedeutung des Individuums bekunden, so ist der Einzelne dennoch im 12. Jahrhundert noch nicht uneingeschränkt der Produzent der gesellschaftlichen Allgemeinheit. Was er ist, bestimmt sich zwar zunehmend durch seine Arbeit, aber diese ist als konkrete, qualitativ bestimmte verstanden. Die Korporation, der der Einzelne angehört, ist zudem das bedingende Allgemeine seiner besonderen Tätigkeit. Nur als Angehöriger einer Zunft, der sich deren Regeln fügt, partizipiert der Einzelne an einer urbanen Freiheit, die in der Epoche objektiv möglich, wenn auch durchaus nicht überall wirklich wird.

Die Modifikationen der neuplatonischen Universalientheorie, die den ersten Nominalismus entstehen ließen, deuten indessen auf ein gegenüber dem frühen Mittelalter verändertes Verständnis von Arbeit hin.[10] Sie präformierten das Bewußtsein für die Rezeption des Aristoteles, die in der Hochscholastik des 13. Jahrhunderts die Philosophie als System des weltlichen Wissens hervorbrachte. Denken bezog sich danach anders auf Natur und deren Beherrschung als in der neuplatonischen Epoche.

Für das universalienrealistische Denken des frühen Mittelalters war die Natur gegenüber der menschlichen Tätigkeit ein unabhängiges Sein, dem die Beziehung als Material zur Arbeit äußerlich war. Was tatsächlich in der Totalität der Natur von Arbeit formiert und damit Mittel zu Zwecken werden konnte, die der Natur nicht unmittelbar angehören, war ein verschwindend geringer Bereich. Das zeitgenössische reflektierte Bewußtsein bringt dies zum Ausdruck. Es bestimmte sich, historisch zutreffend, als Ausdruck einer abhängi-

10 Cf. zu dem historischen Aspekt des Problems: J. Le Goff, »Arbeit, Techniker und Handwerker in den Wertsystemen des Frühmittelalters«, in: *Für ein anderes Mittelalter*, Frankfurt, Berlin, Wien 1984, S. 56 ff. In dem von Le Goff verwendeten Begriff einer Mentalitätsgeschichte kommt zum Ausdruck, daß die Epoche, der eine *mentalité* zugehört, eine Einheit bildet, deren Modell aus der Perspektive des Resultats von Geschichte konstruiert werden kann. Indessen ist die Suche nach der Mentalität nicht allein auf das endlose empirische Sammeln von zivilisatorischen Details verwiesen, aus denen ohne einen theoretischen Gedanken nie die Struktur einer Epoche zusammenschießt. In der Philosophie ist das Movens der Epochen in weit kontinuierlicherer Form zum tradierbaren Bewußtsein gelangt, so daß die Einheit in der Mentalität einer Epoche hier ihr primäres Modell hat.

gen Stellung des Menschen zur Natur, dessen Erkenntnis kontemplativ, nicht aber produktiv verstanden wurde. Was über die Grenze hinausging, innerhalb derer die Menschen in der Reproduktion ihres Lebens sich überhaupt selber Zwecke setzen und realisieren konnten, war in Anbetracht des Standes der Naturbeherrschung in der Tat ein Jenseits, das in abstrakter Form zwar in das Bewußtsein fiel wie die Sehnsucht nach dem Paradies, aber mit der materiellen Natur war es nicht zu vermitteln, konnte also nicht konkret werden. Die Vermittlung war nur durch Instrumente zu schaffen, die – selbst materielle, aber geformte Natur – dem Zweck entspechend ineinandergreifen. Das Verhältnis von Zweck, Mittel und Gegenstand der Tätigkeit fällt hierbei zunehmend in den refklektierenden Verstand, der in ihm das Objekt weltlicher Wissenschaft entdeckt.

Der Zweck war, theologisch ausgedrückt, die Befreiung der Menschen von den Folgen ihrer Vertreibung aus dem Paradies. Seine Realisierung war dem neuplatonisch-realistischen Denken nur in der Abstraktion von aller materiellen Natur und in der Zuwendung zum reinen Geist erreichbar erschienen. Für die im 12. Jahrhundert sich abzeichnende neue Orientierung des Bewußtseins ist dieser Zweck nur zu befördern, wenn der menschliche Intellekt in die innere Form der sinnlich-materiellen Dinge eindringt. Die Verfeinerung der Werkzeuge, die hierzu erforderlich sind, entspricht einer differenzierteren Arbeitsteilung unter den handwerklichen Künsten, die sich auch auf die ländliche Produktion auswirkt. Die fortschreitende Gliederung des theoretischen Denkens, die sich in den wissenschaftstheoretischen Entwürfen Hugos von St. Victor und des Dominicus Gundissalinus niederschlug, korrespondierte dieser Entwicklung der Produktivkräfte. So reflektierte sich im Streit um die Zuwendung zur Dialektik die Veränderung der Produktionsweise. Mit der Verfeinerung der handwerklichen Instrumente steigert sich das Interesse am Organon des Denkens, vermöge dessen die Werkzeuge erfunden werden müssen, welche die Menschen dem verlorenen Paradies näherbringen können. Wie die Werkzeuge zusammengesetzte Seiende aus vorgefundener Materie und zweckbestimmter Form sind, so werden auch die Begriffe im Zuge der nominalistischen Neubesinnung als Werkzeuge bestimmt, die aus einem Produktionsakt des Denkens hervorgehen, in welchen die Bestimmtheit des zu bearbeitenden Materials eingeht.

Da die Mittel aber nicht analytisch aus dem Zweck zu deduzieren sind, rückt die Operation, in der beide mit dem gegebenen Material synthetisiert werden, ins Zentrum der theoretischen Bemühung. Das Denken ist zunehmend als produktive Arbeit bestimmt. Dies zeigt sich in der erhöhten Bedeutung, die seit dem 12. Jahrhundert dem Syllogismus in der Dialektik zugemessen wird. Hier ist analog zum Arbeitsprozeß, der Beweisgrund nicht aus dem Beweisziel zu deduzieren. Für die *inventio medii* in der Beweisführung ist keine allgemeine und vorab gültige Regel anzugeben. Die Schlüssigkeit des Beweises liegt vielmehr letzthin im gelungenen Zusammenschluß des Geistes mit der materiellen Realität, die er in seinem eigenen Medium vollbringen muß. Der Syllogismus ist die gedankliche Form, in der sich die erweiterte Aneignung der Natur durch Arbeit als Operation des Verstandes reflektiert. Die Setzung neuer Zwecke und die Erfindung tauglicher Mittel zu deren Realisierung in der Bearbeitung der Natur erweist sich vermöge eines synthetischen Aktes als schlüssig, wie die Prädikation in einem Urteil erst durch den synthetischen Akt des Beweises Wahrheit beanspruchen kann. Die unableitbare Spontaneität des Einzelnen ist hierzu die Bedingung. Deren Subjekt ist die weder geistig noch materiell einer Autorität verpflichtete Person, die in der hochmittelaterlichen Stadt ihre Existenzbedingung findet.

Die in vielfältigen lokalen und regionalen Unterschieden, aber überall in Europa analog auftretende frühbürgerliche Emanzipation hatte die Freiheit der Stadt und der in ihr lebenden Bürger von den vormaligen Stadtherren zur Folge. Die Verleihung der Stadtrechte war vom 11. Jahrhundert an der formelle Akt, in dem vielfach der Kampf der Bürger gegen die unbeschränkte Machtfülle über die Stadt beendet wurde. So wurden die weltlichen oder geistlichen Stadtherren zumindest durch Verträge gebunden, vielfach aber übernahm die Bürgerschaft selbst deren Funktionen.[11] Dieser äußeren Freiheit der Stadt entspricht die innere der Bürger: An die Person gebundene Abgaben und Dienste für einen Herrn sind nicht mehr zu leisten. Abgaben wurden vielmehr zu Steuern, die nicht die Person betreffen, sondern ein Objekt, mit dem die Person nicht identisch ist: Grund und Boden oder ein Gewerbe. Das Subjekt scheidet sich insofern von den äußeren Bedingungen seiner Existenz und seiner Tätigkeit, welchen es als Objekt gegenübertritt. Mit dieser Emanzipation geht einher, daß es tendenziell keine persönlichen Abhängigkeitsverhältnisse, keine Hörigkeit unter den Bürgern mehr gibt. Diese Verhältnisse kamen in einem gewandelten Rechtsverständnis zum Ausdruck. Bereits im 11. Jahrhundert beginnt der Rückgriff auf die Traditionen des römischen Rechts, dessen Studium die Gründung der ersten europäischen Universität in Bologna motivierte.[12]

11 Cf. Pirenne, l. c., S. 47 f.

12 Hierzu: J. Fried, *Die Entstehung des Juristenstandes im 12. Jahrhundert*, Köln u. Wien 1974.

Diesen im 11. Jahrhundert bestimmend werdenden gesellschaftlichen Veränderungen entspricht es, daß die Menschen erst zu dieser Zeit einen vererbbaren Familiennamen erhalten. Für Mitteleuropa ist diese die Generationen überdauernde Namengebung eine Neuerung.[13] Das betrifft den Adel ebenso wie die niederen Stände. Beim Adel zeigt der Familienname zumeist die Herkunft an, zugleich auch die Konstanz des Besitzes, die es gerade im früheren Mittelalter nicht gab, als nicht einmal Geburtsadel im eigentlichen Sinne existierte. Adelig war vielmehr in der karolingischen Epoche, wer der Sphäre der Herschaft nahestand. Im 12. Jahrhundert sind die Adelsnamen Herkunftsbezeichnungen, die auf den Stammbesitz bezogen sind.[14] Dies setzt voraus, daß die nach dem Tode der Vasallen an den König zurückfallenden Lehen bereits in festes Eigentum verwandelt sind. Der Besitz von Land, der entscheidenden Reproduktionsquelle, ist tradierbar geworden und mit ihm die Herrschaft über die auf diesem Lande lebenden Unfreien.

Auch die bürgerlichen Familiennamen, die den Wechsel der Generationen überdauern, verdanken sich dieser Epoche, von einigen abweichenden Erscheinungen in Italien abgesehen. Wie der Name beim Adel ein substantielles Moment, den kontinuierlichen Besitz ausdrückt, so bei den bürgerlichen Namen analog die Tätigkeit, der eine Familie über Generationen nachging. In diesem Wandel in der Namengebung kündigt sich wiederum ein Element des Übergangs von der frühen mittelalterlichen Gesellschaft zur bürgerlichen Welt an. Zu der Benennug durch nur einen, relativ beliebigen Namen tritt vom 11. Jahrhundert an die eindeutigere Bestimmung durch den Familiennamen. Das Individuum wird durch den Familiennamen überhaupt erst genauer bezeichenbar, woran in den sich ausbildenden bürgerlichen Rechtsverhältnissen ein wachsendes Interesse bestand. Die vertragschließenden Personen müssen zweifelsfrei angebbar sein.

Dies ist ein praktischer Aspekt des Universalienproblems. Galten die Individuen in der neuplationischen Metaphysik als bloß zufällig bestimmte Exemplare ihrer Spezies, so erscheinen sie durch ihre veränderte Benennung erst als selbständige Realität, für das Bewußtsein ebenso wie für die durch das bürgerliche Recht geregelte gesellschaftliche Praxis. Damit treten die Individuen aus der bloßen Natur-

13 Cf. M. Gottschald, *Deutsche Namenkunde*, 5. Aufl. Berlin 1982, S. 45 ff.

14 Friedrich von Staufen bezeichnet demnach einen Mann, der die Burg Hohenstaufen besitzt.

befangenheit ihres Gattungslebens heraus und werden zu unverwechselbaren Personen. Ist der Name selber aber ein bloßes Zeichen für das Individuum, das allein Substantialität besitzt, oder ist er etwas Wesenhaftes? Die Benennung der Individuen durch einen Geschlechter- oder Familiennamen ist an ihrem historischen Anfang eine Setzung und insofern Schein; eine Herrschaftsordnung durch Geburt ist hierdurch nur willkürlich begründet. Andererseits beziehen sich die Namen auf die Genealogie des Individuums und damit auf sein Genus, auf die Naturordnung, die sich in der Gesellschaft erhält. Die Namen sind Zeugnisse der fortschreitenden Vergesellschaftung der Natur, vermöge derer die existierenden Einzelnen, Bedingung von Gesellschaft, sich allererst vereinzeln können. Der individuelle Name ist so als historisches Produkt Einheit von Allgemeinem und Besonderem. Die Familie, scheinbar überzeitliche Institution menschlichen Lebens überhaupt, wird im nachantiken Europa erst infolge einer historischen Entwicklung zu jener gesellschaftlichen Einheit, innerhalb derer Besitz und Herrschaft sich tradieren lassen. So stiftet die Familie beim Adel die Kontinuität der Herrschaftsausübung, bei den Bauern und Handwerkern die Kontinuität der Produktion über das zeitliche Ende der Generationen und Individuen hinweg. Handels- und Wucherkapital, das im 12. Jahrhundert ebenfalls an Bedeutung zunahm, tradierte sich unter Anlehnung an diese Form, die seiner anonymen Reproduktion nicht notwendig adäquat ist.

Im 12. Jahrhundert hat die Verbreitung städtischer Produktionsweisen und Formen des gesellschaftlichen Lebens auch die Sphäre der Bildung aus ihrer fast ausschließlichen Bindung an die Kirche und insbesondere die Klöster gelöst. In dieser Zeit beginnt die Institutionalisierung weltlicher Bildung und Wissenschaft in Bologna und Paris exemplarisch für die späteren europäischen Universitätsgründungen. Hier existierten schon zu Beginn des Jahrhunderts zahlreiche Schulen, die sich um einzelne Lehrer zentrierten. Lehrende und Lernende genossen die Freiheit, die nur die Stadt ihnen bieten konnte.[15] Freie Magister und wandernde Studenten konnten sich zu Schulen vereinigen, die mit der Kirche nur mittelbar verbunden waren. Unter den Studenten gab es radikal sozialkritische Gruppen wie die Goliarden, die sich von der kirchlichen und überhaupt der zeitgenössischen

15 Einen Überblick über die Pariser Schulen des 12. Jahrhunderts bietet H. Lesne, *Les écoles de la fin VIIIe à la fin du XIIe siècle*, Lille 1940, S. 197ff. Über die Bildung der Universität Bologna informiert eingehend S. Stelling-Michaud, *L'université de Bologne et la pénétration du droit romain et canonique en Suisse*, Genf 1955, S. 13 ff.

ständischen Reglementierung freigemacht hatten.[16] Die Stadt bot den Rahmen, innerhalb dessen die eigentlich mittelalterliche Wissenschaft, die Scholastik, sich bilden konnte. In ihrem Ursprung ist die Scholastik nicht Dienerin geistlicher oder weltlicher Macht, sondern eine geistige Hervorbringung, die die städtische Freiheit zur Voraussetzung hat und in der der menschliche Intellekt seiner Autonomie sich zu versichern beginnt. So bot die Stadt den Rechtsschutz für die in ihr lebenden Personen vor dem Übergriff geistlicher oder weltlicher Herrschaft. Während die Ausbildung des Diözesanklerus den weiterhin existierenden Kathedralschulen vorbehalten blieb, ging die produktive wissenschaftliche Leistung an die freie Intelligenz über. Die Konkurrenz der vielen Schulen in Bologna und Paris ist Beleg dafür, daß sich dort schon in dieser frühen Epoche eine Öffentlichkeit ausbildete, an der die interessierten Personen unangesehen ihres Standes und ihrer nationalen Herkunft teilnahmen.[17] Darin und in der inneren und äußeren Ungebundenheit von Lehre und Studium kommt zum Ausdruck, daß sich im 12. Jahrhundert eine neue Stellung des Denkens zur Objektivität vorbereitet. Denken gewinnt eine gesellschaftlich vermittelte Distanz zu den gegenständlichen Bedingungen, die es ermöglichen. Das eröffnet ihm den Rekurs auf sich selbst, die Herausbildung eines Selbstbewußtseins, das sich kritisch gegen seine eigene Tradition wendet.

Die Philosophie Abaelards entspringt dieser geschichtlichen Situation. Sie ist deren spekulativer Ausdruck, ohne daß sie dies intendiert hätte. Indem sie sich der Reflexion auf das logische Verhältnis von Allgemeinem und Besonderem zuwandte, hatte sie in abstrakter Form das menschliche Selbstbewußtsein zum Gegenstand und gewann damit die erste Voraussetzung der Kritik an der neuplatonischen Metaphysik.

16 Cf. die plastische Schilderung bei Le Goff, *Les intellectuels au Moyen Age*, Paris 1957, S. 29 ff. Die sozialkritische Komponente der lyrischen Produktionen untersucht H. Schüppert, *Kirchenkritik in der lateinischen Lyrik des 12. und 13. Jahrhunderts*, München 1972.
17 Cf. H. Grundmann, *Vom Ursprung der Universität im Mittelalter*, Darmstadt 1976, S. 19 ff.

VII.

Die Präformation der Moderne in Abaelards Nominalismus

In der Philosophie Abaelards geht das mittelalterliche Denken ausdrücklich zu einer neuen Orientierung über, aus der später die Stellung das modernen Bewußtseins zur Objektivität hervorging. Wiewohl dies Ausdruck einer gegenüber dem Mittelalter vielfältig gewandelten Zivilisation ist, ergab sich die Neuheit der Abaelardschen Lehre nicht aus einer theoretischen Zuwendung zu gänzlich neuen Gegenständen, sondern vielmehr aus einer veränderten Reflexionsweise, in der sich die *via moderna* ankündigt, welche dann seit dem 14. Jahrhundert alle Bereiche der Zivilisation erfaßte. Abaelard hat die erste ausgeführte nominalistische Theorie geliefert, in der die Konsequenzen aus der Lehre Roscelins gezogen sind. Jedoch setzte Abaelard die Tradition zugleich affirmativ fort, denn er hatte niemals die ihm schon zu Lebzeiten unterstellte Absicht, die überkommene politische Ordnung umzustürzen. Er wollte weder den christlichen Glauben negieren, noch auch nur häretische Lehren vertreten. Ohne die Dogmatik in zentralen Punkten zu verletzen, betrachtet er vielmehr die überkommenen Themen der Theologie mit den Mitteln einer neuen, wesentlich kritischen Philosophie.[1]

Der Versuch, eine unkritisch und bruchstückhaft aus der Antike übernommene Dialektik auf eine Theologie zu übertragen, deren

1 Dies hat freilich ausgereicht, um Abaelard häretische Lehren vorzuwerfen. Die Synoden von Soissons (1121) und Sens (1141) verurteilten Abaelard wegen angeblicher Abweichungen vom Trinitätsdogma. Be-

Wahrheit auch unabhängig von diesem Verfahren unmittelbar gelten sollte, hatte schon im Dialektikstreit des 11. Jahrhunderts und bei Anselm von Canterbury zu Aporien geführt, die zur Kritik des neuplatonischen Verständnisses von Dialektik und Theologie nötigten. Der erste Schritt hierzu war der Nominalismus Roscelins. Dessen Naivität unterzieht Abaelard einer Kritik, die sich auch auf die tritheistische Konsequenz seiner Theologie bezieht. Hierbei setzt er indessen nicht die Anselmsche Apologetik fort, vielmehr kehrt er den Satz »credo, ut intelligam« geradezu um: »Accidit autem mihi, ut ad ipsum fidei nostrum fundamentum humanae rationis similitudinibus disserendum primo me applicarem, et quemdam theologiae tractum *de Unitate et Trinitate divina* scholaribus nostris componerem, qui humanas et philosophicas rationes requirebant: dicentes quidem verborum superfluam esse prolationem, quam intelligentia non sequeretur, nec credi posse aliquid nisi primitus intellectum, et ridiculosum esse aliquem aliis praedicare quod nec ipse, nec illi quod doceret intellectu capere possent.«[2] Die Rationalität, an der diese Position partizipiert, unterzieht Abaelard zugleich einer kritischen Reflexion. Zwar folgt er der Roscelinschen Entmythologisierung der Universalien, die auch bei ihm zu Worten herabgesetzt sind, aber darüber hinaus fragt er, unter welchen Bedingungen eine *dialectica in vocibus* die Erkenntnis der Dinge ermöglicht.

Die Gegenstände der Theologie, für Abaelard ansichseiende geof-

strebt, den Roscelinschen Tritheismus zu bekämpfen, hat Abaelard den Anschein erweckt, als setzte er die trinitarischen Personen zu Attributen der Macht, Weisheit und Güte herab, so daß er den Vorwurf des Arianismus und Sabellianismus auf sich zog. Obwohl dies in der Linie seiner Philosophie läge, sind die Vorwürfe aus den überlieferten Texten nicht zu begründen. Cf. hierzu: P. Ruf und M. Grabmann, *Ein neuaufgefundenes Bruchstück der Apologia Abaelards*, München 1930, S. 30ff. (Sitzungsbericht d. Bayer. Akad. d. Wiss, Phil. hist. Abt., Jg. 1930, Heft 5). Die neuere Literatur über Abaelard bemüht sich, das traditionelle Moment seines Denkens herauszustellen. Abaelard ist hiernach kein »Rationalist« gewesen, und seine Modernität ist eine Fehlinterpretation. Sosehr darin das berechtigte Motiv liegt, unhistorische Projektionen früherer Epochen zu korrigieren, wie sie etwa Victor Cousin unterlaufen sind, so wenig läßt sich doch verkennen, daß das Denken Abaelards über den Rahmen des zu seiner Zeit Gegebenen an vielen Stellen objektiv hinausgeht, auch wenn seine Intention – die sich zuweilen gar nicht mehr zweifelsfrei ermitteln läßt – eine andere war. Cf. hierzu: M. de Gandillac, *Oeuvres choisies d'Abélard*, Paris 1945, S. 2 ff., sowie J. G. Sikes, *Peter Abailard,* Cambridge 1932, bes. S. 248 ff.

2 Abaelard, *Historia calamitatum*, *Opera*, ed. V. Cousin, Bd. 1, Paris 1849, S. 18.

fenbarte Wahrheit, sind nur durch die Interpretation der Väter, also in geschichtlich überliefertem Wort gegeben. Da die Worte aber subjektive Produktionen sind, muß die Kritik der Sprache die Wahrheit hinter den Widersprüchen der schriftlichen Überlieferung zum Vorschein bringen. Wenn die Universalien nach der von Abaelard aufgenommenen These nur Worte sind, so ist die Widerspruchsfreiheit des Ausgesagten die minimale Bedingung ihrer Geltung. Die Worte aber sind von Menschen gesprochen, und der Widerspruch in der Überlieferung ist unabweislich. Dessen Beseitigung ist das Werk einer Urteilskraft, die zwar selber subjektiv ist, die aber durch den kontinuierlichen Ausschluß des Widerspruchs der Objektivität sich zu nähern vermag. Darin besteht die Methode, die Abaelard in seinem Werk *Sic et Non* anwandte. Hier bezeichnete er zahlreiche dogmatische Widersprüche in den als Autorität geltenden Texten der Bibel und der Kirchenväter. So konnten, ohne das Autoritätsprinzip zu verletzen, entgegengesetzte Positionen zu zentralen theologischen Gegenständen in Beziehung gesetzt werden.[3]

Wenn Abaelard über die Kompilation einander widersprechender Stellen hinaus auch keine Lösungen im Sinne einer Vermittlung der Gegensätze präsentiert, so erhält dennoch die Dialektik hier zum ersten Mal implizit die Bedeutung einer Lehre vom Widerspruch: Wenn zwei entgegengesetzte *dicta* zu einem Gegenstand mit gleichem Anspruch auftreten, so können weder beide gleichzeitig und in derselben Hinsicht, noch nur einer allein wahr sein. Es ist vielmehr ein Drittes aufzufinden, in dem der Widerspruch gelöst ist. Darin erkannte Abaelard die Leistung des urteilenden menschlichen Intellekts, dessen Movens der Widerspruch im Gegebenen ist. Gegenüber den autoritätsbildenden Texten der Vätertradition ist geradezu die Freiheit des Urteils gefordert: »Quod genus litterarum non cum credendi necessitate, sed cum judicandi libertate legendum est.«[4] Darin bekundet sich die Einsicht, daß dem Denken der kodifizierten Vergangenheit nur insoweit Autorität zukommt, als sie vor der Urteilskraft des jeweils gegenwärtigen Denkens zu bestehen vermag. Es ist die Leistung des diskursiven Verstandes, die Widersprüche in der

3 Einige dieser Themen sind: »Quod fides humanis rationibus non sit astruenda et contra« (1. Kap.); »Quod fides sit de non apparentibus tantum et contra« (2. Kap.); »Quod non sit Deus substantia et contra« (9. Kap.); »Quod omnia possit Deus et non« (32. Kap.); »Quod homo liberum arbitrium peccando amiserit et non« (56.Kap.). Cf. *Sic et non*, ed. B. Boyer und R. McKeon, Chicago und London 1976.

4 *Sic et Non*, l. c., S. 101.

historischen Übermittlung des Glaubensinhaltes festzustellen.[5] Indem er eine Lösung findet, enthebt er sich der *necessitas credendi*, die in der blinden Hinnahme der Autorität besteht. Die Lösung des Widerspruchs vermöge der dialektischen Argumentation erweist sich als eine produktive Leistung des menschlichen Intellekts, der sich hierbei nicht allein auf die Autorität verlassen kann. In dieser kritischen Methode besteht die Neuerung, durch die Abaelards Denken für die scholastische Theologie und Philosophie fruchtbar wurde. Die Verfahrensweise der späteren Quaestionenliteratur, die zu einem gesetzten Thema einander widersprechende Lehrmeinungen aufführt, um darauf zu einer widerspruchsfreien Lösung zu gelangen, ist von Abaelard konsequent auf theologische Gegenstände angewandt worden. Ihren Ursprung hat sie in der juridischen Sphäre, wo im Rechtsstreit die Argumente pro und contra eine dem Recht gemäße Entscheidung verlangen, die im Urteil fixiert wird.

Die innere Verbindung der katholischen Dogmatik mit dem wiederaufgenommenen römischen Rechtsdenken bekundet sich im Duktus des Abaelardschen Denkens, auch wenn in seinen Schriften das Recht kaum erwähnt wird. Begann das frühe stadtbürgerliche Bewußtsein am römischen Zivilrecht und an der mit ihm verbundenen Dialektik sich zu bilden, um eine politische Macht zu werden, so hat dieser Wandel auch die gesamte kirchliche Sphäre erfaßt. Deutliches Zeugnis ist die von Gratian 1140 abgeschlossene systematische Sammlung aller kirchenrechtlichen Dekrete, mit der sich die kirchliche Rechtswissenschaft von der Theologie abtrennte. Der Titel des Werkes *Decreta sive concordantia discordantium canonum* und die in ihm verfolgte Methode der Darstellung sind mit Abaelards dogmatischer Anstrengung eines Sinnes. Die Widersprüche in den Traditionen des geltenden Rechts wie der Dogmen erforderten Lösungen, welche nur ein Bewußtsein vollbringt, das sich an der Dialektik, der Lehre vom Widerspruch, geschult hat. Dient die Dialektik so dem Ausgleich des Widersprüchlichen, so entsteht dennoch gleichzeitig die Voraussetzung aller Kritik. Der Rahmen des Gegebenen aber ist gesprengt in dem Maße, wie die Widersprüche sich als unschlichtbar erweisen. Dem kritischen Bewußtsein fällt die Rolle des Richters zu, der gegen geltende Autorität entscheiden muß, und zwar einem Maßstab ge-

5 Cf. l. c., S. 103: »Placet ut instituimus, diversa sanctorum patrum dicta colligere, quae nostrae occurerint memoriae aliquam ex dissonantia quam habere videntur quaestionem contrahentia, quae teneros lectores ad maximum inquirenda veritatis exercitium provocent et acutiores ex inquisitione reddant.«

mäß, der höher ist als diese selbst.[6] Die Lehren der theologischen Tradition büßen aber hierdurch unversehens ihre unantastbare Vorgegebenheit ein und werden zu Argumenten in der philosophischen Reflexion, in der das vergangene und das gegenwärtige Denken auf einer Stufe stehen. Die Säkularisierung der theologischen Wahrheit wird hierdurch weit konsequenter als bei Anselm vorangetrieben.

Die Erklärung der Tradition durch das Verfahren des *Sic et Non* soll die Unzulänglichkeit kompensieren, in der der menschliche Verstand die geoffenbarte Wahrheit erfaßt. Über seine Funktion eines Korrektivs der endlichen Subjektivität hinaus impliziert das Verfahren indessen ungewollt, daß die Wahrheit Resultat des Reflexionsprozesses selbst sei, in dem die Tradition und das gegenwärtige Denken als Momente zusammentreten. Nur vermöge solcher Synthesis, die der diskursive Verstand vollzieht, ist die Geltung der Dogmen garantiert. Um der Objektivität ihres höchsten Gegenstandes gemäß zu sein, verschafft sich die Subjektivität des Verstandes die Autorität einer Wissenschaft, deren Sätze apodiktisch gelten. Die systematische Reflexion auf die Logik, welche über die Kommentierung der *Logica vetus* weit hinausgeht, ist deshalb nicht zufällig von Abaelard begründet worden.[7]

6 Die Entsprechung des Rechtsdenkens Gratians und der kritischen Reflexionsweise Abaelards ist rein geistesgeschichtlich freilich nicht zu bestimmen. Es ist keine wechselseitige Einflußnahme festzustellen. Wie wenig die Methoden von Geistesgeschichte und Philologie an die hier zu untersuchenden Phänomene heranreichen, zeigt in diesem Sinne indirekt D. E. Luscombe, *The School of Peter Abelard*, Cambridge 1969, S. 224, ff. Cf. außerdem M. Grabmann., *Die Geschichte der scholastischen Methode*, Bd. 2, Freiburg 1911, S. 213 ff.

7 Dieser Anspruch der Vernunft hat den Angriff der Autorität auf sich gezogen. So gibt Otto von Freising einen Brief französischer Bischöfe an Papst Innozenz II. wieder, der aus Anlaß der Synode von Sens geschrieben wurde: »Petrus Abailardus Christiane fidei meritum evacuare nititur, dum totum, quod Deus est, humana ratione arbitratus comprehendere ascensit usque ad celos et descendit usque ad abyssos nihil est quod lateat eum, sive in profundum inferni sive in excelsum supra. Homo est magnus in oculis suis, disputans de fide contra fidem, ambulans in magnis et mirabilibus super se, scrutator maiestatis, heresum fabricator.« (*Gesta Friderici Imperatoris*, I, 51, ed. F. J. Schmale, Darmstadt 1974, S. 228) – Abaelard selbst hat die Logik als geistige Waffe verstanden. Das entsprach dem Selbstbewußtsein der sich herausbildenden städtischen Intelligenz, die sich zu nichtkirchlichen Schulen zusammenschloß. Das Interesse an der Logik, das sich in dem großen Lehrerfolg Abaelards manifestiert, entsteht mit dem Wandel der gesellschaftlichen Lebensverhältnisse, als das stadtbürgerliche Individuum die Sphäre seiner Aktivität begründet und sich des

Die bloße Autorität stellt in der Theologie Abaelards kein *argumentum fidei* dar; vielmehr ist es die Vernunft allein, die den Grund des Glaubens zu finden vermag. Dieser Grund ist für Abaelard aber objektiv. Die Wendung zum Subjekt, die sein Denken vollzieht, unterscheidet sich in diesem Punkt von jener Glaubenslehre, die seit dem 14. Jahrhundert in der Theologie bestimmend wurde. So will Abaelard nicht den Glauben vom Wissen trennen, um ihn dem Subjekt zuzuweisen, welches seiner nur durch die göttliche Gnade teilhaftig werden soll. Noch viel weniger lehrt Abaelard eine doppelte Wahrheit; vielmehr will er die Wahrheit des Glaubens durch die Wissenschaft beweisen: »Est enim scientia veritatis rerum comprehensio, cuius species est sapientia, in qua Fides consistit. [...] Veritas autem veritati non est adversa.«[8]

Der Glaube ist im 12. Jahrhundert noch nicht zu einer Privatsache des Einzelnen geworden, vielmehr verbindet er als ein substantiell Allgemeines die Individuen, die sich seiner durch die Betätigung ihrer Vernunft versichern, denn nur das Vernünftige kann als ein Allgemeines gelten. Nur ein Verstand, der sich die apodiktisch geltenden Regeln der Dialektik angeeignet hat und damit zum Bewußtsein seiner selbst gelangt ist, vermag der Häresie zu wiederstehen: »Hec autem est dialectica, cui quidem omnis veritatis seu falsitatis discretio ita subiecta est, ut omnis philosophie principatum dux universe doctrine atque regimen possideat. Que fidei quoque catholice ita necessaria monstratur, ut scismaticorum sophisticis rationibus nullus possit, nisi qui ea premuniatur resistere.«[9]

Die Einheit von Glauben und Wissen, die mit Recht als eigentümliche Bestimmung der Scholastik gilt, ist selbst ein Resultat historischer Kämpfe. Die Philosophie Abaelards und ihre Vorgeschichte lehrt dies in besonderem Maße. Die Theologie der patristischen und der späteren neuplatonischen Tradition ist zwar als ein Wissen aufgetreten, aber dessen Gewißheit hatte eine andere Qualität als die der scholastischen Epoche. Das Göttliche war der Inbegriff des erstrebenswerten Wissens, demgegenüber die anderen Gegenstände nur einen niederen Rang hatten und nur soweit von Belang waren, als sie das Subjekt zur Gotteserkenntnis befähigten. Die subjektive Erkenntnis war ihrem transzendenten Gegenstand gegenüber noch ganz unselbstän-

Schutzes des formalen Rechts bedient. (Cf. hierzu: J. Le Goff, »Quelle conscience l'université médiévale a-t-elle eu d'elle-même?«, in: *Miscellanea Mediaevalia*, Bd. 3, Berlin 1964, S. 16 ff.)

8 Abaelard, *Dialectica*, ed. L. M. de Rijk, 2. Aufl. Assen 1970, S. 469.

9 L. c., S. 470.

dig und war sich daher selbst noch nicht wirklich Objekt. Das Wissen, das sich seit dem Dialektikstreit mit dem Glauben ineins zu setzen suchte, hatte sich unterdessen gewandelt. Die metaphysische Gewißheit, daß nur das Eine sei und sich überall widerspiegele, ist der Einsicht gewichen, daß das Eine für menschliches Wissen verschlossen ist. Die Arbeit des Verstandes tritt zwischen den intelligiblen Gegenstand und das erscheinende Mannigfaltige. Der Bruch zwischen Allgemeinem und Besonderem und damit die Unlösbarkeit des Universalienproblems für einen kontemplativen Intellekt ist im 12. Jahrhundert deutlich geworden. Denn gibt es nur ein univokes, mit dem Einen identisches Sein, so ist nicht auszumachen, wie es Vielem zukommen soll. Ist aber das Universale und damit das Sein nur in der Prädikation, so erlangt der Verstand eine neue Funktion. Wird hierbei zunächst noch vorausgesetzt, daß die Realität durch Wesenheiten metaphysisch bestimmt sei, so untersucht der Verstand den erscheinenden Gegenstand auf sein intelligibles Wesen. Das einzelne Ding wird damit zum Objekt der Wissenschaft.

Das Wissen, das sich dem Singulären zugewendet hat, steht zum Glauben, mit dem es eine Einheit bildet, in einem anderen Verhältnis als ein Bewußtsein, das sich selbst als unmittelbare Emanation des Göttlichen versteht. Die kontingenten Dinge der Natur sind nicht länger Hindernisse auf dem Wege der Gottwerdung der Seele, die es durch Abstraktion, praktisch durch Aszese zu beseitigen gilt, vielmehr sind sie als solche zu erkennen. Ist die Erkenntnis wahr, so wird sie nach der durchgängigen Überzeugung des 12. Jahrhunderts der geoffenbarten Wahrheit nicht widersprechen, da doch eine absolute Wahrheit gesetzt ist, wo auch nur eine partikulare beansprucht wird. Diese Denknotwendigkeit, die schon Anselm von Canterbury vielfältig zum Ausdruck bringt, vereinigt wohl den göttlichen Grund der christlichen Glaubenslehre mit dem metaphysischen Prinzip der natürlichen Dinge, aber es ist das menschliche Denken, das seine metaphysischen Bedingungen ergründet. Der Glaube an den objektiven Grund des Wissens wird damit zur Bedingung des weltlichen Denkens, das zunehmend seinen Wert in sich selbst gewinnt.[10]

10 Einen Überblick über die historische Seite dieses Prozesses gibt W. Kluxen, »Der Begriff der Wissenschaft«, in: *Die Renaissance der Wissenschaften im 12. Jahrhundert,* hrsg. v. P. Weimar, Zürich 1981, S. 273 ff. In vielen Darstellungen der Geistesgeschichte des 12. Jahrhunderts wird mit Recht die Rolle der arabischen Wissenschaft betont. Indessen ist die Perspektive, aus der etwa Dominicus Gundissalinus die Konzeption der Wissenschaft des Al-Farabi rezipieren konnte, aus der Entwicklung des christ-

Ausdruck dieser beginnenden Emanzipation des weltlichen Bewußtseins von seinem traditionellen metaphysischen Grunde sind die logischen und erkenntnistheoretischen Entwürfe Abaelards, die seine genuine Leistung darstellen. Abaelard knüpft an Roscelins Kritik der Metaphysik an, welche die Entmythologisierung der Universalien zum bloßen *flatus vocis* bedeutete. Da dies aber zur Folge hatte, daß die Benennungen der Einzeldinge nach Gattung, Art und Unterschied nur willkürlich sein konnten, entstand das Problem, wie diese Benennungen in den Dingen ihre Entsprechung finden konnten. Darin, daß die Logik und damit die Theorie der Universalien zunächst eine Wortwissenschaft sei, stimmt Abaelard mit Roscelin überein. Die Prädikation des Universale kann daher auch kein dinglicher Vorgang sein. Die Universalien sind vielmehr in ihrer logischen Bedeutung Worte, nicht aber Dinge, denen eine selbständige Existenz zukäme, denn sonst könnten sie nicht ihrer Bestimmung gemäß von vielem ausgesagt werden. Ist das Universale aber nur Wort, so ist seine Allgemeinheit ein Resultat des Prädizierens und hat nur Bestand im Medium des Denkens. Für die Logik ist das Verhältnis von Allgemeinem und Besonderem somit ein Problem der korrekten Bildung von Sätzen, die aus Namen verschiedenen Umfangs konstituiert werden: »Nec rem ullam de pluribus dici, sed nomen tantum concedimus.«[11]

Aus dieser unmittelbar der Roscelinschen Linie entsprechenden Position ergab sich aber das neue Problem, wie denn die ihres dinghaften Charakters entkleideten Universalien auf die Dinge so angewendet werden könnten, daß die Sätze wahr sind. Die Frage wird im 12. Jahrhundert um so mehr akut, als der Entdinglichung[12] des Allgemeinen, die in der Schule von Chartres angelegt, von Abaelard reflektiert vollzogen wird, eine Trennung der *res* von den Universalien entspricht. Die Dinge sind nicht mehr primär identisch mit der Stellung des ihnen zugeordneten Universale in der Hierarchie aller

lichen Neuplatonismus entstanden. Dessen Aporien nötigten dazu, die Realität des Einzelnen anzuerkennen. Eine metaphysische Kosmologie kann danach nicht mehr auf konkrete Ursachenforschung verzichten. So wurde die Aristotelische Bestimmung des Ursachenbegriffs für die Theorien des 12. und vor allem des 13. Jahrhunderts relevant.

11 *Dialectica,* l. c., S. 597.

12 Die eindringlichste und beste Monographie über Abaelard aus neuerer Zeit hat die Entdinglichung des Allgemeinen in vielen Textanalysen herausgearbeitet: J. Jolivet, *Arts du langage et théologie chez Abélard*, Paris 1969. Der Sachverhalt ist in dem Buch allenthalben belegt, der adäquate Begriff »déréification« indessen nur im resumierenden Schluß (S. 354) genannt.

metaphysischen Wesenheiten. Der Blick auf die Differenz zwischen Begriff und Ding öffnet sich erst in dieser Epoche. Wenn die Seinsweise beider unterschieden ist, so werden die Dinge als eigenständige Seiende überhaupt erst ein Gegenstand der Reflexion. Waren sie dem neuplatonischen Bewußtsein nur Vehikel für den Aufschwung der erkennenden Seele zu Gott, so beginnt in der Wissenschaft des 12. Jahrhunderts das Interesse für die psychische Struktur der materiellen Dinge als solche zu erwachen, ohne daß damit sogleich die Perspektive auf deren metaphysischen Grund preisgegeben worden wäre. Die arabische Wissenschaft, ihrerseits am Neuplatonismus und zugleich an Aristoteles geschult, vermittelte dem christlichen Denken, das sie im 12. Jahrhundert zu rezipieren begann, die Kenntnis vieler weltlicher Dinge, die auf ihren absoluten Ursprung hinweisen mochten, nicht aber aus ihm zu deduzieren waren.

Abaelard versucht der Logik ein Fundament in der Struktur der Dinge zu verschaffen, obwohl diese für den Verstand nicht mehr unmittelbar gegeben sind. Um die entdinglichten Universalien auf Dinge anwenden zu können, sind Logik und Naturwissenschaft zunächst zu unterscheiden: »Hoc autem logicae disciplinae proprium relinquitur, ut scilicet vocum impositionen pensando quantum unaquaque proponantur oratione sive dictione discutiat. Phisice vero proprium est inquirere utrum rei consentiat enuntiationi, utrum ita sese, ut dicitur, rerum proprietas habeat vel non.«[13]

Die formale Logik sagt somit nichts über die Natur der Dinge selbst aus, sondern nur etwas über die Weise, in der sie in Worten und Begriffen zum Ausdruck kommt. Ohne Beziehung zur Physik ist die Logik leer, umgekehrt aber sind die Aussagen der Naturwissenschaft an das Medium von Sprache und Begriff gebunden, dessen Gesetze Gegenstand der Logik sind:

»Est autem alterius consideratio alteri necessaria. Ut enim logice discipulis appareat quid in singulis intelligendum sit vocabuli prius rerum proprietas est investiganda. Sed cum ab his rerum natura non pro se sed pro vocum inpositione requiritur, tota eorum intentio referenda est ad logicam. Cum autem rerum natura percontata fuerit, vocum significatio secundum rerum proprietates distinguenda est, prius quidem in singulis dictionibus, deinde in orationibus, que ex dictionibus iunguntur et ex ipsis suos sensus sortiuntur, Neque enim absque partium dicretione composita perfectio cognosci potest.[14]

13 *Dialectica*, l. c., S. 286.
14 L. c., S. 286 f.

Abaelard versucht wie sein Lehrer Roscelin, die Dialektik *in voce* zu lehren, aber darüber hinaus zugleich nach der außersprachlichen Bedingung zu fragen, unter der die Worte ihre Bedeutung erhalten. Hierzu sind Bezeichnendes und Bezeichnetes prinzipiell unterschieden. Um aber beide Seiten dieses Unterschiedes vollkommen zu kennen, mußte auch die innere Natur der Dinge an sich selbst bekannt sein. Schon die Physik, welche die erscheinende Natur bestimmt, kann ihre Resultate nur begrifflich kundtun, für die Metaphysik, die den objektiven Grund der Erscheinungen erschließen will, gilt dies in noch höherem Maße.

Die objektive Erkenntnis der Natur ist somit von der menschlichen Verstandestätigkeit nicht zu lösen. Dies lehrt gerade die Reflexion auf die Logik als einer autonomen Disziplin. Abaelard hat als erster im Mittelalter offen ausgesprochen, daß die objektiven Begriffe von ihrer Genesis im menschlichen Denken nicht unabhängig sind, sich aber auch nicht auf Subjektivität reduzieren. Abaelard hat somit das Ergebnis der Roscelinschen Kritik an der traditionellen Universalienlehre noch einmal kritisch gewendet. Die Trennung von Logik und Ontologie, die sich aus den Aporien der neuplatonischen Metaphysik folgerichtig ergab, führte bei Roscelin zur unvermittelten Entgegensetzung von Universale und *res*, letzthin zur Bestimmungslosigkeit beider. Das Wort, auf das Roscelin das Universale reduzierte, ist als lautliche Erscheinung selber nur ein partikulares Seiendes und kann daher die ihm zugedachte Funktion der *res universalis* nicht erfüllen.

Die *vox* als Element von Sprache ist auch nach Abaelard eine menschliche Erfindung. Da sich aber die Worte auf Dinge beziehen, muß in den menschlichen Worten etwas zum Ausdruck kommen, das auch den Dingen angehört. Das Wort und das von ihm toto genere verschiedene Ding müssen in einem Dritten übereinstimmen, das von der nominalistischen Entdinglichung der Universalien nicht betroffen ist. Der Begriff erhält in diesem Zusammenhang die Bestimmung eines Gedankens, der von den Worten bezeichnet wird und seinerseits im Ding seine Norm hat. Die Bedeutung des Wortes ist somit weder bloß willkürlich gesetzt noch stellt sie das realistische Abbild der *res* dar. Die Begriffe beziehen sich auf die objektive Natur der Dinge, die von den Worten bezeichnet wird. In dieser Theorie von der Bedeutung der Worte liegt die dem späteren Nominalismus entgegengesetzte Komponente des Abaelardschen Denkens. Der Begriff, den Abaelard in diesem Zusammenhang mit »intellectus« bezeichnet, vermittelt zwischen der strukturierten Realität und dem sprachlichen Zeichen. Jene hat diesem gegenüber den ontologischen Vorrang: »Cum enim voces duplicem habeant significationem, de rebus scilicet et de intellectibus, res intellectibus naturaliter priores sunt; prius enim in rerum natura oportet constare, quod possit intellectus concipere, et qui vocabulum invenit, prius rei naturam consideravit, ad quam demostrandam nomen imposuit. Intellectus itaque, qui rei naturam sequi debent, naturaliter posteriores sunt, res vero priores.«[15]

Nach dieser Einsicht, die einem reinen Nominalismus entgegengesetzt ist, kann die Natur der Dinge von ihrer Vermittlung durch die subjektive Erkenntnis getrennt werden. Deshalb lehrt Abaelard, daß die Beilegung eines Namens immer den Begriff voraussetzt, der die Bedeutung des Namenswortes bestimmt, weil er einen notwendigen Nexus zur erkannten Sache haben muß. Die Entscheidung über Wahrheit oder Falschheit von Sätzen fällt somit nicht außerhalb der begrifflich und sprachlich sich artikulierenden Reflexion, denn nur Gott verfügt über die Unmittelbarkeit der Dinge, die er geschaffen hat: »Neque enim vox aliqua naturaliter rei significatae inest, sed secundum hominum impositionem. Vocum enim impositionem Summus Artifex nobis commisit, rerum autem naturam proprie sue dispositioni reservavit. Unde et voces secundum impositionis sue originem re significata posteriorem liquet esse.«[16]

Die nominalistische Position erfährt bei Abaelard eine selbstkritische Wendung. Einerseits lassen seine erkenntnistheoretischen Reflexionen das Subjekt des logischen Operierens hervortreten, welches bei Roscelin noch fehlte. Andererseits weist Abaelard dem Denken und seinem Resultat ein *fundamentum in re* zu[17], auch wenn dieses nicht selber wiederum zum unmittelbaren Maßtab der subjektiven Tätigkeit genommen werden kann.

Abaelards Kritik wendet sich in diesem Zusammenhag vor allem gegen die vermeintliche Einheit von Universale und *res*. Käme beiden dieselbe Seinsweise zu, so beträfe die Prädikation eines Universale das Subjekt des Satzes wie ein dinglicher Vorgang. Da das Prädizieren aber in das Denken fällt, müßte es nach realistischem Verständnis ein bloßer Ausfluß des im Satz bezeichneten Dinges sein. Dann aber wäre die fortschreitende Bestimmung eines Gegenstandes durch einander ergänzende und korrigierende Prädikationen dessen kontinuierliche Veränderung. Diese Konsequenz kann der Realismus nicht zugestehen, denn Erkenntnis, die sich notwending in Prädikationen vollzieht,

15 Abaelard, *Logica »Ingredientibus«*, *Philosophische Schriften*, ed. B. Geyer, Münster 1919 ff, S. 112.
16 *Dialectica*, l. c., S. 576 f.
17 Cf. *Logica »Ingredientibus«*, l. c., S. 146.

hat das unveränderliche Wesen der Dinge, nicht aber seine veränderliche Erscheinung festzustellen. Darin bestand eine der Aporien der neuplatonischen Metaphysik, welche die Kritik herausforderten. Um über diesen toten Punkt hinauszukommen, unterscheidet Abaelard die Seinsweise der Universalien im Intellekt von den essentiellen Bestimmungen der seienden Dinge:

»Non enim per praedicationem nominis hoc quod est in rerum natura, permutari debet, quod non minus consisteret, etiam si nulla nominum impositio facta esset. [...] Sed cum Aristoteles ponat pro universalibus ›dici de subiecto‹, proprie universalia dici demonstrat, quibus dici convenit, id est proferri et praedicari proprie sermonum est, cum nemo praedicatum terminum propositionis esse dubitet, ex cuius privilegio praedicatum dicitur proprie quod Boethius in nomen et verbum distribuit. Qui etiam cum ait im primo Topicorum hanc quaestionem ad logicam pertinere, utrum affirmatio et negatio sint species enuntiationis, aperte docet species magis esse sermones quam res; quippe si in rerum natura species magis existerent, quam in proprietate sermonum non potius hoc discutere ad logicam quam ad physicam pertineret.«[18]

Abaelard nimmt hier vordergründig die Position Roscelins ein. *Genera* und *species* sind danach Worte, die der menschlichen Rede angehören. Logische Regeln beziehen sich folglich nicht auf Dinge, sondern auf Aussagen über Dinge, welche in der Sprache zum Ausdruck kommen. Die Logik ist daher vor allem eine Wortwissenschaft.[19] Abaelard beruft sich hierbei auf Aristoteles, dessen Untersuchung der Kategorien und der Urteilsformen zunächst ausdrücklich auf die sprachliche Erscheinung logischer Verhältnisse eingeht:

18 Logica *»Nostrorum petitioni sociorum«*, Philosophische Schriften, ed. Geyer, S. 514.

19 Hierin kommt die epochale Trennung der Logik von der Ontologie zum Ausdruck. Aber dies ist hier noch nicht die Begründung einer neuen Fachwissenschaft, sondern selbst Metaphysik, deren Aporien Abaelard lösen wollte, ohne sie zu verwerfen. Neuere Interpretationen Abaelards, die seinen Nominalismus als Etappe auf dem Wege zum logischen Positivismus sehen möchten, verkennen gewöhnlich das Telos seines Denkens. So gelangen sie dazu, als Mangel zu beklagen, was gerade das Interesse der Abaelardschen Argumentation ausmacht. J. Pinborg kritisiert die »Unklarheit angesichts der eigentlichen Aufgabe der Logik,« welche daher rühre, daß »die Lehre von den Termini von der Universalienproblematik überschattet« sei. Der historische Sinn der Philosophie Abaelards wird so verfehlt. Cf. J. Pinborg, *Logik und Semantik im Mittelalter*, Stuttgart 1972, S. 51.

»Si quis itaque secundum rerum inhaerentiam realem acceperit predicationem ac subiectionem, secundum id scilicet quod unaqueque res in se recipit ac subsistit, sicut nichil esse eam videret preter ipsam, ita eam nichil esse per se ipsam invenerit. At vero magis predicationem secundum verba propositionis quam secundum rei existentiam nostrum est attendere qui logice deservimus, secundum quod quidem de eodem diversas facimus enuntiationes hoc modo: ›Socrates est Socrates vel homo vel corpus vel substantia.‹ Aliud enim in nomine ›Socratis‹ quam in nomine ›hominis‹ vel ceteris intelligitur; sed non est alia res unius nominis quod Socrati inheret quam alterius. Quod itaque predicatum subiecto maius vel equale dicitur, ad vocum enuntiationem, non ad essentiam rei reducitur.«[20]

Zwischen die zu erkennende *res* und die Erkenntnis tritt nach Abaelard der sprachliche Ausdruck, der in der Logik für sich selbst betrachtet wird. Das prädizierte Universale ist die sprachliche Bezeichnung des Dinges, das selbst nicht Sprache ist. Darin liegt der für die spätere Entwicklung der Philosophie wichtige Gedanke, daß das Wissen und das Medium seiner Artikulation nicht mit dem Gegenstand in der Seinsweise identisch sein können. Indem Sprache und ihre objektive logische Struktur auf das Subjekt beschränkt wird, tritt es der ihm gegebenen Welt der Gegenstände tendenziell autonom gegenüber. Die vordergründig reflektiertere neuplatonische Theorie, die die Sprache den Dingen immanent setzte, lehrte in Wahrheit ein naturbefangenes Denken, das seine Norm außer sich hat.

Diese Differenz hatte auch Roscelin nicht gemacht. Da es ihm zufolge überhaupt kein Allgemeines geben sollte, so ist das, was dafür gehalten wird, seinerseits ein Besonderes, das einzelne Wort. Die das Allgemeine bezeichende *vox* ist nach diesem Verständnis selbst noch etwas Dingliches, das Wort in seiner lautlichen Erscheinung. Das Allgemeine ist nur der Schleier der Fiktion, den die Menschen über die trivialen Einzeldinge breiten, und reduziert sich selbst auf Singuläres. Darin wird deutlich, daß Roscelin noch gar keinen anderen Seinsbegriff hatte als der Neuplatonismus. Er bezieht lediglich die diesem konträre Grundposition, indem er nur die diskreten *entia* als real gelten läßt, die Gedanken aber von dieser Realität gar nicht abhebt.

Abaelard war sich dessen bewußt, daß diese These eine Lehre von der Erkenntnis überhaupt unmöglich macht. Wenn die Allgemeinheit der Worte eine subjektive Vorstellung ist, die aus den Dingen nicht unmittelbar herzuleiten ist, so liegt sie in der Bedeutung, die mit ihnen verknüpft wird. Von den Dingen sind die Bedeutungen unter-

20 Abaelard, *Dialectica*, l. c., S. 166

schieden; darin kommt Abaelards nominalistische Orientierung zum Ausdruck. Die Bedeutung ist indessen konstitutiv für den *sermo*, den Abaelard, kritisch gegenüber Roscelin, als das Universale bestimmt. Nicht die *vox,* sondern die *significatio vocis*, die sich sprachlich äußert, ist vielen Dingen prädizierbar und erfüllt so die Aristotelische Bestimmmung des Universale:

»*Est alia de universalibus sententia* rationi vicinior, quae nec rebus nec vocibus communitatem attribuit; sed *sermones sive singulares sive universales esse disserit.* Quod etiam Aristoteles, princeps peripateticorum, per diffinitionem universalis quam ponit, aperte insinuat, cum ait: ›Universale est, quod natum praedicari de pluribuş id est a nativitate sua hoc contrahit, ex institutione scilicet. Quid enim aliud est nativitas sermonum sive nominum, quam hominum institutio? Hoc enim quod est *nomen* sive *sermo*, ex hominum institutione contrahit. *Vocis* vero sive rei nativitas quid alud est, quam naturae creatio, cum proprium esse rei sive vocis sola operatione naturae consistat? [...] Sic ergo sermones universales esse dicimus, cum ex nativitate, idest ex hominum institutione, praedicari de pluribus habeant; voces vero sive res nullatenus universales esse, etsi omnes sermones voces esse constat. Si enim aliqua res de pluribus praedicaretur, utique eadem in pluribus reperiretur.«[21]

Damit schien das schon bei Boethius artikulierte Problem gelöst zu sein, wie ein in sich Eines zugleich den vielen individuellen Dingen zuteil werden könne. Hierzu mußte die Entdinglichung des Universale einen Schritt über Roscelin hinaus vollzogen werden. Wird indessen die Allgemeinheit des Begriffs mit der Bedeutung der Worte identifiziert, so stellt sich die Frage, ob die Beziehung zwischen dem Ding und dem Wort selber nur durch Semantik begründet ist, oder ob sie eine Beziehung Verschiedener ist, welche nur in einer weiter ausgreifenden metaphysischen Erkenntnislehre darzustellen ist. Bestimmt sich die Beziehung allein aus dem erkennenden Subjekt, *ex hominum institutione*, so ist der Positivismus präformiert; verweist die *significatio* aber auf eine im Begriff nicht aufgehende Sache, so ist der radikale Nominalismus vermieden. Abaelards doppelte Richtung der Kritik gegen Roscelin und den exzessiven Realismus Wilhelms von Champeaux legte eine Vermittlungslehre nahe.

Implizit ist in der Begründung für die Geltung des Allgemeinen in den *sermones* eine Theorie der denkenden Subjektivität angelegt, denn Abaelard begnügt sich ja nicht, wie Roscelin, mit der bloßen Destruktion der *res universalis*, sondern er fragt vielmehr nach den

21 *Logica »Nostrorum petitioni sociorum«*, l. c., S. 522

Bedingungen der Möglichkeit von Allgemeinheit. Die Texte, die diesem Thema gewidmet sind, belegen, daß die Philosophie Abaelards nicht mit den Lehren des spätscholastischen und neuzeitlichen Nominalismus identisch ist. Im Sinne dieser späteren *via moderna* hätte es gelegen, die *significatio vocum* als ein bloßes Resultat von Konvention zu behandeln. Der *sermo*, der nach Abaelard das Universale darstellt, bildete dann nur ein System willkürlicher Zeichen, die mit der bezeichneten *res* nichts gemeinsam haben. Der Unterschied von Allgemeinheit und Besonderheit, der größere oder kleinere Umfang der Begriffe, ergäbe sich aus deren Definition, welche ihrerseits nur einer Festlegung entspränge.

Der Begriff des *sermo* ist aber bei Abaelard nicht das Zentrum einer Sprachontologie, wie sie erst in neuerer Zeit entstand. Der Unterschied von Allgemeinem und Besonderem fällt nämlich nicht nur in die Semantik; vielmehr bezieht sich der *sermo* auf vermittelt Dingliches. Zwar steht der *sermo* als *institutio hominum* den äußeren Dingen gegenüber, aber die Quelle seiner Bestimmtheit ist dennoch nicht allein das Subjekt selbst.[22] Die Unmittelbarkeit der Dinge ist jedoch nach der Lehre Abaelards dem Denken gar nicht zugänglich. Was die Dinge an sich selber seien, ist nicht mehr unabhängig von den *voces* und *sermones* zu bestimmen. Darin kündigt sich die Einsicht an, daß das urteilende Subjekt die Dinge nur vermittels der Begriffe besitzt. Aber das schließt noch nicht ein, daß der Intellekt, der die Bedeutung der Worte festsetzt, omnipotent sei. Wenn auch die Universalien als prädizierbare Worte im subjektiven Verstande gründen, so folgt daraus doch nicht, daß die Begriffe den Dingen vorgeordnet sind. Die Bedeutung der Worte, in denen die Begriffe sich ausdrücken, bezieht

22 Abaelard verwendet nicht den Begriff des Subjekts oder analoge Bestimmungen, die auf das Prinzip der denkenden Subjektivität überhaupt bezogen sind. Die Entdinglichung des Allgemeinen, die Abaelard reflektiert, war noch nicht sogleich von einer neuen Terminologie begleitet, die es gestattet hätte, von einem »Subjekt überhaupt« zu reden. Ist das Universale eine *institutio hominum*, so ist zunächst an die vielen einzelnen Subjekte gedacht. Wie deren Denken überindividuell-verbindlich sein kann, ist fortan die zentrale Frage der Erkenntnistheorie. Daß es ein Prinzip geben müsse, das den vielen empirischen Subjekten das Denken ermöglicht und sie zum »Subjekt überhaupt« verbindet, ist ein Gedanke, der erst in der fortgeschrittenen Neuzeit hervortritt, in Abaelards logischen Entwürfen aber präformiert wird. Das Subjekt mußte erst entdeckt werden – ein Prozeß der Bewußtwerdung, der nicht etwas von jeher Dagewesenes zutage fördert, sondern geradezu selbst erst in dem Maße fortschreitet wie sein Gegenstand historisch an Realität gewinnt.

sich auf ein Etwas außerhalb der Semantik, welches den objektiven Gehalt der Begriffe ausmacht.

Dennoch hat Abaelard keine affirmative Seinslehre konzipiert, nicht einmal eine Naturphilosophie. So ist er nicht der Täuschung verfallen, begriffliche, also durch das Denken vermittelte Bestimmungen seien die reine Natur der gegenständlichen Realität. Die vorrangige Natur der Dinge verweist als begrifflich bezeichnete stets auf den subjektiven Ursprung der Begriffe zurück: »Intellectus itaque, qui rei naturam sequi debent, naturaliter posteriores sunt, res vero priores. Quantum tamen ad causam inpositionis nominis prima et principalis significatio intellectus dicitur, quia scilicet ideo tantum vocabulum rei datum est ut intellectum constituat. Sed cum sit in causa impositionis nominum significatio intellectus prior, ipse tamen intellectus in natura suae substantiae re naturaliter posterior est.«[23]

Die Begriffsbildung ist demnach auf Erfahrung verwiesen, ohne die sie dem Gegenstande nicht gemäß sein könnte. Andererseits ist der einmal fixierte und sprachlich verfügbare Begriff der je aktuellen Erkenntnis der Dinge vorgeordnet. Der Grund für die Allgemeinheit der Begriffe ist somit kein separates Ding, und die verbindliche *impositio nominis* entspringt nicht der Willkür des Sprechenden, auch nicht dem Belieben aller Sprechenden. Die *causa impositionis* liegt vielmehr in den Dingen, soweit sie begrifflich bestimmt sind, und erscheint somit in Worten.[24] Deshalb negiert Abaelard auch den neuplationsch-realistischen Begriff des Wesens, der die Substanz der Dinge unmittelbar repräsentieren sollte. Im Begriff kommt nur die Erscheinung der Dinge zum Ausdruck, welche im Wort fixiert ist.

23 *Logica »Ingredientibus«*, l. c., S. 112 f.

24 Daß dies die Lehrmeinung Abaelards war, belegt auch der *Tractatus de intellectibus*, der wahrscheinlich von einem Schüler Abaelards geschrieben wurde: »Intellectus minime esse potest, ubicumque ratio non subest ex qua deliberetur aliquid, hoc est attendatur juxta naturam aut proprietatem aliquam. Rationem autem dicimus vim ipsam seu facilitatem discreti animi qua rerum naturas perspicere ac dijudicare veraciter sufficit.« (*Petri Abaelardi Opera*, ed. V. Cousin, Bd. 2, Paris 1849, S. 734) Aus einer anderen Perspektive ist Jolivet in seinen Analysen der Abaelardschen Logik zu einem analogen Resultat gelangt: »L'esprit ne s'arrête donc pas aux intellections que les mots singifient: le véritable terme de son activité, il le trouve dans les choses; les intellections sont donc médiatrices entre l'esprit et le monde. La phrase a un sens, mais ce sens est luimême destiné à nous faire parvenir aux choses. [...], Le mot conduit à l'idée, l'idée à la chose.« (Jolivet, l. c., S. 80)

Wieweit hierin das Wesen erscheint, kann wiederum unabhängig von den kodifizierten Begriffen nicht gesagt werden.

Die Prädikation im Urteil ist indessen die Verbindung zweier verschiedender Begriffe durch die Kopula; deshalb kann das Urteil nicht nur auf die isolierte *res* zielen. Der Sinn der Aussage als ganzer geht vielmehr über das singuläre Ding, das nach nominalistischer Überzeugung allein Realität haben soll, hinaus. Abaelard bestimmt ihn als *dictum propositionis* und knüpft daran Reflexionen, in denen wiederum die exzessiv nominalistische Position implizit korrigiert wird. Da das Subjekt im Urteil mit einem von ihm verschiedenen Prädikat verbunden wird, so erweist sich in der Prädikation – wenn das Subjekt für ein *singulare* steht –, daß es nicht rein mit sich selbst identisch ist. Wären nämlich alle Einzeldinge voneiander unüberbrückbar geschieden, so müßten der Realität gemäße Urteile tautologisch sein; sie wiederholten nur die unendlich vielen Namen der unendlich vielen Dinge. Jedes Urteil ist aber die affirmative oder negative Bestimmung eines Begriffs durch andere, über ihn hinausreichende. Das bezeichnete Ding ist somit nur in Relationen von Begriffen bestimmt, die in Sätzen zum Ausdruck gelangen. Das als in sich einheitlich vorausgesetzte Ding zerfällt im Akt seines Bestimmtwerdens in die *extrema iudicii*, die durch die Kopula in Relation gesetzt werden.

Nach Abaelard ist nun das *dictum propositions* das, was die im Verstande hergestellte Relation von Subjekt und Prädikat aussagt. Sie ist *gleichsam* die *res* des Urteils, aber dennoch nichts Dingliches. Wenn das Wesen der Dinge nach realistischer Lehre in der Prädikation bestimmt werden soll, so hält Abaelard dem entgegen, daß es außerhalb der Relation nicht gegeben sei und ihm deshalb keine hiervon unabhängige Existenz zukomme: »Sicut ergo nomina et verba duplicem significationen habent, rerum scilicet vel intellectuum, ita etiam concedimus duplicem esse propositionum, secundum intellectus scilicet compositos ex intellectibus partium et dicta eorum, quae sunt quasi res propositionum, cum tamen nullae penitus essentiae sint.«[25]

Auf dem *dictum propositionis* beruht die Wahrheit oder Falschheit der Sätze. Wenn Wahrheit aber in der Angemessenheit des im Urteil bestimmten Begriffs an die bezeichnete Sache besteht, dann kann sie nicht auf etwas rein Fiktivem beruhen. Deshalb stellt Abaelard fest, daß das *dictum propositionis*, wievohl nicht *essentia*, so doch nicht gänzlich nichts sei. Die extremen nominalistischen und realistischen Positionen sind auch hier implizit kritisiert. Was das *dictum propositionis* unabhängig von seiner sprachlichen Erscheinung sei,

25 *Logica »Ingredientibus«*, l. c., S. 367.

ist ohne Rückfall in eine naive Metaphysik nur indirekt, durch negative Bestimmungen anzugeben: »Nos vero nolumus propositiones vel solos intellectus significare vel ipsas res, sed cum significatione intellectuum quandam aliam significationem habere quae nil est omnino, veluti Socratem esse hominem vel non esse. Duo itaque volumus significari a propositione, intellectum scilicet quem generat de rebus, et id insuper quod proponit et dicit, scilicet hominem esse animal vel non esse, quae videlicet hominem esse animal vel non esse, nullae omnino sunt essentiae neque una neque plures.«[26]

Das Nichts der *dicta propositionis* ist jedoch ein bestimmtes: das Nichts der Dinge, der im Begriff sich setzende Unterschied des Intellekts zu ihnen. Deshalb ist das Urteil und schon der Begriff das Negative der Dinge. Daß alle Bestimmung, die mit der *significatio* im Sinne Abaelards identisch ist, Negation sei, liegt in der Konsequenz seines Denkens. Die Relation, in der Subjekt und Prädikat eines Satzes stehen, ist nicht wiederum zu hypostasieren, wiewohl sie gegenüber den Relata, die Abaelard noch nicht im Geflecht der einander bestimmenden Relationen verflüchtigt, ein Drittes darstellt: »Adeo verum est ea quae dicuntur a propositionibus, non esse res aliquas quod cum dicimus: Socratem et Platonem convenire in esse hominem vel in esse substantiam, si hoc in rebus accipimus, nulla res assignari poterit, in qua conveniant.«[27] Die Aussage der Urteile, die die Bedeutung der Begriffe in ihrer unterschiedenen Beziehung zueinander bestimmt, ist demnach nicht die realistische Verdoppelung der Dinge: »Nihil affirmative dici potest de dicto propositionis, ut videlicet dicam affirmative ipsum esse nihil, sed negative non esse aliquid.«[28]

Das *dictum propositionis*, obwohl in der außersprachlichen Realität fundiert, gehört dennoch nicht derselben Ordnung an wie diese. Die Seinsweise der Begriffe und ihrer Verknüpfungen in Urteilen und Schlüssen ist eine andere als die der realen Strukturmomente der subsistierenden Dinge: »Et aliter tamen quodam modo quam sit, dicitur intelligi, non alio quidem statu quam sit [...], sed in eo aliter, quod alius modus est intelligendi quam subsistendi.«[29] Abaelard stößt hier an ein Problem, dessen Lösung die Unterscheidung von analytischen und synthetischen Urteilen erfordert hätte und vor allem die explizite Reflexion auf das Subjekt, das die Synthesis im Urteil vollzieht.

Einen Schritt in die Richtung einer expliziten Wendung auf das

26 L. c., S. 365
27 L. c., S. 368.
28 L. c., S. 369.
29 L. c., S. 25.

denkende Subjekt vollzieht Abaelard in seiner Abstraktionslehre, in der die an vielen anderen Stellen erwiesene Verschiedenheit des *modus intelligendi* vom *modus subsistendi* vorausgesetzt wird. Die kritische Einsicht in die Vermitteltheit der Momente von Erkenntnis durcheinander, welche Abaelard gegen den neuplatonischen Realismus gewann, verhinderte zugleich die Verselbständigung des subjektiven Moments von Erkenntnis, wie sie für den späteren Nominalismus kennzeichnend ist. Aus der Perspektive von dessen entfalteter neuzeitlicher Gestalt erscheint das Denken Abaelards als inkonsequent, die Bemühung, die an sich seiende *res* gegen die Subjektivität der *sermones* festzuhalten, als ein naiv-realistisches Relikt. Der Fortgang zum Nominalismus Ockhams ist indes nicht geradlinig; vielmehr brachte zunächst das 13. Jahrhundert die aristotelische Hochscholastik und die breite Rezeption der arabischen Wissenschaft. Die Vermittlung nominalistischer und realistischer Motive, die in dieser Epoche versucht wurde, ist vom Denken Abaelards objektiv präformiert, auch wenn sein Name wenig als Autorität zitiert wird.[30] Die Untersuchung des metaphysischen Kerns seiner Philosophie lehrt geradezu, daß die Aristotelesrezeption von den Problemstellungen her nahegelegt war, für die Abaelard Lösungen vorschlug.

Abaelards Abstraktionslehre nimmt zentrale Motive der Aristotelischen Metaphysik in Anspruch. Abstrahieren heißt bereits bei Abaelard, daß der erkennende Intellekt virtuell Materie und Form eines Dinges trennt, das nur in der Vereinigung beider existiert: »Sciendum itaque materiam et formam permixta simul semper consistere, animi tamen ratio hanc vim habet, ut modo materiam per se speculetur, modo formam solam attendat, modo utraque permixta concipiat. Duo vero primi per abstractionem sunt, qui de coniunctis aliquid abstrahunt, ut ipsam eius naturam considerent. Tertius vero per coniuctionem est.«[31]

Die Bestimmung eines Dinges im Denken ist daher durch die Negation vermittelt, die der Verstand in der Trennung der konstitutiven Momente und der akzidentellen Merkmale der *res* vornimmt. Die separate Betrachtung eines dieser Momente ist zugleich die Negation der anderen. Der *Tractatus de intellectibus*, an dieser Stelle besonders deutlich Paraphrase der Abstraktionslehre Abaelards, hat diesen Gedanken scharf akzentuiert: »Differt autem ab invicem divi-

30 Cf. hierzu die Bemerkungen von B. Geyer in den Untersuchungen, die seiner Ausgabe der philosophischen Schriften Abaelards angefügt sind (l. c., S. 631 ff.).

31 *Logica »Ingredientibus«*, l. c., S. 25.

dens et disiungens et abstrahens intellectus, quod dividens intellectus negationis est, et aliquid ab aliquo removet; veluti si intelligam hominem non esse equum, vel sanum non esse aegrum, vel stantem non sedere.«[32] Ob die wechselseitige Negation der Bestimmungen eines Dinges, welche sich nur im Denken vollziehen kann, dessen affirmative innere Bestimmheit ausmacht, hat Abaelard nicht untersucht, da er das negierende Absehen des erkennenden Verstandes von dem, was eine Bestimmung jeweils nicht ist, als *modus intelligendi* gerade dem *modus subsistendi* der Dinge entgegengestellt hatte. Erst der fortgeschrittene Nominalismus der Neuzeit, der die Intelligibilität der subsistierenden Dinge gestrichen hat, konnte versuchen, aus der Negation der Negation aller Reflexionsbestimmungen die subsistierende Realität hervorgehen zu lassen. Insofern enthält das Denken Abaelards bereits eine Spur, die am Ende zu Hegel führt, der seinerseits den Nominalismus vollendete.

Jedes prädikative Urteil bestimmt den Subjektbegriff auf eine unvollständige und darum von der konkreten Realität verschiedene Weise. Die verwendeten Prädikate sind Resultate von Abstraktion, in der das erkennende Subjekt jeweils nur einer Bestimmung seine Aufmerksamkeit zuwendet. Daß die konkrete *res* die Einheit aller möglichen Bestimmungen ist, welche mehr und anderes ist als die Summe aller einzelnen, wird im Verstand nicht abgebildet, wiewohl gerade dies das Telos von Erkenntnis ausmacht. Aus der Einsicht, daß das Ding als die Totalität aller seiner Bestimmungen von den einzelnen Prädikationen verschieden ist, da sie jene Totalität grundsätzlich nicht repräsentieren können, folgt für die Abstraktionstheorie, daß sie leere Begriffe von sachhaltigen unterscheiden muß. Das urteilende Subjekt wird hierbei zur trennenden und synthetisierenden Instanz. Der Verstand trennt deshalb die Form eines Dinges als das Bestimmte vom Bestimmbaren, der Materie, ab. Die Trennung beider ist eine Operation des Verstandes und führt zu Begriffen, die der existierenden einheitlichen *res* inadäquat sind:

»Huiusmodi autem intellectus per abstractionem inde forsitan falsi vel vani videbantur, quod rem aliter quam subsistit, percipiant. Cum enim materiam per se vel formam separatim attendunt, nulla tamen earum separatim subsistat, profecte rem aliter quam sit, videntur concipere atque ideo cassi esse. Sed non est ita. Si quis enim hoc modo aliter quam se habeat res, intelligat, ut videlicet ipsam attendat in ea natura vel proprietate quam ipsa non habeat, iste profecto cassus est intellectus. Sed hoc quidem non fit in abstractione. Cum enim hunc hominem tantum

32 *Tractatus de intellectibus*, l. c., S. 745.

attendo in natura substantiae vel corporis, non enim animalis vel hominis vel grammatici, profecto nihil nisi quod in ea est, intelligo, sed non omnia quae habet, attendo. Et cum dico me attendere tantum eam in eo quod hoc habet, illud ›tantum‹ ad attentionem refertur, non ad modum subsistendi, alioquin cassus esset intellectus.«[33]

Nach Abaelard werden demnach die Dinge durch die Universalien abstraktiv begriffen, wenn diese auf viele Einzeldinge anwendbar sind. Sollen sie aber nicht leere Begriffe sein, so müssen in ihnen Momente der seienden Dinge zum Ausdruck kommen, die ihnen als je einzelnen eigen sind und die doch nicht separat selber Dinge sind. Was sie aber dann sein sollen, vermag Abaelard nicht zu sagen, denn seine Universalientheorie ist in die Aporie verstrickt, die Dinglichkeit der Universalien nicht mehr lehren zu können und doch die traditionelle Bestimmung der Wahrheit nicht aufgeben zu wollen. Die Angemessenheit des Begriffs betrifft ein außersprachliches Sein, welches nur in Sprache bestimmt ist. Um am Wahrheitsbegriff festzuhalten, muß Abaelard, obwohl er die Trennung von Logik und Ontologie vollziehen will, indirekt Ontologie betreiben.

Abaelard teilt die nominalistische Position, derzufolge primär die Einzeldinge Realität besitzen. Ihre Gemeinsamkeit, die traditionell als substantielle Ähnlichkeit verstanden wurde, stellt sich als eine Relation heraus, die in den logischen Formen zum Ausdruck gelangt und somit zunächst dem reflektierenden Verstande angehört. Die substantielle Ähnlichkeit, die mit den Universalien identisch sein sollte, reduziert sich auf einen Reflexionsbegriff. Die durch die Prädikation hergestellte Relation, vermöge derer die Relata erst eine Bedeutung erhalten, ist ihrerseits ohne ein substantielles Moment der Relata leer. Abaelard hat dies an den negativen Prädikationen verdeutlicht. Obwohl sie ein Nichtsein bedeuten, können sie doch Anspruch auf Wahrheit erheben: »Singuli homines discreti ab invicem, cum in propriis differant tam essentiis quam formis [...] in eo tamen conveniunt, quod homines sunt. Non dico in homine, cum res nulla sit homo nisi discreta, sed in esse hominem. Esse autem hominem non est homo nec res aliqua [...] sicut nec non esse in subiecto res est aliqua nec non suscipere contrarietatem vel suscipere magis et minus.«[34]

Indem Abaelard hiermit implizit das Argument des dritten Menschen zurückweist, sagt er nur, was das Universale nicht ist; es ist kein affirmatives Sein, sondern nur ein Prädikat im Urteil, ebenso

33 *Logica »Ingredientibus«*, l. c., S. 25.
34 L. c., S. 19.

wie die Negation: »Cum enim in re [...] nulla potest esse convenientia, si qua est aliquorum convenientia, secundum id accipienda est, quod non est res aliqua, ut in esse hominem Socrates et Plato similes sunt, sicut in non esse hominem equus et asinus, secundum quod utrumque non-homo vocatur.«[35] Substantiell sind damit letzthin nur die Einzeldinge selber, deren universaler Aspekt lediglich darin besteht, die Beilegung eines Universale nicht durch diesem entgegengesetzte Merkmale unmöglich zu machen.

Jede Prädikation setzt nach Abaelards Einsicht den Unterschied voraus, so daß auch die Relation der Differenz die *causa impositionis* eines Begriffs sein kann. Das Ding selbst ist eine Einheit verschiedener Momente, deren Unterschied ebenso wie die Übereinstimmung in das denkende und prädizierende Subjekt fallen. Das Ding ist somit nicht allein durch die statischen Wesenheiten des *genus* und der *species*, sondern auch durch die Relation konstituiert, ebenso wie durch die Beziehung der übrigen Merkmale.

Fallen diese Relationen, durch welche die Wesenheiten überhaupt erst bestimmt sind, in das erkennende Subjekt, so wird es schwer, das Ansichsein der Dinge noch zu denken. Die Metaphysik als Lehre von den Dingen außerhalb des Denkens wird zu einer Wissenschaft vom Unbekannten, von der sich die Dialektik als diejenige Disziplin ablöst, in der der Intellekt die Gewißheit seiner selbst erlangt. Wenn Abaelard auch den Begriff des Subjekts noch nicht im neuzeitlichen Sinne verwendet und seine Position aufgrund ihrer systematischen und historischen Prämissen einer Transzendentalphilosophie noch fern ist, so ist doch unverkennbar, daß die Tendenz seiner logisch–erkenntnistheoretischen Entwürfe die spätere Wendung der philosophischen Reflexion auf das Subjekt innerlich antizipiert. Dies ist im 12. Jahrhundert ein epochaler Prozeß, der in der großen Faszination zum Ausdruck gelangt, welche die Dialektik auf das zeitgenössische Bewußtsein ausübte, verschaffte sie doch einer aufstrebenden weltlichen Zivilisation ein Selbstbewußtsein, das von der Autorität der Religion sich abgrenzte.

35 L. c. - Jolivet hat anhand dieser Texte den Nominalismus Abaelards auf eine zutreffende Formel gebracht: »Le problème des universaux n'est pas celui des idées, c'est celui des prédicats; or un prédicat n'est pas une chose: voilà en définitive ce qu'exprime le nominalisme d'Abélard.« (Jolivet, l. c., S. 94) Der Nominalismus Abaelards ist selbst vornehmlich Kritik, nicht aber schon eine affirmative Doktrin, die eine neue Ursprungssphäre gefunden hat. Cf. hierzu auch den knappen Beitrag Jolivets: »Non-réalisme et platonisme chez Abélard«, in: *Abélard en son temps*, Paris 1979, S. 175 ff.

Die Metaphysik indes nahm erst später verstärkt den Charakter einer Wissenschaft vom Okkulten an. Die Suche nach den verborgenen Qualitäten der natürlichen Dinge jenseits der auf das Subjekt reduzierten metaphysischen Begriffe ist die Kehrseite der nominalistischen Wendung. Abaelards Entdinglichung der Universalien war nur ein erster Schritt auf einem Wege, der am Ende des Mittelalters zur Wiederkehr des Aberglaubens führte. Was im 12. Jahrhundert dem Subjekt durch die Kritik der Tradition Selbstbewußtsein verschaffte, schuf zugleich die Voraussetzung dafür, daß in den Jahrhunderten der frühen Neuzeit ein magisches Naturverständnis starken Einfluß gewinnen konnte. Ein Produkt jenes Bewußtseins, das mit Abaelard sich zu formieren begann, ist die Schwarze Kunst, welche die *Unsicherheit und Eitelkeit der Wissenschaften*[36] beenden wollte, indem sie Unbekanntes mit Unbekanntem erklärte und dadurch zugleich den Grund für die experimentelle Naturwissenschaft legte.[37]

Nach der Trennung von Logik und Ontologie wird die Beziehung von Universale und *res* zum Thema der Erkenntnistheorie, die durch den Nominalismus überhaupt erst eigenständige Bedeutung erlangt hat. Abaelard hat die Aporie, das traditionelle Universale zum subjektiven *conceptus* herabsetzen und andererseits dessen Beziehung zur *res* festhalten zu müssen, zu schlichten versucht, indem er auf den realistischen Begriff des *status* zurückgriff. Hatte Walter von Mortagne mit dem Statusbegriff noch eine rein ontologische Lösung des Boethianischen Problems der Einheit von *genus* und *species* in einem *subiectum* bieten wollen, ohne dem synthetisierenden denkenden Subjekt Bedeutung beizumessen, so kann Abaelard umgekehrt von der Einheit der *status* reden, insofern deren Trennung und Vereinigung in einem Ding Leistungen des abstrahierenden Verstandes sind. Was die frühere Statuslehre nicht leisten konnte, weil sie auf der unmittelbaren Dinglichkeit der Universalien bestand, ist bei Abaelard vorausgesetzt. Die Einheit der *status*, welche sich in der Bestimmung eines Gegenstandes nach Gattung und Art herstellt, ist die im Medium des Denkens vorgenommene Vereinigung des von ihm vorgängig durch Abstraktion Getrennten.

Ohne daß Abaelard dies ausdrücklich feststellt, ist er doch objektiv

36 Dies ist der Titel des Hauptwerkes von Agrippa von Nettesheim (1486–1535).

37 Cf. hierzu P. Bulthaup, *Zur gesellschaftlichen Funktion der Naturwissenschaften,* Frankfurt/M. 1973, S. 64 ff. Die Intention Abaelards ist der Magie genau entgegengesetzt: »Non enim ignotum per ignota possumus declarare.« (*Dialectica*, l. c., S. 597)

auf der Spur der subjektiven Reflexion, in deren Immanenz die Bewegung der Begriffe sich abspielt. Die *res* in ihrem Ansichsein, also das, was über die in den *sermones* fixierten Bedeutungen hinaus wirklich ist, kann Abaelard nur voraussetzen, nicht aber affirmativ darstellen: »Abhorrendum autem videtur, quod convenientiam rerum secundum id accipiamus, quod non est res aliqua, tamquam in nihilo ea quae [non] sunt, uniamus, cum scilicet hunc et illum in statu hominis, id est in eo quod sunt homines, convenire dicimus. Sed nihil aliud sentimus, nisi eos homines esse, et secundem hoc nullatenus differre, secundum hoc, inquam, quod homines sunt, licet ad nullam vocemus essentiam. Statum autem hominis ipsum esse hominem, quod non est res, vocamus, quod etiam diximus communem causam impositionis nominis ad singulos, sacundum quod ipsi ad invicem conveniunt.«[38]

In diesen Reflexionen ist die späte Konsequenz angelegt, die Hegel aus der unwiderruflichen Wendung des Denkens zum Nominalismus zog: »Das Sein ist nur als die Bewegung von Nichts zu Nichts, so ist es das Wesen; und dieses *hat* nicht diese Bewegung *in sich*, sondern ist sie als der absolute Schein selbst, die reine Negativität, die nichts außer ihr hat, das sie negierte, sondern die nur ihr Negieren selbst negiert, das nur in diesem Negieren ist.«[39] Abaelard hat indessen noch nicht behauptet, in reiner Negativität die innere Genesis der Natur selber zu besitzen. Die Subjektivität, die in seinem Denken sich auf sich selbst besinnt, läßt vielmehr zugleich das Anderssein der Natur hervortreten. Insofern ist es kein Zufall, daß Abaelard keine Naturphilosophie verfaßt hat, denn was immer über Natur gesagt werden kann, negiert für das Bewußtsein deren unmittelbare Dinglichkeit. Die Ordnung ihres Ansichseins mag göttlich begründet sein, die Ordnung ihres Erkanntwerdens ist menschlichen Ursprungs und verweist nur mittelbar auf jene. Aber als das, was subsistiert, ist sie dem Namen erfindenden Intellekt entgegengesetzt, und in Abaelards Logik äußert sich die erste Einsicht in die Differenz, ohne ihrer Konsequenzen schon bewußt zu sein.

Die von Abaelard ausdrücklich formulierte Erkenntnis der Differenz von *modus intelligendi* und *modus subsistendi* hat freilich bereits zur Folge, daß die Dialektik in ein anderes Verhältnis zur Theologie tritt, als es die christliche Philosophie bis dahin kannte. Die Tradition hatte alles Wissen in Gott fundiert, so daß die Universalienhierarchie als unmittelbarer Ausdruck der göttlichen Schöpfungsordnung ver-

38 *Logica »Ingredientibus«*, l. c., S. 20.

39 Hegel, *Wissenschaft der Logik*, *Sämtliche Werke*, ed. H. Glockner, Bd. 4, S. 493.

standen wurde. Die Begründung für die Identität von *essentia* und *res*, soweit sie überhaupt als Problem erschien, sollte in Gott liegen. Die Widersprüche, die sich hieraus ergaben, haben die nominalistische Kritik Abaelards motiviert. Die Dialektik ist demnach nicht mehr ein Teil der Wissenschaft von der ansichseienden Welt und ihrem intelligiblen Grunde. Deshalb verzichtet Abaelard hier auch auf die Schlichtung auftretender Aporien unter Berufung auf Gott. Die philosophischen Werke Abaelards bemühen sich vielmehr um eine immanente Begründung des menschlichen Wissens, ohne die Theologie zur Hilfe zu nehmen.

Das Absolute, das Abaelard ganz im Sinne der Tradition als den Inbegriff der Vernunft faßt, ist für das menschliche Bewußtsein die Negation seiner eigenen Beschränktheit. Es enthält das als ganzes und unmittelbar, was der nur über die Worte und ihre Bedeutung verfügende menschliche Verstand bloß stückweise und vermittelt hat:

»Hoc enim loco de Deo sic agitur quasi de artifice aliquid composituro, qui rei componendae exemplarem formam, ad similitudinem cuius operetur, anima praeconcipit, quae tunc in corpus procedere dicitur, cum ad similitudinem eius res vera componitur. Haec autem communis conceptio bene Deo adscribitur, non homini; quia opera illa generales vel speciales naturae status sunt [Dei], non artificis, ut homo, anima vel lapis Dei, domus autem vel gladius hominis. Unde haec naturae non sunt opera domus et gladius, sicut illa, nec eorum vocabula substantiae sunt, sed accidentis atque ideo nec genera sunt nec specialissima.«[40]

Der menschliche Verstand kann sich dem Wesen nur durch Abstraktion von der empirischen sinnlichen Erscheinung nähern, denn diese ist das Ding nur, insofern es sich zufällig dem Bewußtsein darbietet. Die Abstraktion aber führt nicht zu dem wahren Dinge, sondern zu einem Begriff, in dem sich das Ding nach Abaelards eigener Einsicht nur selektiv darstellt.[41] Das nur Sichtbare aber ist andererseits auch nur akzidentell; es verhindert geradezu die Erkenntnis des reinen Wesens: »Inde etiam bene divinae menti, non humanae huiusmodi per abstractionem conceptiones adscribuntur, quia homines, qui per sensus tantum res cognoscunt, vix aut nunquam ad huiusmodi simplicem intelligentiam conscendunt et ne pure rerum naturas

40 *Logica »Ingredientibus«*, l. c., S. 22 f.

41 Im *Tractatus de intellectibus* ist dies klar ausgesprochen: »Cum [...] rem quamlibet secundum aliquas tantum naturas eius vel proprietates attendimus, ipsa autem res non secundum eas tantum quas consideramus sese habet, profecto aliter quam ipsa sit eam consideramus.« (l. c., S. 746)

concipiant, accidentium exterior sensualitas impedit.«[42] Dennoch ist die Sinnlichkeit für die menschliche Erkenntnis notwendig, denn Gedanken, die nicht auf Sinnliches zurückverweisen, sind Meinungen, nicht aber Erkenntnisse: »Homines in his quae sensu non attractaverunt, magis opinionem quam intelligentiam habere contingit.«[43]

Wenn Abaelard auch die Bedeutung der sinnlichen Erfahrung für die wahre Erkenntnis betont, so ist er doch kein Empirist im neuzeitlichen Sinne. Vielmehr setzt er in den Dingen »formae intrinsicae, quae ad sensus non veniunt« voraus, denen die Bedeutung der vom Subjekt erfundenen Namen angepaßt werden muß: »Quaelibet tamen quorumlibet existentium nomina, quantum in ipsis est, intellectum magis quam opinionem generant, quia secundum aliquas rerum naturas vel proprietates inventor ea imponere intendit, etsi nec ipse bene excogitare sciret rei naturam aut proprietatem.«[44]

Um die Universalien, die dem Denken als *sermones* gegeben sind, den inneren Formen der Dinge anzumessen, welche als solche dem Denken gar nicht immanent sein können, badarf es einer Instanz der Vermittlung. Abaelard nahm hierzu das Phantasma aus der Aristotelischen Seelenlehre so auf, wie es in den Kommentaren des Boethius überliefert war. Dies ist ein Mittleres zwischen der konkreten, aber zugleich diffusen Sinneswahrnehmung und dem abstrakten, aber bestimmten Begriff. Es entstammt der subjektiven Tätigkeit der *imaginatio*, die vor der begrifflichen Fixierung aus den vielfältigen Wahrnehmungen solche gleichsam aussucht und verbindet, die an den Dingen gleichbleibend sind und ihre Ähnlichkeit untereinander ausmachen. Das Phantasma ist so ein stilisiertes Bild des wahrgenommenen Einzeldinges; der Begriff ist das sprachlich erscheinende Zeichen für die am Ding von der *imaginatio* ausgewählten Merkmale. Dabei ist schon das Bild eine Synthesis verschiedener Momente, die womöglich im Ding selbst nicht in gleicher Weise kombiniert sind. Die *imaginatio* als Seelenvermögen vollzieht also gleichsam Abstraktionen am Sinnlichen, aber zugleich ist sie die Fähigkeit zur Synthesis des Getrennten.

Ob jedoch dieser mit der Sinnesempfindung beginnende und mit der Synthesis der Begriffe in Urteil und Schluß endende Erkenntnisprozeß notwendig auf die innere Form der Dinge führt und damit das traditionelle Kriterium der Wahrheit erfüllt, ist ungewiß. Denn was mittels des Phantasma einander gemäß gemacht werden soll, ist nach den Prämissen der Abaelardschen Erkenntnislehre auf beiden Seiten subjektiv. Die Sinnesempfindung registriert zwar Einzelnes,

42 *Logica »Ingredientibus«*, l. c., S. 23.
43 L. c.
44 L. c.

aber auf eine zufällige, dem Ding nicht notwendig korrespondierende Weise, während die Begriffe als Namen ohnehin subjektiv sind. An dieser Stelle bleibt Abaelard dem kontemplativen Erkenntnismodell des Neuplatonismus verhaftet. Kann er eine letzte *causa veritatis* nicht angeben, weil der menschliche Intellekt der Unmittelbarkeit der Dinge nicht habhaft wird, so kann er auch nicht sagen, warum einzelne Sätze der Naturwissenschaft ihrem Gegenstand entsprechen. Gewiß ist ihm nur, daß Sinnlichkeit, Phantasma und Begriff in Übereinstimmung zu bringen sind: »Per imaginationem rem simpliciter accipimus, nondum aliquam eius naturam vel proprietatem attendendo, per intellectum vero supervenientem rei naturam aliquam vel proprietatem distinguimus atque attendimus, ut quod imaginatio confuse et quasi infirme capit, superveniens intellectus per rationem formae et quasi quodammodo depingat, aliquam scilicet eius naturam vel proprietatem attendens, ut dictum est. Sed haec perfectius distinguemus, si ubi re praesente tria simul concurrunt, sensus scilicet imaginatio, intellectus, quid uniuscuiusque proprium sit, assignabimus.«[45]

Nach Abaelard ist das Telos des Abstrahierens nicht ein willkürlich gesetztes *ens rationis*, sondern das Wesen der Dinge selber. Da aber Begriffe und deren anschauliche Vorformen Resultate der synthetischen Tätigkeit des Verstandes und der *imaginatio* sind, gibt es für die *veritas ontologica* kein rein objektives Kriterium. Die Wahrheit einzelner naturwissenschaftlicher Sätze konnte sich erst erweisen, nachdem das kontemplative Selbstverständnis der Wissenschaft einer produktiven Erkenntnisweise Platz gemacht hatte. Danach ist das Naturobjekt dem Intellekt durch gegenständliche Tätigkeit gegeben, durch verfeinerte Instrumente in seine Teile zerlegt oder aufgrund der Kenntnis seiner Konstituentien reproduzierbar. Indem Abaelard der *imaginatio* eine zentrale Stelle in der erkenntnistheoretischen Reflexion zuweist, bereitet er der späteren *via moderna* den Weg. Der produktiven Einbildungskraft, die erst Kant systematisch bestimmte, hat Abaelard schon eine erkenntniskonstitutive Rolle zugeschrieben. Wenn die Dinge durch ihr Wesen subsistieren, die Begriffe des Verstandes aber subjektiv sind, so ist die Wahrheit der Erkenntnis nur durch kontinuierliche Annäherung zu erreichen, bei der die Einbildungskraft, welche die Elemente des Gegebenen produktiv synthetisiert, eine Schlüsselfunktion einnimmt: Ohne ein Moment experimentierender Projektion auf das Material ist keine neue Erkenntnis zu haben, und das Wissen über die Natur erweist sich zunehmend als

45 L. c., S. 317.

Resultat von deren Aneignung, aus der die metaphysisch reine Natur gar nicht mehr herausgelöst werden kann.

Wenn Abaelard auch nicht selbst Naturwissenschaft betrieben hat, so hat sein Denken doch insgesamt zum Fortschritt der Wissenschaft beigetragen. Die Methode des *Sic et Non*, die er auf die Theologie anwandte, erwies ihre Fruchtbarkeit auch auf dem Gebiete der Realwissenschaften. Die epochale Literaturgattung der Quaestio, in der stets kontroverse Positionen einander gegenübergestellt werden, um aus dem Widerpruch eine der Forderung der Vernunft gemäße Lösung zu finden, erstreckte sich bald nach Abaelard auch auf Gegenstände der Naturphilosophie. Die Beseitigung des Widerspruchs durch die spekulative Kritik der gegebenen Sätze einer Wissenschaft gehört bis heute zu den Verfahren, durch welche die Naturwissenschaften sich ihres Gegenstandes versichern.

Der Geist der Kritik, der sich im Denken Abaelards objektiviert, hat somit sogar die Naturwissenschaften in ihrer Entwicklung bestimmt, deren Sätze affirmative Geltung beanspruchen. Für Abaelard war dies nicht absehbar. Was immer seine eigene unmittelbare Absicht gewesen sein mag, die Tendenz seiner Philosophie richtet sich auf die Emanzipation der Menschen von Natur und scheinbarer Natur.

In den wissenschaftstheoretischen Reflexionen Hugos von St. Victor, eines Zeitgenossen Abaelards, kommen indessen einige naturphilosophische Implikationen des Bewußtseins zum Vorschein, welches sich vom Neuplatonismus ablöst und die Moderne präformiert. Hugos Denken partizipiert an der Selbstgewißheit, die das Subjekt in der Wendung auf die Regeln seiner eigenen Tätigkeit gewann. Hatte Abaelard in kritischer Absicht die Universalien entdinglicht und allenthalben die subjektive Vermittelheit der Erkenntnis nachgewiesen, so erlangten für Hugo Logik und Mathematik – jene Wissenschaften also, die das Subjekt durch die Reflexion seiner eigenen Reflexion entfaltet – geradezu Priorität gegenüber der Physik, denn sie enthalten die unerschütterliche Wahrheit, der die primär trügerische Erfahrung von den äußeren Gegenständen erst gemäß gemacht werden muß: »Quia enim logica et mathemathica priores sunt ordine discendi quam physica et ad eam quodammodo instrumenti vice funguntur, quibus ununquemque primum informari oportet, antequam physicae speculationi operam det: necesse fuit, ut non in actibus rerum, ubi fallax experimentum est, sed in sola ratione, ubi inconcussa veritas manet, suam considerationem ponerent, deinde ipsa ratione praevia ad experientiam rerum descenderent.«[46]

46 Hugo von St. Victor, *Eruditio didascalica*, PL 176, col. 758 D – 759C.

Das Subjekt, im Text vertreten durch den Begriff »ratio«, entwirft nach den Gesetzen der Logik und der Mathematik spekulativ eine ideale Ordnung, an der die Daten der Erfahrung zu messen sind. Die innere Gewißheit des erkennenden menschlichen Intellekts wird damit zum Modell der Wesenserkenntnis; das Wesen ist von seiner sinnfälligen Erscheinung geschieden. Damit ist nicht gesagt, daß die erscheinende Natur an sich wesenlos sei – dies hätte der noch weithin neuplatonischen Metaphysik Hugos widersprochen – vielmehr artikuliert sich das Selbstbewußtsein des Denkens als einer produktiven Tätigkeit.

Dies schlägt sich in Hugos Abstraktionslehre nieder, die mit den Reflexionen Abaelards über diesen Gegenstand vieles gemein hat. Sowohl die physikalische wie vor allem die mathematische Erkenntnis beruhen auf Abstraktionen, die den Aspekt der Quantität fixieren. Ihre Begriffe sind als solche nur dem Verstande immanent: »Mathematica autem est, abstractam consideret quantitatem. Abstracta enim quantitas dicitur, quam intellectu a materia separantes vel ab aliis, ut est par, impar et huiusmodi, in sola ratione tractamus, quod doctrina facit, non natura.«[47]

Die Verschiedenheit von *modus intelligendi* und *modus subsistendi*, die Abaelard konstatiert hatte, erweist sich für Hugo geradezu als die Bedingung von Erkenntnis. Die konkrete Realität, die unendlich viele Momente in sich vereinigt, erscheint dem Verstande primär konfus. Erkenntnis aber besteht in der Entwirrung des Konfusen, indem sie aus der Vielfalt der gegebenen Daten diejenigen auswählt, welche sich widerspruchsfrei miteinander verbinden lassen. Diese Gegebenheiten existieren separatim so wenig wie ihre spekulative Verknüpfung im Intellekt. Dennoch können mathematische Sätze auf Wahrheit Anspruch erheben: »Mathematicae autem proprium est, actus confusos inconfuse per rationem attendere verbi gratia in actu rerum non invenitur linea sine superficie et soliditate (nullum enim corpus sic solummodo longum est, ut latitudine vel altitudine careat, sed in omni corpore haec tria simul sunt): ratio tamen attendit sine superficie et crassitudine lineam pure per se: quod est mathematicum, non quia in re ita vel sit vel esse possit, sed quia ratio saepe actus rerum considerat, non ut sunt, sed sicut esse possunt; non in se, sed quantum ad ipsam rationem, id est, ut ratio pateretur esse.«[48]

47 L. c., col. 753 A.
48 L. c., col. 758 B–C. Die Spontaneität des Verstandes, die sich in dieser Abstraktionstätigkeit äußert, nennt Hugo an derselben Stelle »vivacitas rationis«.

Da das Konfuse nicht das Wesen der natürlichen Dinge sein kann, muß auch die Physik sich der Abstraktionen bedienen, die in der Realität selber nicht dinghaft existieren. Sie bedarf also subjektiver Konstruktionen, um die objektive Struktur des Seienden darzustellen: »Physicae autem est proprium actus rerum permistos impermiste attendere. Actus enim corporum mundi non sunt puri, sed compositi ab actibus purorum, quos physica, cum per se non inveniantur, pure tamen et per se considerat, purum scilicet actum ignis, sive terrae, sive aeris, sive aquae et ex natura uniuscujusque per se considerata de concretione et efficacia totius iudicat.«[49]

Das unvermischte Wesen, das die Physik aus der gegebenen Realität herauspräparieren soll, existiert außerhalb des Intellekts nur in vermischter Form; nur der analysierende Verstand hat es rein. Seine Abstraktionsschnitte werden unversehens konstitutiv für das Resultat seiner Tätigkeit. Das Wesen der natürlichen Dinge erscheint nur aus der Perspektive des abstrahierenden Verstandes, und es bleibt unausgemacht, ob die Elemente an sich die letzten Prinzipien des Seienden sind. Die sinnfällige Realität – dies ist aus Hugos Bemerkungen zu folgern – bringt die Naturgesetze nicht jeweils rein zur Darstellung. Erst die experimentierende Naturforschung der Neuzeit hat durch theoretisch bestimmte Versuchsanordnungen die zu untersuchenden Phänomene so einzugrenzen vermocht, daß Gesetze eindeutig hervortraten und der einzelne Naturvorgang reproduzierbar wurde. Das reine Gesetz ist gegenüber dem konfusen Gegenstand der Erfahrung das Objektive, aber zugleich ganz subjektiv, weil es ohne die vorgängige Konstruktion des spekulativen Denkens nicht zu haben ist.

Im 12. Jahrhundert war die Beziehung der spekulativen Konstruktion der zu erkennenden Naturprozesse zu deren experimenteller Reproduktion noch lange nicht hergestellt. Die theoretischen Bemühungen der avanciertesten Denker bereiteten erst die geistige Orientierung vor, die die moderne Naturwissenschaft bedingt hat. Hugo von St. Victor nahm aber in sein *Didascalicon* neben den spekulativen

49 L. c., – Die im gesamten Mittelalter nie bündig gelöste Frage, ob die aus der Antike bekannten vier Elemente als *formae substantiales* der Materie zu gelten haben, denen die Gliederung in Gattungen und Arten nachgeordnet wäre, beeinflußt auch hier das Problem der Reinheit des zu erkennenden Naturphänomens; denn die Existenzweise der als irreduzibel angesehenen Elemente ist ein Punkt, an dem sich die Theorien in Widerprüche verwickeln. Cf. hierzu A. Maier, *An der Grenze von Scholastik und Naturwissenschaft,* Rom 1952, bes. S. 3 – 22.

und moralisch-praktischen Disziplinen auch die mechanischen Künste auf. Das Diesseitige, wozu auch die den Menschen gegebene Natur zählte, ist nicht länger verächtllich; es erhält seinen Platz in der Kontinuität eines säkularen Bewußtseins, dessen systematisches Schema Hugo im *Didascalicon* entwirft.[50]

Dazu steht nicht im Widerspruch, daß Hugo von St. Victor mystische Schriften wie das *Soliloquium de arrha animae* und *De vanitate mundi* verfaßt hat. Sie gelten einer Vereinigung der Seele mit Gott, die ihr weltliches Selbstbewußtsein bereits gewonnen hat: »Nemo est sane sapiens, qui se esse non videat. Et tamen homo, si vere quod ipse est attendere coeperit, omnium, quae in se vel videntur vel videri possunt nihil se esse intelligit. Illud namque quod in nobis rationis capax est, quamvis, ut ita dicam, infusum et commiatum carni sit, ipsum tamen se a substantia carnis propria ratione secernit et alienum esse intelligit.«[51] Das individuelle Selbstbewußtsein ist nicht nichts, sondern vielmehr die Voraussetzung dafür, daß die Seele ihren Weg zu Gott findet.

Das dergestalt reflektierte Selbstbewußtsein und die Klarheit der naturwissenschaftlichen Erkenntnis bedingen sich: Nur das Subjekt, das der immanenten Gesetze seiner eigenen Tätigkeit, der Logik, innegeworden ist, vermag die Mannigfaltigkeit der Erscheinungen auf ihre Gesetze hin zu untersuchen. Die gedankliche Entwicklungslinie, die in der Neuzeit zu Descartes' *Meditationen* führt, ist bei Hugo von St. Victor vorgeprägt. Die methodische Selbstgewißheit der denkenden Subjektivität, ein urprünglich augustinisches Theorieelement, erscheint hier zum ersten Mal als fundamentale Bedingung der Wissenschaft von Außersubjektivem.

Wie Abaelard reflektiert auch Hugo auf das Problem, wie die abstraktiv gewonnene Wesenserkenntnis auf die Realität paßt; auch er setzt die *imaginatio* zwischen die Abstraktion und die sinnlich präsenten Dinge. Darin manifestiert sich wiederum die gestiegene Bedeutung des Subjekts, die die vorangegangenen Epochen noch nicht kannten. Auf einer Tätigkeit des Subjekts die Wahrheit von Erkenntnis begründen zu wollen wäre früher einer Gotteslästerung gleichgekommen. Hugo selbst ist bei aller objektiven Modernität seiner

50 Zu den mechanischen Künsten gehörten das *lanificium,* die Herstellung von Kleidern, die *armatura,* die Werkzeugherstellung, die *navigatio,* die Agrikultur, die Jagd, die Medizin und die Theaterkunst (cf. *Didascalicon* II, 20, l. c., col. 760 A–B). Die eingehendste Studie zu diesen Problemen ist: R. Baron, *Science et sagesse chez Hugues de St. Victor,* Paris 1957.
51 L. c., col. 825.

Reflexionen auf die Wissenschaft dieser Überzeugung fern. Die *imaginatio* kann die abstrakten Begriffe mit der konfus erscheinenden Realität nicht zusammenschließen. Die letzthin von Gott bewirkte Erleuchtung des Subjekts muß hinzutreten. Hierin ist er der Augustinischen Idee der Erkenntnis als Erleuchtung der Seele verpflichtet: »Et idcirco postquam imaginatio usque ad rationem ascendit, quasi umbra in lucem veniens, inquantum ad eam venit, manifestatur et circumscribitur.«[52] Der Rückgriff auf die neuplatonische Erkenntnislehre entspricht teils der Unfähigkeit des Denkens im 12. Jahrhundert, die Rolle der gegenständlichen Tätigkeit adäquat in die Theorie einzubeziehen, teils ist es Zeugnis einer Aporie, die auch die differenzierteste Erkenntnislehre nicht hat lösen können: Der Grund für einen gelungenen Beweis ist nicht wiederum in der Seinsstruktur aufzufinden, auch nicht in einem Vermögen, dessen sich das erkennende Subjekt introspektiv innewerden könnte.

Der Wissenschaftslehre des *Didascalicon*, die das fortschreitende weltliche Denken bejaht, steht die aszetische Lehre von der Eitelkeit der Welt gegenüber. Kunst, Handel, Reichtum, Ehe und Wissenschaft verfallen hier dem Verdikt, Ablenkung der Seele von ihrem wahren Endzweck zu sein. Die Befriedigung, die sie in aller auf Diesseitiges gerichteten Tätigkeit zu finden glaubt, ist eine Täuschung. Die Gegenstände, nach denen die Seele strebt, solange sie über ihren wahren Weg nicht aufgeklärt ist, sind sämtlich vergänglich und widersprechen schon deshalb der Bestimmung der Erkenntnis, die auf das Bleibende im Wechsel gerichtet ist:

»Ratio: Interim considera mundum hunc universum, propter mutabilitatem rerum omnium quasi diluvium quoddam decurrentium aquarum. Anima: Video plane nihil esse stabile, sed omnia ire in praeceps. R.: Deinde cogita amatores huius mundi quasi quosdam naufragos qui mersi in huius sali profundo deorsum rapiuntur. A.: Nihil convenientius dici potest: sic sunt omnes qui transitoria diligunt; cum his quibus inhaerent defluunt. R.: Puto te non ambigere, quod apud Deum nihil praetereat, sed omnia immutabili aeternitate subsistant. A.: Nemo est qui ambigat. R.: Contemplare ergo Deum quasi sursum in summo, mundum autem hunc deorsum in imo, illum in eodem semper aeternitatis suae consistere, hunc autem cursu mutabilitatis suae semper fluereatque instabilem esse.«[53]

In Wandelbarkeit und Vergängnis kann die Seele ihre wahre Befrie-

52 *De unitate corporis et spiritus*, *PL* 177, col 288 B.
53 Hugo von St. Victor, *De vanitate mundi*, ed. K. Müller, Bonn 1913, S. 38 f. Die Schrift hat die Form eines Dialogs zwischen Ratio und Anima.

digung nicht finden. Die Erkenntnis der Welt ist nur gleichsam die Lektüre eines Buches, dessen Zeichen auf den göttlichen Intellekt verweisen: »Universum enim mundus iste sensibilis quasi quidam liber est scriptum digito Dei, hoc est virtute divina creatus, et singulae creaturae quasi figurae quaedam sunt non humano placito inventae, sed divino arbitrio institutae ad manifestandam invisibilis Dei sapientiam.«[54]

Die Zeichen des Göttlichen gemahnen die Seele an ihren eigenen Ursprung, an den sie zurückzukehren strebt. In dieser Rückkehr, der *deificatio hominis*, muß sie ihre *distractio*, ihre Verlorenheit an das Mannigfaltige preisgeben: »Ascendit ergo animus ab hac infinita distractione, quae deorsum est, tantoque magis, ut dictum est, in unum colligitur, quanto magis sursum elevatur, donec ad veram et unicam quae est apud Deum immutabilitatem perveniat, ubi perpetuo sine omni mutabilitatis vicissitudine requiescat.«[55]

Diese Rückkehr der Seele in ihren göttlichen Ursprung setzt indessen das relative Daseinsrecht des Mannigfaltigen voraus. Die mystische Erkenntnis Gottes ist nur ein Moment des in sich dreifachen Erkenntnisweges, der insgesamt zur *sapientia* führen soll: »Sunt qui has tres theoricae partes mystice quodam Palladis nomine, quae dea sapientiae fingitur esse, significari putent. Dicitur enim tritonia quasi τρίτη γνῶσις, id est tertia cognitio, videlicet Dei, quam intellectibilem nominavimus, et animarum: quam intelligibilem diximus, et corporum quam naturalem appelamus. Et ab his tribus tamen sapientia vocabulum sumit.«[56]

Die Negation des Weltlichen, welche die erkennende Seele in ihrem Streben nach *sapientia* vollziehen muß, kann die historisch faktische affirmative Beziehung der Wissenschaft zur Welt der natürlichen Dinge nicht mehr vollends rückgängig machen. Wenn Hugo von St. Victor die Eitelkeit der Welt lehrt, so fordert er dennoch nicht den aszetischen Rückzug von allem Sinnlichen, den unvermittelten Verzicht auf die Naturerkenntnis: »Quando mentis oculum ad invisibilia erigere volumus, similitudines rerum visibilium quasi quaedam cognitionis vestigia respicere debemus.«[57] Die mystische Lehre Hugos besagt vielmehr, daß die weltliche Erkenntnis, allein auf sich selbst gestellt, in der Zerstreuung enden muß, zusammen mit der Betrachtung des Göttlichen aber die *sapientia* erreichen kann:

54 *Didascalicon*, l. c., col. 814.
55 *De vanitate mundi*, l. c., 539.
56 *Didascalicon*, l. c., col. 759 B.
57 *De vanitate mundi*, l. c., S. 41.

»Deorsum sunt, quae terrena sapiunt; sursum sunt, quae iugiter meditantur coelestia.«[58] So dient die Seele ihrem wahren Interesse, nämlich ihr Heil zu befördern. Wenn die äußere *diversitas* auch durch die in ihr liegenden Zeichen auf ihre objektive Einheit verweisen mag, so muß die Seele dennoch selbst aus dem Äußeren zu sich gelangen: »Et recte cor hominis extra semetipsum esse dicitur, quando ad exteriora et transitoria haec appetenda dilabitur. Tunc autem ad semetipsum revertitur, quando ea, quae ad suam salutem pertinent, meditatur.«[59]

Indem die Seele sich von der verwirrenden Vielfalt abwendet, gelangt sie zum Bewußtsein reiner Identität. Dies entspricht zunächst der neuplatonischen Lehre, derzufolge die Seele den Schein ihres diesseitigen empirischen Bestehens tilgt, indem sie sich zu ihrem Ursprung zurückwendet. Aber der Akzent ist gegenüber dieser Tradition verschoben. Was der Vielheit der empirischen Welt und der Erkenntnisse, die von ihr gewonnen werden, gegenübersteht, ist nach Hugo zwar das transzendent Göttliche; dieses aber macht zugleich die innerste Substanz der erkennenden Seele aus. Deshalb konnte Hugo, ohne offen in Häresie zu verfallen, die ihrer selbst bewußte Seele emphatisch als Arche auf dem Meer der Wirrnis darstellen: »Si enim totus mundus mare vel diluvium est, ad quem locum extra mundum navigabimus, ut tranquillam et stabilem mansionem inveniamus? Praeterea si cor hominis archa et navis est, qua ratione homo vel intrare cor suum vel cum corde suo mundum transnavigare potest? Postremo cum Deus, quem tu portum esse dixisti, sursum sit, qualis erit cursus iste, ubi more insolito et inaudito et iter navis sursum dirigitur et navigans a semetipso portatur?«[60] Der sichere Hafen liegt nach Hugos mystischer Reflexion gar nicht in der Ferne, die Seele hat das Ziel ihrer Erkenntnis nicht in einem Äußeren, sondern in sich selbst. Je mehr sie in sich eindringt, um so mehr transzendiert sie sich als beschränktes empirisches Bewußtsein:

»Ascendere ergo ad Deum, hoc est intrare ad semetipsum, et non solum ad se intrare, sed ineffabili quodam modo in intimis etiam seipsum transire. Qui ergo seipsum, ut ita dicam, interim intrans et intrinsecus penetrans transcendit, ille veraciter ad Deum ascendit. [...] Quod ergo intimum est, hoc est proximum et supremum et aeternum; et quod extremum est, hoc est infimum et longinquum et transitorium. Ab extremo itaque redire ad intimum, hoc est ab imo ascendere ad supremum atque a dispersione confusionis et mutabilitatis colligi in idipsum. Quia vero mundum hunc

58 L. c., S. 42.
59 L. c.
60 L. c., S. 41.

extra nos, Deum autem intra nos esse cognoscimus, ab hoc mundo ad Deum revertentes et quasi ab imo sursum ascendentes per nosmetipsos transire debemus.«[61]

Die Erkenntnis der *diversitas* bleibt für sich allein nichtig, auch wenn sie die Voraussetzung für die Rückkehr der Seele in sich selbst darstellt. Die *sapientia*, welche die weltliche Wissenschaft vollenden soll, besteht nach Hugos negativer Lehre in einem Selbstbewußtsein, dessen zunächst durch Meditation gewonnene subjektive Einheit es gestattet, die mannigfaltigen gegebenen Erscheinungen als zu einem Bewußtsein gehörig zu erkennen. Die Einheit in einem empirischen Bewußtsein bliebe aber zufällig und würde damit weder dem Anspruch der einzelnen Wissenschaften noch dem der sie reflektierenden Metaphysik gerecht. Eine allgemeinere Einheit ist vielmehr vorauszusetzen, vermöge derer die subjektive Einheit des Selbstbewußtseins erst möglich wird. Die Einheit, welche das Selbstbewußtsein des empirischen Individuums überschreitet, versteht Hugo traditionell als Gott, dessen vormalige Transzendenz er indessen bereits unwillentlich einzieht. Der metaphysische Primat dieser objektiven Einheit ist für das menschliche Denken in der Notwendigkeit begründet, jene Einheit in allen seinen Akten vorauszusetzen. Das Selbstbewußtsein der menschlichen Individuen gründet hiernach in der Einheit des göttlichen Wesens, an dem es aber partizipiert: »Deum intra nos esse cognoscimus.« Die Kohärenz der Erkenntnisse in einem allgemeinen Bewußtsein, welche in den denkenden Individuen auf sich selbst zu reflektieren vermag, hat Hugo bereits lange vor Kant als notwendige Bedingung der Objektivität von Wissenschaft erkannt. Deshalb insistiert er, der die Einheit der Künste und Wissenschaften mit dem Glauben demonstrieren will, auf der Immanenz der Gotteserkenntnis.

Wenngleich in dieser Erkenntnis die *deificatio* des Menschen liegen soll, so ist dennoch die neuzeitliche Lehre von der funktionalen Einheit des Selbstbewußtseins bei Hugo präformiert. Die Objektivität der

61 L. c., S. 41. So sehr in alledem Augustinische Motive wirksam sind, so scharf ist doch der Unterschied gerade zu Augustinus. Der menschliche Geist findet nach seiner Lehre in sich selbst die göttliche Trinität wieder, dessen neuplatonisch verstandenes Abbild er darstellt. Die mystische Lehre von der Gottesgeburt im menschlichen Geist, die sich schon bei Hugo andeutet, ist bei Augustinus jedoch grundsätzlich abgeschnitten: »Haec igitur trinitas mentis non propterea Dei est imago, quia sui meminit mens, et intelligit ac diligit se; sed quia potest etiam meminisse, et intelligere, et amare a quo facta est.« (Augustinus, *De trinitate*, 14. Buch, n. 15)

Wissenschaften und ihre Einheit mit dem Glauben schienen auf diese Weise gegen den Nominalismus Roscelinscher Prägung denkbar. Hugos eigene Reflexionen können dieses Ergebnis jedoch nicht mehr rückgängig machen. Seine mystische Lehre setzt vielmehr fort, was in den aszetischen Schriften der neuplatonischen Tradition angelegt war.

Die *deificatio* des Menschen hat schon vor der ausdrücklichen Entdeckung und Aufwertung des Individuellen in der theologischen Reflexion eine widersprüchliche Bedeutung gehabt. Einerseits nähert sich der Einzelne nur dem Göttlichen, wenn er von allem absieht, was seine Individualität ausmacht. So schreibt schon im 6. Jahrhundert Gregor der Große: »Tunc vero in Deo plene proficimus, cum a nobis ipsis funditus defecerimus.«[62] Andererseits ist das Individuum selbst die Substanz, die göttlich wird, der das Göttliche also als Attribut zukommen soll. Damit aber muß dieses letztlich seine Transzendenz einbüßen.

Um dem Göttlichen ähnlich zu werden, muß das Individuum Aszese üben, alle auf seine partikulare Sinnlichkeit gerichteten Strebungen, ja, überhaupt seinen eigenen Willen aufgeben: »Abnegare semetipsum sibi; voluntatem propriam odere.«[63] Der erste und wichtigste Schritt hierzu ist schon bei Augustinus die konsequente Selbsterforschung. Dabei geht es freilich weder um die Entfaltung der vielfältigen individuellen Potenzen noch um die Erkenntnis der Bedingungen, die sie befördern, sondern um das Moment abstrakter Identität, das in jedem Individuum liegt und auf das es sich reduzieren soll. »Erkenne dich selbst« heißt in der Aszese: »Mißtraue jeder Strebung, die durch Empirisches erzeugt ist.« Als Vorstufe zur Gotteserkenntnis ist Selbsterkenntnis nur die Einsicht in die eigene Nichtigkeit, die zu bejahen den Enthusiasmus befördert, vermöge dessen das irdische Bewußtsein sich über sich selbst erhebt.

Wie die neuplatonische Begriffslehre die Auflösung ihrer eigenen Metaphysik vorbereitete, so führte der aus demselben Geist entsprungene Aszetismus den Umsturz der ihm immanenten Moral herbei. In der Aszese stellt das Individuum eine negative Beziehung zu sich selbst her: Es sieht ein, daß es nichts ist, und es handelt danach. Damit bezieht es sich zugleich negativ auf die weltlichen Güter, die es meidet. Das Ich und die Welt der besonderen Gegenstände sind nichts, das Allgemeine alles. Sobald das Allgemeine aber nicht mehr substan-

62 Gregor der Große, *Moralium libri XXII*, c. 20, *PL* 76, col. 241A.
63 Cf. M. Villier u. M. Olphe-Gaillard, Art. *»Ascétisme, Ascèse«*, in: *Dictionnaire de Spiritualité*. Bd. I, Paris 1932, col. 966.

tiell, sobald es auch nur theoretisch entdinglicht ist wie bei Abaelard, kann das in der Erforschung seiner selbst geschulte Denken durch die *mortificatio* nicht mehr zu dem vermeintlich ganz Anderen gelangen, denn dies Andere, göttlich Allgemeine ist es vielmehr selbst. Daraus erwächst dem Subjekt ein Selbstbewußtsein, vermöge dessen es sich auf das vielfältige weltliche Gut affirmativ bezieht. Das Fleischliche ist nicht mehr fundamental sündig und deshalb abzutöten, vielmehr kommt es bei der moralischen Beurteilung einer Handlung auf die Absicht des Handelnden an, dem hiermit gegenüber äußerer und innerer Natur eine neue Stufe von Autonomie zugewiesen wird.

Die aszetischen Lehren wollten, daß das Individuum seine Verstrikkung in die materielle Welt ablege, welche seine Individualität bestimmte. Das hierbei intendierte, wenn auch letztlich unerreichbares Ziel war die reine göttliche Identität. Als reines Sichaufsichbeziehen war diese wohl Inbegriff eines autonomen Selbstbewußtseins, das allen empirischen Subjekten als Maßstab diente, aber dessen fraglose Verbindlichkeit mußte sich in dem Maße auflösen, wie die Realität der Einzeldinge sich dem Bewußtsein aufdrängte. Die Befolgung des Gebotes der Aszese, die auf die Selbstnegation des Individuums hinauslief, konnte nicht länger als Heilsweg gelten, weil die Abstraktion, durch welche die erkennende Seele vom niederen Materiellen zum Göttlichen aufsteigen sollte, allmählich als eine Leistung des denkenden Subjekts erscheinen mußte.

Abaelard, dessen Philosophie dieses neu erwachende Bewußtsein zum Ausdruck bringt, hat deshalb konsequent eine Morallehre entworfen, die auf seinem Nominalismus beruht. Wie in Erkenntnistheorie und Metaphysik stellt sich das Problem des Verhältnisses von Allgemeinem und Besonderem im Gegensatz zur neuplatonischen Tradition unter dem Primat des Besonderen. Sollte die Vernunftseele der einzige der Erlösung fähige Teil des Menschen sein, so bestand die Tugend darin, ihrer Trennung vom sündigen Fleische schon in der diesseitigen Existenz entgegenzuarbeiten. Für Abaelard hat aber die Seele eine legitime Existenz im Leibe. Denn die Seele bedarf seiner selbst dann noch, wenn sie aszetisch ihrer *deificatio* zustrebt, da sie ja vor ihrer Erlösung durch göttliche Gnade immer noch negativ auf den Leib bezogen und insofern nicht rein bei sich, sondern bei ihm ist.

Abaelards Morallehre impliziert gegenüber dem Aszetismus eine prinzipiell andere Anthropologie. Die Animalität des Menschen ist hiernach nicht, wie in der Tradition, der zu tilgende Makel, nicht das Prinzip der Sünde schlechthin. So wenig die Universalien eine von den natürlichen Dingen getrennte Existenz beanspruchen können, so wenig ist die Seele als der allein Gottes würdige Teil von der Physis durch Aszese zu trennen. Der konkrete Mensch ist, auch was die Bedingungen seiner Handlungen betrifft, Einheit von Sinnlichkeit und Verstand. Jene Vorstellung von der Seele, die in ihr ein geistiges Ding sah, begann sich aufzulösen. Der Begriff der Seele, den die Ethik Abaelards voraussetzt, bezeichnet nicht mehr eine Substanz, der nur die allgemeinen Wesensmerkmale zukommen. Vielmehr versteht Abaelard die Seele implizit als Form des Körpers, ohne daß er die Aristotelische Seelenlehre schon zur Kenntnis genommen hätte.

Hierauf läßt die Reflexion schließen, die Abaelard auf den Unterschied zwischen einer Charakterschwäche und einer Sünde wendet. Wenn die biblischen Gebote als Moralvorschriften gelten, woran Abaelard strikt festhält, so müssen sie von den Menschen, deren Natur geistig und materiell zugleich ist, auch erfüllt werden können. Moralische Normen, welche die Vernichtung der *animalitas* fordern, sind unvernünftig und können daher auch nicht göttlichen Urprungs sein. Eine Morallehre, derzufolge die Befriedigung der *animalitas* schon die Sünde darstellt, ist in sich widersprüchlich. Eine Verachtung Gottes, als die Abaelard die Sünde bestimmt, kann nicht schon in dem Handeln gemäß der menschlichen Natur als Lebewesen liegen, denn als solche sind die Menschen von Gott geschaffen:

»Sunt qui non mediocriter moneantur cum audiant nos dicere operationem peccati nichil addere ad reatum uel ad dampnationem apud deum. Obiciunt quippe quod in actione peccati quaedam delectatio sequatur quae peccatum augeat, ut in coitu uel in esu illo quem diximus. Quod quidem non absurde dicerent, si carnalem huiusmodi delectationem peccatum esse conuincerent, nec tale quid committi posse nisi peccando. Quod profecto si recipiant, utique nemini licet hanc carnis delectationem habere. Unde nec coniuges immunes sunt a peccato cum hac sibi carnali delectatione concessa permiscentur, nec ille quoque qui esu delectabili sui fructus uescatur. [...] Denique et Dominus, ciborum quoque creator sicut et corporum, extra culpam non esset, si tales eis sapores immitteret qui necessario ad peccatum sui delectatione uestentes cogerent. Quomodo enim ad esum nostrum talia conderet uel esum eorum concederet, si haec nos edere sine peccato impossibile esset? Quo modo etiam in eo quod est concessum dici potest committi peccatum?«[64]

Abaelards Ethik enthält indessen nicht einen neuen Inbegriff des durch das Handeln zu verwirklichenden Guten; sie übernimmt vielmehr aus der Tradition als oberste Norm das *summum bonum*, das in

64 *Peter Abelard's Ethics*, ed. D. E. Luscombe, Oxford 1971, S. 16f. *(Scito te ipsum)*. Im folgenden *Ethica*.

Gott liegt. Quelle aller Tugend für die Menschen ist aber die Liebe zu Gott, der Inbegriff der Sünde ist die Verachtung Gottes, welche die äußere Handlung begleitet. Die moralische Qualität einer Handlung ist also nicht dadurch bestimmt, ob sie fixierte Pflichten äußerlich erkennbar erfüllt. Das alles entscheidende Kriterium ist vielmehr die innere Disposition des handelnden Subjekts.[65] Dies ist der Kern der Moralität in Abaelards Ethik. Denn hier artikuliert sich ein Bewußtsein, dem die Welt der Einzeldinge nicht länger metaphysisch und deshalb auch moralisch bedeutungslos ist. Wie die Einzeldinge im Nominalismus überhaupt zur ontologischen Realität erhoben werden, so tragen in der Morallehre Abaelards die einzelnen Menschen als solche die *Triebfeder* zu moralischem Handeln in sich. Abaelards Schrift *Scito te ipsum* stellt deshalb den Entwurf der ersten Individualethik dar, die im Mittelalter aufgetreten ist.

Der Weg, das höchste Gut zu erreichen, hat sich gegenüber dem traditionellen Aszetismus gewandelt. Wenn auch die moralischen Vorschriften, die Abaelard als gültig voraussetzt, weithin traditionell biblisch sind, so kommt es ihm dennoch vor allem auf das Prinzip an, das im Subjekt selbst die Moralität oder die Sündhaftigkeit einer Handlung begründet. Deshalb gibt es in *Scito te ipsum* keine inhaltliche Tugendlehre und keine darauf bezogene Kasuistik. Das Subjekt und seine innere Disposition ist hier das einzige Thema. *Der Dialogus inter Philosophum, Judaeum et Christianum*, der auf klassische Tugendbegriffe eingeht, bestimmt Tugend als Habitus der Seele: »Virtus [...] est habitus animi optimus; sic e contrario vitium arbitror esse habitum animi pessimus; habitum vero hunc dicimus quem Aristoteles in *Categoriis* distinxit, cum de habitu et dispisitione primam qualitatis speciem comprehendit. Est igitur habitus qualitas rei non naturaliter insita, sed studio ac deliberatione conquisita et difficile mobilis.«[66]

65 Cf. Abaelard, *Dialogus inter philosophum, Judaeum et Christianum*, ed. R. Thomas, Stuttgart 1970, S. 163: »Nihil refert quid fiat, sed quo animo fiat. Unde et quilibet homo tam videlicet bonus qua perversus, tam bonarum quam malarum cause sunt rerum, et per eos tam bona quam mala esse contingit. Non enim bonus homo a malo in eo dissidere videtur, quod id, quod bonum sit, facit, sed potius quod bene facit.« Auf den hierin liegenden Aspekt der Verinnerlichung hat jüngst hingewiesen: G. Wieland, »Rationalisierung und Verinnerlichung«, In: J. P. Beckmann u. a. (Hrsg.), *Philosophie im Mittelalter*, Hamburg 1987, S. 61 ff.

66 *Dialogus...*, l. c., S. 115 F. Cf. hierzu die Darstellung der Abaelardschen Tugendlehre in: R. Thomas, *Der philosophisch-theologische Erkenntnisweg Peter Abaelards*, Bonn 1966, bes. S. 104 ff.

Tugend ist demnach eine erworbene, bleibende Eigenschaft, vermöge derer der Wille durch die Vernunft zum Handeln bestimmt wird. Diese Konstanz der inneren Disposition macht die Identität des Subjekts in der Mannigfaltigkeit seiner Antriebe aus. Wenn das Subjekt die christliche Moral als vernünftig erkennt, so bestimmt dies seine Absicht, welche allein moralisch beurteilt werden kann. Die äußere Tat ist demgegenüber indifferent. Sünde ist somit auch nicht die schlechte Handlung selbst. Diese wird erst zur Sünde durch die innere Zustimmung, mit der das Subjekt sie begeht: »Solum quippe animum in remuneratione boni uel mali, non effecta operum, Deus adtendit, ne quid de culpa uel de bona uoluntate nostra proueniat pensat, sed ipsum animum in proposito suae intentionis, non ex effectu exterioris operis diiudicat. Opera quippe quae, ut praediximus, eque reprobis ut electis communia sunt, omnia in se indifferentia sunt nec nisi pro intentione agentis bona uel mala dicenda sunt, non uidelicet quia bonum uel malum sit ea fieri, sed quia bene uel male fiunt, hoc est, ea intentione qua conuenerit fieri, aut minime.«[67]

Nur die hierin artikulierte innere Disposition der Subjekte zum Handeln ist einer moralischen Beurteilung fähig. Abaelards Ethik spricht dem Subjekt ein größeres Maß äußerer und innerer Freiheit zu, als die monastisch geprägte Moraltheologie dies tun konnte. Wenn eine Handlung als moralisch gut gelten soll, so muß sie durch die innere Zustimmung des Subjekts erfolgen, nachdem es die Vereinbarkeit seines Motivs mit dem Gebot erkannt hat. Sein individueller Wille ist so durch die in dem Gebot sich manifestierende objektive Vernunft bestimmt. Die Unterscheidung zwischen Gut und Böse fällt in das denkende Subjekt, das seine Handlungen an der geoffenbarten Religion orientiert, deren Übereinstimmung mit der Vernunft es jederzeit am Leitfaden der Dialektik prüfen kann. Stimmt das Subjekt aber einer bösen Handlung zu, so verstrickt es sich in einen Widerspruch, in den es als vernünftiges Wesen gerät. Moralität ist somit nach den Prämissen Abaelards nicht durch den Gehorsam gegenüber heteronom gesetzten Geboten, sondern durch die Übereinstimmung des Willens mit der Vernunft bestimmt. Der darin gelegene Primat des Intellekts über den Willen begründet die Autonomie des Handelns, um die es Abaelard zu tun ist.[68]

67 *Ethica*, l. c., S. 44 f.

68 Darin besteht der prinzipielle Unterschied dieser Theorie zu einer theologisch begründeten Auffassung der Moral, die auf dem Boden der inzwischen herrschend gewordenen nominalistischen Denkweise vierhundert Jahre nach Abaelard nochmals die guten Werke als Mittel zur

Diese Automonie hat nach Abaelard ihre Quelle im Gewissen. Die *conscientia* ist das subjektive moralische Bewußtsein gegenüber den objektiven Normen. Der nominalistischen Orientierung Abaelards entspricht es, daß er der individuellen seelischen Instanz des Gewissens zentrale Funktion zuspricht. Denn was eine moralische Handlung ist, muß das Subjekt entscheiden. Wie in der Erkenntnistheorie die Objektivität der seienden Dinge und Sachverhalte nur durch die vom Subjekt vollzogenen logischen Operationen gegeben sind, so ist es auch in der Moral die individuelle Urteilskraft, welche die Übereinstimmung von subjektiver Maxime und allgemeinem Gesetz feststellt. Die Tugend im Sinne Abaelards besteht somit zugleich in der Übereinstimmung des subjektiven Willens mit sich selber. Das Gewissen zeigt dem Subjekt an, ob es mit sich selbst und zugleich mit der Objektivität einig ist. Diese Überzeugung des Gewissens hat das Individuum für sich allein. Außer ihm kann nur Gott wissen, ob eine Handlung moralisch ist oder nicht. Hierin zeigt sich wiederum die Wendung des reflektierenden Selbstbewußtseins auf sich selbst an. In ihr nimmt es eine neue Stufe der Freiheit gegenüber den objektiven Bedingungen seiner Existenz in Anspruch, welche erst im bürgerlichen Zeitalter zur Verwirklichung anstand.

Bestand die frühmittelalterliche Idee der Moralität letzthin in einer Legalität der Handlungen gegenüber dem göttlichen Gebot, für welche die subjektiven Motive keine konstitutive Bedeutung besaßen, so sind diese nach Abaelard im Selbstbewußtsein zu einer objektiven Einheit zu bringen. Nur so stellt das Gewissen, das die Folgerichtigkeit des Handelns nach Prinzipien kontrolliert, ein richtiges Bewußtsein dar.

Die Aufwertung des subjektiven Selbstbewußtseins in der Abaelardschen Ethik führt zur Begründung einer Idee von Moralität, welche von der Legalität sich zu lösen beginnt. Die strafrechtliche Beurteilung einer Handlung kann zu einem gänzlich anderen Ergebnis führen als deren moralischer Bedeutung entspricht. Die gesellschaftliche Ordnung muß die äußere Einhaltung ihrer Gesetze sanktionie-

Erlangung der Seligkeit, des *summum bonum*, verwirft. Der im Nominalismus gelegenen Verwandschaft der Motive Luthers und Abaelards in diesem Punkte steht die Verschiedenheit der Begründung gegenüber. Ist nach Abaelard die Übereinstimmung des subjektiven Willens mit der Vernunft, zugleich die des Subjekts mit sich selber, die Bedingung für die Moralität des Handelns, so ist der Anspruch der Vernunft bei Luther bereits historisch so geschrumpft, daß an deren Stelle der bloße Glaube getreten ist, der sich auf keinerlei Vernunftgründe mehr berufen kann.

ren. Sie kann der inneren Disposition des Delinquenten keine ausschlaggebende Bedetung beimessen: »Sepe igitur minima peccata maioribus penis uindicamus, non tam aequitate iustitiae adtendentes quae culpa precesserit quam discretione prouidentiae cogitantes quanta hinc contingere possit incommoditas, si leniter puniantur. Culpas itaque animi diuino reseruantes iudicio, effecta earum de quibus iudicare habemus prosequimur nostro, dispensationem in talibus, hoc est prouidentiae quam diximus rationem magis quam aequitatis adtententes puritatem.«[69]

Das weltliche Strafrecht ahndet deshalb nicht die subjektive Schuld des Täters, sondern die schädlichen Folgen seiner Tat. Für die Erhaltung des Rechtszustandes ist die Absicht des Einzelnen unerheblich, wenn er die Gesetze respektiert, moralisch aber ist dieselbe Handlung je nach der sie begleitenden Absicht gut oder böse, selbst wenn sie jedesmal rechtlich geboten ist. Zwei Henker, die ihren Auftrag gesetzlich ausführen, sind nach ihrer subjektiven Stellung zum Deliquenten moralisch verschieden zu beurteilen: »Si duo aliquem reum suspendant, alter quidem eo solummodo, quod eum odit, alter vero quia habeat hanc exercere iustitiam; iuxta hec suspensio ab isto iuste fit, quia recta intentione, ab illo iniuste, quia non amore iustitiae, sed odii zelo vel ire.«[70]

Wie in der Moralphilosophie Kants hat der *amor iustitiae* im Gewissen die Instanz, welche das moralische Gebot als Diktat der Vernunft praktisch werden läßt. Moralischer Verurteilung verfällt denn auch nur das Handeln gegen das Gewissen, welches Abaelard als Handeln wider besseres Wissen versteht.[71] Hierdurch erfährt der Begriff der Sünde gegenüber der theologischen Tradition eine wesentliche Änderung. Die subjektive Abweichung vom objektiven göttlichen Gebot erfüllt die Bestimmung der Sünde nur zu einem Teil. In der Konsequenz der Ethik Abaelards liegt vielmehr, daß die Sünde zugleich den Abfall des im Gewissen bei sich seienden Subjekts von sich selbst, letzthin die Negation des Prinzips der Autonomie darstellt. Glaube oder Unglaube sind hierfür von untergeordneter Bedeutung. Die Verachtung Gottes, in der Abaelard zufolge theologisch die Sünde bestehen soll, ist subjektiv der Abfall des vernünftigen Selbstbewußtseins von sich, seine Preisgabe gegenüber der Heteronomie. Die Schwäche des Charakters, das *vicium animae*, besteht in der mangelnden Kon-

69 *Ethica*, l. c., S. 44.
70 *Dialogus*..., l. c., S. 164.
71 Cf. hierzu das 13. Kapitel der *Ethica*: »Quod peccatum non est nisi contra conscientiam«, l. c., S. 54 f.

sequenz, das als wahr Erkannte bei gegebener äußerer Freiheit auch im Handeln zu befolgen. Zwar unterliegt das Handeln des Subjekts in der gesellschaftlichen Realität Zwängen, die sein Verhalten verwerflich gestalten, aber hierfür kann es nicht moralisch verurteilt werden, denn es kann den Handlungen, die es begehen muß, die innere Zustimmung verweigern. Selbst die Zustimmung, die ein Subjekt einer verwerflichen Handlung gibt, kann – die Vernünftigkeit des geltenden Gebotes vorausgesetzt – nicht vollends frei und vernunftgemäß sein. Vielmehr ist der Verstoß gegen ein moralisches Gebot ein Abfall des Handelnden von seinem Wesen als Mensch, das in der Ausübung der Vernunft besteht.[72]

Die oberste Tugend der Ethik Abaelards ist die Selbstbeherrschung. Implizit revidiert Abaelard hiermit sogar die traditionelle Erbsündenlehre. Nicht die Sünde selbst, sondern die Disposition zu ihr ist den Menschen als Schwäche von Geburt an gegeben. Diese Schwäche allein unterliegt keiner moralischen Beurteilung.[73] Erst wenn der Einzelne ihr nachgibt und handelt, indem er das göttliche Moralgesetz verletzt, begeht er eine Sünde:

»Sic et multos ad luxuriam sicut ad iram natura ipsa vel complexio corporis pronos efficit, nec tamen in ipso hoc peccant quia tales sunt, sed pugnae materiam ex hoc habent ut per temperantiae uirtutem de se ipsis triumphantes coronam percipiant. [...] Non enim religio ab homine uinci, sed a uicio turpe existimat. Illud quippe bonorum quoque hominum est, in hoc a bonis declinamus. [...] Homines uero quantumcumque praeualeant, nichil uitae nostrae turpitudinis ingerunt, nisi cum more uiciorum et quasi nobis in uicia conuersis turpi nos consensui subiciunt. Illis corpori dominantibus, dum liber animum fuerit nichil de uera libertate perclitatur, nichil obscenae seruitutis incurrimus. Non enim homini seruire sed uicio turpe est, nec corporalis seruitus sed uiciorum subiectio animam deturpat.«[74]

72 Dieser Sachverhalt ist mitbetroffen, wenn R. Blomme die Morallehre Abaelards resumiert: »Ce qu'Abélard veut, c'est une morale du ›Coeur‹, le légalisme juif permet à l'homme de se croire pur tant qu'il s'est abstenu de l'action défendue. La discipline pénitentielle punit toute infraction de la loi, sans se soucier des dispositions intérieures ni de la responsabilité réelle du pêcheur. Contre toutes ces tendances Abélard s'insurge. C'est dans le ›coeur‹, dans l'esprit de l'homme que jouent sa perte ou son salut éternels.« (*La doctrine du péché dans les écoles théologiques de la première moitié du XIIe siècle*, Löwen 1958, S. 214)
73 Cf. das 1. Kapitel der *Ethica:* »Sunt autem animi quoque nonnulla uicia seu bona quae a moribus seiuncta sunt, nec uitam humanam uituperio uel laude dignam efficiunt.« (l. c., S. 2)
74 L. c., S. 4.

Was sich gegen die Anfechtungen durchhält, ist das Subjekt, das sich gegen seine eigene innere Natur und gegenüber der Welt außer ihm autonom setzt. An die Stelle der traditionellen Aszese ist gleichsam eine Triebökonomie getreten; denn das Individuum ist Abaelard zufolge erst Subjekt, wenn es sich den Anfechtungen konfrontiert sieht. Weder darf es ihnen nachgeben noch aber soll es sie gänzlich meiden. Im ersteren Falle büßte es seine Identität und damit seine Autonomie ein; im anderen wäre es durch einen dauernden inneren und äußeren Gewaltakt von der weltlich-sinnlichen Anfechtung klösterlich getrennt, aber die reine Identität, zu der es strebte, wäre abstrakt. Im göttlichen *ipsum esse* wäre alle Individualität erloschen.

Ist aber das Sein des Individuums in das objektive Bewußtsein getreten, so entsteht das Problem, wie es sich aus sich selbst bestimmt. In Abaelards Reflexionen kündigt sich die Einsicht an, daß das autonome Individuum nur durch das Andere seiner selbst bei sich ist: »Cum enim nonnumquam peccemus absque omni mala uoluntate, et cum ipsa mala uoluntas refrenata, non extincta, palmam resistentibus pariat, et materiam pugnae et gloriae coronam conferat, non tam ipsa peccatum quam infirmitas quaedam iam necessaria dici debet.«[75] Es gibt also eine notwendige affirmative Beziehung des Geistes auf die weltlichen Dinge, vermöge derer er zu sich selbst gelangt. Zwar ist die profane Welt und ihre Bestimmung noch nicht um ihrer selbst willen Gegenstand des endlichen menschlichen Intellekts, aber nur das durch diese Beziehung konkrete Subjekt ist nach Abaelards Überzeugung zu jener Achtung des göttlichen Gebotes fähig, die jede moralische Handlung begleitet.

Durch die bei jedem Individuum anders akzentuierte Beziehung zur weltlichen Mannigfaltigkeit wird dessen Seele erst individuell, während die neuplatonische Negation des sinnlich Vielen die Seele zu einem Allgemeinem werden ließ, dessen Existenzweise im Leib eines Individuums ein eben solches Rätsel darstellt, wie die Vereinigung von Universale und Einzelding in der Metaphysik. Diese Motive, die sich aus der höheren Bewertung des Individuums im 12. Jahrhunderts ergaben, bereiteten auch auf dem Gebiete der Seelenlehre die Rezeption der Aristotelischen Philosophie vor.

Die Ethik *Nosce te ipsum* enthält die erste konsequente Individualmoral des Mittelalters. Sie speist sich aus einem Impuls, der Jahrhunderte später das Movens der Theorie und der gesellschaftlichen Praxis wurde. Zwar lehrt Abaelard noch nicht die Gesellschaft natur-

75 L. c., S. 6.

wüchsig unabhängiger, in Konkurrenz zueinander stehender Einzelner, aber seine Moraltheologie zeigt auch in einigen Detailfragen, wie das Universale seine Funktion und damit auch seine Substanz verliert. Indem er das individuelle Gewissen zur Quelle der Moralität erhebt, wird implizit die Institution der universalen Kirche als Spenderin des Heils überflüssig. Zwar gelten einige Reflexionen der Beichte, aber sie stellen eher eine Kritik an der kirchlichen Verwaltung des Bußsakraments dar.[76] Die wirkliche Absolution verschafft sich das Individuum innerlich selber, unabhängig vom Priester, der dem Irrtum verfallen sein kann: »Nec tamen desperandum est subiectis a misericordia Dei, cum ad satisfactionem omnino parati praelatorum suorum, quamuis cecorum, arbitrio se tradunt, et quod illi per errorem minus instituunt, isti per obedientiam diligenter executur. Non enim error prelatorum subiectos dampnat, nec illorum uicium istos accusat, nec iam in subiectis cupla remanet qua moriantur quos iam antea penitentia Deo, ut diximus, reconciliauerat priusquam scilicet ad confessionem uenirent uel satisfactioni institutionem susciperent.«[77]

So wie allein die innere Zustimmung eine Handlung moralisch gut oder böse macht, so kann auch nur die Reue die Schuld wieder lösen. Beides aber ist an das Gewissen gebunden, in dem die Moral verinnerlicht ist. Die Autonomie der Individuen, die in Abaelards Lehre von der inneren Zustimmung zum Motiv des Handelns proklamiert ist, führt dieser Theorie zufolge nur deshalb nicht zu schrankenloser Willkür, weil sie den moralischen Maßstab des Handelns in sich tragen. Ob die Instanz des Gewissens die verinnerlichte Heteronomie repräsentiert, hat Abaelard so wenig wie Kant einer Prüfung unterzogen. Ist indessen die Moralität allein eine innere Disposition des Individuums, so kann außer Gott niemand über sein Handeln richten. Im Gewissen aber ist es seiner selbst gewiß. Die Person teilt sich in zwei Momente: Einesteils partizipiert sie am Rechtsverhältnis, und insofern haben ihre Handlungen öffentliche Bedeutung; andererseits konstituiert sie eine Sphäre der Privatheit, in der sie letztlich mit sich allein ist. Von Gut und Böse weiß sie nur, soweit ihre eigenen Motive betroffen sind; über die anderen Personen weiß sie nichts Gewisses. Deren Handlungen kann sie nur nach ihrer Rechtmäßig-

76 Cf. die Kapitel »De confessione« und » Quod nonnumquam confessio dimitti potest«, l. c., S. 98 ff. Im letzteren Kapitel findet sich eine scharfe Kritik des Ablaßhandels. Daran wird erkennbar, daß nach Abaelard die äußere Bußübung die Moral nicht herzustellen vermag.

77 L. c., S. 106 f.

keit beurteilen, die moralische oder unmoralische Absicht bleibt ihr verborgen. Die Moralität ist Privatangelegenheit in dem radikalen Sinne, daß jedes Individuum nur seiner eigenen Absicht gewiß sein kann, denn die Taten selbst sind indifferent.

Was das Denken Abaelards antizipiert, ist das bürgerliche Subjekt, das zu seiner Glückseligkeit nicht der Vermittlung einer universalen Instanz bedarf. Seine Selbstbeherrschung und sein Gewissen sind hinreichend, um der göttlichen Gnade würdig zu werden. Die Kirche als Mittlerin des individuellen Seelenheils wird in der Konsequenz der Ethik Abaelards überflüssig. Als Privatpersonen werden die Individuen voneinander und von den sie bestimmenden umfassenden sozialen Einheiten unabhängig. Ihr Verhältnis untereinander regelt sich nach dem formalen Recht, das keine moralische Theologie mehr impliziert. Die Handlungen der Individuen sind auch hier indifferent, sofern sie legal sind. Demgegenüber setzt das solcherart autonome Individuum seinen Handlungen Zwecke, für deren Moralität es allein einsteht. Was das allgemeine, aber der verpflichtenden Teleologie entbehrende formale Recht nicht leisten kann und um der bürgerlichen Selbstbestimmung der Individuen willen auch gar nicht beanspruchen darf, müssen die Individuen aus einer nur ihnen eigenen Kraft vollbringen. Unter der Voraussetzung, daß nur ein Subjekt, dessen Wille allein durch die Vernunft bestimmt ist, seinen Handlungen innerlich zustimmen kann, ist Moralität, als Komplement der Legalität, denkbar. Die *conscientia* aller Individuen wäre durch dieselben Gebote bestimmt, welche durch ihre Vernünftigkeit schon Allgemeinheit haben. Das Individuum ist hierbei verpflichtet, die moralische Reflexion zu leisten, die in der traditionellen materialen Güterethik überflüssig ist. Es muß prüfen, ob die Maxime seiner profanen Handlung mit dem göttlichen Gebot übereinstimmt und ob es ihr deshalb innerlich zustimmen kann. Die objektive Vernunft des Gebotes, an der die subjektive Maxime sich mißt, ist bei Abaelard noch die transzendent göttliche; insofern ist das Gebot noch nicht wie bei Kant als Gesetz der Freiheit bestimmt. Die moderne Idee der Freiheit aber ist im Denken Abaelards präformiert.

VIII.

Notiz zur Mystik Bernhards von Clairvaux

Der Streit um die Rolle der Dialektik hatte im 11. Jahrhundert die Vertreter des Vernunftanspruchs der Theologie und die Gegner eines Weltlichwerdens des Geistes einander entgegengesetzt. Gegen die ersten Spuren der Säkularisierung hatten die Antidialektiker die Autorität der geoffenbarten Religion zu verteidigen versucht und die Wissenschaft verneint. Die kompromißlose Negation der Dialektik ebenso wie der subtile Vermittlungsversuch Anselms von Canterbury beförderten aber letzthin die bekämpfte Rationalität.

Gegen die Dialektik Abaelards wiederholt sich diese Bewegung in der Mystik Bernhards von Clairvaux. Wenn sie auch dem neuzeitlichen Denken noch ferner zu sein scheint als die scholastische Philosophie, so hat sie der Moderne doch ungewollt entgegengearbeitet. Die Predigten, in denen Abaelards unversöhnlichster Gegner zur Demut und zum Verzicht auf die Eitelkeit des weltlichen Wissens aufruft, setzen zwar einerseits die traditionelle aszetische Richtung fort, aber andererseits schließt Berhards Mystik die Elemente der alten monastischen Theologie in einem neuen Geist zusammen. Ohne dies ausdrücklich zu wollen, artikuliert Bernhard, als Bedingung des von ihm Intendierten, eine reflektierte Beziehung des Subjekts auf sich selbst. In mystischer Schau, jenseits des dialektisch explizierbaren Wissens, soll das Subjekt sich auf Gott beziehen; es soll seine Kraft darauf wenden, seine eigenen Impulse auszulöschen, um des Göttlichen unverfälscht teilhaftig zu werden.

Die Erneuerung des aszetischen Grundmotivs stellt indessen nicht die unveränderte Wiederholung der augustinischen Heilslehre dar.

Was das Subjekt auf der historischen Stufe Bernhards in sich negieren muß, ist die weltliche Kultur und Wissenschaft, die sich im 12. Jahrhundert epochal zu differenzieren begannen. Die Rückkehr zur Einfalt des religiösen Gemüts ist aber nur als ein Akt des seiner eigenen Bedeutung innewerdenden Subjekts zu denken. Die erstrebte Umkehr findet in Wahrheit gar nicht statt; das Subjekt steigert unter dem Schein, sich in Demut vor dem Absoluten zurückzunehmen, seine Beziehung auf sich selbst, indem es auf nichts als auf die Präsenz des Göttlichen in sich achtet. Seine Andacht besteht in der Betrachtung seiner eigenen inneren Regungen.

Bernhards mystische Psychologie bringt darüber hinaus die Objektivität der Theologie in Gefahr, deren übermenschliche Autorität er gerade befestigen wollte. Solange die nominalistische Kritik die Theologie noch nicht dergestalt ergriffen hatte, daß sie um ihrer eigenen Möglichkeit willen sich vom Wissen radikal scheiden mußte, ist dieser Sachverhalt historisch nicht bedeutsam geworden. Die universalen Mächte, die die politische Realität bestimmten, Kirche und Imperium, waren noch nicht von partikularistischen Bestrebungen affiziert und boten daher auch der auf sich selbst reflektierenden einzelnen Seele die religiöse und politische Orientierung auf das Allgemeine hin. Deshalb ist es kein Zufall, daß die Mystik sich erst zwei Jahrhunderte nach Bernhard, zur Zeit des erneuten, weit radikaleren Auftretens des Nominalismus geltend macht. Wiewohl vielfach mit den augustinisch-neuplatonischen Traditionen verflochten, ist die Mystik dennoch dem nominalistischen Bewußtsein der *via moderna* komplementär. Auch diese Entsprechung wird im 12. Jahrhundert präformiert.

Der Glaube, vermöge dessen jedes einzelne Subjekt des Absoluten teilhaftig werden soll, ist bei Bernhard negativ gegen das diskursive Denken bestimmt. Eine objektive Dogmatik, die ihren Gegenstand nach den Regeln der Dialektik bestimmt, konnte deshalb nicht Bernhards primäres Interesse sein. Vielmehr enthalten seine Schriften eine Glaubenslehre, der es vornehmlich um die Formen der subjektiven Gewißheit des religiösen Inhalts geht. Dies entsprach dem Bestreben, Gott nicht auf Profanes zu reduzieren und, da dies im Denken unvermeidlich ist, dennoch seine Realität zur Gewißheit zu erheben. Dazu bedarf es eines von der abstrahierenden Vernunft verschiedenen Erkenntnisweges, den das Subjekt ohne Kultivierung seines Verstandes beschreiten kann:

»Prius quaerendum existimo, sitne ignorantia omnis damnabilis. Et mihi quidem videtur non esse, – neque enim omnis ignorantia damnat –, sed multa et innumerabilia esse, quae nescire liceat absque diminutione salutis. [...] Etiam absque omnibus illis artibus, quae liberales dicuntur, – quamvis honestioribus et utilioribus discantur studiis et exerceantur-, quam plurimi hominum salva facta sunt, placentes moribus atque operibus. [...] Petrus, et Andreas et filii Zebedaei, ceterique discipuli omnes, non de schola rhetorum aut philosophorum assumpti sunt; et nihilominus Salvator per ipsos operatus est salutem in medio terrae.«[1]

Der Inhalt des Glaubens bedarf demnach keiner Begründung durch den philosophischen Intellekt; er ist gar nicht eigentlich Gegenstand des Wissens. Vielmehr ist die Seele des einzelnen Gläubigen in der mystischen Kontemplation der unvermittelten Gewißheit des Absoluten fähig. Deshalb findet die *theologia mystica* bei Bernhard ihr Zentrum in der Betrachtung des Verhältnisses der Seele zu Gott. Es ist der Gegenstand der Selbsterforschung. Darin aber liegt gegenüber der aszetischen Tradition eine Neuerung. Indem Bernhard die einzelnen seelischen Regungen daraufhin untersucht, ob sie Zeugnisse göttlicher Präsenz seien, wird das Verhältnis Gottes zu den Menschen nur in der empirischen individuellen Seele aktuell. Damit erhält das einzelmenschliche Bewußtsein eine Bedeutung, die ihm im Neuplatonismus bis dahin nicht zugemessen worden war. Ging es in der traditionellen Aszese um die Lösung der Intellektseele, deren Individualität letzthin gar nicht anzugeben war, aus ihrer Verstrickung in die empirische Vielfalt vermöge der methodisch zu schulenden Abstraktion, so tritt diese logisch-metaphysische Implikation der seelischen Erhebung zu Gott bei Bernhard zurück. Um ihrer Unmittelbarkeit willen ist die Glaubensgewißheit vielmehr ein seelisches Erlebnis des Einzelnen.

Deshalb steht in Bernhards Schriften der Begriff der Selbsterkenntnis zentral. Sie ist die Voraussetzung dafür, daß der Einzelne des Glaubens teilhaftig wird. Vorderhand freilich erfolgt diese Selbsterkenntnis durchaus nicht aus der Autonomie des Selbstbewußtseins. Sie soll Demut und Selbsterniedrigung vor Gott zur Folge haben. Im Bewußtsein seiner Nichtigkeit vor dem Absoluten soll der Einzelne gleichwohl mit ihm eines werden: »Ergo tenetis memoria quod teneam assensum vestrum, neminem absque sui cognitione salvari, de qua nimirum mater salutis humilitas oritur, et timor Domini, qui et ipse sicut initium sapientiae, ita est et salutis. Nemo, dico, absque illa cognitione salvatur, qui tamen aetatem habeat et facultatem co-

1 *Super Cantica canticorum*, sermo 36, n. 1, *S. Bernardi opera*, ed. J. Leclerq u. a., Rom 1957 ff., Bd. 2, S. 3f.

gnoscendi. (...) Noveris proinde te, ut Deum timeas; noveris ipsum, ut aeque ipsum diligas.«[2]

Die Stufen der Selbsterkenntnis, *consideratio* und *contemplatio*[3], sind zwar auf das Absolute gerichtet, aber dieses eröffnet sich dem Subjekt nur durch die Wendung auf sich selbst.

Die Erkenntnis der Beschränktheit des Einzelnen gegenüber dem Absoluten gewinnt konstitutive Bedeutung für dessen Begriff. Indem es sich selbst zum Schein negiert, ist das Selbstbewußtsein die Vereinigung des Göttlichen und Menschlichen. Da die Selbstnegation aber ein Akt des Selbstbewußtseins ist, so ist auch das Resultat dieses Aktes an es gebunden. Wenn auch die Einheit zwischen Gott und der Seele nur ein *unum consentibile* und nicht ein *unum consubstantiale*[4] sein soll, so ist doch die Wendung des kontemplierenden Geistes auf sich selbst die Bedingung für die Gewißheit des Absoluten, das die Seele durch einen Funken, die *scintilla animae,* zu berühren vermag. Die subjektive Wendung, die nach Bernhard zum *consensus* von Gott und Mensch führt, sollte die Objektivität des Glaubensinhalts durch die *deificatio* der Seele herstellen. Die mystische Ekstase des *raptus animae* sei die unmittelbare Negation der Distanz zwischen dem an sich nichtigen Einzelnen und dem allerrealsten Allgemeinen.[5]

Aber eben hierdurch wird der Glaube subjektiviert. Unabhängig von jeder metaphysischen Beweisführung, in der Bernhard nur die Hybris des menschlichen Geistes sah, ist die Wahrheit des Glaubensinhaltes nur durch die Gewißheit des Subjekts im *raptus* verbürgt. Demgegenüber sind die Autorität der Schrift und der Tradition von nachgeordneter Bedeutung.

Die *unio mystica* beruht nach Bernhard auf der Verwandtschaft der Seele mit dem göttlichen Wort, das zugleich das Objekt der mystischen Erfahrung sein soll. Dennoch wird auch in dieser Wendung die subjektive Seite des Verhältnisses zum vorherrschenden Gegenstand: „Quaeritis igitur, cum ita sint omnimo investigabiles viae eius [verbi], unde ad esse norim? Vivum et efficax est, moxque ut intus venit, expergefecit dormitantem animam meam; movit et emollivit et vulneravit cor meum, quoniam durum lapideumque erat, et male sanum [...] Tantum ex motu cordis [...] intellexi praesentiam eius.«[6]

2 L. c., Sermo 37, n. 1, l. c., S. 9.

3 Die Bestimmung dieser Begriffe findet sich in Bernhards Schrift *De consideratione,* Buch II, Kap. 2.

4 Cf. hierzu Sermo 71 n. 7, l. c., S. 218ff.

5 Cf. Sermo 85 n. 13, l. c., S. 315 f.

6 Sermo 74, n. 6, l .c., S. 243.

Zwar spricht Bernhard von der unendlichen Differenz Gottes und der menschlichen Seele; aber der Versuch, die Autorität der Theologie von der Dialektik zu trennen, um ihre Auflösung zu vermeiden, verhilft jenem Selbstbewußtsein, welches sich gerade aufgeben sollte, zu einem indirekten theoretischen Ausdruck. In vielfältigen Metaphern der Demut und Selbstpreisgabe tut sich kund, wie unabweislich das historisch erwachende Selbstbewußtsein bereits war.

Darin sind – wenn auch versteckt und nur aus der Perspektive späterer Epochen wahrnehmbar – Motive impliziert, die erst nach dem Ende der Hochscholastik selbständige Geltung erhielten. So ist es Bernhards Tendenz, das Wissen als objektive Stellung des Subjekts zur Welt zu relativieren und den Glauben durch den seelischen Akt im Subjekt überhaupt erst bestehen zu lassen. Dadurch aber wird das Subjekt unversehens konstitutiv für den als objektiv vorgestellten Inhalt des Glaubens, dem es sich unterwerfen soll. In der Lehre von der Gottwerdung des Menschen, dem ekstatischen Versinken des Besonderen im Allgemeinen bereitet sich die Humanisierung Gottes vor: die Einsicht, daß das göttliche Absolute ein menschlicher Gedanke ist.

IX.

Von der kontemplativen zur produktiven Wissenschaft Die Arbeit der Erkenntnis und die Differenzierung des Individuums in der Hochscholastik

Die Philosophie der Hochscholastik ist aus schweren theoretischen und politischen Konflikten entstanden. Die vielgerühmte Geschlossenheit ihrer spekulativen Konstruktionen, die in den Augen mancher Interpreten an die Bauweise gotischer Dome erinnert, ist nicht das zeitlose Produkt einer überzeitlichen geistigen Kraft. Ihre durchaus uneinheitlichen Doktrinen bezeichnen vielmehr überall Positionen in einer theoretischen Auseinandersetzung, die unter wechselnden Akzenten das gesamte 13. Jahrhundert durchzieht. In dem vielfältigen Streit um die Einheit der weltlichen und geistlichen Wissenschaft, um die Rolle der endlichen Erkenntnis und die innere Bestimmtheit der einzelnen natürlichen Dinge gelangt das Bewußtsein einer Epoche zum Ausdruck, in der es politisch um die Einrichtung eines universellen Systems von Herrschaft gegen starke partikularistische Tendenzen ging.

Mehr noch und anders als in der Zeit Gregors VII. erhält das päpstliche Streben nach der Suprematie über alle weltlichen Fürsten unter Innozenz III. den Charakter eines diesseitigen Machtkampfes. Hatte die Politik Gregors den ersten Schritt in die Richtung einer politischen Säkularisierung der geistlichen Macht getan, so handelt Innozenz bereits als weltlicher Machthaber, dessen traditionelles Ziel, die Einheit der Christenheit, in Wirklichkeit Mitttel zum Zweck diesseitiger Zentralisierung von Macht darstellt. Die schon von Anselm von Canterbury geförderte Aufnahme der Dialektik und der rechtlichen Argumentation in die Theologie hatte die politische Konsequenz, daß sich die Papstmacht zu Beginn des 13. Jahrhunderts mit dem weltlichen Mittel des römischen Rechtes legitimieren konnte. Dem profanen Recht wächst somit jene Objektivität zu, welche vormals der neuplatonisch argumentierenden Theologie allein zugekommen war. Die Berufung auf die metaphysisch und durch die Offenbarung verbürgte Himmelshierarchie allein genügt nicht mehr zur Legitimation des päpstlichen Anspruches auf die höchste Rangstufe in der Machtordnung. Dieser Anspruch bedarf vielmehr der rechtlichen Deduktion. Modell der Legitimation von Herrschaft ist also nicht primär die metaphysische Naturordnung, sondern die Berufung auf ein Recht, dessen Objektivität freilich als göttlich unterstellt wird. Darin war das theologische Thema der Souveränität des göttlichen Willens angelegt, dessen politische Implikationen im 14. Jahrhundert zutage traten. Denn ergibt sich die Legitimität geistlicher und weltlicher Herrschaft aus dem Recht, so stellt sich die Frage nach dessen oberster Quelle. Liegt sie in Gott, so muß in dessen Wesen erkennbar die Vernunft oder der Wille den Primat haben. Die *plenitudo potestatis*, welche der Papst ausdrücklich für sich reklamierte, wirkte zunächst in der Kirche bis in deren einzelne Gliederungen als formende und sie auf ihr Zentrum hinordnende Gewalt. Dem nach allgemeinen Rechtsnormen konstruierten System der zentralen Steuererhebung und Verwaltung sollte auch die weltliche Herrschaft unterworfen werden, so daß am Ende keine politische Partikulargewalt mehr unabhängig von der allesbestimmenden päpstlichen Macht existiert hätte.[1]

Die faktische Oberherrschaft des Papstes, deren metaphysische Begründung zu Beginn des 13. Jahrhunderts zurücktrat, konnte ihre Universalität gegenüber den weltlichen Mächten nur dadurch behaupten, daß sie sich als die stärkste Kraft unter ihnen erwies. Indem sie die Rivalität dieser Partikularmächte, welche sich als Nationen zu formieren begannen, förderte, liquidierte die Kirche ihre die weltlichen Verhältnisse transzendierende Bedeutung, erreichte damit aber das Gegenteil der Universalität, einer konkreten Vermittlung von Allgemeinem und Besonderem. Die Einheit der Menschheit, welche die

1 Cf. hierzu: A. Luchaire, *Innocent III. Les royautés du Saint-Siège,* Paris 1908, *sowie* G. de Lagarde, *La naissance de l'esprit laïque au déclin du moyen-âge*, Bd. I, *Bilan du XIIIe siècle,* 3. Aufl. Paris 1956, bes. S. 60 ff.

am augustinischen Neuplatonismus orientierte Politik des frühen Mittelalters herstellen wollte, indem sie die naturwüchsige Partikularität der rivalisierenden Stämme beseitigte, verlor im 13. Jahrhundert ihre vormalige Bedeutung. Der katholische Universalismus konnte sich gegen die allmählich stärker werdenden Ansprüche der Territorialfürsten nur durchsetzen, indem er die Einheit negativ, im Kampf gegen einen gemeinsamen Feind herzustellen suchte. Doch die letzten Kreuzzüge gegen den Islam beförderten nicht die *civitas Dei*, sondern die Ausbreitung der weltlichen Zivilisation und des ihr entsprechenden Bewußtseins.

Für die mit dem Papsttum schon lange konkurrierende Universalmacht des römischen Kaisers gilt die gleiche historische Bilanz. Friedrich II. hatte in Sizilien einen zentralisierten Beamtenstaat eingerichtet, der das Modell für das gesamte Reich bilden sollte. Obwohl der Kaiser die Tendenz hatte, sich selbst als Messias zu verstehen und damit die sakrale Dignität des Papstes zu übertreffen[2], führte seine Politik dennoch dazu, daß das Imperium seine sakrale Bedeutung verlor. Indem er bei der staatlichen Organisation Italiens unmittelbar auf altrömische Rechtsvorstellungen zurückgriff und sie zu einem weltlichen Absolutismus verband, gab er das traditionelle heilsgeschichtliche Selbstverständnis des Kaisertums auf. Gegen die erstarkenden Königreiche England und Frankreich und gegen die deutschen Territorialfürsten konnte sich der kaiserliche Universalismus nur in einer Form behaupten, die den Partikulargewalten bestimmende Kraft einräumte. Das Kaiserreich bestand seit Friedrich II. sogar ideell nur mehr in der Gemeinschaft der weltlichen Fürsten, unter denen der Kaiser nur der *primus inter pares* war.[3] Die geistliche Einheit der Christenheit und die weltliche des Reiches, nach ihren politischen Grundsätzen kaum mehr zu unterscheiden, sind somit nicht monolithisch. Weniger als in vorangegangenen Epochen des Mittelalters entsprachen sie ihrer traditionellen Aufgabe, die jenseitige Erlösung der Menschen vom irdischen Dasein zu befördern. Die

2 Cf. E. Kantorowicz, *Kaiser Friedrich der Zweite*, Berlin 1828, S. 183 ff., sowie H. M. Schaller, »Endzeiterwartung und Antichrist-Vorstellungen in der Politik des 13. Jahrhunderts«, in: G. Wolf, *Stupor mundi. Zur Geschichte Friedrichs II. von Hohenstaufen*, 2. Aufl. Darmstadt 1982, S. 494 ff.

3 Cf. hierzu G. Wolf, »Universales Kaisertum und nationales Königtum« in: *Miscellanea Mediaevelia*, Bd. 5, Berlin 1968, S. 243 ff. Die Idee des *corpus principum saecularium*, die im Denken Friedrichs zentral steht, ist nach Wolf geradezu grundlegend für den Konziliarismus, dessen eigentliche Epoche indessen erst mit der Wendung des Bewußtseins zum Nominalismus gekommen war.

neuplatonische Idee der Allgemeinheit, die die Überzeugung von der heilsgeschichtlichen Aufgabe der Politik beherrschte, war abstrakt; denn die Individuen und die empirischen Beweggründe ihres Handelns galten als ebenso unwesentlich wie die innere Struktur der materiellen Einzeldinge. Subsumiert unter die Feudalordnung und unter das Schema der *genera* und *species* waren die einzelnen Menschen und Dinge letztlich durch Akzidentien angereicherte Vervielfältigungen ihres Wesens, das selber keine individuelle Bestimmtheit hat.

Die Veränderung der politischen Situation im 13. Jahrhundert zeugt demgegenüber von der gestiegenen Bedeutung des Besonderen. Daß dessen Realität nun auch praktisch anerkannt wurde, zeigt sich in den auf die Einzelheiten des irdischen Lebens bezogenen Verwaltungsakten von Papst und Kaiser. Die Sphäre der materiellen Reproduktion und deren Verwaltung nimmt gegenüber früheren Zeiten einen immer größeren Raum ein. Die Einrichtung der diesseitigen Gesellschaft, die nach Augustinus nur der Beförderung des Gottesstaates dienen, nicht aber eigene Dignität beanspruchen sollte, wird zur vornehmlichen Aufgabe beider Universalmächte. Wies Augustinus dem Gottesstaat die Pilgerschaft in der vergänglichen Welt zu, so konnte dem irdischen Staat, der nur die Notwendigkeiten des sterblichen Lebens zu regeln hatte, keine besondere theoretische Zuwendung zuteil werden.[4] Solange die Erlösung der Menschheit objektiv gewiß erschien, war die Beschäftigung mit dem irdischen Leben und seiner staatlichen Organisation verschwendete Kraft, wenn sie mehr als nur deren einfache Reproduktion bewirkte. In der Auffassung politischer Universalmacht, wie sie Innozenz III. und Friedrich II. vertraten, kommt die Abkehr von der augustinischen Geschichtsphilosophie zum Ausdruck. Die politischen Mächte werden jetzt als Formkräfte der diesseitigen Realität, als Agentien einer immanenten Teleologie verstanden, die alles weltliche Geschehen vereinigt. Die ideelle Transzendenz des Gottesstaates ist eingezogen.

Die augustinische Orientierung war indessen immer noch ein starkes Moment im theoretischen und politischen Konflikt. In der franziskanischen Bewegung, die politisch die Armut der Kirche forderte und die Weltlichkeit der Wissenschaft bekämpfte, ist das traditionelle Denken schulbildend geblieben. Aber die Aufgabe des Franziskanerordens war die Apologie der überkommenen Religion und der ihr entsprechenden Organisationsform gegen jede Säkularisierung, die gerade durch das Streben nach der Einheit der Christenheit unter der

4 Cf. Augustinus, *De civitate Dei,* 19. Buch, Kap. 17.

Suprematie des Papstes befördert wurde: Durch die Kreuzzüge wurde die christliche Welt mit der islamischen Zivilisation bekannt, welche der eigenen in vielem überlegen war. Ohne von ihr zu lernen, wäre der christliche Kampf gegen die Heiden gänzlich aussichtslos gewesen. Dieser Lernprozeß aber untergrub die missionarische Absicht, mit der die christlichen Heere angetreten waren.

Indem die christlichen Gelehrten den Stand der arabischen Wissenschaft und deren philosophische Reflexion zur Kenntnis nahmen und mit den eigenen Traditionen verknüpften, eröffneten sie eine Perspektive, die es in den vorangegangenen Jahrhunderten noch nicht gegeben hatte. Dem höheren technischen Niveau der arabischen Zivilisation entsprach eine Wissenschaft, die die innere Struktur der materiellen Naturdinge bestimmbar erscheinen ließ, ohne deshalb einer metaphysischen Orientierung zu entbehren. Es stellte sich heraus, daß sich Erkenntnis nicht auf die passive Reproduktion des immer schon Vorgegebenen zu beschränken brauchte, daß sie vielmehr zu Neuem gelangen konnte, wenn sie die empirischen Naturdinge nicht nur durch das Schema der neuplatonischen Universalienhierarchie betrachtete, sondern auch die Gesetze ihrer Veränderung und andere bis dahin als akzidentell geltende Bestimmungen in Betracht zog. Zudem beförderten die Auseinandersetzungen mit den islamischen Völkern vor allem in Sizilien und Spanien[5] den profanen Handel, durch den die Produkte fortgeschrittener artistischer Naturbeherrschung im christlichen Europa bekannt wurden. Alle diese Momente taten der traditionellen Überzeugung Abbruch, daß die diesseitige Welt einer Vervollkommnung weder bedürftig noch fähig sei, wiesen doch die orientalischen Luxusgüter und die fortgeschrittene Wissenschaft auf die Möglichkeit einer Naturbeherrschung, die den bis dahin unveränderlichen Rahmen der einfachen Reproduktion sprengen mußte. Die im 12. Jahrhundert beginnende und im folgenden sich verstärkende Erfahrung, daß die traditionelle frugale Lebensweise, die nur in der Religion transzendierbar erschien, sich im Diesseits über das zum Überleben Notwendige hinaus erweitern würde, reflektiert sich in den philosophischen und theologischen Werken der Epoche.

5 Nach neuerer Auffassung waren es weniger die Kreuzzüge als die fortwährende nachbarschaftliche Konfrontation, welche den Handel anwachsen ließ. Die Kreuzzüge führten vielmehr zur Schwächung der Ritterschaft und zur feindseligen Rivalität unter der Gefolgschaft verschiedener Herren, welche die Nationalitäten beförderte. Cf. hierzu: J. Le Goff, *La civilisation de l'occident médiéval*, Paris 1984. S. 88 ff.

Die starrre Entgegensetzung der profanen Welt und der transzendenten Realität des künftigen Heils, auf das die augustinische Tradition die individuelle und kollektive Geschichte der Menschen hingeordnet sah, löste sich objektiv auf, als eine jahrhundertelang undenkbare Verbesserung der menschlichen Lebensverhältnisse eintrat. Wie begrenzt diese Fortschritte im 13. Jahrhundert auch immer waren, sie trugen dennoch dazu bei, dem von der Aszese geprägten Weltbild den Boden zu entziehen, denn die materielle Schöpfung bot sich offenkundig einer immer differenzierteren Bearbeitung durch die Menschen dar. Deren Resultat, immer weitere gegenständliche Verfügung über die Natur, forderte die philosophische und theologische Reflexion dazu heraus, die christliche Eschatologie und die Idee der profanen Naturbeherrschung zusammenzudenken. Das heilbringende Gute, ewig Substantielle und deshalb Allgemeine mußte mit den besonderen, in stetem Wandel befindlichen materiellen Dingen spekulativ in einen Zusammenhang gebracht werden, so daß die theoretische Naturerkenntnis zwar wie bisher als intellektiver Weg zum Absoluten aufgefaßt werden konnte, aber im Gegensatz zu früheren Zeiten in Korrespondenz zur praktischen Beherrschung der Natur trat: Beide erscheinen nun als Arbeit, durch die die Menschen das verlorene Paradies zurückzugewinnen streben.

Das Gegebene galt es nicht mehr nur im Glauben an die jenseitige Erlösung zu tranzendieren, vielmehr sollten die Menschen diesem nach wie vor verbindlichen Telos durch die endliche Erkenntnis und die profane Arbeit näherkommen. Innerhalb weniger Jahrzehnte des späteren 13. Jahrhunderts eröffnet sich eine Perspektive, in der sich die Idee des Fortschritts vorbereitet, die in der Neuzeit das bürgerliche Zeitalter begleiten wird. Die einflußreichsten geistigen Richtungen des 13. Jahrhunderts haben diese Beziehung auf die profane materielle Welt nicht mehr nur indirekt erkennen lassen, sondern vielmehr ausdrücklich hergestellt. Die durch den frühen Nominalismus angeregte Verschiebung des metaphysischen Interesses erlaubte nun die breite Entfaltung der säkularen Tendenzen, die im 12. Jahrhundert nur angelegt sind.

Diese geschichtliche Tendenz der Epoche setzte sich im Widerspruch zur traditionellen Orientierung durch. Für die franziskanische Armutsbewegung war die zivilisatorische Veränderung das Skandalon, dem sie ihre große Verbreitung verdankte. Ihr Kampf gegen die Verweltlichung der Kirche richtete sich zugleich gegen die päpstliche Herrschaft *in temporalibus* und wies insofern schon über das Mittelalter hinaus, als er die moderne Trennung des Geistlichen vom Weltlichen denkbar machte; denn am Ende konnte die franziskanische Bewegung eine aszetische Umkehr der Zivilisation nicht erreichen. Vielmehr stärkte sie ungewollt die laizistische *civitas terrena*, in der die mönchische Lebensform kein beherrschendes Ideal mehr darstellt. Jedoch kam in dieser von der Kirche rasch aufgefangenen Bewegung zunächst das zivilisationsfeindliche Moment zum Tragen. Der Kampf gegen die intellektuellen und politischen Neuerungen der Epoche führte mit innerer Konsequenz zur Förderung des Bekämpften. In den Theorien der Franziskanerschule hat diese auf den ersten Blick paradoxe Entwicklung ihren philosophisch faßbaren Ausdruck erhalten.

Der intellektuelle Antagonist hierzu war der Dominikanerorden. Ebenso wie die Minoriten zur Apologie des Christentums gegen Häresie und heidnischen Unglauben aufriefen, haben seine Theoretiker ihrer Aufgabe gerecht zu werden versucht, indem sie die aristotelische Philosophie rezipierten und sie zur Grundlage der Theologie erhoben. Damit trugen sie der gewandelten historischen Situation Rechnung, in der die Überzeugung von der metaphysischen Nichtigkeit der Welt nicht mehr die Orientierung auf das göttliche Sein ermöglichte. Vielmehr sind die Welt und die einzelnen Dinge in ihr daraufhin zu untersuchen, ob sie einen Hinweis auf das Göttliche in sich enthalten. Dazu aber bedurfte es der Entfaltung der weltlichen Wissenschaft, in der die Realität der Einzeldinge vorausgesetzt ist.

Die Wandlung der universalen politischen Ordnungen in weltliche Herrschaftssysteme ließ das gesellschaftliche Leben zum Gegenstand einer Wissenschaft werden, die der *Politik* des Aristoteles folgte.[6] In den Kommentaren zu diesem Text wird der Mensch als *animal sociale* bestimmt. Sein Wesen stellt demnach also nicht eine neuplatonische *res universalis* dar, sondern eine Vereinigung von Allgemeinheit und Individualität. Darin ist die zentrale Doktrin der Aristotelischen Metaphysik ausgesprochen: Das Allgemeine kann nicht separat vom Besonderen subsistieren, sondern nur als dessen innere Form, sowie umgekehrt das Besondere durch diese Form erst sein bestimmtes Dasein hat. Indem das christliche Denken des 13. Jahrhunderts diese Lehre in sich aufnimmt, verweltlicht es das Allgemeine, das bis dahin dem Besondern gegenüber transzendent geblieben war. Die endliche menschliche Vernunft befindet sich hiernach mit der Religion in Ein-

6 Die Sozialphilosophie in diesem Sinne ist geradezu eine Entdeckung des 13. Jahrhunderts. Cf. Hierzu: G. de Lagarde, *La naissance de l'esprit laïque...*, Bd. 2: *Le secteur social de la scolastique*, Löwen und Paris 1956, bes. S. 11 ff.

klang, wenn sie die profane politische Welt nach der fortgeschrittenen Vernunfterkenntnis einrichtet, da diese in Gott ihre Quelle hat.

Diese zunächst von der Apologetik bestimmte Aufnahme der aristotelischen Philosophie führte zur ersten ausdrücklichen Proklamation der Autonomie von Wissenschaft. Albertus Magnus und Thomas von Aquin förderten die weltliche Wissenschaft und suchten zugleich deren Verbindung mit der traditionellen Dogmatik herzustellen. Der lateinische Averroismus akzentuierte die autonome Philosophie und Wissenschaft bereits gegen die Theologie, die für diese Denkrichtung keine Wissenschaft mehr darstellt. Der Versuch, die Apologetik aristotelisch zu fundieren, säkularisierte die Metaphysik, welche eigentlich ihrerseits das Übernatürliche denkbar machen sollte. Indem aber die mittlere Franziskanerschule hiergegen die traditionellen Positionen des augustinischen Neuplatonismus verteidigte, förderte sie einen theologischen und psychologischen Voluntarismus, der später die *via moderna* ebenso bestimmt hat wie die Lehre von der alleinigen Realität der *singularia*.

Der politischen Konstellation, innerhalb derer die Rezeption der Aristotelischen Philosophie den Versuch darstellt, die zur Modernität sich wandelnde Welt zu begreifen, entspricht eine innere Folgerichtigkeit der theoretischen Entwicklung seit der neuplatonischen Frühscholastik. Die geistesgeschichtlichen Zufälle der Textübermittlung aus dem islamischen und jüdischen Bereich konnten sich nur auswirken, weil der Boden für die aristotelischen Denkmodelle durch das im frühen Nominalismus geschärfte Bewußtsein der neuplatonischen Aporien vorbereitet war. An einigen Motiven der Metaphysik, der Erkenntnis- und Wissenschaftslehre und der Gesellschaftstheorie ist zu zeigen, daß sich im 13. Jahrhundert aus dem Antagonismus der Schulen ein Denken entwickelt, das von der traditionellen Kontemplation zu einem produktiven Verhältnis zur Natur übergeht.

Ist Metaphysik die Wissenschaft von den inneren Konstitutionsgründen der Dinge, so konnte das philosophische Bewußtsein des 13. Jahrhunderts weder im ungebrochenen Realismus noch im radikalen Nominalismus eine Lösung für die Aufgabe finden, vor die es historisch gestellt war. Die Überzeugung von der dinghaften Realität der Universalien ließ die Genesis der Einzeldinge als solche im dunkeln und verhinderte damit die Einsicht in die materiellen Bedingungen von deren Produktion, da der Realismus subjektiv-logische Bestimmungen als objektive metaphysische Entitäten verkannte. Der extreme Nominalismus Roscelins, in den die innere Auflösung des neuplatonischen Realismus mündete, gestattete andererseits nicht einmal mehr von einem Ding zu reden, in dem dessen konstitutive

Momente vereinigt sind. Das Ding wird geradezu irrealisiert zugunsten einer gleichsam atomaren Singularität, die nach Roscelins Prämissen gar keine ontologische Bestimmung aufweisen kann. Allgemeines und Besonderes waren dieser Position zufolge unter umgekehrtem Vorzeichen ebenso getrennt wie im Neuplatonismus.[7] Die Genesis des konkreten Dinges ließ sich also nach Roscelin ebensowenig bestimmen wie nach Wilhelm von Champeaux.

In Abaelards Distinktion von *vox* und *sermo* liegt der sprachlogische Versuch beschlossen, das Universalienproblem zu lösen. Wiewohl Abaelard den Sinn der Universalien auf die sprachliche Bedeutung reduziert und das Allgemeine damit subjektiviert, weist er diesem doch eine nicht auf die Sprache reduzierbare Entsprechung in der extramentalen Realität zu. Seine Intention ging trotz seines Nominalismus auf eine wenn auch widerspruchsvolle Vereinigung von Allgemeinem und Besonderem.[8]

Hinter diesem impliziten Telos ist Abaelards Denken indessen zurückgeblieben. Seine Kritik an der verdinglichten Universalienhierarchie des Neuplatonismus wie an deren radikaler Entsubstantialisierung bei Roscelin eröffnet wohl die Frage nach einem Dritten. Aber dieses blieb unbestimmt. Was das reale Fundament der in der Sprache bestimmten Universalien sein soll, vermochte Abaelard nicht anzugeben. Zwar ist er an dieser Stelle unversehens zu der Einsicht gelangt, daß das Ansich der Dinge real und bestimmt, aber der menschlichen Erkenntnis nicht zugänglich ist. Dieses Element der Kantischen Erkenntniskritik hatte aber im Mittelalter keine Bedeutung, da es zunächst noch nicht um die konstitutive Funktion des Subjekts, sondern um die Darstellung der ansichseienden Welt ging. Hier wußte der Nominalismus Abaelards keine Antwort zu geben. Die Distinktion zwischen *modus intelligendi* und *modus subsistendi* der Universalien läßt den letzteren als eine unbekannte Ursache der Wahrheit beanspruchenden Prädikationen übrig. Die Entsprechung beider bleibt ein Postulat und kann nicht selbst auf affirmativer Gewißheit beruhen. Sonst müßte theoretisch bestimmt sein, wie jenes Allgemeine, auf das sich die Aussagen beziehen, sich im Ding selbst mit dessen Singularität verbindet. Abaelards logische Reflexionen nähern sich der Einsicht, daß solche Erkenntnis affirmativ nicht zu haben ist, aber dies bestätigt bei ihm den Nominalismus und führt nicht zu einer erkenntniskritischen Metaphysik, die gleichwohl bei ihm angelegt ist.

7 Auf diesen Sachverhalt hat K. H. Haag eindringlich hingewiesen; cf. *Kritik der neueren Ontologie*, Stuttgart 1960, S. 13.

8 S. das 7. Kapitel des vorliegenden Buches, S. 139 ff.

Für die Philosophie des 13. Jahrhunderts hat dies insofern Bedeutung, als es den aristotelisch orientierten Schulen dieser Epoche um die systematische Darstellung der ansichseienden Welt nach Prinzipien zu tun war. Metaphysik und Physik sollten in ihrer Entfaltung die im Universalienstreit offengeblieben Probleme lösen, indem sie den nominalistischenen Impuls aufnahmen und ihm gegenüber zugleich eine realistische Position verteidigten. Abaelards Erkenntnislehre bietet nicht die Möglichkeit zu entscheiden, was die Dinge selbst auf Erkenntnis hinordnet. Der Bestimmung dieses realen Fundaments der Universalien galt aber das erwachende Interesse der Wissenschaft des 13. Jahrhunderts. Ohne sich auf Abaelard zu beziehen, zog die aristotelische Hochscholastik hierein die Konsequenz aus den Aporien seines Denkens.[9] Wenn die Begriffe und ihre logisch bestimmbaren Verhältnisse untereinander nicht beanspruchen können, an das Wesen der Dinge heranzureichen, diese aber nicht an sich wesenlos sein sollen, so ist eine Metaphysik gefordert, die der Scheidung von Erkenntnislehre und Ontologie Rechnung trägt, eine Theorie, welche die singuläre Existenz der Universalien dartut und doch nicht hinter die Einsichten der Abaelardschen Abstraktionslehre zurückfällt.

Beide Desiderate schien die Philosophie des Aristoteles zu erfüllen. Sie bietet eine Lehre von der inneren Konstitution der Dinge und zugleich eine wenn auch fragmentarische Theorie der Abstraktion. Um von Abstraktion reden zu können, muß nämlich auf den distinguierenden und synthetisierenden Verstand reflektiert werden. Dessen Produkte sind aber nicht reine Kunstgebilde des Denkens, vielmehr stellt der Gegenstand die Voraussetzung des Scheidens und Zusammensetzens dar, welcher eine andere Seinsart zukommen muß als den gedachten Begriffen. Hierfür und die Bestimmtheit jenes Seins muß es Bedingungen in den Dingen geben, die von ihnen selbst aus erschließbar sind. Das Ansich der Dinge, um das es der aristotelischen Hochscholastik ging, ist somit in bezug auf das erken-

9 Um diese objektive Verbindung zwischen Abaelard, der Hochscholastik und schließlich dem Nominalismus des 14. Jahrhunderts darzutun, ist der – bisher nirgends erfolgte – Nachweis direkter Kenntnisnahmen und Zitationen allenfalls ein hilfreicher zusätzlicher Beleg für den hier zu erörternden Sachverhalt, daß die scholastische Philosophie insgesamt eine ähnlich folgerichtige gedankliche Entwicklung durchlaufen hat wie das neuere Denken seit Descartes. Die Einsicht in die Verbindung selbst kann nur durch die philosophierende Interpretation der Texte gewonnen werden.

nende Subjekt Resultat von dessen Tätigkeit, und diese Tätigkeit wird selbst zum Gegenstand metaphysischer Untersuchung.

Nach Thomas von Aquin sind die Universalien als Resultate von Abstraktion auf ein seiendes Allgemeines in den Dingen bezogen. Der erkennende Intellekt muß aber unterscheiden zwischen der in ihrem Wesen bestimmten existierenden *res* und dem Abstraktionsweg, durch den allein er es erkennt: »Cum dicitur intellectum in actu, duo importantur, scilicet res quae intelligitur, et hoc quod est ipsum intelligi. Et similiter cum dicitur universale abstractum, duo intelliguntur, ipsa natura rei, et abstractio seu universalitas.«[10]

Die Allgemeinheit als solche gehört somit dem Verstande an, dinghafte Existenz hat nur das *singulare*: »Ipsa [...] natura cui accidit vel intelligi, vel abstrahi, vel intentio universalitatis, non est nisi in singularibus; sed hoc ipsum quod est intelligi, vel abstrahi, vel intentio universalitatis, est in intellectu.«[11] Das Einzelding ist somit ontologisch anders durch das Allgemeine bestimmt als das individuelle Urteilssubjekt, dem im Denken ein Universale als Prädikat zugewiesen wird. Die Abstraktion, die die Realität nach Allgemeinem und Besonderem, Wesentlichem und Unwesentlichem scheidet, verändert gedanklich das Ding, in dem die den Denkbestimmungen entsprechenden Entitäten vereinigt sind. Thomas verwendet hier fast wörtlich Abaelards Distinktion von *modus intelligendi* und *modus subsistendi*: »Est enim absque falsitate ut alius sit modus intelligentis in intelligendo, quam modus rei in essendo; quia intellectus est in intelligente immaterialiter per modum intellectus, non autem materialiter, per modum rei materialis.«[12]

Lag für Abaelard bei dieser Unterscheidung der Akzent auf dem subjektiven Element der Abstraktion, so soll sie bei Thomas die Möglichkeit einer objektiven Metaphysik begründen. Die erkenntnistheoretische Reflexion und die Ontologie bedingen sich geradezu in ihrer Möglichkeit wechselseitig. Für eine Theorie, die die Begriffe

10 Thomas von Aquin, s. th., I, qu. 85, a. 2, ad 2. In der sprachlogischen Tradition des 13. Jahrhunderts lebt das Interesse an den Themen Abaelards fort. Dem modus *intelligendi* und dem *modus essendi* stehen hier die *modi significandi* vermittelnd gegenüber. In den Modistenschulen, die sich diesem Problem bald auch weithin unabhänging von der Metaphysik widmeten, bereitet sich die moderne Trennung von Logik und Ontologie vor, die im Positivismus des 20. Jahrhunderts sich vollendet hat. Cf. hierzu: H. Roos, *Die modi significandi des Martinus de Dacia. Forschungen zur Geschichte der Sprachlogik im Mittelalter*, Münster 1952.

11 L. c.

12 S. th. I, qu. 85, a. 1, ad 1.

gänzlich auf Produkte der erkennenden Subjektivität reduzierte, gäbe es kein Kriterium der Wahrheit, da die außerbegriffliche Realität ausgeblendet wäre. Reine Ontologie aber verfiele wieder in die Aporien des Neuplatonismus. Die Bedingung für die Wahrheit der Urteile im Intellekt ist die *veritas ontologica*, die innere Beschaffenheit der Dinge, die sie auf ihre Erkennbarkeit hinordnet. Diese Beschaffenheit ist umgekehrt vom Verstande nur erschlossen, nicht aber unverstellt erschaut: »Cum verum sit in intellectu, secundum quod conformatur rei intellectae, necesse est quod ratio veri ab intellectu ad rem intellectam derivetur, ut res etiam intellecta vera dicatur, secundum quod habet aliquem ordinem ad intellectum.«[13]

Der *ordo intelligendi*, in dem durch die nominalistische Wendung die subjektive Reflexion ihre Selbstgewißheit findet, weist eine immanente Gesetzmäßigkeit auf, die auf den *ordo rerum* schließen läßt. Ist dieser nach Thomas und den übrigen Aristotelikern seiner Zeit auch nicht das Urbild, das sich im Intellekt und seiner Verfahrensweise nur abbildet, so ist doch keine Welt denkbar, die den logischen Gesetzen nicht enspräche. Läßt sich der Widerspruch zwischen Allgemeinem und Besonderem nicht durch die Reduktion des einen auf das andere lösen, so ist eine widerpruchsfrei denkbare Vereinigung der Extreme anzustreben. Ist die Trennung von Universale und *singulare* das Werk des abstrahierenden Verstandes, welches zur Fixierung der Begriffe führt, so muß dieser Trennung, soll sie nicht gänzlich *contra naturam* sein, das Verhältnis metaphysischer Entitäten entsprechen, deren Existenz anders als vereinigt nicht denkbar ist.

Die Metaphysik des Thomas von Aquin ist somit insgesamt konstituiert aus der Reflexion des philosophierenden Intellekts auf seine eigene Tätigkeit und deshalb kein naiver Realismus mehr. Die inhaltliche Darstellung dessen, was die Dinge auf ihre Erkennbarkeit hinordnet, ist die Wissenschaft vom Seienden schlechthin. Sie handelt affirmativ von der Vernunft, die in der Natur objektiviert ist, ohne auf eine menschliche Ursache ihrer Realität zu verweisen, jedoch so, daß sie der menschlichen Erkenntnis offen ist. Nach dem Prinzip des zureichenden Grundes, das der natürlichen Vernunft aus sich selbst evident ist, läßt sich auf die erste Ursache jener denknotwendigen inneren Bestimmtheit der Natur schließen, durch die allein mensch-

13 S. th. I, qu. 16, a. 1 c. Thomas hat die Verwiesenheit von Denken und Gegenstand schon in *De ente et essentia* deutlich gemacht: »Praedicatio enim est quiddam, quod completur per actionem intellectus componentis et dividentis, habens fundamentum in re ipsa unitatem eorum quorum unum de altero dicitur.« (c. 3)

liche Begriffsbildungen, Urteile und Schlüsse innere Konsistenz und Wahrheit annehmen.[14]

Liegt das Kriterium der Wahrheit somit im Seienden selbst, so ist es als Einheit von Verschiedenem zu denken, da auch Urteile und Schlüsse als logische Gebilde nur wahr sein können, wenn sie Synthesen veschiedener Extreme darstellen. Der letzte Grund der *veritas ontologica* und damit mittelbar der *veritas in intellectu* ist das Prinzip, das das Seiende aus seinen Bestimmungsgründen konstituiert hat. Dieses »primum principium perfectissimum« ist Gott. Als *prima causa exemplaris* hat er jene Entitäten in der Schöpfung vereinigt, die der menschliche Intellekt zum Zwecke der Erkenntnis trennt: »Hoc igitur quod est causa rerum, in quantum sunt entia, oportet esse causam rerum, non solum secundum quod sunt talia per formas accidentales, nec secundum quod sunt haec per formas substantiales, sed etiam secundem omne illud quod pertinet ad esse illorum quocumque modo. Et sic oportet ponere etiam materiam primam creatam ab universali causa entium.«[15]

Aus dem Verhältnis von Materie und Form glaubte Thomas das Fundament konstruieren zu können, welches die Denkbestimmungen in den Dingen besitzen. Das Universale, das nur im Denken existiert, hat seine ontologische Entsprechung in der Form, die nur an der Materie real ist. Deshalb nimmt Thomas die nominalistische Kritik an den *res universales* auf und wendet sie zu einer nichtplatonisch intendierten Ontologie: »Universalia non sunt res subsistentes, sed habent esse solum in singularibus.«[16]

Obwohl er kritisch über den frühen Nominalismus hinausgeht, bewahrt Thomas doch dessen Resultat, die Realität des singulären Seienden. Er hatte nämlich erkannt, daß das reine Allgemeine ebenso wie das reine Besondere Abstraktionen sind, die in der Welt der natürlichen Dinge nicht aus sich heraus existieren können. So bestimmt er in *De ente et essentia* das Wesen als Einheit von Materie und Form: »Patet ergo quod essentia comprehendit materiam et formam.«[17] Hierbei vertritt die Form das Allgemeine und die Materie das Besondere, da sie nach Thomas geradezu das Prinzip der Individuation ist. Diese Einheit konstituiert alle individuellen natürlichen Ge-

14 Cf. s. th. I, qu. 2, a. 2 c: »Cum effectus dependeant a causa, positu effectu, necesse est causam praeexistere. Unde Deum esse secundum quod non est per se notum quoad nos, demonstrabile est per effectus nobis notos.«

15 S. th. I, qu. 44, a. 2 c

16 *Summa contra gentiles*, I, c. 65.

17 *De ente et essentia*, c. 1

genstände, so daß die bestimmte Individualität im Gegensatz zur neuplatonischen Tradition den Rang einer metaphysischen Entität erhält. Noch in der *Summa contra gentiles* spricht Thomas von der *essentia singularis*.[18]

Deren Bestimmtheit freilich ist allgemein. Dies gilt für die endliche menschliche Erkenntnis dergestalt, daß das Individuum als solches gar nicht erkennbar ist; es gilt aber auch für die innere Konstitution der Dinge. Denn seiende Bestimmtheit soll dem singulären Ding nur durch die Form zukommen, welche nach Thomas allgemein und nur als solche wesentlich ist. Die Einheit des Dinges gerät so entgegen der Anlage des Thomasischen Denkens zu einer akzidentellen Bestimmung: »Particulare semper se habet ex additione ad universale.«[19] Der aus dem Universalienstreit resultierende und über ihn hinausweisende Gedanke, daß die Entitäten, die den Begriffen *universalitas* und *singularitas* entsprechen, nicht rein, sondern nur vereinigt existieren, wird dadurch dementiert, daß dem Universale *in intellectu* die Form entsprechen soll, die sich zur Materie verhält wie das Universale zum singulare. Thomas sucht damit inhaltlich anzugeben, was die Dinge jenseits aller menschlichen Erkenntnis durch Intellekt und Willen Gottes konstituiert hat.

Indem Thomas aber außer acht ließ, daß es sich hierbei nur um das Verhältnis von Denkbestimmungen handelt, die der reflektierende Intellekt auf die Realität projiziert, hat er dem auf ihn folgenden Nominalismus unwillentlich entgegengearbeitet. Denn der Schluß aus dem begrifflichen Verhältnis von Form und Materie auf die innere Struktur der Dinge gestattet nicht deren affirmative Darstellung. In ihr aber sah Thomas die apologetische Aufgabe, auf die sein Denken verpflichtet ist. Ließ sich nämlich widerspruchsfrei dartun, daß den subjektiven Begriffen die objektive Realität sich erschloß, dann ließ diese sich als *ordo naturae*, als Kosmos der an sich intelligiblen Dinge konzipieren. Aus der gegenüber dem radikalen Nominalismus unabweisbaren Einsicht, daß die Begriffe und Operationen des subjektiven Verstandes, um wahr zu sein, eine notwendige Beziehung zu ihrem Gegenstande haben müssen, unterstellt Thomas die affirmative Demonstrierbarkeit der den Begriffen entsprechenden Realität. Da doch jede Tätigkeit des menschlichen Intellekts letzthin auf die Wahrheit gerichtet ist, schließt Thomas auf die *veritas ontologica* und, darüber hinaus, auf deren objektive Darstellbarkeit. Denn an der Möglichkeit einer objektiven Metaphysik hing auch die einer objektiven Theologie.

18 C. g., l. c.
19 In 1. sent, dist. 19, qu. 4, a. 2 c.

Das Dogma der Schöpfung war durch die metaphysisch begründete Naturlehre als vernünftig zu erweisen, um jeden Widerspruch von Glauben und Wissen ausschließen zu können. Die wissenschaftliche Erkenntnis der Naturordnung ist für ihn geradezu eine Voraussetzung, um zu den Glaubensinhalten aufzusteigen. Thomas vertritt damit im Unterschied zu seinen franziskanischen Gegnern ein weltliches Wissenschaftspathos, das zu seiner Zeit nur von den lateinischen Averroisten überboten wurde.

Die aristotelische Formel, nach der Thomas die Natur metaphysisch konstruiert, soll es gestatten, die gesamte Welt mit wenigen Begriffen intellektiv zu erfassen. So geben schon in den frühen Schriften *De ente et essentia* und *De principiis naturae* die Begriffe Form, Materie und Privation sowie deren Verhältnisse untereinander das innere Gerüst an, das Thomas als die intelligible Struktur der gesamten Welt und der Prozesse in ihr ansah: »Sunt igitur tria principia naturae, scilicet materia et forma et privatio; quorum alterum, scilet forma, est id propter quod fit generatio; alia duo sunt ex parte eius ex quo est generatio.«[20] Die Genesis der Natur an sich war nach Thomas zu begreifen als Realisation der intelligiblen Bestimmtheit der Form an einem Unbestimmten, der Materie, die nur dem Begriffe nach von der Privation unterschieden ist. [21] Damit wird die essentielle Einheit der *res*, die sich aus Verschiedenem zusammensetzen sollte, letzthin als eine rein ideelle Produktion gedacht, die der göttliche Schöpfer aus gleichermaßen ideellen Komponenten vornimmt: »Ponimus materiam creatam a Deo, non tamen aliam ab idea compositi.«[22]

So ist denn auch die von Gott geschaffene Ordnung der Dinge durch das Gefüge der Formen und ihrer Differenzen zustande gekommen. Alle Bestimmtheit der Natur ist durch die Formen bewirkt, durch die sie am Göttlichen partizipiert: »Ex diversitate autem formarum sumitur ratio ordinis in rebus. Quum enim forma sit secundum quam res habet esse, res autem quaelibet, secundum quod habet esse accedat ad similitudinem Dei, qui est ipsum suum esse simplex, necesse est quod forma nihil sit aliud quam divina similitudo participata in rebus.«[23]

Zwar ist die Ordnung der Dinge für den menschlichen Verstand nicht vollkommen zu ermessen, da nur das Subjekt, das eine Sache produziert hat, diese auch substantiell und nicht nur akzidentell er-

20 *De principiis naturae*, c. 2.
21 L. c.
22 S. th. I, qu. 15, a. 3. ad 3.
23 C. g., III, c. 97.

kennt. Dennoch ist an der Thomasischen Konzeption des *ordo naturae* deutlich, daß die Differenzen der metaphysischen Wesenheiten untereinander sich schließlich wieder wie im Neuplatonismus aus der je verschiedenen Distanz zum Urprinzip erklären sollen. Der reine Intellekt Gottes setzt somit die affirmative Bestimmtheit der Formen fest und zugleich die Unterschiede, vermöge derer die Formen negativ aufeinander bezogen sind: »Similitudo autem, ad unum simplex considerata, diversificari non potest, nisi secundum quod magis et minus similitudo est propinqua vel remota. Quanto autem aliquid propinquius ad divinam similitudinem accedit, tanto perfectius est.«[24]

Da die Form dasjenige Konstituens ist, demgemäß ein Ding sein Sein hat, so blieb für die der Form ursprünglich gleichgestellte Materie nur die Unbestimmtheit der bloßen Potentialität übrig. Sie galt lediglich als Möglichkeit, die bestimmten Formen aufzunehmen. Jedes Ding sollte so eine Zusammensetzung von Materie und Form sein, die sich kategorial als Verhältnis von Potenz und Akt darstellt. Für den Verstand erscheint die Indifferenz der Materie gegenüber der Aktuierung durch die Form als Privation. Diese innere Unterscheidung des Seienden in ein aktuelles und bestimmtes und ein potentielles und unbestimmtes Konstituens ist aber das Produkt des abstrahierenden Intellekts: »Materia prima dicitur una per remotionem omnium formarum.«[25] Nur durch diese Abstraktion wird die Materie zu einer identifizierbaren Entität. Damit aber ist schon für den zentralen Gedanken der Thomasischen Metaphysik deutlich, daß sie die reine Objektivität ihres Gegenstandes nicht wiederherzustellen und das Universalienproblem nicht zu lösen vermag.[26] Zwar reflektiert Thomas das Resultat der nominalistischen Kritik an der naiv-realistischen Metaphysik, aber indem er den *modus subsistendi* der den gedachten Universalien entsprechenden Entitäten in Theologie und Physik affirmativ und systematisch darzustellen sucht, erhebt er wiederum Denkbestimmungen zur ansichseienden Realität. Sind zudem die Wesensformen unerkannt stilisierte Imitationen der Dinge[27], so

24 L. c.

25 *De ente et essentia*, c. 3.

26 Dies hat K. H. Haag überzeugend herausgearbeitet. Daß die *res* nach Thomas eine innere Tautologie aufweist, nicht aber durch eine von ihrer sinnfälligen Erscheinung verschiedene *essentia* strukturiert ist, stellt die hier aufzunehmende wichtige Einsicht dar: cf. *Der Fortschritt in der Philosophie*, Frankfurt/M. 1983, bes. S. 43 ff.

27 Cf. Haag, l. c., S. 37.

stellt die *essentia singularis* nicht, wie beabsichtigt, die ontologische Einheit von Allgemeinem und Besonderem, sondern allenfalls die Erscheinung des Dinges auf einem bestimmten historischen Erkenntnisstande dar.

Unter dem Begriff der *essentia singularis*, mit dem bei Thomas der Universalienstreit metaphysisch beendet zu sein scheint, ist nur die Vereinigung gänzlich allgemeiner Wesensmomente zu denken. Wenn die *species intelligibilis*, das für sich hinreichend bestimmte Eidos, mit der *materia prima* zusammentritt, so ist dies die Zusammenfügung zweier Universalien, die in ihrer Allgemeinheit nur dem Verstande angehören können. Sind beide ontologischen Momente aber nur subjektive Begriffe, so ist der auf Thomas folgende Nominalismus des 14. Jahrhunderts gerade in der Doktrin angelegt, die aus den Widersprüchen des frühen Nominalismus herausführen sollte.

Der innere Widerspruch des Thomasischen Versuchs, aus den Extremen des Universalienstreites eine vermittelnde, sowohl realistische wie erkenntniskritische Metaphysik hervorzutreiben, wird an der Lehre vom Individuationsprinzip besonders deutlich. Nachdem er die Form als das metaphysische Korrelat des Universale *in intellectu* bestimmt hatte, konnte Thomas das Prinzip der Individuation nicht in einer weiteren Differenzierung der Form suchen. Der Grund, der ein Seiendes zu einem Einzelnen macht, muß nach diesen Prämissen in der Materie liegen. Darin kommt zunächst zum Ausdruck, daß die intelligible Wesensform, die lediglich die generischen und spezifischen Merkmale eines Dinges enthält, nur an einem Anderen Realität hat, das nicht auf diese *universalia* reduzierbar ist. Das Individuum als solches hat also seine eigene metaphysische Bestimmung.[28]

Bestrebt, diese irreduzible Realität des Individuellen festzuhalten und doch nicht zu verselbständigen, muß Thomas sie als das, was die Form nicht ist, und doch mit dieser vereinigt denken. Führte die Position Roscelins zur Hypostasierung der Singularität und damit zum Zerfall der Realität in bestimmunslose Atome, so sucht Thomas einer solchen Konsequenz zu entgehen, indem er der *res singularis* imma-

28 Für die Bestimmung des Menschen bedeutet dies, daß die Seele als *forma corporis* eine individuelle Existenz im Leibe hat. Damit aber ist das vergängliche irdische Individuum zur metaphysischen Substanz erhoben. Oder aber es zeichnet sich die averroistische Konsequenz ab, die menschliche Seele als numerisch eine für alle Individuen zu lehren. Beide Doktrinen können die christliche Erlösungslehre nicht mehr begründen.

nent setzt, was Roscelin allein den *voces* zugeschrieben hatte. Hat das Universale nun nach Thomas im Verstande, auch im göttlichen, eine andere Seinweise als in den Dingen, so muß doch das von den Universalien bezeichnete Sein in den Einzeldingen von deren rein individueller Komponente so unterschieden sein, daß der urteilende Verstand zwei aufeinander nicht reduzierbare Momente auseinanderhalten kann: »Omnis forma de se communis est: unde additio formae non potest esse causa individuationis.«[29]. Um diese Unterscheidung durchzuhalten, darf die *materia prima* keine formelle Bestimmung enthalten, welche nämlich immer schon auf begriffliche Allgemeinheit bezogen wäre. Da aber alle Bestimmungen, auch die akzidentellen, im Intellekt von allgemeinen Begriffen bezeichnet werden, so kann der Begriff der Materie nur gänzlich unbestimmt sein.

Mit dieser negativen Bestimmung der Materie wäre nur gleichsam ein Ungrund zum Individuationsprinzip erhoben, nicht aber die Substantialität des Einzelnen zur Geltung gebracht. Deshalb bestimmt Thomas den Entstehungsgrund des Individuums auch näher durch die Quantität, auf welche die Materie vor ihrer weiteren qualitativen Formung hingeordnet sein muß, um das generisch und spezifisch Allgemeine von vornherein als ein Dieses zu bestimmen. Nur so kann es ja nach der aristotelischen Lehre überhaupt real sein. Die *quantitas dimensiva* ist der Grund der numerischen Identität eines *ens singulare*: »Forma fit haec per hoc quod recipitur in materia. Sed cum materia in se sit indistincta, non potest esse quod formam receptam individuet, nisi secundum quod est distinguibilis. Non enim forma individuatur per hoc quod recipitur in materia, nisi quatenus recipitur in hac materia distincta et determinata ad hic et nunc. Materia autem non est divisibilis nisi per quantitatem.«[30] Nur durch die *dimensiones interminatae* wird die an sich unbestimmte Materie zum Prinzip der numerischen Verschiedenheit und damit zum Grunde der individuellen Besonderung.

Darin aber liegen drei unlösbare Probleme. Zum einen ist nicht anzugeben, wie aus der unbestimmten Dimension die bestimmt exi-

29 Thomas von Aquin, *Questiones quodlibetales*, VII, a. 3 c.
30 Thomas von Aquin, *Expositio super librum Boethii de Trinitate*, qu. 4, a. 2 c. Thomas stützt seine Individuationslehre auf Argumente, die schon von Averroes formuliert sind. Das Theorem von den *dimensiones interminatae* hat er dort entlehnt. Da es hier um die spekulative Rekonstruktion der Thomasischen Gedanken zu tun ist, kann dieser geistesgeschichtliche Gesichtspunkt außer Betracht bleiben. Cf. M. D. Roland-Gosselin, *Le ›De ente et essentia‹ de S. Thomas d'Aquin*, Paris 1948, S. 51 ff.

stierende des konkret existierenden *ens singulare* werden soll; zum anderen ist die *quantitas dimensiva* ein Akzidenz, also eine ontologisch niedere Bestimmung, welche hier zum Grunde der substantiellen Individualität werden soll. Das dritte Problem ist die Notwendigkeit, entgegen der vollständigen Distinktion von Materie und Form, die formelle Bestimmung der Quantität der Materie ursprünglich immanent zu setzen. An diesen Problemen ist die Zwangsläufigkeit abzulesen, mit der die Metaphysik des Thomas von Aquin scheiterte. Die Gegnerschaft, die ihr schon im 13. Jahrhundert und noch mehr im 14. erwuchs, tritt ihr nicht nur von außen gegenüber, sondern resultiert aus ihren eigenen Aporien.

Mit Aristoteles geht Thomas von der Realität des bestimmten Seienden aus. So ist das konkrete Ding immer auch durch quantitative Abmessungen bestimmt. Sind diese aber an dem Ding meßbar, so können sie, wie Thomas selbst sagt, als solche nicht Prinzip sein, da sie nur empirisch gegeben und variabel sind. Die bloße Meßbarkeit bleibt somit als individuierendes Prinzip übrig. Abgesehen davon, daß die Meßbarkeit zur Fixierung des Maßes eines messenden Subjekts bedarf, wird hier eine abstrakte Denkbestimmung zum ontologischen Grunde erhoben. An ihm wiederholt sich, bezogen auf die Individualität, das Pseudos idealistischer Ableitungen. Der unbestimmte Allgemeinbegriff der Abmessung überhaupt soll der Grund des in Zahlen ausdrückbaren Maßes sein. Dies ist nicht möglich, denn das Maß setzt die Beziehung der quantitativen Daten auf qualitative Merkmale des Gemessenen voraus. Den Maßstab aber trägt die Sache nicht in sich selbst; insofern kann er nicht deren immanente Form sein, die das Seiende metaphysich zum *ens hoc* macht.

Die Quantität ist zudem ein Akzidenz der existierenden *res*, das als solches nicht ein der allgemeinen Wesensform gleichrangiges Prinzip der Besonderheit sein kann. Denn auch die Begriffe der Akzidentien sind *universalia* und insofern dem *singulare* als solchen inkorporiert. Zudem läßt die Einführung der quantitativ vorbestimmten Materie als Individuationsprinzip erkennen, daß Thomas von Aquin der historisch gewachsenen Bedeutung des Individuums zwar Rechnung tragen will, daß er ihm aber letztlich keine eigene metaphysische Substantialität zumißt, sondern sich mit einer Oberflächenbeschaffenheit[31] begnügt.

Eine ursprüngliche Zuordnung von Materie und Quantität ist nach Thomas' eigenen Prämissen nicht zu begründen. Denn die Quantität existiert nur als Quantum *von* etwas, also in Einheit mit anderen

31 Mit diesem Begriff charakterisiert K. H. Haag die Thomasische Bestimmung des *ens singulare*; cf. Haag, l. c., S. 49.

Bestimmungen. Hätte Thomas dies zugegeben, dann wäre hervorgetreten, daß das Problem des Verhältnisses von *essentia* und *res*, von Allgemeinem und Besonderem nicht gelöst war. Die aus der Tradition resultierende Leerheit des Materiebegriffs, welcher das Korrelat der Form ist, ließ nicht zu, sie ohne weitere Bestimmung als Individuationsprinzip einzusetzen. Ist die Materie aber durch die Quantität signiert, so ist sie im Hinblick auf ein Akzidenz schon aktuiert und nicht reine Potenz, wie es die von Thomas überall verwendete aristotelische Definition festlegt.

Das Individuum ist aus den *principia entis* nicht abzuleiten. Gattung und Art werden durch Materie oder quantitativ signierte Materie nicht zureichend individuiert. Dies hatte schon Bonaventura bemerkt. Wenngleich er der aristotelischen Grundintention zustimmt, die Dinge aus den Prinzipien Form und Materie zu erklären, so ist ihm zufolge die Materie doch nicht die »tota causa«, sondern nur die »causa sine qua non« der Individuation.[32] Wenn die anorganischen Dinge mit diesen Prinzipien für menschliches Denken auch hinreichend bestimmt sein mögen, so ist doch die einzelne menschliche Person in ihnen noch nicht enthalten. Die *discretio personalis*, vermöge derer die Menschen sich als Individuen voneinander unterscheiden, ist nach Bonaventura aus der Materie nicht herzuleiten. In dieser Differenz, die über den numerischen Unterschied hinausgeht, ist geradezu die *dignitas* des Menschen beschlossen. Sie kann nur jedem Individuum einzeln zukommen und hat ihren Grund in der Form: »Proprietas dignitatis est incommuncabiliter existens in hypostasi.«[33] Die Unverwechselbarkeit der Personen hat ihr Substrat in der Seele, die zwar Form des Körpers ist, aber mit den Formen anorganischer Dinge nicht auf einer Stufe steht.

Bonaventura lehrt somit ein doppeltes Individuationsprinzip. Die bloß numerische Identität ist nur eine äußere Bestimmung materieller Dinge, die *personalis discretio* betrifft darüber hinaus die Selbstgewißheit der Menschen, die sich als Individuen setzen, indem sie sich von allen anderen Individuen unterscheiden. Dies ist ein Akt des Bewußtseins, nicht ein objektives Akzidenz, das einer Substanz inhäriert. Indem Bonaventura die Untersuchung des Individuationsprinzips vornehmlich auf die menschliche Person bezieht, evoziert er bereits die Selbstgewißheit des individuellen Bewußtseins, die in der Neuzeit zum Anfang der Philosophie wurde.

Wenngleich Bonaventura mit seiner Kritik an der Lehre, die quan-

32 Bonaventura, *In secundum librum sententiarum*, dist. 3, art. 2, qu. 3.
33 L. c.

titativ signierte Materie sei das Prinzip der Individuation, apologetisch gegen einen weltlichen Naturalismus ankämpft, der in jener Lehre angelegt ist, so hat er doch, indem er die Dignität des Menschen in die *discretio personalis* legt, den Akzent in die Richtung einer modernen Bestimmung des Menschen verschoben: Indem der individuelle Unterschied, also eine negative Bestimmung, betont wird, verliert das Allgemeine als essentielle Bestimmung an Bedeutung. Die Menschen bestimmen sich dann durch ihre äußeren Verhältnisse als Individuen, nicht durch eine je innere Bestimmung.

Eine affirmative Lösung des Problems kann indessen auch Bonaventura nicht bieten. Ist die Individualität bloß negativ bestimmt, so entzieht sie sich der Fixierung als Substanz. Die Ambivalenz der modernen Bestimmung des Individuums ist hierin antizipiert: Es bestimmt sich in der Gesellschaft nur negativ gegen alle anderen. An sich nichts, erlangt es nur in dieser negativen Beziehung die Dignität des einzig legitimen Seienden. Zwar gibt es im radikalen modernen Denken nur das Besondere, aber sein reales Dasein ist nur relational bestimmt. Zugleich verliert die Gesellschaft ihre vormalige substantielle Allgemeinheit, und so bleibt nur die universale Konkurrenz partikulärer Willen übrig. Die nominalistischen Gesellschaftstheorien der via moderna setzen an diesem Resultat des traditionellen metaphysischen Denkens an.

Schärfer und auf andere Weise als bei Bonaventura und Thomas treten die Aporien des Individuationsprinzips bei Duns Scotus hervor. Führt die Bestimmung des Singulären bei Thomas nicht zu dessen innerer Form und hat der Erklärungsversuch Bonaventuras zur Folge, daß das *ens singulare* in seiner Relation sich erschöpft, so versucht Duns Scotus, ein affirmatives Prinzip anzugeben. Das Individuum stellt danach die Vollendung von *genus* und *species* dar. Die in diesen allgemeinen Entitäten gelegene Wesenheit ist von der *entitas singularitatis* nur formell, nicht aber dinglich geschieden. Deshalb ist die *entitas singularitatis* jedes Dinges von der jedes anderen verschieden: »Individua proprie differunt, quia sunt ›diversa aliquid-idem entia‹; ergo eorum differentia reducitur ad aliqua quae sunt primo diversa.«[34] Aus dieser negativen Beziehung aber konstituiert sich die Individualität nicht, vielmehr muß dies durch eine positive Entität geschehen: »Praeter naturam in hoc et in illo, sunt aliqua primo diversa, quibus hoc et illud differunt [...]: et non possunt esse negationes [...], nec accidentia [...]; igitur erunt aliquae entitates

34 Duns Scotus, *Ordinatio* II, dist. 3, pars 1, qu. 6, n. 9 (Ed. Vaticana, Rom 1950 ff., Bd. VII, s. 475).

positivae per se determinantes naturam.«[35] Beruhte die Thomasische Bestimmung des Individuationsprinzips auf der Hypostase eines Akzidenz, das einer bloß negativ bestimmten Materie inhärieren sollte, so will Duns Scotus demgegenüber der Individualität als einem eigenen metaphysischen Prinzip Geltung verschaffen. Hierin zeigt sich die Abkehr von der alten neuplatonischen Lehre, daß das Individuum nichts als die zufällige Vereinigung von Akzidentien sei, die der Realität der substantiellen Wesenheiten nichts hinzufügen. Duns Scotus lehrt in scharfem Gegensatz hierzu, daß die Individualität die Essenz überhaupt erst aktuiert: »Non est igitur ›ista entitas‹ materia vel forma vel compositum, in quantum quodlibet istorum est ›natura‹, – sed est ultima realitas entis quod est materia vel quod est forma vel quod est compositum.«[36]

Die Individuen sind hiernach nicht mehr vervielfältige Abbilder ihres Urbildes, vielmehr bleibt die Wesenform ohne die Realität des Individuums bloße Potenz: »Quoad hoc ista realitas individui est similis realitati specificae, quia est quasi actus, determinans illam realitatem speciei quasi possiblem et potentialem, – sed quoad hoc dissimilis, quia ista numquam sumitur a forma addita, sed praecise ab ultima realitate formae.«[37] Darin liegt eine Umkehrung der aristotelischen Doktrin, nach der die Wesensform aktuell, die Materie aber potentiell sein sollte. Indem Duns Scotus das Individuum zur *ultima realitas*

35 L. c. – Diese positive Entität wird in der Literatur zu Duns Scotus zumeist als *haecceitas* bezeichnet. Der Ausdruck findet sich in dem *Ordinatio* genannten Sentenzenkommentar nicht, sondern nur in Schriften, die von Schülern redaktionell überarbeitet wurden, wie die *Quaestiones subtilissimae super libros Metaphysicorum Aristotelis* (cf. l. VII, qu. 13, n. 9 und n. 26; ed. L. Wadding, Bd. IV, S. 700 n. 708). Die philosophisch wichtigste Quelle, die den Begriff enthält, sind die *Reportata Parisiensia*, eine Schülernachschrift einer Scotischen Vorlesung über die Sentenzen des Lombardus. Deren Gedankenführung ist ohne Zweifel authentisch, so daß der Neologismus *Haecceitas* deren terminologischer Zuspitzung dient (cf. Rep. Par., II, d. 12. qu, 5, nn. 8, 13, 14.; ed. L. Wadding, Bd. XI, 1, S. 327–329).

36 L. c., n. 15 (S. 483 f.). Das Scotische Argument, der Grund der Individualität sei eine positive Entität, resultiert aus einem breit angelegten indirekten Beweis. So widerlegt Duns Scotus die Lehren seiner Vorgänger, indem er ihnen nachweist, daß sie das reale Seiende auf ein Nichts begründet haben. Die positive Entität verdankt sich so der Negation der negierten Prinzipien. Sie ist hieraus erschlossen, nicht eine unmittelbare Realität.

37 L. c., n. 12 (S. 479).

erhebt, bereitet er die unmittelbar auf ihn folgende Lehre der *via moderna* vor, daß das Individuelle die ontologisch primäre Realität sei, die Universalien aber nur die potentiellen Ordnungsschemata des subjektiven Verstandes darstellen. Da Scotus das Universalienproblem aber metaphysisch lösen wollte, durften allgemeine Wesensform und Individualität ontologisch nicht auseinanderfallen. Der Unterschied, den Scotus so scharf hervorhebt, ist nur formell: »Quodcumque commune, et tamen determinabile, adhuc potest distingui (quantumcumque sit una res) in plures realitates formaliter distinctas, quarum haec formaliter non est illa: et haec est formaliter entitas singularitatis, et illa est entitas naturae formaliter. Nec possunt istae duae realitates esse res et res, sicut possunt esse realitas unde accipitur genus et realitas unde accipitur differentia (ex quibus realitas specifica accipitur), – sed semper in eodem (sive in parte sive in toto) sunt realitates eiusdem rei, formaliter distinctae.«[38]

Wenn mit dieser Konstruktion eine innere Tautologie von Wesen und existierenden Einzelding vermieden werden soll, in welchem Medium sind dann die formal distinkten Entitäten aufeinander bezogen? Ist es das Ding selbst, so ist dieses nochmals unterschieden von seinem individuierenden Prinzip, welches dann entweder doch ein Universale ist oder ein für jedes Ding anderer Bestimmungsgrund – eine Vielheit, die aber im erkennenden Intellekt zum Einheitsbegriff der *haecceitas* zusammenfällt. Ist diese individuelle Entität das wahre Wesen des existierenden Singulären, so sind die traditionellen Wesensbestandteile, Gattung und spezifische Differenz, unversehens zu Akzidentien geworden. In der Tat liefert der Scotische Versuch, die realistische Metaphysik auf eine neue Grundlage zu stellen, deren nominalistischer Kritik unmittelbar die Argumente: Ob die bekannten generischen und spezifischen Merkmale der Dinge wirklich deren Wesen sind und nicht vielmehr andere, der diskursiven Erkenntnis verschlossene ihre innere Natur ausmachen, ist dogmatisch nicht mehr zu entscheiden und wird daher zu einer Frage, die von Ockham bis zu Hume und Kant die spekulative Philosophie bewegen wird. Die Tendenz, die traditionellen Universalien als Zeichen zu verstehen, deren Bezeichnetes in den Dingen nicht notwendig deren Wesen ist, erhält mit der Scotischen Spekulation über das Individuationsprinzip einen metaphysischen Antrieb.

Wollte Scotus die *haecceitas* auch mit den anderen *constitutiva entis*, Essenz und Existenz, gleichrangig behandeln, so hat er ihr doch als *ultima realitas formae* einen ontologischen Vorrang erteilt. Eben des-

38 L. c., n. 15 (S. 484).

halb wird die Scotische Position in sich widersprüchlich. Es gibt so viele letzte Realisierungen der Form wie es numerisch verschiedene Dinge gibt. Hätte derart ein jedes seine eigene *haecceitas*, so stellte sich heraus, daß mit dieser neuen Wesensbestimmung die Welt nur ideell verdoppelt, nicht aber auf ihren Grund gebracht wäre. Zudem müßte die *haecceitas* im Gefüge der anderen Seinskonstitutiva bei allen Dingen eine analoge Stelle einnehmen, so daß sie mit Recht *allgemein* als Individuationsprinzip bezeichnet werden könnte und nicht völlig heterogene Dinge unter eine Äquivokation fielen.

In ihrer Unbestimmtheit ist die *haecceitas* folglich wiederum ein Universale, das zudem schon bei Scotus letzthin ein Reflexionsbegriff ist. Denn der Unterschied zwischen der *haecceitas* und den anderen Konstitutionsgründen des Seienden ist eine *distinctio formalis*. Dieser Schlüsselbegriff der Scotischen Metaphysik soll die ontologische Einheit des Seienden in der Verschiedenheit seiner Wesensprädikate denkbar machen. Das Seiende als solches ist in letzter Analyse des diskursiven Denkens nur als ein univok-eines zu erschließen. Aber es ist dennoch kein eleatisches Sein, demgegenüber die Differenzen bloße δόξα sind. Die Differenzen sind nach Scotus vielmehr solche der Sache, die als substantiell *eine* vorausgesetzt wird, welche jene Differenzen *hat*.[39]

Die Lehre vom univoken Sein stand im Widerspruch zur Theorie der seinskonstitutiven Entitäten. Ist das Ding für den abstrahierenden Verstand nur entweder als ein univok prädizierbares und damit unterschiedsloses Seiendes oder als ein Kompositun seiner unterschiedenen Momente gegeben, so postuliert Duns Scotus eine zweite Form der Erkenntnis, die *cognitio intuitiva*, die den Widerspruch zwischen Einheit und Unterschiedenheit des Seienden überbrücken soll. Hiernach steht für Scotus fest, daß die substantielle *res* sich nicht aus verschiedenen *realitates* zusammensetzt. Vielmehr stehen ihre verschiedenen Momente *formalitates* dar, die in der *cognitio intuitiva* ihre Seinseinheit, in der abstraktiven Erkenntnis ihre Differenz erscheinen lassen. Die Differenz ist somit nicht ein willkürliches Produkt des Verstandes, aber auch keine Realdistinktion von Essenz, Existenz und *haecceitas*. Soll die intuitive Erkenntnis die Beziehung

39 Die Lehre von der *distinctio formalis* kann hier nur insofern berührt werden, als sie für die Scotische Wendung des Universalienproblems systematisch bedeutsam ist. Ihre kritische Richtung gegen die Thomasische *distinctio realis* sowie ihre Anwendung auf das Trinitätsproblem müssen an dieser Stelle außer Betracht bleiben. Cf. zu diesem Problem: F. Wetter, *Die Trinitätslehre des Johannes Duns Scotus*, Münster 1967.

des Verstandes auf die Seinseinheit der formell distinkten Entitäten garantieren, die dem diskursiven Denken als ontologisch unabhängig voneinander erscheinen, so ist damit implizit schon gesagt, daß das wahre Medium ihrer Beziehung gar nicht mehr rein ontologisch gedacht ist. Es ist vielmehr die Reflexion selbst, die Scotus freilich noch nicht als Subjektivität im neuzeitlichen Sinne begriffen hat. Dennoch hat er selbst deutlich ausgesprochen, daß Einheit und innere Differenz der Wesensmomente eines Dinges in dem Intellekt aufeinander bezogen werden, der das Wesen zum Gegenstande hat: »Potest autem vocari ›differentia rationis‹, [...] non quod ›ratio‹ accipiatur pro differentia formata ab intellectu, sed ut ›ratio‹ accipitur pro quiditate rei, secundum quod quiditas est objectum intellectus. Vel alio modo potest vocari ›differentia virtualis‹, quia illud, quod habet talem distinctionem in se non habet rem et rem, sed est una res, habens virtualiter sive praeminenter quasi duas realitates, quia utrique realitati ut est in illa re competit illud quod est proprium, tali realitati, ac si ipsa esset res distincta: ita enim haec realitas distinguit et illa non distinguit, sicut si illa essent una res et ista alia.«[40]

Einheit und Verschiedenheit der *formalitates* konstituieren in der Reflexion das einheitliche Ding als das *subjectum distinctionis*, während die Reflexion sich ihrerseits in intuitive und abstraktive unterscheidet. Diese Differenzierung des Intellekts in sich entspricht der gedanklichen Bewegung von Einheit und Differenz der seienden Relata, die den Gegenstand jenseits aller Relation als metaphysisch bestimmte Substanz voraussetzt. Mit Hegel gesprochen, ist die *distinctio formalis* die sich selbst negierende Differenz, die im seienden Ding zugrundegeht, d. h. in eins fällt.

Der Versuch des Duns Scotus, das Problem des Verhältnisses von Allgemeinem und Besonderem zu lösen, führt somit nicht zum Ziel ihrer Vereinigung, sondern *systematisch* dazu, daß die metaphysische Substanz der Relata im Medium ihrer Beziehung aufgelöst wird, auch wenn es *historisch* noch ein langer Weg zu Hegels Wesenslogik ist. Das neue Gewicht, das die Reflexion in der Scotischen Erkenntnislehre erhält, wurde indessen zur Voraussetzung für die nominalistische Trennung der Universalien von ihrer metaphysischen Bedeutung.

Die Theorien des Thomas von Aquin und des Duns Scotus über das Individuationsprinzip markieren die Extreme einer Antinomie: Thomas hat mit seinem Individuationsprinzip nur ein Akzidenz hypostasiert, in der These von der intellektuellen Unerkennbarkeit des Individuellen aber den unauflöslichen metaphysischen Kern der Realität

40 Ord. I, d. 2, pars 2, qu. 4, n. 43 (Ed. Vat., Bd. II. S. 355).

anerkannt. Duns Scotus hat dagegen dem Individuum begrifflich eine weitaus stärkere Substantialität zugewiesen, macht es aber, da sein Prinzip in einer Differenzierung der Form bestehen soll, idealistisch allen anderen formellen Bestimmungen gleich. Die *ultima realitas formae* ist selbst Form, an der andere Formen sind. Auch wenn das Individuum nicht vom abstrahierenden Intellekt und auch nicht von der physiologisch wahrnehmenden Sinnlichkeit erkannt werden kann, sondern nur von der Intuition, so ist dies nur eine aporetische Notlösung. Denn es wird unterstellt, daß die Erkenntnis sich vollkommen im Medium des Geistes vollziehe, weil sie sich scheinbar nur dann lückenlos herleiten läßt. Aber dann wäre Erkenntnis erst recht tautologisch, da sich hiernach Geist nur auf Geist, nicht aber auf ein Anderes bezöge. Sind die Dinge solcherart vollständig »formalisiert«, so bedarf es nur noch eines Impulses, um das gesamte Gebäude dieser formal distinkten Entitäten als ein Gefüge von Reflexionsbestimmungen zu erkennen, und die Substanzenmetaphysik hätte ihre Objektivität eingebüßt.

Die Theorien, die im 13. Jahrhundert die Individualität erklären wollen, schließen zwei Aspekte in sich, die beide auf die kommende *via moderna* verweisen. Einerseits sollen die Naturdinge nach ihren inneren Konstitutionsgründen bestimmt werden. So interessiert die Metaphysik und die Naturphilosophie, was das einzelne *ens naturale* nach allgemeinen Gesetzen zu dem macht, was es ist. Kann nicht mehr behauptet werden, daß die universalen Wesenheiten dinghaft-separat subsistierten, dann können sie nur von den *singularia* realisiert werden. Die Komposition formeller und materieller Konstituentien mit numerischer Identität, als welche sich das Einzelding nunmehr darstellt, eröffnet die Perspektive von dessen Herstellbarkeit. Die Idee, Natur durch die systematische Reproduktion ihrer Erscheinungen gesellschaftlich erweitert anzueignen, entwickelte sich mit einer Metaphysik, die durch die Theorie der Individualität den bereits zweifelhaft gewordenen Realismus als objektive Metaphysik glaubte wiederherstellen zu können. – Andererseits ist das Problem der Individualität immer auch auf den Menschen bezogen. Hier zeigt sich, daß sich die gesellschaftliche Stellung des Einzelnen gegenüber dem früheren Mittelalter von Grund auf geändert hat. Das individuelle Subjekt beginnt, aus der Geschlossenheit der geistlichen und weltlichen Institutionen herauszutreten. Die neuplatonische Metaphysik hatte – wenn sie auf Individuelles überhaupt eigens einging – dieses aus dem Wesen zu erklären versucht. Da die *essentia* für alle gemeinsam war, bestand die Substanz der Individuen in der *communitas,* ihre eigentliche Individualität aber haftete dem Wesen nur äußerlich an und war damit letzthin nur negativ-residual bestimmt, als das, was nach dem Abzug des Essentiellen übrig blieb. Das Individuum konnte sich nicht auf etwas Positives, nur ihm eigenes berufen, um seine Existenz als essentiell zu bestimmen. Dies entsprach einer gesellschaftlichen Realität, in der das Privateigentum noch nicht das System der Beziehungen formal unabhängiger Rechtspersonen zueinander begründete.

Diese Form der Unselbständigkeit des Individuums findet im 13. Jahrhundert ihr theoretisch absehbares Ende. Was der Einzelne ist, bestimmt sich zunehmend nach dem was er hat. Nur als Eigentümer kann er in den bürgerlichen Rechtsverkehr eintreten, der sich in dieser Epoche als die geistige Form eines neuen Verhältnisses der Menschen zueinander entwickelt. Die Unabhängigkeit der in dieses Verhältnis eintretenden Personen ist immer schon vorausgesetzt. Die Metaphysik des 13. Jahrhunderts hat noch das positive Prinzip gesucht, das in dieser ausschließenden Beziehung nicht aufgeht. Indem sie es der allgemeinen Essenz als Prinzip gleichstellte, konnte es selber nur relational bestimmt sein. Die *entitas individualitatis* war so wenig als denkunabhängiges Seinsprinzip zu behaupten wie die neuplatonischen Universalien. Die auf Scotus folgende *via moderna* hat deshalb konsequent die objektive Metaphysik aufgelöst. Die *essentia communis* war dann nicht mehr der Ausgangspunkt aller Reflexionen, sondern vielmehr die Eigentümlichkeit des partikulären Einzelnen. Dem entspricht in der Gesellschaft, in der der Einzelne nur real ist, das Eigentum, das freilich allgemein anerkannt sein muß und insofern wiederum eine relationale Bestimmung darstellt.

Die Emanzipation, die das Individuum vom 13. Jahrhundert an bis zur Moderne durchlaufen hat, beendete die persönliche Abhängigkeit des feudalen Gewaltverhältnisses. Dabei aber wurde die Gemeinsamkeit der Subsistenz geopfert. Dies gilt nicht nur für den spekulativen Ausdruck der realen Verhältnisse, sondern für die ökonomische Realität selbst. Der Einzelne bestimmte sich als Teil einer *communitas*, welche als Familien- oder Dorfgemeinschaft in zeitlich und regional verschiedener Form das Eigentum an Grund und Boden innehatte und insofern als den Einzelnen überdauerndes Allgemeines diesem Subsistenz verschaffte. Im 13. Jahrhundert hatten sich diese Verhältnisse bereits entscheidend verändert. Das Sondereigentum an Land war längst hervorgetreten, indem bereits seit dem 10. Jahrhundert der Großgrundbesitz durch die gewaltsame Aneignung von Allmenden sich herausbildete.[41] Das gesellschaftlich Allgemeine subsistiert

41 Cf. J. Kulischer, *Allgemeine Wirtschaftsgeschichte*, Bd. I, S. 106 ff.

demmach zunehmend durch das Eigentum Einzelner, eine Entwicklung, die noch gefördert wird durch die sich entfaltende Stadtwirtschaft. Die Individuationstheorien des späten 13. Jahrhunderts heben sämtlich die Abgrenzung der Individuen untereinander hervor, die aufgrund des nur ihnen Eigenen möglich ist. Mit dieser metaphysischen Bestimmung des Individuums wird die spätere bürgerliche Definition der Rechtsperson als des Eigentümers vorbereitet. Wenn im bürgerlichen Zeitalter das Eigentum geradezu zur Wesensbestimmung der Menschen in Gesellschaft wird, so ist der Grund hierzu schon in den Spekulationen des 13. Jahrhunderts gelegt. Die Ambivalenz des bürgerlichen Sozialcharakters, die aus der Verabsolutierung des Individuums und seiner Willkür folgt, hat kaum wahrnehmbar ihre Antizipation in den sublimen Spekulationen der Hochscholastik. Die ideologische Rechtfertigung der bürgerlichen Gesellschaft und Eigentumsordnung als der menschlichen Natur am besten angemessene Realisation des Allgemeinen, welche erst im 18. und 19. Jahrhundert besonders betrieben wurde, stützt sich, ohne dies zu wissen, auf ein Resultat der hochscholastischen Metaphysik. Die Metaphysik hat die ursprünglich christliche Idee der Substantialität des Individuums zu begründen versucht und hat doch eben darin unwillentlich diese Substanz zu einer bloß relativen Bestimmung herabgesetzt, so wie in der fortgeschrittenen Moderne die theoretisch gefeierte Dignität des Einzelnen praktisch widerrufen wird, da das Individuum in seiner Funktion aufgeht.

Die Auseinandersetzungen der philosophischen Schulen des 13. Jahrhunderts haben auch auf dem Gebiete der Erkenntnistheorie und der Wissenschaftslehre an das Resultat der nominalistischen Kritik angeknüpft. Der Antagonismus der scheinbar unversöhnlichen Positionen hat freilich die Erschütterung der traditionellen realistischen Metaphysik nicht rückgängig machen können – im Gegenteil, das Bestreben, Metaphysik, sei es durch die Rezeption des Aristoteles, sie es durch die erneute Artikulation augustinisch-neuplatonischer Positionen zu erneuern, ruft am Ende den radikalen, auf allen Gebieten wirksamen Nominalismus hervor. Es ist zu zeigen, daß die streitenden Parteien in den erkenntnis- und wissenschaftstheoretischen Kontroversen des 13. Jahruhunderts dem Bewußtsein der *via moderna* den Boden bereitet haben. Die an Aristoteles und seine arabischen und jüdischen Kommentatoren anknüpfenden Richtungen haben die Weltlichkeit der Philosophie willentlich gefördert, während die franziskanischen Schulen diese wachsende Konkretheit bekämpften, indem sie den metaphysischen Primat des Intellekts auflösten. Damit aber erreichten sie letzthin nicht allein die Hypostase des göttlichen Willkürwillens, sondern hoben, als dessen endliche Entsprechung, auch den menschlichen Willen und seine Kontingenz ins Zentrum der Theorie.[42] Die nominalistische *via moderna* hat sich aus beiden Quellen gespeist und erwies sich aus innerspekulativen wie aus realhistorischen Gründen als das Ziel, auf das die objektive Tendenz des hochscholastischen Denkens zulief, trotz der historisch nicht entfalteten Alternativen, die in ihm angelegt sind.

Für die Theoretiker, die den Hauptdoktrinen des Aristoteles gefolgt sind, gilt die individuelle *res* als wirklich. Deren metaphysische Bestimmung bestand in den komplementären Momenten der individuellen Materie und der allgemeinen Form. Diese Formel, der Thomasische Lösungsversuch des Universalienproblems, hatte für die Erkenntnislehre weitreichende Konsequenzen. Wenn jedes Ding, das der menschlichen Erkenntnis als Objekt gegenübersteht, aus Allgemeinheit und Individualität zusammengesetzt und dennoch nur als dies Kompositum ein substantiell Eines ist, so fragt sich, in welcher Weise der Intellekt dem Seienden außer ihm entsprechen kann. Denn die Resultate seiner Tätigkeit konnten nicht mehr naiv als strukturidentische Abbilder der Dinge ausgegeben werden, war doch durch die nominalistische Kritik klar geworden, daß das Verhältnis von besonderem Subjekt und allgemeinem Prädikat eines Satzes nicht die Seinsweise des Wesens in einem singulären Ding spiegelt.

Für Thomas von Aquin ist ein solches Abbildverhältnis schon deshalb keine wahre Erkenntnis, weil diese vielmehr reflexiv ist und sich eben hierdurch von der passiven sinnlichen Wahrnehmung unterscheidet: »Per conformitatem intellectus et rei veritas definitur; unde conformitatem istam cognoscere, est cognoscere veritatem. Hanc autem nullo modo sensus cognoscit. Licet autem visus habeat similitudinem visibilis, non tamen cognoscit comparationem quae est inter rem visam et id quod ipse apprehendit de ea. Intellectus autem conformitatem sui ad rem intelligibilem cognoscere potest [...] Quando iudicat rem ita se habere sicut est forma quam de re apprehendit, tunc primo cognoscit, et dicit verum, et hoc facit componendo et dividendo.«[43] Im Zusammensetzen und Trennen besteht die intellektuelle Tätigkeit. Die sinnfällige Erscheinung wird in ihre Momente geschieden, so daß der sinnlich *eine* Gegenstand in mehrere Bestimmungen zerfällt, die der Intellekt als Begriffe unanschaulich zusammensetzt,

42 Eine Analyse der franziskanischen Willenslehre kann hier nicht ausgeführt werden. Sie wird Gegenstand einer eigenen Abhandlung.
43 Thomas von Aquin, s. th., I, qu. 16, a. 2 c.

um das Wesen des untersuchten Dinges festzustellen. Die Kenntnis dessen, wodurch die Dinge das sind, was sie sind, setzt demnach voraus, daß eben dieser Konstitutionsgrund auch eine Hinordnung auf das menschliche Erkenntnisvermögen, d. h. Intelligibilität besitzt. Für Thomas, der dem auf sich selbst reflektierenden Bewußtsein des Subjekts in der Erkenntnistheorie weit größere Bedeutung beimißt als seine Vorgänger, ist das Intelligible als solches nicht dinglich, sondern ein Resultat des tätigen Intellekts. Er bringt die Vielfalt der sinnlichen Erscheinungen zur Einheit der Begriffe, in denen ihm das Gesetz der Naturphänomene konstruierbar ist: »Intelligibile autem in actu non est aliquid existens in rerum natura, quantum ad naturam rerum sensibilium, quae non subsistunt praeter materiam.«[44]

Dieses Intelligible ist nach Thomas durch kontemplative Schau nicht zugänglich, vielmehr ist es die eigentümliche Wirkung des tätigen Intellekts, den Thomas, eine Aristotelische Unterscheidung aufnehmend, dem rezeptiven Vermögen des potentiellen Intellekts gegenüberstellt.[45] Diese Distinktion war nach der Aristotelischen Auflösung des Platonischen Chorismos notwendig, denn das Intelligible im konkreten Seienden ist nur potentiell Begriff, dessen Allgemeinheit vom singulären Ding nur abgehoben sein kann, wenn der *intellectus agens* dessen Form von seiner Materie und seinem materiellen Bedingungen scheidet:

»Secundum opinionem Platonis nulla necessitas erat ponere intellectum agentem ad faciendum intelligibilia actu. [...] Posuit enim Plato formas rerum naturalium sine materia subsistere, et per consequens eas intelligibiles esse. [...] Sed quia Aristoteles [...] non posuit formas rerum naturalium subsistere sine materia (formae autem in materia existentes non sunt intelligibiles actu), sequebatur quod naturae, seu formae rerum sensibilium, quas intelligimus, non essent intelligibiles actu. Nihil auten

44 S. th. I, qu. 79, a. 3, ad 3.

45 Cf. Aristoteles, *De anima*, 3. Buch, Kap. 5 (430 a), Diese seit der breiten Aristotelesrezeption vielfach kommentierte Stelle läßt noch nicht erkennen, welche Bedeutung die Unterscheidung von νοῦς ποιητικός und νοῦς παθητικός im Mittelalter annehmen sollte. Klar ist lediglich, daß die Kritik, die Aristoteles an der Platonischen Ideenlehre übt, hier ihre epistemologische Konsequenz zeitigt: Sind die Ideen in den materiellen Einzeldingen inkorporiert, so kann die Seele sie nicht schon eingeboren in sich enthalten. Als intelligible Form der Dinge muß die Seele sie vielmehr durch eine ihr eigentümliche Operation sich aneignen. Diesem Prozeß, den Aristoteles nur grob skizziert, gilt das besondere Interesse der ihm folgenden Vertreter der Hochscholastik.

reducitur de potentia in actum nisi per aliquod ens actu. [...] Oportet igitur ponere aliquam virtutem ex parte intellectus qua faciat intelligibilia in actu per abstractionem specierum a conditionibus materialibus.«[46]

Da die *conditiones materiales* nach der metaphysischen Intention des Thomas von Aquin aber nicht, wie im Neuplatonismus, für das Sein ganz unerhebliche Akzidentien sein sollen, gelangt die Operation des menschlichen Intellekts nicht unmittelbar zum Ansichsein der untersuchten Dinge. Die *species intelligibiles*, auf die der *intellectus possibilis*, das rezeptive Vermögen des Verstandes, hingeordnet ist, sind Begriffe, deren Allgemeinheit schon für Thomas eine Abstraktionsleistung darstellt: »Intellectus agens causat universale abstrahendo a materia.«[47] Das Wesen, das der *intellectus agens* in den Universalien fixiert und dem *intellectus possibilis* einprägt, ist somit ein Reflexionsbegriff. Sucht Thomas auf diese Weise durch affirmativen Rückgriff auf die nominalistische Begriffslehre die neuplatonische Tautologie der Erkenntnis zu vermeiden, so stellt sich die Frage nach dem Verhältnis von *essentia* und *res* aufs neue. Sind beide als subjektives Produkt und objektive Realität strikt getrennt, so gibt es keine sichere Erkenntnis; weder Physik noch Theologie könnten als Wissenschaften auftreten. Um differenzierte Naturerkenntnis in der weltlichen Wissenschaft zu ermöglichen und zugleich deren Einheit mit ihrem metaphysisch-theologischen Fundament zu demonstrieren, sucht Thomas nachzuweisen, daß die endliche menschliche Erkenntnis mit der metaphysischen Struktur der Dinge konvergiere. Von der letzteren kann er nur unter der Voraussetzung affirmativ reden, daß der menschliche Verstand zu ihr mindestens einen mittelbaren Zugang hat. Nur wenn die Form der zu erkennenden Dinge den subjektiven Begriffen entspricht, kann die Abstraktion auf das Ansich der Dinge führen.

Die erkenntnistheoretischen Reflexionen im Werke des Thomas von Aquin gelten deshalb besonders diesem Weg, auf dem die endliche Erkenntnis zu den metaphysischen Wesensgründen vorzudringen sucht. Bei dieser Analyse, die den Nachweis erbringen soll, daß die Operationen des menschlichen Verstandes in der konsequenten Entfaltung der profanen Wissenschaft letzthin die göttliche Naturordnung aufdecken werden, verkehrt Thomas indessen das Resultat des endlichen Erkenntnisprozesses in das Ansich der Dinge und abstrahiert von dessen subjektiver Vermittlung. Wenn deshalb das letzte

46 S. th. I, qu. 79 c.
47 L. c., ad 2.

Resultat der Erkenntnis gar nicht der göttliche Ursprung aller Dinge sein kann, so stellt die Thomasische Wissenschaftstheorie auch nicht die Objektivität der Theologie wieder her, vielmehr entwirft sie ungewollt die Idee profaner Wissenschaft, deren Fortschritt mit der Entfaltung gesellschaftlicher Arbeit geschichtlich konvergiert.

Die Thomasische Metaphysik der endlichen Erkenntnis unterstellt jedoch, daß die ideellen Wesenheiten der Dinge in einer wenn auch mittelbaren Kontinuität zu den sinnlichen Erfahrungstatsachen stehen, so daß der Weg der Abstraktion von den *sensibilia materialia* zu deren Wesenskern vordringt. Thomas entwickelt deshalb eine Erkenntnislehre, die gegen Platonische Unmittelbarkeit der intellektuellen Wesensschau ebenso kritisch ist wie gegen die radikale nominalistische Position, der zufolge die begriffliche Armatur der Erkenntnis die metaphysische Struktur der Dinge gar nicht erfaßt.

Die Wahrheit der Erkenntnis ist nach Thomas verbürgt, weil feststeht, »quod species intelligibiles, quas participat noster intellectus, reducuntur sicut in primam causam in aliquod principium per suam essentiam intelligibilem, scilicet in Deum«[48]

Diesem traditionell neuplatonischen Gedanken steht im selben articulus die Feststellung entgegen, »quod species intelligibiles, quibus anima nostra intelligit, non effluunt a formis separatis«.[49] Die menschliche Erkenntnis ist demnach nicht ein bloßes Moment in der neuplatonischen Emanationsordnung. Ihre Subjektivität erhält vielmehr eigene Bedeutung, die in dem theoretischen Gewicht hervortritt, das die produktiven Vermögen des Verstandes in der Thomasischen Erkenntnistheorie haben. Darin treten ein modernes und ein traditionelles Motiv zusammen. Der subjektive Intellekt gewinnt ein Bewußtsein seiner eigenen Funktion, die von ihrem Resultat nicht zu lösen ist. Ein konsequenter Nominalismus entspringt hieraus aber noch nicht, denn Thomas hält an der traditionellen Lehre dogmatisch fest, daß der menschliche Intellekt Abbild des göttlichen sei. Nur unter dieser neuplatonischen Voraussetzung sind die nominalistischen Motive in der Thomasischen Erkenntnistheorie wirksam: »Ipsum enim lumen intellectuale, quod est in nobis, nihil est aliud quam quaedam participata similitudo luminis increati.«[50]

Diese theologische Prämisse gestattete es Thomas auch, die Formen der materiellen Natur, die dem göttlichen Intellekt von Ewigkeit her immanent sind, den Begriffen analog zu setzen, die sich der

48 L. c., qu. 84, a. 4, ad 1.
49 L. c., in corp. art.
50 L. c., a. 5 c.

menschliche Intellekt als unvollkommenes Abbild des göttlichen von ihnen bildet. Nur wenn Gott Form und Materie zum konkreten Ding zusammengefügt hat, kann die menschliche Erkenntnis sie schrittweise mit der Gewißheit scheiden, Gottes Gedanken sich zu nähern.

In dieser Zuversicht hat Thomas eine Idee von Wissenschaft entfaltet, die die positive Metaphysik nicht wiederherstellen konnte, da sie das idealistische Proton Pseudos ebensowenig vermied wie ihre neuplatonischen Vorgänger. Statt des intellektiven Weges zur göttlichen Schöpfungsordnung hat Thomas indessen ein Verständnis von Wissenschaft gefördert, dem es nicht primär um den Aufstieg der erkennenden Seele in höhere Seinssphären, sondern um die Aneignung der Natur durch Erkenntnis und Arbeit ging. Die moderne Naturwissenschaft und Technologie, deren institutionalisierte Form im 13. Jahrhundert noch fern war, haben einen ihrer geistigen Usprünge in der Zuwendung der europäischen Philosophie zu Aristoteles. Die Lösung des Universalienproblems hat, wenngleich sie fehlschlug, dennoch die Perspektive des innerweltlichen Fortschritts ermöglicht, der sich bald nach dem Ende des Mittelalters von der Theologie emanzipierte. Im lateinischen Averroismus des 13. Jahrhunderts hat diese Entwicklung ihr Vorspiel, während das Denken der Franziskanerschule sie frühzeitig abzuwenden versuchte und ihr dennoch indirekt Vorschub geleistet hat.

Die Wendung der Philosophie zur Naturerkenntnis unter dem Aspekt ihrer Beherrschung und zur Theorie der profanen gesellschaftlichen Ordnung hat Thomas von Aquin selbst mitvollzogen, zugleich aber nochmals theologisch zu begründen versucht. Seine Lehre von der menschlichen Erkenntnis bezieht sich ausdrücklich auf den *status praesentis vitae*, den Zustand der Menschen nach dem Sündenfall. Hierin liegt nach Thomas der Grund für die Unvollkommenheit der menschlichen Erkenntnis, die nicht, wie die göttliche, ihren Gegenstand vollkommen begreift: »Anima in statu praesentis vitae non potest videre omnia in rationibus aeternis.«[51] Die verbotene Frucht von Baum der Erkenntnis hat die Menschen überhaupt erst zum Gebrauch ihres Verstandes gebracht, ihnen aber zugleich das Ansichsein der Dinge versperrt. Deren intelligibles Wesen ist dem Verstande nicht vor der empirischen Erkenntnis gegeben. Vielmehr muß sich der menschliche Intellekt auf die sinnlichen Dinge in der materiellen Natur beziehen. Die intelligiblen Formen sind ihm weder als einge-

51 L. c. - Alle Parallelstellen, die im Zusammenhang erkenntnistheoretischer Probleme auf den *status praesentis vitae* eingehen, zielen in dieselbe Richtung; cf. z. B. s. th. I, qu. 84, a. 7 c und 111, a. 2, ad 3.

borene Ideen immanent noch sind sie unabhängig von der Tätigkeit der Sinne zu gewinnen: »Omnia autem quae in praesenti statu intelligimus, cognoscuntur a nobis per comparationen ad res sensibiles naturales.«[52] Die vielen zufällig erscheinenden sinnlichen Gegenstände, die als individuelle geformte Dinge existieren, muß der abstrahierende Intellekt so bearbeiten, daß ihr allgemeiner Aspekt notwendige Erkenntnis ermöglicht: »Proprium eius [scil. intellectus humani, G. M.] est cognoscere formam in materia quidem corporali individualiter existentem, non tamen prout est in tali materia. Cognoscere vero id quod est in materia individuali, non prout est in tali materia, est abstrahere formam a materia individuali, quam repraesentant phantasmata. Et ideo necesse est dicere quod intellectus noster intelligit materialia abstrahendo a phantasmatibus.«[53]

Die Arbeit des Verstandes ist es, die materielle Vielfalt der individuellen Gegenstände nach Merkmalen zu stilisieren, die deren Reproduktion in der Einbildungskraft ermöglichen. Nach Thomasischen Prämissen verliert das zum Phantasma stilisierte Ding im Intellekt seine Individualität und damit auch seine Materialität. Dies ist die Voraussetzung für die Begriffsbildung und für die weiteren logischen Operationen, die sich hieran anschließen. Wenn die Erkenntnis in den allgemeinen Wesensformen terminieren soll, ist die unumgängliche Bindung an die Sinnlichkeit ein Mangel, der die adaequate Erkenntnis des Intelligiblen behindert. Das Allgemeine ist aber für den menschlichen Intellekt überhaupt nur vom Sinnlichen aus zu erschließen, wenn erkannt werden soll, welches der Grund des bestimmten Daseins der Dinge ist: »Intellectus possibilis noster non potest se extendere ad aliqua intelligibilia nisi per illas formas quas a phantasmatibus abstrahit; et inde est quod nec Deum nec alias substantias immateriales cognoscere possumus naturaliter nisi per res sensibiles.«[54]

Der seiende Gegenstand, der nach Thomas eine *essentia singularis* hat, d. h. Substanz aufgrund der Individualität seiner Materie und der Allgemeinheit seiner Wesensform sein soll, ist nach keinem seiner Momente und auch nicht nach seiner inneren *compositio* adäquat erkennbar. Die Thomasischen Analysen jedes Schrittes der Erkenntnis führen auf Aporien: Die Sinnlichkeit erfaßt nur den singulären Aspekt einer Erscheinung, der abstrahierende Verstand, der deren Wesen zu ergründen sucht, muß von den *conditiones materialies*, also

52 S. th. I, qu. 84, a. 8 c.
53 L. c., qu. 85, a. 1 c.
54 *Quaestiones disputatae de veritate,* qu. 18, a. 2 c.

auch von der Individualität, abstrahieren und verfehlt das Ding daher ebenso, denn auch die Individualität ist eine metaphysische Bestimmung.[55] Die reale *compositio* beider Momente aber ist nur dem göttlichen Geist durchsichtig, in dem Erkennen und Schaffen zusammenfallen. Ist also weder die sinnliche Einzelerscheinung noch die universale Wesenheit das eigentliche Objekt des Verstandes, so müßte die Wahrheit für menschliches Denken unerreichbar bleiben. Die Vereinigung beider Momente im endlichen Intellekt konzipiert Thomas, der aus den nominalistischen Implikationen seiner Philosophie nicht die hier naheliegende Konsequenz einer negativen Metaphysik hat ziehen können, als ein Mittleres zwischen Sinneserscheinung und Begriff. Das Phantasma aber ist die verdoppelte *res*, die sich das rezipierende Subjekt unter Schemata stilisiert und aneignet, die ihm selbst angehören. Die Brücke zwischen Sinnlichkeit und Verstand, die das Phantasma darstellen soll, ist deshalb keineswegs die Abbildung der ansichseienden Substanz, die reale Einheit von Besonderem und Allgemeinem, die der menschliche Verstand unvollkommen nachvollzieht, sondern stets dessen spekulative Leistung: »Natura lapidis, vel cuiuscumque materialis rei, cognosci non potest complete et vere, nisi secundum quod cognoscitur ut in particulari existens. Particulare autem apprehendimus per sensum et imaginationem: et ideo necesse est ad hoc quod intellectus actu intelligat suum objectum proprium, quod convertat se ad phantasmata, ut speculetur naturam universalem ut in particulari existentem.«[56]

Die Einheit der Vorstellung im Phantasma ist freilich eine Projektion, in der sich das menschliche Interesse an intellektueller und gegenständlicher Bearbeitung der Natur objektiviert. Was als wesentlich und was als unwesentlich bestimmt wird, hängt von deren historischem Stand ab. Der intellektuelle Niederschlag in der Philosophie ist indessen ebensowenig zufällig wie der Prozeß der fortschreitenden Naturaneignung selbst.

Kann Thomas daher in seiner Erkenntnislehre auch nicht nachweisen, wie der endliche menschliche Intellekt Zugang zur metaphysischen Seinsstruktur gewinnt, so eröffnen seine wissenschaftstheoretischen Reflexionen doch die Perspektive des profanen Erkenntnisfortschritts und seiner Anwendung in der gesellschaftlichen Praxis.

55 Cf. s. th. I, qu. 14, a. 11, ad 1.: »Intellectus noster speciem intelligibilem abstrahit a principiis individuantibus: unde species intelligibilis nostri intellectus non potest esse similitudo principiorum individualium. Et propter hoc intellectus noster singularia non cognoscit.«

56 S. th. I, qu. 84, a. 7 c.

Diese epochale Veränderung der geistigen Orientierung tritt bei Thomas freilich in theologischer Gestalt auf.

Die abstraktive Bearbeitung der sinnlichen Dinge ist für Thomas geradezu die Bedingung dafür, daß sich die Menschen dem verlorenen Paradies nach dem Sündenfall wieder nähern. Wie die Arbeit die Strafe für die Sünde war, so muß der menschliche Geist durch die Arbeit der Erkenntnis die verlorene Unmittelbarkeit der Dinge wiederzugewinnen suchen: »Ex perfectione gratiae hoc habebat homo in statu innocentiae ut Deum cognosceret per inspirationem internam ex irradatione divinae sapientae; per quem modum Deum cognoscebat non ex visibilibus creaturis sed ex quadam spirituali similitudine suae menti impressa.«[57]

Was seine augustinisch argumentierenden Gegner für die menschliche Erkenntnis schlechthin behaupteten, gilt nach Thomas nur für den Zustand vor dem Sündenfall. Nur hier besaß der endliche Intellekt eine von Gott eingegebene Kenntnis der Seinsprinzipien und dessen, was aus ihnen folgt: »Quidquid unquam homo aliquis de cognitione eorum naturali ingenio assequi potuit, hoc totum Adam naturali cognitione habitualiter scivit.«[58] Nach dieser Interpretation des Mythos vom Sündenfall ist der Mensch im Paradies noch nicht zum Bewußtsein seiner eigenen Leistung erwacht, da sie ihm noch nicht abverlangt wurde. Die Erleuchtung durch den göttlichen Intellekt, die nach den augustinischen Denkern jeden Erkenntnisakt erst ermöglicht, hat nach Thomas nur den ersten Menschen bestimmt, dessen Sündenfall die Unmittelbarkeit zerstört hat. Wie die Menschen nach dem Verlust des Paradieses die Bedingungen ihres Lebens selber durch Arbeit hervorbringen mußten, so auch die intellektuellen Werkzeuge, die ihnen die gegebene Realität erschließen sollten. In *statu praesentis vitae* ist es also der eigene *intellectus agens*, der die erkennende Seele erleuchtet. Die Resultate seiner Tätigkeit sind die Universalien, in denen die Erfahrung aus der Bearbeitung der Natur vom *intellectus possibilis* akkumuliert werden kann: »Verum est quod scientiam a sensibilibus mens nostra accipit; nihilominus tamen ipsa anima in se similitudinem rerum format, inquantum per lumen intellectus agentis efficiuntur formae a sensibilibus abstractae intelligibiles actu, ut in intellectu possibili recipi possint.«[59]

Thomas bestimmt den *intellectus possibilis* als dasselbe Vermögen wie das Gedächtnis.[60] Dies Vermögen der Erkenntnisseele ist der

57 *Quaestiones disputatae de veritate*, l. c.
58 L. c., a.4 c.
59 L. c., qu. 10, a.6 c.
60 Cf. l. c., a. 4, ad 1.

Materie analog, da sie die metaphysischen Formen der Dinge nach ihrer Transformation in Begriffe in sich auzunehmen vermag. Kann schon dieser Prozeß nicht rein rezeptiv sein, so ist der Rückgriff des Intellekts auf den *thesaurus memoriae* ebenso ein spontaner Akt, vermöge dessen die Bestimmtheit neuer Gegenstände der Erkenntnis überhaupt erst erschließbar ist. Der *intellectus agens* bezieht sich deshalb auf die im *intellectus possibilis* gespeicherten Begriffe als auf die Werkzeuge, mit denen die Gegenstände stets erneut bearbeitet werden. Die Wissenschaft ist somit nicht bereits in eingeborenen Ideen im Intellekt, der sich ihrer nur zu erinnern brauchte, sondern sie ist ein fortschreitendes Vermögen: »Et sic etiam in lumine intellectus agentis nobis est quodammodo omnis scientia originaliter indita, mediantibus universalibus conceptionibus, quae statim lumine intellectus agentis cognoscuntur, per quas sicut per universalia principia judicamus de aliis, et ea praecognoscimus in ipsis.«[61]

In dieser Konzeption, die Thomas an verschiedenen Stellen angedeutet, aber nicht eigens ausgeführt hat, gehen nominalistische und realistische Momente eine Verbindung ein, in der sich das Wissenschaftsverständnis des 13. Jahrhunderts artikuliert. Im Sinne des traditionellen Realismus steht für Thomas fest, daß die Wissenschaft die Natur der Dinge außerhalb des menschlichen Bewußtseins zu erforschen habe: »Id vero quod intelligitur est ipsa ratio rerum existentium extra animam. [...] Ad hoc enim inventae sunt artes et scientiae ut res in suis naturis cognoscantur.«[62] Die Norm und das Ziel der Erkenntnis ist die Ordnung der metaphysischen Wesenheiten. Der menschliche Intellekt sucht sich von dieser als kohärent und geschlossen vorausgesetzten Welt mit begrifflichen Mitteln Kenntnis zu verschaffen, welche nicht bloß deren Abbild, sondern ebenso sein eigenes Produkt sind. Die *species intelligibilis*, die aus der Abstraktion hervorging, ist die notwendige Bedingung von weiterer Erkenntnis: »Habet se igitur species intelligibilis recepta in intellectu possibili in inteligendo sicut id quo intelligitur.«[63]

Für den menschlichen Verstand ist nach Thomas nur zugänglich, was seine aktiven Vermögen, die Abstraktion und die Einbildungskraft[64] als intelligibel erwiesen haben. Darin besteht die Arbeit des Verstandes, daß er die konfusen sinnlichen Erscheinungen durch

61 L. c., qu. 10, a. 6 c
62 C. g. II, c. 75
63 L. c.
64 Cf. s. th. I, qu 84, a. 6, ad 2.: »Procul dubio oportet [...] in vi imaginativa ponere non solum potentiam passivam, sed etiam activam.«

Abstraktion in identifizierbare geistige Entitäten transformiert. Diese Arbeit macht das Wesen der menschlichen Gattung aus, deren Erkenntnisweg vom Bekannten zum Unbekannten führt. Nur durch den allmählichen Fortschritt der *cognitio collativa*, der Akkumulation von Wissen, das erneut produktiv wird, kann die Menschheit hoffen, die durch den Sündenfall verlorene unmittelbare Erkenntnis Gottes wiederzuerlangen. Bis dahin aber ist jede Erkenntnis des Absoluten auf das Medium des Kontingenten verwiesen, das für den menschlichen Intellekt jedoch nur Konsistenz besitzt, wenn es durch die bereits gebildeten Begriffe bestimmt wird. Ohne daß Thomas dieser Einsicht eigens gewahr würde, wird in seiner Metaphysik der endlichen Erkenntnis das gnoseologische Apriori zu einem genetischen Aposteriori – ein Gedanke, der erst im deutschen Idealismus bewußt formuliert und entfaltet wurde.

Wenn der Weg des Menschen zu Gott durch die Erkenntnis seiner Wirkungen in der Schöpfung und diese nochmals durch die Begriffe vermittelt ist, die aus der vergangenen Tätigkeit des Intellekts resultieren, dann liegt in dieser Konzeption von Erkenntnis die theologische Legitimation für die weltliche Wissenschaft, deren Beschäftigung mit den materiellen Dingen geradezu heilsnotwendig erscheint. Die apologetische Absicht, die weltliche Wissenschaft und auch die mechanischen Künste als integrale Momente in einem theologisch bestimmten Kosmos einzubeziehen, läßt Thomas von Aquin zu der säkularen Einsicht gelangen, daß das menschliche Selbstbewußtsein nur in der Beziehung auf die diesseitigen materiellen Gegenstände entsteht. Die Menschen erlangen die Erkenntnis ihrer selbst hiernach also nicht mehr ausschließlich auf dem Weg der Aszese, indem sie durch Introspektion ihres unendlichen Unterschiedes zu Gott innewerden, sondern am vielfältigen Widerstand des Materials in der gegenständlichen Tätigkeit, die der Intellekt begleitet. Durch die Spontaneität des *intellectus agens* nimmt der Gegenstand Bestimmtheit an, und zugleich differenziert sich das Subjekt in der fortschreitenden Konkretion seiner Tätigkeit, durch die es sich selbst begreift. Wiewohl Thomas die Seele, der Tradition folgend, als geistige Substanz versteht, hat er sie doch nicht als geschichtsloses Selbstbewußtsein hypostasiert. Wohl ist die elementare Selbstgewißheit als das Wesen der erkennenden Seele immer schon gegeben: »Ad hoc autem quod percipiat anima se esse, et quid in se ipsa attendat, non requiritur aliquis habitus; sed ad hoc sufficit sola essentia animae, quae menti est praesens.«[65] Aber dieses an sich bestimmungslose Selbstbewußtsein

65 *Qaest. disp. de veritate*, 10, a.8 c.

aktualisiert sich immer nur in bestimmtem Denken: »Nullus autem percipit se intelligere nisi ex hoc quod aliquid intelligit: quia prius est aliquid intelligere quam intelligere se intelligere.«[66]

Die reflektierende Beziehung des Subjekts auf sich selbst ist deshalb aber nicht eine affirmative Bestimmung der menschlichen Intellektseele. Wiewohl als substantielle Entität gedacht, hat Thomas sie doch in den erkenntnistheoretischen Partien seines Werkes nicht ungebrochen als ein neuplatonisches geistiges Ding verstanden, das prozeßlos sein inneres Wesen schaut. Vielmehr ist die Selbstgewißheit, in der sich die Menschen ihres Gattungsmerkmals versichern, negativ bestimmt. Die Erkenntnis ihres eigenen Vernunftwesens und zugleich dessen Betätigung verdankt sich der gewußten Differenz der denkenden Seele zu dem, was sie nicht ist, letzthin also zur Natur außer ihr: »Cognoscere differentiam suam ab aliis rebus [...] est cognoscere quidditatem et naturam suam.«[67]

Das menschliche Selbstbewußtsein ist nach der Einsicht des Thomas von Aquin wie bei Aristoteles an der Idee der νόησις νόησεως orientiert, aber deren Bestimmung geschieht nach Thomas durch die Arbeit der Erkenntnis, die analog zur materiellen ein heterogenes Material voraussetzt: »Unde mens nostra non potest seipsam intelligere ita quod seipsam immediate apprehendat; sed ex hoc quod apprehendit alia, devenit in suam cognitionem.«[68] Besteht in der intellektiven Wesenserkenntnis der Dinge überhaupt das Telos der Thomasischen Erkenntnistheorie, so ist die Selbsterkenntnis der Intellektseele in gesteigertem Sinne der Akt ihres Wesens. Aber dieses Wesen ist als unvergängliche und in sich ruhende Substanz nur im göttlichen Intellekt wirklich. Das erste Objekt des menschlichen Intellekts in *statu praesentis vitae*, d. h. nach dem Sündenfall, ist nicht er selbst, auch nicht das Seiende als solches, wie es später Duns Scotus lehrte, sondern die Vielfalt der materiellen Dinge: »Intellectus potest suum actum cognoscere, sed non primo; quia nec primum objectum intellectus nostri secundum praesentem statum est quodlibet ens et verum; sed ens et verum consideratum in rebus materialibus [...] ex quibus in cognitionem omnium aliorum devenit.«[69]

Wenngleich die Thomasische Metaphysik voraussetzt, daß die menschliche Seele eine ebenso statische Entität sei wie die Wesensformen anderer Dinge, so kommen die erkenntnistheoretischen Ana-

66 L. c.
67 S. th. I, qu. 87 a. 1 c.
68 *Questiones disputatae de veritate,* l. c.
69 S. th. I, qu. 87, a. 2, ad 1.

lysen doch zu dem Ergebnis, daß sie nur im Vollzug bestimmter Akte ihrem Wesen gemäß ist. Auch die reflexive Selbsterkenntnis ist kein reines Beisichsein, sondern an Inhalte gebunden, über die das Bewußtsein durch intellektive und materielle Arbeit verfügt. Das Denken des Thomas von Aquin modifiziert somit die traditionelle neuplatonisch geprägte Lehre vom Menschen in mehrfacher Hinsicht. Da er das aristotelische Theorem von Form und Materie übernimmt, ist die Seele als Form des Körpers an dessen Funktionen zunächst gebunden und nicht, wie im Platonismus, in ein ihr fremdes Gefängnis verbannt. Ihr Heil hängt nun davon ab, daß sie ihre Organe nutzt, um sich aus ihrer leeren Bestimmungslosigkeit herauszuarbeiten. Die intellektive Erkenntnis, seit der Antike als dem menschlichen Wesen gemäßeste Tätigkeit angesehen, ist nach Thomas nicht mehr bloße Schau, sondern produktive Arbeit, die der materiellen nicht entgegengesetzt ist, sondern mit ihr zusammen den Rahmen erweitert, in dem die Menschen ihr Leben reproduzieren.

Die traditionelle Überzeugung, daß die wahre Seinsweise der Seele in ihrer vollendeten Einheit mit dem rein Allgemeinen bestehe, die Thomas teilt, tritt in seinem Denken in eine unaufgelöste Spannung zu dem modernen Motiv, nach dem die Seele das Wesen des Menschen nur dann adäquat realisiert, wenn sie sich tätig auf das kontingente Besondere außer ihr bezieht. Zumindest im Stande der Unerlöstheit ist die Seele somit nicht in Gott ruhende Substanz, und selbst im Jenseits bleibt nach Thomas der individuellen Seele angesichts des unendlichen Abstandes vom Schöpfer Angst, die die Folge eines nicht aufhebbaren *defectus naturalis* ist: »Spes importat quemdam defectum, scilicet futuritionem beatitudinis, quae tollitur per eius praesentiam; sed timor importat defectum naturalem creaturae, secundum quod in infinitum distat a Deo; quod etiam in patria remanebit.[70]

Wenn die kreatürliche Angst nach Thomas nicht aufhebbar ist, so drückt sich hierin zweifellos seine Überzeugung von der Unvergänglichkeit der göttlichen Herrschaft, des herrschaftlichen Prinzips überhaupt aus. Darüber hinaus aber kommt in diesem Gedanken die tiefe Aporie seines Denkens zum Vorschein: Einerseits ist die Seele als geistige Substanz erst in ihrem göttlichen Ursprung, dem rein Allgemeinen bei sich selbst und strebt in allen ihren Akten zu ihm hin; andererseits soll sie doch ihre substantielle Individualität behalten.

70 S. th. II–II, qu. 19, a.11, ad 3. Cf. zu diesem Text A. Zimmermann, »Gedanken des Thomas von Aquin über defectus naturalis und timor«, in: *Thomas von Aquin. Werk und Wirkung im Licht neuerer Forschungen*, ed. A. Zimmermann, Berlin 1987 (Miscellanea Medievalia Bd. 19).

Das Individuum kann somit nur zur Erlösung gelangen, wenn ihm der Unterschied zum Schöpfer bewußt bleibt. Seine Vollkommenheit als Einzelwesen ist paradox als ein Defekt bestimmt, der die Angst erzeugt, welche wiederum die Bedingung der Seligkeit ist. Denn das Individuum wird selig, indem es mit dem göttlichen Allgemeinen eins wird. Diese Seligkeit kann es aber nur verspüren, wenn es ein Moment der Differenz, also des Negativen bewahrt, das Thomas als *timor* bezeichnet. Die geschichtliche Stellung des Individuums im 13. Jahrhundert ist hieran abzulesen.

Die geistige Arbeit nimmt als dianoetische Tugend in den theologischen Konzeptionen des Thomas von Aquin wohl den höchsten Rang ein, aber ihre Analogie zur materiellen Arbeit tritt stärker als je zuvor in den Vordergrund. In dieser Verschiebung im Begriff der geistigen Arbeit drückt sich aus, daß die körperliche Arbeit im 13. Jahrhundert einen anderen gesellschaftlichen Stellenwert hat als in der Antike und im frühen Mittelalter. Sie wird nicht mehr als Schau der Ideen angesehen und ist auch nicht mehr bloß ein Mittel der Aszese. Ihre artistische Differenzierung hatte zu Thomas' Lebzeiten schon längst die Reproduktion der Gesellschaft über die Grenzen der geschlossenen Subsistenzwirtschaft hinaus erweitert. Diese Entwicklung reflektiert sich im Denken des Thomas von Aquin. Seine Erkenntnismetaphysik will zuvörderst das profane Wissen in der Theologie begründen, so wie seine Güterlehre im göttlichen *summum bonum* festgemacht ist. Aber hierbei akzentuiert Thomas scharf die aktiven Momente des Erkenntnisprozesses und trägt damit zur Liquidation der objektiven Metaphysik bei.

Ohne es zum Programm zu erheben ist das Denken des Thomas von Aquin auf den Fortschritt von Erkenntnis und Naturbeherrschung gerichtet. Zumal die erkenntnistheoretischen Reflexionen enthalten eine innerlich historische Konzeption des menschliches Intellekts. Zwar ist die Welt der geschichtlichen Entwicklungen in seinen auf das Notwendige und Überzeitliche gerichteten Spekulationen gar kein Gegenstand. Aber die objektive Konstruktion seiner Gedanken widerlegt die statische Ontologie, die sie nur scheinbar ungebrochen zur Voraussetzung hat. Sind nämlich die Wesensbegriffe Resultate der intellektiven Arbeit und darüber hinaus Instrumente in deren weiterer Betätigung, dann können sie nicht mehr als neuplatonische Abbilder realer Entitäten angesehen werden. Die Thomasische Erkenntnistheorie registriert vielmehr, daß der Prozeß der Genesis wissenschaftlicher Begriffe für deren Geltung konstitutiv ist.

Thomas hat mit seiner Entfaltung der aristotelischen Wissenschaftslehre die realistische Metaphysik neu begründen wollen. Aber abgesehen davon, daß dieser Versuch schon nominalistische Prämissen nach dem Modell Abaelards setzen muß, bereitet er innerlich die erneute nominalistische Kritik vor. So mußte es bald nach Thomas als inkonsequent erscheinen, die Vermittlung der Begriffe durch den Intellekt zu lehren und dennoch die affirmative Wissenschaft rein objektiver Seinsstrukturen betreiben zu wollen. Wenn Durandus und Petrus Aureoli schon zu Beginn des 14. Jahrhunderts die überindividuellen Entitäten preisgeben und Aureoli sie gar »fabricata per intellectum«[71] nennt, dann ist diese polemische Wendung gegen die Thomasische Erkenntnislehre doch nur ein kleiner Schritt über sie hinaus: Die Arbeit der Erkenntnis wird immer mehr zur Tätigkeit des Subjekts, dem die Begriffe nur *signa rerum* sind. Die komplexen Aussagesysteme, die es hieraus zu bilden vermag, sind aber vornehmlich durch denkökonimische Zweckmäßigkeit und nicht durch die alte *veritas ontologica* bestimmt.

Will die *via moderna* von der Intelligibilität der Natur an sich nicht mehr reden, so hält Thomas an diesem zentralen Lehrstück der Tradition aus einem modernen Interesse fest. Zwar entspringt die Ordnung der Natur dem göttlichen Intellekt und ist insofern ganz idealistisch konzipiert, aber den menschlichen Vermögen zu Erkenntnis und produktiver Arbeit ist sie ein an sich bestimmtes Anderes, dessen Widerstand den Begriffen distinkte Inhalte verschafft und die aus der Arbeit entstehenden Güter zivilisatorisch verfeinert. In diesem Motiv weicht das Thomasische Denken vom idealistischen Grundzug der europäischen Philosophie ab, und darin manifestiert sich seine historische Stellung. Die Natur läßt ihre eingreifende Bearbeitung zu, aber ihre Ordnung ist doch so objektiv, daß ein Allmachtswahn der Produktion unmöglich ist. Die devote Hinnahme der Naturordnung hat Thomas hinter sich gelassen, aber der Gedanke einer autonomen, frei gesetzte menschliche Zwecke verwirklichenden Produktion konnte er nur unter traditionell-theologischen Prämissen tastend reflektieren.

Wenn Thomas die manuelle Arbeit auch noch nicht im Sinne der späteren protestantischen Werkmoral ethisch erhöht, so ist doch umgekehrt die geistige Tätigkeit nur dann die höchste Tugend, wenn sie wie die materielle zur *utilitas communis* beiträgt und sich an der Idee der vernünftigen gesellschaftlichen Allgemeinheit, dem *bonum commune*, orientiert.[72] Die mönchische Lebensweise, die jahrhundertelang der Menschheit als Ideal dargestellt wurde, muß sich nun

71 Petrus Aureoli, In Sent. I, dist. 23, qu. 2.

72 Cf. Thomas von Aquin, *Quaest. quodl.* 7, a. 17.

umgekehrt gegenüber den Zwecken der weltlichen Gesellschaft legitimieren.[73] Zwar sind deren Strukturen bei Thomas noch lange nicht arbiträre Setzungen der Menschen selber, aber sie sind auch nicht, wie bei Augustinus, Ordnungen des Teufels, an die sich die Pilger zum himmlischen Vaterland nicht binden dürfen.

Einige Zeitgenossen des Thomas von Aquin haben die Bedeutung der Theologie für die weltliche Wissenschaft radikal verneint. Die Denker des sogenannten lateinischen Averroismus[74] gerieten mit der kirchlichen Lehrautorität in heftigen Konflikt, da ihre Position deutlich machte, wie wenig einige zentrale Lehrstücke der aristotelischen Philosophie mit der christlichen Glaubenslehre vereinbar waren. Thomas von Aquin hat diese Position bekämpft, obwohl er deren Prämissen teilte: Die philosophische Erkenntnis der Natur bedarf für sich genommen keiner übernatürlichen Einwirkung; sie gelangt allein mit der natürlichen Vernunft anhand des der Erfahrung gegebenen Materials zu einer widerspruchsfreien Erklärung der Welt aus einem ersten Prinzip.

Aus dieser *prima philosophia* folgt für den lateinischen Averroismus jedoch keine affirmative Theologie, die alle Glaubensartikel ra-

73 Cf. s. th. II-II, qu. 157, a. 3, ad 3.: »Omnibus illis operibus spititualibus [...] potest aliquis vacare dupliciter: uno modo quasi deserviens utilitati communi; alio modo quasi insistens utilitati privatae. Illi ergo qui praedictis operibus spititualibus publice vacant, excusantur per hujusmodi opera spiritualia ab opera manuali.«

74 Diese Bezeichnung hat sich seit Ernest Renans Buch *Averroès et l'averroïsme latin* (Paris 1852) für die Gruppe von Lehrenden an der Pariser Artistenfakultät eingebürgert, die bestrebt war, die aristotelische Philosophie ohne christlich-apologetisches Interesse zu rezipieren. Die Autoren, vor allem Siger von Brabant, Boethius de Dacia und Bernier de Nivelles, haben bei ihrer Anstrengung, die weltliche Wissenschaft von der Dogmatik, aber nicht von der Metaphysik schlechthin zu emanzipieren, die Kommentare des Averroes und anderer arabischer Denker höher geschätzt als die Interpretationen der Theologen, denen es um die Vereinbarkeit des Aristoteles mit dem christlichen Glauben ging. Deshalb ist diese Strömung aber noch kein Averroismus, sondern eine in einigen Punkten besonders radikale Version der im 13. Jahrhundert ohnehin wirksamen aufklärerischen Tendenz. Ihre Vertreter artikulieren scharf die historische Erfahrung der Epoche. Wenn die Vernunft nicht notwendig an das Christentum gebunden ist, dann kommt jener gegenüber dem Glauben die höhere Objektivität zu. – Zu den philosophiehistorischen Problemen des lateinischen Averroismus cf. F. van Steenberghen, *La philosophie au XIIIe siècle*, Löwen und Paris 1966, S. 355 ff.

tional demonstrieren könnte. Im Gegenteil, weder die Schöpfung der Welt noch der frei in ihr wirkende Wille Gottes, weder die Trinität noch die Lehre von Inkarnation und Erlösung sind Gegenstände der philosophischen Wissenschaft. Statt die Vernunftgemäßheit des göttlichen Willens oder dessen alle menschliche Vernunft übersteigende Absolutheit zu ergründen und die metaphysische Weltordnung nach theologischen Prämissen zu interpretieren, haben die lateinischen Averroisten die Transzendenz des göttlichen Prinzips der Welt überhaupt eingezogen, dessen Untrennbarkeit von seinem *principiatum* scharf hervorgehoben und eine Naturlehre vertreten, in der alle Phänomene ohne jedes Wunder auseinander hervorgehen: »Quaerimus enim hic solum intentionem philosophorum et praecipue Aristotelis, etsi forte Philosophus senserit aliter quam veritas se habeat et sapientia, quae per revelationem de anima sint tradita, quae per rationes naturales concludi non possunt. Sed nihil ad nos nunc de Dei miraculis, cum de naturalibus naturaliter disseramus.«[75]

Nach dieser radikalen Position ist die Theologie nicht länger Inbegriff von Wissenschaft. Vielmehr zeichnet sich bei den heterodoxen Aristotelikern eine immanente Welterklärung ab, die später das moderne naturwissenschaftliche Weltbild konstituiert. Dennoch bleibt dieses Denken im 13. Jahrhundert an die objektiv geltende Theologie gebunden. Das erste Prinzip ist der aristotelischen Lehre gemäß der materiellen Welt als bewegendes und formgebendes Agens immanent und nicht eine wollende Person außerhalb, aber dennoch ist es mit dem Gott der natürlichen Theologie identisch. Denn das ptolemäische Weltbild entsprach dem Stand des kosmologischen Wissens. Die Ordnung der Sphären, die hierarchischem Denken gemäß war, kannte ein eindeutiges Oben und Unten und Gott den obersten Himmel, das *caelum empyreum* zu. Die Aristoteliker der Pariser Artistenfakultät haben hieran auch nicht gezweifelt, aber sie haben die Theologie des Aristoteles unmittelbar als Physik verstanden und von der Heilslehre strikt unterschieden.

Der Objektivismus der averroistischen Wissenschaft, der die Theologie hinter sich läßt, bereitete indessen den Relativismus vor, der in der These von der doppelten Wahrheit seinen ersten Ausdruck fand. Wenn es auch fraglich ist, ob die Gruppe um Siger von Brabant die ihr vom Verdammungsdekret unterstellte Doktrin aus mehr als taktischen Gründen vertreten hat, so liegt sie doch in der Konsequenz eines Denkens, dem nur die Immanenz der Welt für rational erfaßbar

75 Siger von Brabant, *Tractatus de anima intellectiva*, ed. B. Bazán, Löwen und Paris 1972, S. 83 f.

gilt. Das Wissenschaftspathos der Averroisten enthält ein positivistisches Moment, das einen reaktiven Mystizismus heraufbeschwört, in dem sich die komplementäre Wahrheit des Glaubens ein separates Dasein schafft.

Das *primum principium* hat nur Existenz, wenn es sich in seinen Wirkungen realisiert. Ist es selbst notwendig, so auch das Substrat seiner Wirkungen, die *prima materia*.[76] Gott und Materie sind deshalb auch gleichursprünglich und ewig. Ist Gott nur die kontinuierlich wirkende Ursache der Bewegung, so ist deren kausale Gesetzmäßigkeit ausnahmslos gültig. Kann daher ein göttlicher Wille die Welt schon nicht schaffen, die vielmehr ewig ist, so kann er auch nicht in das materielle Geschehen eingreifen, da der göttliche Grund immer schon im Begründeten enthalten ist. Alle Naturprozesse sind determiniert: »Cum causa prima producat causatum primum, non per ordinem ad motum, nec motu mediante, cum etiam sit causa necessaria super illud suum causatum, simul erit cum eo secundum durationem. [...] Causa per se et necessaria simul habet esse cum causatis.«[77]

Die strikte Naturkausalität macht einen göttlichen Willen geradezu gegenstandslos. Ist nämlich die Natur mit allen ihren *species* für die Wissenschaft ebenso ewig wie die Bewegung der Himmelskörper, so ist auch eine Erlösung nicht denkbar.[78] Löst sich die philosophische Wissenschaft hier radikal von der Bevormundung durch die Theologie, so nähert sie sich mit demselben Schritt wiederum einem mythischen Naturverständnis, das im christlichen Denken aufgehoben worden war. Die schicksalhafte Ausweglosigkeit des kosmischen Geschehens erhält im lateinischen Averroismus kein utopisches Kom-

76 Cf. Boethius de Dacia, *Quaestiones super libros Physicorum*, I, qu. 30, ed. G. Sajò, Opera, Bd. V, Kopenhagen 1974, S. 184: »Materia prima non est facta de novo vel factum novum, sed coeternum primo principio. Omnis enim operatio naturae materiam praesupponit, quia omnis operatio naturae generatio etc., nec potest effectus alicuius esse in priori. Et sic sequitur quod ipsa sit immediatus effectus primi principii.«

77 Siger von Brabant, *Tractatus de necessitate et contingentia causarum*, In: P. Mandonnet, *Siger de Brabant et l'averroïsme latin au XIIIe siècle, Bd. 2, 2. Aufl. Löwen 1908, S. 112 f.*

78 Haben sich die lateinischen Averroisten auch gehütet, diese Ketzerei zu lehren, so unterstellte ihnen doch das Verdammungsdekret des Pariser Bischofs Tempier von 1277 diese Position, die in der Tat aus den vorliegenden Texten herzuleiten ist. Cf. hierzu R. Hissete, *Enquête sur les articles condamnés à Paris le 7 mars 1277*, Löwen und Paris 1977, S. 160-177 und 230-263.

plement in einer geschichtsphilosophischen Perspektive. Die augustinische Hoffnung auf ein Reich der Freiheit, dem die Weltgeschichte durch menschliche Aktivität und göttliche Gnade entgegenstrebt, kommt in den averroistischen Texten nicht vor. Was die Menschen erhoffen können, ist vielmehr an die philosophische Erkenntnis gebunden. Das höchste Gut ist durch die theoretische Erkenntnis zu erlangen, die Aristoteles folgend als höchste Tugend verstanden wird. Alle menschlichen Handlungen erfolgen aus dem Streben nach einer Glückseligkeit, deren höchster Genuß in der diskursiven intellektuellen Tätigkeit besteht. Diese Erkenntnis der Wahrheit ist aber nicht auf die jenseitige *visio beatifica* gerichtet, sondern ganz diesseitig, da sie alle körperlich-sinnlichen Funktionen des belebten Körpers voraussetzt und in sich einschließt: »Operationes omnium virtutum inferiorum quae sunt in homine sunt propter operationes virtutis supremae, quae est intellectus. Et inter operationes virtutis intellectivae, si aliqua est optima et perfectissima, omnes naturaliter sunt propter illam. Et cum homo est in illa operatione, est in optimo statu qui est homini possibilis. Et isti sunt philosophi qui ponunt vitam suam in studio sapientiae.«[79]

Der averroistische Naturalismus und seine Lehre von der Unvergänglichkeit der Arten diente dem zeitgenössischen Rosenroman zur theoretischen Rechtfertigung eines hedonistischen Bewußtseins, dem das Gück nur im irdischen sinnlichen Genuß bestehen kann. Wenn Siger und Boethius de Dacia diese Konsequenz ihres Denkens auch nicht selbst gezogen haben, so reflektiert die drastische Weltlichkeit des Epos von Jean de Meun die aufklärerische Rolle, die der Aristotelismus im 13. Jahrhundert gespielt hat.[80] Verlangte die traditionelle neuplatonisch-augustinische Orientierung den Menschen ab, sich zur Beförderung ihres Seelenheils der Himmelshierarchie und deren Abbild, der geistlichen und weltlichen Herschaftsordnung, zu unterwerfen, so bringt der Rosenroman deutlich zum Ausdruck, daß die überkommene Aszese ebenso ihre Legitimation verloren hat wie die Gesellschaftsstruktur, die den Rang des Einzelnen nach seiner Geburt und nicht nach seiner Arbeit bemißt. So bedeutet der Geburtsadel, daß der Einzelne nicht aus sich selbst ist, was er ist, sondern aus anderen, seiner Familie und seinem Stande. Das Privileg erscheint bereits als die Kehrseite der Abhängigkeit, gegen die die

79 Boethius de Dacia, *De summo bono, Opera*, Bd. VI, 2, ed. N. G. Green-Peddersen, Kopenhagen 1974, S, 374.

80 Cf. hierzu: F. W. Müller, *Der Rosenroman und der lateinische Averroismus des 13. Jahrhunderts*, Frankfurt/M., 1947

bürgerliche Freiheitsbewegung schon wenige Jahrzehnte später anzukämpfen beginnt:

»Celui, . . . qui veut prendre pour lui
la gloire et le renom de la noblesse d'un autre,
sans avoir les hautes qualités,
est-il noble? Je dis que non,
mais il doit être appelé ›vilain‹,
tenu pour vil et moins aimé
qu'il était fils d'un truand.«[81]

Wenn der lateinische Averroismus die Vollendung des menschlichen Wesens im Intellekt und die höchste Glückseligkeit in der philosophischen Erkenntnis der materiellen Natur und ihrer bewegenden Kräfte sieht, so hat er doch andererseits zur Entsubstantialisierung der Seele und ihrer intellektuellen Vermögen beigetragen. Siger von Brabant hat zunächst die Lehrmeinung verfochten, daß es nur einen Intellekt für alle Menschen gebe. Alle einzelnen Erkenntnisakte seien Operationen des substantiell einen und immateriellen Intellekts: »Unus est intellectus diversorum: una enim est substantia intellectus, et similiter una potestas.«[82] Daraus folgt, daß auch die verschiedenen intellektiven Akte verschiedener Personen substantiell eines sind: »Omnia enim intellecta sunt eiusdem intellectus, licet numerarentur intentiones imaginatae secundum numerationem hominum diversorum. Cum intellectae intentiones non poterunt numerari, ut videtur, secundum numerationem hominum, ideo, sicut intellectus omnium est unus, sic intellecta, cum sint in eo, erunt unum, et sic adhuc intelligere Socratis erit idem cum intelligere Platonis.«[83]

Diese Position, die auf Averroes und frühere Aristoteleskommentatoren zurückgeht, ließ sich in den Diskussionen des 13. Jahrhunderts, zumal gegen die Einwände des Thomas von Aquin, nur verteidigen, wenn der eine Intellekt, in dem die Einheit der Menschheit scharf hervorgehoben wird, nicht im klassischen Sinne substantiell, sondern vielmehr funktional verstanden wird. Daher hat Siger von Brabant in seiner späteren Schrift *De anima intellectiva* die Theorie, die spirituelle Intellektseele sei vom materiellen Körper getrennt, modifiziert zu einer Lehre von der operativen Einheit des allgemei-

81 G. de Lorris et Jean de Meun, *Le Roman de la Rose*, trad. par A. Lanly, Paris 1973 ff., v. 18725 ff.
82 Siger von Brabant, *Quaestiones in tertium de anima*, ed B. Bazán, Löwen und Paris 1972, S. 28.
83 L. c., S. 55.

nen Intellekts mit dem individuellen Körper. Die Seele ist nicht Form des Körpers, wie wenn dieser ein Stück Wachs wäre, vielmehr kritisiert er diese aus dem Bereich anschaulicher Gegenstände übernommene Vorstellung. Ist die Intellektseele nicht selbst ein materielles Vermögen, was Siger gar nicht in Erwägung zieht[84], so muß ihr Zusammenhang mit dem Körper in der Operation des Erkennens selber bestehen: »Sunt igitur unum anima intellectiva et corpus in opere, quia in unum opus conveniunt. [...] Unde quia intellectus in intelligendo est operans intrinsecum ad corpus per suam naturam, operationes autem intrinsecorum operantium, sive sint motus sive sint operationes sine motu, attribuuntur compositis ex intrinseco operanti et eo ad quod sic intrinsice operatur, immo etiam apud philosophos intrinseci motores, vel intrinsice ad aliqua operantes, formae et perfectiones eorum appelantur.«[85]

Dann aber kann die *anima intellectiva* keine statische Entität mehr sein. Freilich bleibt ungeklärt, wie der numerisch eine Intellekt sich der vielen Körper als Instrumente der Erkenntnis bedienen soll, denn Siger hat die Seele nur implizit entdinglicht. Der Sinn dieses mehrfach aporetischen Lehrstückes erschließt sich nur aus der historischen Bedeutung der Erkenntnistheorie im 13. Jahrhundert. Der eine und universale, zugleich aber in den vielen Körpern partikular tätige Intellekt verweist auf den geschichtlichen Stand des Verhältnisses von Allgemeinem und Besonderem. Eine gegenüber früheren Jahrhunderten fortgeschrittene Arbeitsteilung in den Wissenschaften und in der gesellschaftlichen Arbeit läßt ein neues Bewußtsein von Teil und Ganzem entstehen, dessen Niederschlag auch der Sigersche Monopsychismus ist. Teilerkenntnis und Teilarbeit sind nur möglich durch ihre Hinordnung auf ein Ganzes, das als einheitstiftende Funktion in den Teilen immer schon wirksam ist. Da für Siger die wissenschaftliche Wahrheit nicht durch die Offenbarung verbürgt ist, muß deren

84 Das Denken der lateinischen Averroisten ist deshalb auch nicht pauschal einem im Mittelalter gar nicht auftretenden Materialismus zuzurechnen, wie H. Ley es in seiner *Studie zur Geschichte des Materialismus im Mittelalter* (Berlin 1957) tut. Die Elemente des neuzeitlichen Materialismus entstehen nicht in konsequenter und bewußter Antithese zum herrschenden Idealismus, sondern vielfach als dessen eigene Konsequenzen. Deshalb sind vor allem von der Hochscholastik an viele metaphysische Argumente vertreten worden, deren materialistische Implikationen erst im 18. Jahrhundert reflektiert wurden, freilich zumeist ohne Kenntnis ihrer Herkunft. Eine Geschichte des Materialismus, die diese Verhältnisse gedanklich entfaltet, ist noch zu schreiben.

85 *Tractatus de anima intellectiva*, l. c., S. 85.

Konsistenz im Intellekt selbst liegen, daher dessen numerische Einheit. Ist diese schon von Averroes vertretene Theorie auch neuplatonischen Ursprungs, so macht sich in ihr doch inmitten aristotelischen Denkens ein modernes Motiv geltend. Die Objektivität der Wissenschaft ist nicht mehr im transzendenten göttlichen Geist begründet, sondern Resultat der kollektiven Erkenntnisarbeit aller an ihr beteiligten individuellen Subjekte, deren Einzelleistungen das Telos als Resultat virtuell voraussetzen und von ihm ihre Norm erhalten, als wäre es Setzung eines numerisch einen Subjekts.[86]

Den Übergang von der kontemplativen zur produktiven Wissenschaft hat Roger Bacon besonders offenkundig vollzogen.[87] Die traditionelle Gelehrsamkeit, auch die aristotelische seiner Zeitgenossen, verfiel seiner scharfen Kritik. Der Primat der Theologie über die anderen Wissenschaften besteht nach Bacon zwar zu Recht, aber das weltliche Wissen ist zugleich das notwendige Korrektiv der theologischen Vorurteile, die aus Ignoranz und Autoritätsglauben entspringen. Naturwissenschaftliche Beweise können durch Berufung auf Autoren der Tradition nicht geführt werden, zumal die Vorurteile des ungebildeten Volkes sich bis in die Werke der Gelehrten auswirken. Bacon hat deshalb eine Experimentalwissenschaft verfochten, in der die Einwirkung der materiellen Dinge aufeinander, nach einem spekulativen Plan ins Werk gesetzt, einerseits bisher Unbekanntes über dessen innere Natur ans Licht bringt und andererseits neue Dinge produziert. Bacon erhebt die Alchemie zum Modell der Wissenschaft, die auf einer charakteristisch variierten aristotelischen Metaphysik beruht.

Schon um das natürliche Entstehen und Vergehen der verschiede-

86 Cf. zu diesem systematisch wichtigen Punkt die Explikationen von P. Bulthaup über »Die transzendentale Einheit der Apperzeption, das System des Wissens und der Begriff gesellschaftlicher Arbeit«, in: *Zur gesellschaftlichen Funktion der Naturwissenschaften*, Frankfurt/M. 1973, S. 84 ff.

87 Das Werk Roger Bacons, selbst in der mediaevistischen Fachdisziplin kaum zur Kenntnis genommen, hat in der Philosophie noch überhaupt keine systematische Rezeption erfahren. Die Zeitgenossen sind ihm zumeist mit Unverständnis oder gar feindseliger Mißachtung begegnet; nur der früh verstorbene Papst Clemens IV. hatte wohl die praktische und politische Bedeutung erkannt, die aus seiner Konzeption von Wissenschaft folgte. Wurde Bacon deshalb in der Geistesgeschichte stets nur als bizarre Randfigur angesehen, so soll hier an nur einem der zahlreichen Motive seines Denkens deutlich werden, inwiefern es seine Epoche in Gedanken erfaßte und deren Tendenz antizipativ über sich hinaustrieb.

nen materiellen Dinge zu erklären, kann die Materie nicht als numerisch einheitliches ὑποκείμενον gelten, denn die Verschiedenheit wäre sonst nach Bacon bloßer Schein. Die Materie ist zwar *subiectum generationis*, die als unvollständige Substanz der Ergänzung durch die Form bedarf[88]; aber es gibt viele verschiedene Materien, und eine jede steht in einer in ihr angelegten Beziehung zu der nur ihr entsprechenden Form. Letzthin läßt Bacon daher die Konzeption der aristotelischen *prima materia* fallen. Alle Dinge in der geschaffenen Welt sind zusammengesetzte Substanzen. In dieser Hinsicht gibt es nicht einmal einen Unterschied zwischen Geistigem und Körperlichem. Indessen haben die Himmelskörper und die Dinge der sublunarischen Sphäre keine in letzter Analyse gemeinsame Materie. Im Gegenteil, jede Materieart trägt in sich bereits einen spezifischen *conatus* oder *appetitus*, der keine beliebige Formierung zuläßt.

Mit der Einheit der Materie greift Bacon implizit die Tautologie der Metaphysik an, in der Ding und Wesen einander nur widerspiegeln: »Et certum est quod materia proprie requirit formam propriam, et e converso; – nam materia asini non potest capere animam rationalem, nec materia hominis animam asini; et ideo si materia est eadem in omnibus secundum essentiam, et forma erit eadem in eis; et ita omnia erunt unum et idem; et angelus sic erit lapis, et homo asinus, et coelum terra, et quidlibet erit quidlibet.«[89]

Der streng aristotelische Materiebegriff reduzierte sich in der Tat auf eine Privation. Einem solchen Abstraktionsprodukt konnte die Realität nicht so entsprechen, daß mit ihm deren innere Struktur oder gar deren konkretes Entwicklungsgesetz erschlossen wäre. Um diesem auf die Spur zu kommen, verändert Bacon vielmehr den traditionellen Substanzbegriff. Substanzen sind demnach nicht länger im Wesen statische Entitäten, die nur Akzidentien zu wechseln vermöchten, sondern vielmehr kontinuierlich aufeinander einwirkende Faktoren, die ihre wesentlichen Eigenschaften zur Erzeugung neuer Substanzen vereinigen. Diese Transmutation ist nach Bacon möglich durch das Wechselspiel der Formen, die sich in der einen Substanz abschwächen, während sie sich in der anderen intensivieren: »Item mixtio contrariorum elementorum, ut fiat mixtum ex eis, fit per remissionem miscibilium in unam naturam compositam ex eis. Sed si nihil remitteretur nisi accidens ex parte eorum, nullum compositum generaretur, nisi accidens, ergo generacio mixti non esset generacio

88 Cf. Roger Bacon, *Communia naturalium*, ed. R. Steele, Oxford 1905, S. 61.
89 Roger Bacon, *Opus tertium*, ed. J. S. Brewer, in: *Opera fratris Rogeri Baconis hactenus inedita*, London 1859, S. 121.

substancie, set solius accidentis, quod est impossibile. Quapropter cum substancia mixta generatur, oportet quod miscibilia remittantur in substanciis suis, set eadem natura miscentur et generantur adinvicem, ergo quando unum transmutatur in aliud, ut aqua in ignem, ibi erit remissio substancie sicut accidentis, et ideo alterius substancie generacio.«[90]

Entstehen und vergehen aber zumindest die sublunarischen Substanzen im Wechsel der Materien und Formen und liegt dieser Dynamik eine erkennbare Gesetzmäßigkeit zugrunde, wie Bacon sie nachzuweisen sucht, so ändert sich durch diese Verschiebung im metaphysischen Fundament der Naturphilosophie auch die Theorie der wissenschaftlichen Erkenntnis. Bestand selbst für Thomas von Aquin und für die lateinischen Averroisten die Dignität der Wissenschaft in der Ausübung der dianoetischen Tugend, so hebt Bacon ausdrücklich den Aspekt der operativen Erkenntnis hervor, die er bereits auf eine technische Verwertung bezieht. Die Arbeit der Erkenntnis, bei Thomas erst implizit auf gegenständliche Naturbeherrschung hingeordnet, ist bei Bacon offen als systematisches Eingreifen in die Naturprozesse konzipiert.

In Bacons Wissenschaftskonzeption ist die chemische Transmutation der Stoffe das zentrale Modell der prozessualen Veränderung, aus der die menschliche Erkenntnis Nutzen ziehen soll, indem sie die verschiedenen Materien und ihre vielfältigen Affinitäten untereinander studiert. Geschärft durch die mathematische Methode, die Bacon allen Wissenschaften empfiehlt, vermag die Naturwissenschaft zum geplanten experimentellen Eingriff in die Naturprozesse überzugehen. Indem sie die Naturerscheinungen produziert, um sie zu erkennen, wird die gegenständliche Tätigkeit offen konstitutiv für die Wissenschaft: Allgemeine und notwendige Sätze über die Natur werden nicht mehr nur in der Bibliothek, sondern im Laboratorium gewonnen, dessen Name schon an die hier geleistete Arbeit erinnert.

Bacons Schlüsselwissenschaft war freilich die Alchemie, die er gegen den Vorwurf der Magie an vielen Stellen vehement verteidigt hat. Denn die experimentelle Wandlung der Stoffe ist nach dem Verständnis Bacons keine Zauberei, da sie nicht durch die Anrufung geisterhafter okkulter Kräfte und durch die Verwendung rätselhafter Symbole zustande kommt, sondern durch die materielle Einwirkung der Substanzen aufeinander. Die Wissenschaft, die hierbei kontinuierlich Erfahrungen macht, erprobt zugleich immer weiteres theoretisches Wissen an der Natur, denn sie will ja ein Ergebnis erzielen, das ohne

90 *Comm. nat.*, l. c., S. 243.

das Arrangement der Stoffe in einer spekulativ bestimmten Versuchsanordnung nicht zu erreichen wäre: Der Stein der Weisen ist nirgends in der Natur empirische Realität.

Wenn die meisten spekulativen Modelle der Alchemie in der Wissenschaft auch keinen Bestand hatten, so hat Bacon doch die geschichtliche Bedeutung wissenschaftlicher Naturbeherschung gespürt, lange bevor sie gesellschaftlich institutionalisiert war. Läßt sie die Natur bis dahin unbekannte Substanzen hervorbringen und macht sie technisch nutzbar[91], so erweitert sie tendenziell den Rahmen der menschlichen Reproduktion. Das Ergebnis der zu diesem Zwecke zu leistenden Arbeit will Bacon überall der Verbesserung der zivilisatorischen Lebensbedingungen nutzbar machen, denn es soll keine Wissenschaft mehr geben, in der die Frage nach der Nützlichkeit nicht gestellt würde: »Caeterum ante omnia utilitas cuislibet rei consideranda est.«[92]

Diese modern erscheinenden Motive im Denken Roger Bacons sind freilich aus einer traditionellen Orientierung erwachsen, die hierin ihre historische Dynamik offenbart. Die Frage der Nützlichkeit aller Dinge und Tätigkeiten entstammt nicht neuzeitlichem Pragmatis-

91 Die Schriften Bacons enthalten eine Fülle von Vorschlägen für technische Geräte und nützliche Substanzen, die dem mittelalterlichen Bewußtsein als »machinationes et ingenia inaudita« erscheinen mußten. Cf. *Epistola Fratris Rogeri Baconis de secretis operibus artis et naturae et de nullitate magiae*, ed. Brewer, l. c., S. 533. Wenn Bacon in diesem Zusammenhang unter anderem die Erfindung von Flugzeugen, Automobilen und bis dahin unbekanntem optischem Gerät projektiert, so zeigt sich darin besonders eindringlich, wie die geschichtliche Tendenz zur erweiterten Reproduktion sich in technischen Phantasmagorien niederschlägt, zu deren Verwirklichung freilich die Produktivkräfte noch lange nicht entwikkelt waren.
Den Zeitgenossen Bacons, die weit überwiegend traditionell religiös orientiert waren, ist der Wunsch, die gegebenen gesellschaftlichen Lebensbedingungen zu transzendieren, als Bruch der gottgewollten Naturordnung erscheinen. Die ungewohnten Erscheinungen, die der Alchemist hervorbringt, waren offenkundig Teufelswerk, zumal die Umstände, unter denen die Transmutation der Substanzen zu geschehen hatte, an die Wandlung in der Messe erinnerten. Es ist daher kein Zufall, daß Roger Bacon mit seinem eigenen Orden in Konflikt geriet, stand doch die Theologie der Franziskaner der sich herausbildenden weltlichen Wissenschaft äußerst argwöhnisch gegenüber. Zur intellektuellen Biographie Bacons cf. immer noch die alte Studie von E. Charles, *Roger Bacon, sa vie et ses doctrines*, Paris 1861.

92 *Opus tertium*, l. c., S. 19.

mus, vielmehr ist sie Ausdruck des überkommenen teleologischen Denkens. In Bacons universaler Nützlichkeit wird die aristotelische Ordnung der Zwecke weltlich, indem der Nutzen den diesseitigen Menschen zufallen soll. In der konsequenten Verbindung der menschlichen Zwecke, die Bacons Vorschläge für die Reform der Wissenschaften um des praktischen Fortschritts willen betreiben wollen, ist der oberste Zweck immer noch Gott selbst: »Caeterum totius philosophiae decursus consistit in eo, ut per cognitionem suam creaturae cognoscatur creator, cui propter reverentiam majestatis et beneficium creationis et conservationis et futurae felicitatis serviatur in cultu honorifico et morum pulchritudine et legum utilium honestate; ut in pace et honestate vivant homines in hac vita.«[93]

Das Leben im Diesseits, dessen Bedingungen sich das Interesse der Epoche zuwendet, ist noch immer als Gottesdienst verstanden. So ist für Bacon, ähnlich wie für Thomas von Aquin, die planmäßige Aneignung der Natur zum Fortschritt der Gesellschaft der Weg der gefallenen Menschheit zur Erlösung. Der wünschbare Zustand der Menschheit am Ende der Zeit nimmt hierbei freilich den Charakter einer innerweltlichen Utopie an. Die Reform der Wissenschaft, die Bacon dem Papst Clemens IV. vorschlägt, muß sich auf die Gesellschaft insgesamt beziehen: »Omnia vero opera artis et naturae ordinantur ad haec opera moralia, et sunt propter ea; nec habent utilitatem nisi secundum quod operibus morum deserviunt; et ideo practicae et operativae scientiae, ut experimentalis alkimia et caetera, dicuntur speculativae respectu operationum, quae sunt in morali seu in civili scientia. Et hae scientia est domina partium omnium philosophiae, et utitur eis et imperat, propter utilitates civitatum et regnorum.«[94] Die kontemplative Wissenschaft verändert sich in eine praktische Tätigkeit, deren Idee, das *bonum commune*, für alle Menschen in der Arbeit verbindlich ist: »Nam per hanc debent eligi homines qui studeant in diversis scientiis et artibus propter bonum commune; et omnes in civitate et regno sic ordinat ut nullus remaneat otiosus.«[95] Die gesellschaftstheoretischen Gedanken der Hochscholastik folgen somit systematisch aus Metaphysik und Erkenntnislehre.

93 *Opus maius*, ed. J. H. Bridges, Bd. I, Oxford 1897, S. 42.
94 *Opus tertium*, l. c., S. 48.
95 L. c.

X.

Ordo naturae und erweiterte Reproduktion Recht und Gesellschaft bei Thomas von Aquin

DIE METAPHYSISCHEN UND ERKENNTNISTHEORETISCHEN Konzeptionen des späten 13. Jahrhunderts haben ein Verhältnis von Allgemeinem und Besonderem artikuliert, das der historischen Tendenz ihrer Epoche entsprach und sie zugleich transzendierte. Die traditionelle Minderbewertung des Singulären heben sie auf, ohne es zur alleinigen Realität zu erhöhen. Das Allgemeine verliert umgekehrt seine reflexionslose Unmittelbarkeit, ohne daß es deshalb schon zur bloßen Konvention herabgesetzt wäre. Die Wiederherstellung einer realistischen Metaphysik mit den Mitteln der aristotelischen Philosophie zielt auf eine zeitlose Ordnung universaler Wesenheiten ab, die aller erscheinenden Realität zugrundeliegen soll. Aber bei der konkreten Ausführung dieser Absicht mußten die avanciertesten Denker der Hochscholastik die konstruktive Kraft der subjektiven Tätigkeit spekulativ einbeziehen. Modifiziert die Erkenntnistheorie die rein objektiv intendierte Metaphysik, so zeigen sich die Konsequenzen in der Theologie: Im Rahmen der Heilslehre fördert die aristotelische Hochscholastik die profane Wissenschaft, und die diesseitige Existenz der Individuen erhält im selben Zusammenhang eine Bedeutung, die auf praktische Veränderung drängt.

Zentrale Lehrstücke der Metaphysik in dieser Umbruchsepoche eröffnen eine Perspektive, in der das Singuläre als substantiell anerkannt ist und zugleich durch objektiv verbindliche Allgemeinheit bestimmt ist. Diese dialektische Bestimmung von Allgemeinem und Besonderem, die sich bei Thomas abzeichnet, löst implizit die aus dem Einen hervorgegangene und auf es reduzierbare neuplatonische Naturordnung auf. Denn als real kann nach Thomasischer Lehre nur die Vereinigung der Extreme gelten. Reine Allgemeinheit und bestimmungslose punktuelle Singularität haben keine separate Realität. Wäre dieser gegenüber der gesamten Tradition kritische Gedanke konsequent verfolgt worden, dann wäre die alte Hypostase des Einen, die Vorherrschaft des abstrakt-Allgemeinen endlich aufgelöst worden, ohne daß deshalb die neue Verabsolutierung des unverbundenen Singulären vorgenommen worden wäre.

Die historische Entwicklung der Philosophie ist dieser Perspektive nicht gefolgt, die vielmehr implizit blieb und schon im 13. Jahrhundert vom idealistischen Grundzug des europäischen Denkens fast gänzlich überlagert war. Die Philosophie der Hochscholastik blieb deshalb in ihrem Kern aporetisch. Weder Thomas noch Duns Scotus konnten affirmativ angeben, was die reale metaphysische Substanz des Individuellen als solchen sei. Sie hypostasierten dessen bloßen Begriff. Die Singularität wird gegen ihre Intention zu einem Universale, das nicht die letzte Realität der metaphysischen Form ist, sondern wie diese als bloßer Reflexionsbegriff sich herausstellen mußte. So war weder der metaphysische Primat des Allgemeinen aufgehoben noch das traditionelle Substanzdenken restauriert – eine Ambivalenz, die sich mit veränderten Vorzeichen in der *via moderna* durchhielt.

In der Rechts- und Gesellschaftheorie des Thomas von Aquin kommt die Antinomie zwischen einer objektiven Naturordnung, die allen geschichtlich-faktischen Prozessen vorgeordnet sein soll, und der individuellen Freiheit besonders deutlich zum Ausdruck. Der theologischen Tradition folgend spricht Thomas dem Menschen ausdrücklich und an vielen Stellen die Willensfreiheit zu: »Absque omni dubitatione hominem arbitrio liberum ponere oportet. Ad hoc enim fides astringit, cum sine libero arbitrio non possit esse meritum vel demeritum, justa poena vel praemium. Ad hoc etiam manifeste indicia inducunt, quibus apparet hominem libere unum eligere et aliud refutare.«[1]

Diese Freiheit ist aber nicht ohne objektive Bedingungen real. Der Wille ist nicht die alleinige Quelle der menschlichen Handlungen, nicht die indeterministisch verstandene Spontaneität des Individuums, das seine Motive nur aus sich selbst schöpfte. Vielmehr ist der Wille an die objektive Vernunft gebunden. Der Einzelne muß

1 Thomas von Aquin, *Quaestiones disputatae de veritate,* qu. 24, a. 1 c.

seinen Verstand auf die Bedingungen und vor allem den Zweck seiner Handlungen wenden, um seinen Willen zu bestimnen, dessen Entscheidung sonst grundlos und zufälig wäre: »Homo vero per virtutem rationis judicans de agendis, potest de suo arbitrio judicare, in quantum cognoscit rationem finis et ejus quod est ad finem, et habitudinem et ordinem unius ad alterum: et ideo non est solum causa sui ipsius in movendo, sed in judicando; et ideo est liberi arbitrii, ac si diceretur liberi judicii de agendo vel non agendo.«[2]

Die Freiheit des Handelns ist hiernach in der Freiheit der Verstandestätigkeit begründet. Damit aber hat die menschliche Autonomie, die Thomas im Begriff der *causa sui ipsius* zum Ausdruck bringt, objektive Bedingungen. Denn die Tätigkeit des Verstandes ist auf die objektive Natur der Dinge außer ihm verwiesen. Schöpft der Wille also das Motiv des Handelns nicht rein aus sich selbst, so ist die Erkenntnis der objektiven Vernunft, die in der Welt überhaupt und damit auch in der Gesellschaft inkorporiert ist, die Bedingung der subjektiven Freiheit. Nur wenn andererseits die Welt, in der die Einzelnen leben, nach einem Vernunftgesetz organisiert ist, begründet der Thomasische Primat des Intellekts vor dem Willen eine Lehre von der subjektiven Freiheit. Denn die Erkenntnis des Gesetzes des Ganzen, derer nur der Mensch fähig ist, bewirkt seine Freiheit vom undurchschauten Wirken des Gesetzes.

Das praktische und das theoretische Vermögen setzt Thomas daher strikt analog. Das menschliche Handeln entspringt, wie die Erkenntnis, der Vernunft, deren Operationen überall auf Prinzipien beruhen. Das Vermögen des Bewußtseins, das die allgemeinen, immer schon auf Gesellschaft bezogenen Prinzipien des Handelns enthält, nennt Thomas Synderesis. Die Folgerungen aus den Prinzipien zieht der Verstand nach den diskursiven Regeln, da ihm die ersten Normen des Naturrechts als Begriffe unmittelbar evident und verfügbar sind. Daher ist die Synderesis nicht ein auf dunklem Wege wirkendes Gewissen, sondern die Vernunft selbst, insofern sie auf Praxis bezogen ist: »Sicut autem animae humanae est quidam habitus naturalis quo principia speculativarum scientiarum cognoscit, quem vocamus intellectum principiorum; ita in ipsa est quidam habitus naturalis primorum principiorum operabilium, quae sunt naturalia principia juris naturalis, qui quidem habitus ad synderesim pertinet. Hic autem habitus non in alia potentia existit, quam in ratione.«[3]

In dieser Konstellation von Vernunftordnung und subjektiver Frei-

2 L. c.
3 L. c., qu. 16., a. 1c.

heit bei Thomas sind apologetische und utopische Momente widerspruchsvoll verbunden. Die universalen Gesetze aller partikularen Prozesse erkennen heißt einerseits, die Allmacht Gottes überall in der Welt anzuerkennen. Denn Gott ist der letzte Grund aller vernünftig bestimmbaren Ordnung in der Schöpfung und mittelbar auch in der menschlichen Gesellschaft. Da sie nach Thomas nicht einem wandelbaren Willen entspringen soll, muß diese Ordnung unveränderlich sein und ist insofern eine Grenze für den menschlichen Willen, als dieser sich ihr unterwerfen muß.[4]

Andererseits bemißt sich für Thomas die Dignität einer gesellschaftlichen Ordnung daran, inwieweit sie die allgemeine Bedingung für die Autonomie des Einzelnen darstellt: Nur wenn sie das *bonum commune* befördert, ist sie überhaupt legitim. Umgekehrt steht auch das Individuum um so höher, je mehr es seinen Intellekt entfaltet hat. Denn die reflektierende Betätigung seiner subjektiven Vernunft sprengt sein borniertes partikulares Interesse und läßt es mit Bewußtsein am Allgemeinen partizipieren. Durch die Vernunft sind die Menschen zu geselligen Lebewesen bestimmt. In ihrer Entfaltung, die den Individuen und der Gesellschaft zugleich zugutekommt, besteht ihre Bildung. Sie ist die Aktualisierung jener metaphysischen Form, deren potentielle Träger die Menschen als natürliche Wesen sind. Diese Aktualisierung setzt Freiheit voraus, denn sie geschieht nicht durch ein ihnen fremdes Agens, sondern durch eigene Kraft. Darin besteht der Unterschied des Menschen zu allen anderen Arten der belebten und unbelebten physischen Natur. Jeder Erkenntnisakt ist nach Thomas eine Betätigung nach Regeln, die die Autonomie des vernünftigen Lebewesens immer schon voraussetzen. In der Aneignung gedachten Denkens und in der Produktion neuen Wissens

4 Auf diesen Aspekt der Thomasischen Rechts- und Gesellschaftslehre hat sich die antiaufklärerische Apologetik des politischen Katholizismus in der Neuzeit besonders gestützt. So wurden überall thomistische Argumente aufgenommen, wo autoritäre Staatsgewalt und besonders die von der Kirche geförderte Herrschaftordnung als schlechthin vernunftgemäß erwiesen werden sollten. Übersehen wurde hierbei, daß Thomas sich nirgends zum Fürsprecher autoritärer Gewaltverhältnisse gemacht hat, daß vielmehr die Elemente jener Theorien, in denen der politische Neuthomismus seine Hauptgegner sieht, bei Thomas selbst zu finden sind. Umgekehrt gilt Thomas außerhalb katholischer Traditionen als Herrschaftsdenker par excellence – ein Fehlurteil, das im Namen einer auf ihre Genesis reflektierenden Aufklärung zu revidieren ist. Cf. z. B. F. Faller, *Die rechtsphilosophische Begründung der gesellschaftlichen Autorität bei Thomas von Aquin*, Heidelberg 1954.

bestimmt es sich fortschreitend selber, indem der Intellekt die Formen der äußeren Dinge in Bestimmungen seines eigenen Denkens transformiert. Die Thomasische Definition des Menschen als des intellektiver Erkenntnis fähigen Wesens bezieht sich immer schon auf ein Handeln, wie die Lehre vom *intellectus agens* deutlich macht. Durch dieses erkennende Handeln, dem das schon Erkannte zum Instrument dient, ist der Mensch soweit *causa sui*, als er die Bedingungen seiner Existenz seiner Erkenntnis gemäß zu erzeugen vermag.

Das Prinzip der Autonomie ist somit für Thomas metaphysischen Ursprungs, die dem Menschen von der göttlichen Vorsehung verliehene Form, die sich im Handeln aus Vernunft äußert. Diesem Wesen entspricht aber nicht blinder Gehorsam, sondern die Fähigkeit, sich durch Vernunft über die Heteronomie der übrigen Natur zu erheben, welche die Kraft der Selbstbestimmung nicht besitzt: »[Intellectuales et rationales naturae] praecellunt enim alias creaturas et in perfectione naturae et in dignitate finis. In perfectione quidem naturae, quia sola creatura rationalis habet dominium sui actus, libere se agens ad agendum; caeterae vero creaturae ad opera propria magis aguntur quam agunt. [...] In dignitate autem finis, quia sola creatura intellectualis ad ipsum ultimum finem universi sua operatione pertingit, scilicet cognoscendo et amando Deum; aliae vero creaturae ad finem ultimum pertingere non possunt nisi per aliqualem similitudinis ipsius participationem.«[5]

Nach Thomas gehört es somit zur Bestimmung des menschlichen Bewußtseins, zur vollständigen Erkenntnis des konstitutiven Prinzips der Natur und damit auch der Gesellschaft zu gelangen. Dieses Telos setzt die Freiheit voraus, die in der Distanz des Erkennenden gegenüber den unmittelbaren Bedingungen seiner Existenz gegeben ist. Die abstrakte Frage nach der Wahlfreiheit des Einzelnen in den wechselnden konkreten Situationen, in denen er sich befindet, ist für Thomas noch gar nicht vordringlich. Sie rückt nämlich erst dann in den Vordergrund, wenn der Wille den Primat gegenüber dem Intellekt erhält, wie es erst nach Thomas geschah.

Dieser Gegensatz zu Thomas ist Moment einer epochalen Veränderung, deren Beginn sich indessen in seinem Denken bereits niedergeschlagen hat. Der Thomasische Intellektprimat verstand sich als Ausdruck einer Weltordnung, deren metaphysische Struktur als objektiv vernünftig galt, so daß der Wille, der ein Stück dieser Welt ist, nur als vom Intellekt aufgeklärte Triebkraft die menschlichen Hand-

5 C. g. III, c. 111.

lungen bestimmen kann. Da die Struktur unveränderlich ist, bleibt dem Willen theoretisch wenig Spielraum. Sind die Rechte und Pflichten des Einzelnen gesetzt durch die Korporation, der er gesellschaftlich angehört, so muß er sie in der Tat nur wissen, um handeln zu können. Darin liegt einerseits die apologetische Implikation, daß die bestehende Herrschafts- und Gesellschaftsordnung immer schon vernünftig sein soll und deshalb zu Recht Unterwerfung verlangt, andererseits aber auch die kritische Potenz, die jede gesellschaftliche Ordnung an ihrem metaphysischen Vernunftanspruch mißt. Die Geschlossenheit der mittelalterlichen Institutionen, die individueller Willkür keinen Platz lassen, hat die praktische Philosophie des Thomas von Aquin ebenso geprägt wie das Bewußtsein, daß deren Epoche zu Ende ging.

In der auf Thomas folgenden Geschichte durchläuft dies kritische Motiv, das die *via moderna* überhaupt erst möglich gemacht hat, eine Entwicklung, die es in eine neue Apologie von Gewalt umschlagen läßt. Stellte das mit dem Nominalismus erwachende kritische Bewußtsein fest, daß die faktische, metaphysisch begründete Herrschaftsordnung ihrem Anspruch nicht gerecht wird, so zeichnete sich bald schon die Tendenz ab, die Idee objektiver Vernunft überhaupt preiszugeben, nicht aber die Herrschaft, die ihre Gewalt schließlich ohne Berufung auf die Metaphysik ausübte.

Für den Einzelnen hat dieser Sturz des Intellektprimates zur Folge, daß er sein Handeln immer mehr nach seiner subjektiven Vernunft richten muß, der das Gesetz der Totalität aus dem Blick gerät. Vernunft reduziert sich tendenziell auf die instrumentelle Schlauheit, mit der das immer mehr auf sich selbst gestellte Individuum seine Existenz erhält. Sein Wille ist hierbei nicht durch die Erkenntnis des Ganzen vermittelt, von dessen korporativen Zügen sich die freie Willkür der bürgerlichen Privatleute vielmehr zu befreien strebt. Das Ganze wird dann aber in der Realität ebenso wie in der sie begreifenden Theorie zum Resultat der Willkürhandlungen der Einzelnen, deren Intellekt nur gefordert ist, die tauglichen Mittel zur Realisierung partikularer Zwecke zu finden. Die Welt wird zum Arsenal der Mittel, die ihrem Selbstbehauptungswillen sich darbieten.

Im Gegensatz zu dieser moderneren Form des Bewußtseins ist sich Thomas der Objektivität seines Verständnisses der Freiheit noch sicher, weil für ihn die gesellschaftlichen Ordnungskräfte noch so substantiell waren, daß die privaten Zwecke, die auch er bereits in seine Reflexionen aufnimmt, mit der Idee des Allgemeinen in Einklang zu bringen schienen. Deshalb kann Thomas auch die Vernunft, das Vermögen des Allgemeinen, als das *principale* agens bezeichnen, das den

Willen des Menschen bestimmt. Alle Motive des Handelns, die nicht aus der ihrer selbst und ihrer notwendigen Beziehung auf Objektivität bewußten Vernunft sich herleiten, sind heteronomer Natur und insofern nicht einmal spezifisch menschlich. Nur durch den Intellekt, der auf sich selbst reflektiert, hat die menschliche Natur teil an der Autonomie, deren vollendete Realität Gott ist. Nur so sind die Menschen, neuzeitlich ausgedrückt, Sein für sich und nicht Sein für anderes. Das Sein für anderes ist demgegenüber als Werkzeug bestimmt, dessen Wirkungsweise stets auf ein ihm äußeres Bewußtsein verweist, das ihm den Zweck vorschreibt. Zwar liegt der oberste Zweck des Menschen in der Erkenntnis Gottes, also außer ihm, aber nach Thomas ist sich der Mensch auch Zweck an sich selbst: Insofern sich die Menschen ihrer selbst als vernünftiger Lebewesen bewußt werden, setzen sie sich selbst ihren Zweck, der in der Realisierung ihres Wesens besteht. In der Erkenntnis ihrer selbst als vernünftiger Wesen, deren Vernunft ein individuelles Vermögen ist und doch als objektive darüber hinausweist, liegt der Zweck beschlossen, der aller moralischen und politischen Praxis vorgegeben ist. Er ist durch die Tätigkeit des Intellekts mittels der anderen seienden Dinge zu realisieren. In dieser Hinsicht ist die Menschheit *causa sui*: »Quod enim ab altero tantum agitur rationem instrumenti habet, quod vero per se agit habet rationem principalis agentis. Instrumentum autem non quaeritur propter seipsum; sed ut eo principale agens utatur; unde oportet quod omnis operationis diligentia circa instrumenta adhibetur ad principale agens referatur sicut ad finem.«[6]

Nicht allein in der Erhebung zum Göttlichen, sondern auch in der bewußten Verfügung über die Dinge liegt nach Thomas die Freiheit, in der die Menschheit sich selbst *causa finalis* ist: »Quod dominium sui actus habet liberum est in agendo; liber enim est qui sui causa est; quod enim quadam necessitate ab alio agitur ad operandum, servituti subjectum est. Omnis igitur alia creatura naturaliter servituti subjecta est, sola vero natura intellectualis libera est.«[7] Das geistige Prinzip dieser menschlichen Autonomie ist göttlichen Ursprungs, aber Thomas bindet seine praktische Wirksamkeit an die Beziehung auf die kontingenten Dinge. Nur durch sie vermag sich die *creatura rationalis* zu verwirklichen.

Dabei ist freilich vorausgesetzt, daß alle der Species angehörenden Individuen auf die Bedingungen ihres eigenen Bewußtseins reflektieren, die in der objektiven physischen und gesellschaftlichen Welt

6 L. c:, c. 112.
7 L. c.

außer ihnen gegeben sind. Diese kontinuierliche und kollektive Betätigung ihrer Vernunft ist die aktuelle Existenzweise des menschlichen Wesens, die nach Thomas auf eine neue Weise gesellschaftlich gedacht wird, anders als bei den Theoretikern vor ihm. Die Menschen sind fähig, sich als Species zu begreifen und daraus die Regeln ihres Verhaltens abzuleiten. In diesem Begreifen liegt die Chance der Freiheit. Aufgrund der metaphysisch begründeten Gemeinsamkeit ihres Wesens sind die Individuen zu wechselseitiger Achtung verpflichtet. In jedem Individuum ist damit zugleich die Species als ganze respektiert. So ist das Individuum weder bloß akzidentell wie im früheren Mittelalter noch ist es das gegen die Totalität sich blind machende Gesellschaftsatom der Neuzeit. Das traditionelle Wesensdenken, aus dem die Thomasische Position erwächst, modifiziert sich zu einer Kritik an der geschichtsmächtigen Hypostase des Allgemeinen:

»Quaecumque directionem habent in suis actibus solum secundum quod pertinet ad speciem, non est in istis agere vel non agere; quae enim consequuntur speciem sunt communia et naturalia omnibus individuis sub specie contentis; naturalia autem non sunt in nobis. Si igitur homo haberet directionem in suis actibus solum secundum congruentiam speciei, non esset in ipso agere vel non agere, sed oporteret quod sequeretur inclinationem naturalem toti speciei communem, ut contingit in omnibus irrationalibus creaturis. Manifestum est igitur quod rationales creaturae actus directionem habent, non solum secundum speciem, sed etiam secundum individuum.« [8]

In diesen Reflexionen tritt die mittelalterliche metaphysische Auffassung der Natur zurück. Denn die *species*, die für die Neuplatoniker als höherer Seinsgrad galt, steht hier für Natur als Prinzip der Heteronomie. Freilich trägt das Thomasische Denken nicht das Pathos der subjektiven Freiheit, das die spätere bürgerliche Epoche beherrschen wird, sondern das einer kollektiven Autonomie der Menschheit, die gegenüber der äußeren Natur eigene Substantialität gewinnt. Für einen kurzen historischen Augenblick zeichnet sich ein Denken ab, in dem die Macht der alten Institutionen schwindet, an deren Stelle aber nicht die Gewalt der um alles konkurrierenden Individuen und Cliquen tritt, sondern die Konzeption einer Solidarität, in der das Allgemeine durch Intellekt und Willen der Individuen substantiell und zugleich umgekehrt der objektive Grund ihrer Freiheit ist.

8 L. c., c. 113.

Thomas von Aquin hat indessen seine Reflexionen zur praktischen Philosophie nicht als Utopie verstanden, sondern ganz in der Konsequenz seines Versuchs einer Erneuerung des Universalienrealismus als denknotwendige affirmative Bestimmung der moralischen Welt. Seine Ideen des *bonum commune* und der Subsidiarität der Individuen beschworen einen Universalismus, dessen traditionelle Form sich schon in Auflösung befand und dessen erneuerte Gestalt niemals wirklich war, insgeheim aber eine Quelle für die Selbstkritik des neuzeitlichen Bewußtseins wurde: Ohne die Idee der Versöhnung von Allgemeinem und Besonderem ist weder Aufklärung noch Sozialismus zu denken. Im Stadium seiner realhistorischen Erledigung erhielt der katholische Universalismus im Denken der Hochscholastik einen geistigen Ausdruck, der seine Energien so transformiert, daß sie in der fortgeschrittenen Neuzeit die Kritik des Himmels in die Kritik der Erde verwandeln konnten, ohne den Gedanken des Himmels als bloßes Hirngespinst zu verwerfen. Denn die profane Welt ist nur dann die Wahrheit der Religion, wenn sie deren Hoffnung erfüllt hat. Führt die geschichtliche Entwicklung aber von ihrem vernünftigen Telos immer mehr ab, so wird das zentrale Modell des Thomasischen Denkens, das im 13. Jahrhundert falsch affirmativ war, insgeheim zum Movens der Kritik.

Im Anschluß an Aristoteles bestimmt Thomas den Menschen als gesellschaftliches Lebewesen. Dies ist für das mittelalterliche Denken insofern ein neues Motiv, als die profane, die Individuen übergreifende Existenzweise der Menschen als Konstituens ihres Wesens anerkannt wird. Vorher war die Gesellschaft und ihre konstitutiven Momente Arbeit, Herrschaft und Recht kein eigenständiges Thema von Philosophie und Theologie, die die Gesellschaft vielmehr stets unter der ganz spirituell verstandenen Idee der Gemeinschaft der Heiligen betrachten konnten. Die materielle Reproduktion, Arbeit, war zwar schon nach der Benediktinerregel »Ora et labora« Pflicht, aber vornehmlich als aszetisches Mittel zur Deifikation des Menschen.

Der Gesellschaftsbegriff des Thomas von Aquin geht schon in diesem Aspekt entscheidend über Aristoteles hinaus, für den die Polis nicht durch die Arbeit ihrer Mitglieder konstituiert wird. Die Bestimmung des Menschen als *animal sociale* ist daher nicht eine bloße Übersetzung des griechischen ζῷον πολιτικόν, vielmehr ein Begriff neuen Gehalts. Die *societas* umfaßt alle Menschen, Freie und Unfreie, also nicht nur die Polisbürger, zu denen Aristoteles nur die von der Arbeit befreiten Stände zählt.[9] Bestimmt Thomas die Menschen

9 Cf. Aristoteles, *Politik* 1278 a.

als gesellschaftliche Wesen, so entspricht dies seiner metaphysischen Intention, Allgemeines und Besonderes miteinander zu vermitteln, denn nur in Gesellschaft sind die Individuen durch ihre wechselseitige Beziehung bestimmt, so wie umgekehrt Gesellschaft nicht als ein von den Individuen losgelöstes Abstraktum subsistiert.

Gehört aber die Gesellschaft zum metaphysischen Wesen des Menschen, das schon hinreichend durch die *rationalitas* bestimmt schien, dann müssen beide Momente in realer Einheit subsistieren: Die Vernunft des Menschen ist immer schon gesellschaftlich, und die gesellschaftliche Existenzweise der Menschen ist nur als vernünftige ihrem Begriffe gemäß. *Rationalitas* und *socialitas* sind somit bei Thomas implizit aufeinander bezogene Bestimmungen. Dies ist im theologischen Denken des Mittelalters eine neue Wendung, denn der Inbegriff der Vernunft, das göttliche Wesen, war als solitäres Subjekt bestimmt, das sich selbst genug ist und auf nichts außer ihm angewiesen ist. Die menschliche Vernunft als das defiziente Abbild der göttlichen ist nach neuplatonischem Verständnis ebensowenig primär auf die Gesellschaft bezogen, denn die Individuen, die ihrer als natürlicher Existenzbedingung bedürfen, gelten ja als unwesentlich. Die Vervollkommnung des Menschen bestand vielmehr darin, der solitären göttlichen Vernunft ähnlich zu werden, nicht aber der Vervollkommnung der Gesellschaft.

Im Denken des 13. Jahrhunderts, und besonders bei Thomas von Aquin, ändert sich die Konzeption der Vernunft dergestalt, daß ihre im objektiven Heilsinteresse notwendige Verwirklichung die vernünftige Einrichtung der Gesellschaft einschloß. die Spannung zwischen Individuum und Gesellschaft, die nun viele Werke der Hochscholastik durchzieht, zeugt davon, wie das Universalienproblem als Streit um die politische und gesellschaftliche Praxis zum Bewußtsein der Epoche gelangt ist.[10] Die denkerischen Mittel, das praktische Verhältnis des Besonderen zum Allgemeinen zu bestimmen, hatte schon der frühe Nominalismus entwickelt. Wenn er auch noch keine explizite Gesellschaftstheorie hervorgebracht hat, so legt doch schon Abaelards Moralphilosophie Zeugnis dafür ab, wie das Subjekt aus naturalen und für natural gehaltenen Bindungen heraustritt. Die Rezeption der Politik des Aristoteles, auf deren Grundlage alle gesellschaftheoretischen Reflexionen des Thomas von Aquin entstanden sind, ist

10 G. de Lagarde ist der Entstehung der Gesellschaftstheorie im 13. Jahrhundert in eingehenden Analysen nachgegangen. Zu Recht kann er von einer »sociologie thomiste« sprechen. Cf. *La naissance de l'esprit laque*, Bd. 2: *Le secteur social de la scolastique*, 2. Aufl. Paris 1958, bes. das 3. Kap.

deshalb keine bloße Wiederholung historisch lange vergangener Gedanken, sondern ein entscheidender Schritt zur Entfaltung des modernen Bewußtseins. Das antike Modell eines laizistischen Staates, dessen Zweck das gute Leben aller seiner Bürger ist, war der augustinischen Orientierung des mittelalterlichen Denkens zunächst ganz entgegengesetzt, denn die innere Zweckmäßigkeit der *civitas terrena* war ihr kaum der Zuwendung wert gewesen.

Für Thomas gilt indessen, daß die Individuen die substantiellen Träger des universellen Wesens sind. Ihre gesellschaftliche Beziehung aufeinander subsistiert als Disposition ihres Wesens ebenso wie die *rationalitas* in den einzelnen Menschen selbst. Die vom Nominalismus artikulierte Position, daß das Einzelne gegenüber dem Allgemeinen vorrangig sei, ist bei Thomas aufgenommen und zugleich charakteristisch gewendet. Ist die Gesellschaft den Menschen metaphysisch wesentlich, so kann sie nicht einer bloßen äußeren Konvention entspringen, die sich stets auch auflösen und ändern ließe.

Freilich führt die Thomasische Vereinigung von Allgemeinem und Besonderem im menschlichen Wesen zu einem Widerspruch. Die Menschen, die schon als *animalia rationalia* prinzipiell gleich sind, haben auch als *animalia socialia* gleichermaßen an einer metaphysischen Substanz teil, und doch lehrt Thomas nicht eine Gesellschaft der Freien und Gleichen. Vielmehr ist der Gesellschaft Herrschaft notwendig immanent, wenn auch nicht als despotische Gewalt über Unfreie, sondern als bewußte Beförderung des Wohls aller, des *bonum commune*: »Tunc vero dominatur aliquis alteri ut libero, quando dirigit ipsum ad proprium bonum ejus qui dirigitur, vel ad bonum commune; et tale dominium hominis ad hominem in statu innocentiae fuisset, [...] quia homo naturaliter est animal sociale. Unde homines in statu innocentiae socialiter vixissent. Socialis autem vita multorum esse non potest, nisi aliquis praesideret, qui ad bonum commune intenderet.« [11]

Die metaphysische Gleichheit der Individuen und ihre Ungleichheit in der gegebenen Gesellschaft bilden in der Thomasischen Gesellschaftslehre einen letztlich unaufgelösten Widerspruch. Einerseits ist die faktische Ungleichheit der Defizienz der menschlichen Verhältnisse im unerlösten Zustande zuzuschreiben, und insofern soll die Menschheit ihrer Vervollkommnung entgegenarbeiten. Andererseits ist für Thomas die Gesellschaft metaphysisch substantiell. Da aber Gesellschaft unabhängig von ihrer jeweils historisch-konkreten Gestalt nicht zu bestimmen ist, unterläuft Thomas die Verkeh-

11 S. th. I, qu. 96, a. 4 c.

rung eines vergänglichen Stadiums gesellschaftlicher Entwicklung in eine intelligible Naturordnung.[12] Gewiß war ein historisches Bewußtsein, das diesen Vorgang durchschaut hätte, noch nicht entstanden, aber die zeitlos intendierte Rechts- und Gesellschaftslehre hat bei Thomas ein historisch-dynamisches Prinzip, das der Erfahrung der zeitgenössischen Epoche entspricht. Alle Bestimmungen, die Thomas für das *animal sociale* und seine Verhältnisse angibt, legen ungewollt den geschichtlichen Kern des menschlichen Wesens vor Augen: Gesellschaft reproduziert sich durch die koordinierte Tätigkeit aller Einzelnen, denen ihr partikulares Ziel und dessen Zusammenhang mit dem Endzweck des Ganzen durchsichtig ist. Diese Rationalität im Verhältnis von Einzelnem und Totalität schließt die Apologie von Gewaltverhältnissen aus. Gleichwohl verhinderte der faktische Stand der gesellschaftlichen Naturbeherrschung die vollkommen gleiche Entfaltung der Individuen. Daher bemüht sich Thomas um die naturrechtliche Begründung der Herrschaft und ihrer Instanzen in der Gesellschaft. Der Widerspruch, der hierin liegt, ist durch den metaphysischen Primat der Vernunft nur scheinbar geschlichtet. In der Zeit nach Thomas bricht der Antagonismus unter der neuen Prämisse des Willensprimates offen hervor.

Indessen legt die Thomasische Idee der Gesellschaft, die nur durch die Individuen existiert, den Gedanken eines ideellen Gesamtsubjekts nahe. Das Telos des Menschen, traditionell theologisch als *visio beatifica* bestimmt, ist nicht von den Subjekten je einzeln zu erreichen, sondern durch die Verwirklichung einer Gesellschaft, die dem menschlichen, auf Gemeinsamkeit angelegten Wesen entspricht. In der Solidarität, die daraus entspringt, sieht Thomas die Verwirklichung des christlichen Gebotes der Nächstenliebe, die hiernach nicht eine bloße Individualtugend darstellt, sondern eine objektive Verfassung der Gesellschaft voraussetzt, die ihre Verwirklichung ermöglicht: »Oportet enim unionem esse affectus inter eos quibus est unus finis communis. Communicant autem homines in uno ultimo fine beatitudinis, ad quem divinitus ordinantur. Oportet igitur quod uniantur homines ad invicem mutua dilectione. [...] Quum homo sit

12 Cf. hierzu die Explikationen von C. Urban in seinem Buch *Nominalismus im Naturrecht. Zur historischen Dialektik des Freiheitsverständnisses in der Theologie,* Düsseldorf 1979, bes. S. 61 ff. Urban hat die metaphysische Statik der Thomasischen Gesellschaftskonzeption richtig erkannt, aber die gegenläufigen Tendenzen im Denken des Thomas übersehen, die die Emanzipation des Individuums befördern.

naturaliter animal sociale, indiget ab aliis hominibus adjuvari ad consequendum proprium finem; quod convenientissime fit dilectione mutua inter homines existente.«[13]

Indem Thomas die Einheit der Gesellschaft durch Disposition und Tätigkeit der Individuen akzentuiert, zieht er die praktische Konsequenz aus seiner metaphysischen Einsicht, daß es ein rein Individuelles nicht gibt. Deshalb geht seine Naturrechtslehre auch nicht, wie die der Moderne, von der Fiktion des selbständigen und sich primär selbst genügenden Individuums aus, das gegen seine innere Neigung und nur aus Not in Gesellschaft eintritt und zu allen anderen in Konkurrenz steht. Das praktisch wirksame Selbstbewußtsein der Menschen setzt Thomas vielmehr überall als ein kollektives voraus. Es realisiert sich in der logisch zwingenden Erkenntnis der Prinzipien des Handelns durch die Individuen selbst.

In dieser rationalen Hinordnung des Einzelnen und seines Handelns auf die Gesellschaft liegt der Ansatzpunkt des Thomasischen Naturrechts. Dessen metaphysische Prämisse ist die positive Rationalität der Gesellschaft. Sie folgt für Thomas problemlos aus dem Nexus von *rationalitas* und *socialitas*, die das menschliche Wesen bestimmen. Die fundamentalen Regeln der Gesellschaft trägt der Mensch als vernünftiges und zugleich gesellschaftliches Lebewesen zwar nicht als eingeborene Ideen in sich, aber seine natürliche Vernunft ist auf die Erkenntnis der göttlichen *lex aeterna* angelegt, aus der sie die konkreten Normen der *lex naturalis* und des positiven Rechts herzuleiten hat. Der kontingente Verstand hat also Einsicht in das absolute Gesetz, weil er selbst an ihm partizipiert.

In dieser aristotelisch und zugleich neuplatonisch inspirierten Spekulation wird die Ambivalenz des Thomasischen Denkens wiederum deutlich. Einerseits impliziert die Abhängigkeit des menschlichen Verstandes vom göttlichen Gesetz Unfreiheit des Handelns, wenn es aus Vernunft geschieht. Andererseits garantiert nur die Ausübung des Verstandes die Freiheit des Handelns, welche nur durch Einsicht in deren objektives Gesetz gegeben ist. Der Vernunftprimat im Thomasischen Sinne macht die Menschen zu Untertanen Gottes, die ihre vorherbestimmte Stelle im a priori vernünftigen Universum einnehmen. Zugleich verleiht die subjektive Einsicht in die objektive Gesetzmäßigkeit der physischen und moralischen Naturordnung den Menschen die Freiheit von bloßer Determination, die Fähigkeit, mit Bewußtsein die Ziele ihres Handelns zu bestimmen: »Creatura rationalis sic divinae providentiae subjacet quod non solum ab ea gubernatur,

13 C.g. III, c. 17.

sed etiam rationem providentiae utcumque cognoscere potest; unde sibi competit etiam aliis providentiam et gubernationen exhibere; quod non contingit in caeteris creaturis, quae solum providentiam participant inquantum providentiae subduntur. Per hoc autem quod aliquis facultatem providendi habet, potest etiam suos actus dirigere et gubernare.«[14]

Das Thomasische Naturrecht folgt demnach aus der Rationalität der Theologie: Nur unter der historisch durchaus veränderlichen Voraussetzung, daß Gottes Wesen mit Vernunft schlechthin identisch ist, so daß sogar sein souveräner Wille an deren Prinzip gebunden ist, kann das Recht aus obersten Normen folgen, die auch jedem menschlichen Verstand ebenso zwingend erscheinen sollen wie die logischen seines Gebrauchs selbst. Wie später bei Kant das Sittengesetz ist für Thomas das Prinzip des Rechts ein Faktum der Vernunft: »Lex est quoddam dictamen practicae rationis.«[15]

Für Thomas ist dieses Diktat der Vernunft, anders als bei Kant, der Inbegriff des Inhalts aller moralischen und rechtlichen Normen, die göttliche *lex aeterna*, die sich im menschlichen Verstand unvollkommen als *lex naturalis* darstellt. Während Kant die Moralität dem Formalismus der Vernunft entspringen läßt, erhebt die Thomasische Rechtslehre den Anspruch, daß zwischen der objektiven ontologischen Quelle allen Rechts und den konkreten Vorschriften sowie deren Zwecken ein Kontinuum rationalen Hervorgehens bestehe. Es bewußt zu machen und in den realen gesellschaftlichen Verhältnissen durchzusetzen, gehört zur Arbeit der spekulativen Vernunft, die hier bruchlos in die Praxis übergehen soll: »Sicut in ratione speculativa ex principiis indemonstrabilibus naturaliter cognitis producuntur conclusiones diversarum scientiarum, quarum cognitio non est nobis naturaliter indita, sed per industriam rationis inventa; ita enim ex praeceptis legis naturalis, quasi ex quibusdam principiis communibus, et indemonstrabilibus, necesse est quod ratio humana procedat ad aliqua magis particulariter disponenda, et istae particulares dispositiones adinventae secundum rationem humanam dicuntur leges humanae.«[16]

In dieser Ableitung der partikularen Rechtsvorschriften aus dem ewigen Grunde von Recht überhaupt erhält letzthin die bestehende Ordnung positiven Rechts ihre theologische Legitimation. Sie erscheint dann als ebenso ewig wie die allesbeherrschende göttliche

14 C. g. III, c. 113.
15 S. th. I-II, qu. 91, a. 3c.
16 L. c.

Vernunft selbst. Mit dieser fundamentalen Argumentation seiner Naturrechtslehre formuliert Thomas freilich zunächst nur den Anspruch, dem eine vollkommene Gesetzgebung genügen sollte. Wenn ein gegebenes Gesetz mit dem Prinzip der Legalität in Konflikt gerät, dann ist es nicht vernünftig und deshalb ohnehin *contra naturam*: »Lex humana in tantum habet rationem legis, in quantum est secundum rationem rectam; et secundum hoc manifestum est quod a lege aeterna derivatur. In quantum vero a ratione recedit, sic dicitur lex iniqua; et sic non habet rationem legis, sed magis violentiae cujusdam.«[17]

In dieser Wendung eröffnet Thomas die Perspektive einer Kritik, die das Bestehende an seiner objektiven Norm mißt, um es zu verändern. Im selben Zusammenhang zeigt sich aber auch die apologetische Seite seiner Argumentation, die alle bestehenden Gesetze aus ihrem absoluten Grunde herleiten will. So sind auch die aus Gewalt entspringenden Gesetze Abbilder der *lex aeterna*: »Et tamen in ipsa lege iniqua in quantum servatur aliquid de similitudine legis, propter ordinem potestatis ejus qui legem fert, secundum hoc etiam derivatur a lege aeterna.« [18] Hiernach ist der *ordo potestatis* des Gesetzgebers die vorrangige Instanz gegenüber den Subjekten, deren natürliche Einsicht doch das Handeln begründen sollte. Thomas relativiert an dieser Stelle sogar die Notwendigkeit einer Sanktionsgewalt für die objektiv vernünftigen Gesetze: »Quia aliqui interius non sunt sic dispositi ut ex seipsis sponte faciant quod lex jubet, ab exteriori trahendi sunt ad justitiam legis implendam; quod quidem fit dum timore poenarum, non liberaliter, sed serviliter legem implent. [...] Alii vero sic sunt dispositi ut ex seipsis sponte faciant quod lex jubet.« [19]

Die ideale Beziehung, die der Einzelne nach Thomas zur Gesellschaft haben soll, schließt demnach die Moralität ein. Wenn alle aus eigenem Antrieb täten, was das Gesetz verlangt, selbst wenn es das Gesetz gar nicht als äußere Institution gäbe, dann wäre die Sanktionsgewalt überflüssig. Das Verbrechen stammt nach dieser Perspektive aus einer Defizienz der menschlichen Vernunftnatur. Die Sanktionsgewalt, die auch die Verbrecher noch zum Gehorsam zwingt, ist insofern gar nicht affirmativ-vernünftig, sondern eine Notinstitution. Sie soll einem Übel wehren, dessen Herkunft mit den Mitteln der Philosophie nicht erklärbar ist. Wäre das Gesetz so mit Vernunft identisch, wie Thomas es seiner universalen Konzeption von Totalität

17 S. th. I-II, qu. 93, ad 2.
18 L. c.
19 C. g. III, c. 128.

gemäß behaupten muß, dann entspränge ein von äußerer Sanktion nicht erzwungenes Handeln nicht einmal verinnerlichter Gewalt, auf die der gesellschaftliche Lebensprozeß vom frühesten Beginn der Neuzeit an immer angewiesen war.

Die mittelalterliche Welt, in der Thomas lebte, war aber noch nicht vollends aufgebrochen. Das Gefüge der Institutionen, wiewohl Resultat von Kämpfen, die in ihm stillgestellt sind, konnte im 13. Jahrhundert noch als Ausdruck einer in allem Wechsel beharrenden Idee erscheinen. Die Veränderungen, die sich besonders im materiellen Lebensprozeß bereits vollzogen und einen Wandel in der Ordnung der Institutionen einleiteten, hat Thomas selbst noch in die Metaphysik des *ordo naturae* einzubeziehen versucht. Zeitliches ist damit spekulativ ins Ewige verkehrt, und die Gewalt, die die bestehende Ordnung entstehen ließ, ist hierüber vergessen. Dennoch kann Thomas durch das Pathos der Vernunft, die gegenüber dem Willen allenthalben den Primat hat, eine nur auf die Macht des politisch stärksten Willens gegründete Gesetzgebung scharf kritisieren. Der Rechtspositivismus, dem alle Vorschriften gleich und legitimes Gesetz sind, sofern sie einem Willen entspringen, der zu ihrer Durchsetzung hinreichend stark ist, wird als gegnerische Position in die rechtstheoretische Reflexion aufgenommen: »Lex movet eos qui subjiciuntur legi, ad recte agendum. Sed movere ad agendum proprie pertinet ad voluntatem. [...] Ergo lex non pertinet ad rationem, sed magis ad voluntatem, secundum quod etiam Jurisperitus dicit lib. 1 ff. de Constit. princ.: *Quod placuit principi, legis habet vigorem.*«[20]

Der weltliche Absolutismus, der sich in dieser Objektion bekundet, verfällt bei Thomas überall der Kritik. Dies gilt nicht nur für eine absolute Monarchie, deren historischer Typus erst im 17. Jahrhundert entfaltet war, sondern für jede politische Verfassung, die sich nur auf den Willen ihres Trägers beruft. Die Übereinstimmung vieler oder gar aller Einzelwillen im Akt der Gesetzgebung garantiert als empirisches Faktum noch nicht die objektive, über die bloße Partikularität hinausgehende Vernünftigkeit des Gesetzes. Die Norm, aus der es sich herleitet, kann vielmehr ein hypothetischer Imperativ zur Erreichung eines widervernünftigen Zweckes sein. Das zentrale Thema des Thomasischen Naturrechts ist der Zweck positiver Gesetze und der Zweck von Recht überhaupt: »Ratio habet vim movendi a voluntate. [...] Ex hoc enim quod aliquis vult finem, ratio imperat de his quae sunt ad finem. Sed voluntas de his quae imperantur, ad hoc quod legis rationem habeat, oportet quod sit aliqua ratione regulata, et hoc

20 S. th. I-II, qu. 90, a. 1, obj. 3.

modo intelligitur quod *voluntas principis habet vigorem legis*; alioquin voluntas principis magis esset iniquitas quam lex.«[21]

Wie in der Metaphysik ist für Thomas in der Politik eine Argumentation erst dann vollständig, wenn sie das Telos des behandelten Gegenstandes mit seinen übrigen Bestimmungen zusammengebracht hat. Die Gesetze und die gesellschaftlichen Verhältnisse, die sie gestalten sollen, sind nur dann vernünftig und zu respektieren, wenn sie auf ein Telos jenseits von Gewalt bezogen sind. So bestimmt sich die Praktikabilität eines Gesetzes durch seine Angemessenheit an seinen Zweck. Der unmittelbare Zweck eines einzelnen Gesetzes ist aber nur ein partikulares Gut, das seine Bestimmung nur durch das höchste Gut erhalten kann, an dem wiederum die Gesetzgebung insgesamt ihr Telos hat. Befriedigt also ein einzelnes Gesetz nur ein partikulares Interesse, so steht es im Widerspruch zur Allgemeinheit seiner Geltung, die nach Thomas nicht allein auf dem Willen beruhen kann, es durchzusetzen. Der mittelbare Zweck ist demnach objektive Vernunft, die den Willen des Gesetzgebers ohnehin und darüber hinaus den der handelnden Einzelsubjekte normiert. Der Wille des zeitlich und territorial beschränkten Herrschers kann deshalb nicht schlechthin das Prinzip der Gesetzgebung sein, sondern nur das Instrument, das eine substantielle Allgemeinheit in der ihr entsprechenden Mannigfaltigkeit der individuellen Willensregungen realisieren soll. Da die Vernunft aber die Wesensbestimmung aller einzelnen Menschen ist, muß sich die positive Gesetzgebung immer auch an ihrem objektiven Telos messen lassen. Nur wenn beide für potentiell alle Menschen erkennbar übereinstimmen, sind die Gesetze überhaupt verbindlich. Deshalb kann es nach Thomasischen Grundsätzen auch keine einander fundamental widersprechende Rechtssysteme geben. Denn was überhaupt Recht ist, muß aus dem gemeinsamen Grunde des Naturrechts sich herleiten.

Historisch unentfaltet liegt in dieser von Thomas an einigen Stellen ausdrücklich vollzogenen Wendung das Potential einer aufklärerischen Herrschaftskritik, die die Idee der Objektivität gleichwohl nicht relativistisch preisgibt. Mit dem bürgerlichen Formalrecht der Neuzeit ist der Thomasische Begriff des Rechts gewiß nicht gleichzusetzen. Begründet nämlich das neuzeitliche Recht die Sphäre, in der die formal freien und gleichen Personen sich voneinander abgrenzen, vermöge ihres privaten Eigentums für sich sind und unabhängig von ihren individuellen materiellen Zwecken miteinander gültig kontrahieren, so setzt die Thomasische Idee des Rechtes einen obersten

21 L. c., ad 3.

inhaltlichen Zweck voraus. Dieser göttliche Zweck ist seinerseits an die Idee einer vernünftigen Weltordnung gebunden, deren Realität Thomas fraglos unterstellt. Was in einem gegebenen System positiven Rechts pragmatisch verständig ist, wird vernünftig erst, wenn es mit dem Telos aller Gesetze übereinstimmt.

Aus diesem Gedanken ergibt sich die Hierarchie der Güter und Tugenden, die für das traditionelle Naturrecht charakteristisch sind. Das moderne Rechtsdenken hat in dieser Bindung des Rechts an konkrete Inhalte die Legitimation der ständischen Unfreiheit gesehen und das Naturrecht nach langen Auseinandersetzungen verworfen.[22] Die Partikularität der Städte und Stände, die hinter dem Universalismus der traditionellen Rechtsgüterkataloge für die kritische Analyse hervortrat, wurde negiert, aber andererseits wurde das enge individuelle Partikularinteresse zum Movens des gesamten Rechtsverkehrs gemacht, ohne daß die inhaltliche Legitimität jener vielfältigen Willensregungen noch zur Debatte stehen konnte. Umgekehrt wurde die Reflexion auf die Verbindlichkeit eines universalen Telos von Recht abgeschnitten, wo es nur um die formalen Regeln ging, nach denen sich die Kollision der Interessen neutralisieren läßt. Einen Anspruch, aus einer objektiven Metaphysik deduzierbar zu sein, erhebt die moderne Rechtstheorie ganz konsequent nicht mehr, auch wenn sie die nominalistische Konzeption des Individuums und damit selbst eine metaphysische Position zu ihrer Voraussetzung hat.

Thomas hat sich indessen noch um die Deduktion des Rechts aus einer affirmativen Idee von Totalität bemüht. Dies erschien möglich, weil für ihn Natur und Übernatur ganz fraglos eine Einheit bildeten. Seiner aristotelischen Orientierung folgend hat er in der praktischen Philosophie Profanes und Sakrales zu vereinen versucht wie in der theoretischen die Wesenheiten und die empirische Realität. Die diesseitige Welt, sowohl die physische wie die moralische, hatte ihr jenseitiges Ziel, das aber deren Bewegung immer schon bestimmt. Die Analogie von Natur und Übernatur war als Garantie für die Substantialität der menschlichen Vernunft und der von ihr begründeten Handlungen gedacht, zugleich war sie aber auch weitaus weniger als deren Determination, so daß Freiheit denkbar blieb. Die objektive ewige Vernunft Gottes sollte sich dem endlichen menschlichen Intellekt nicht allein in der christlichen Offenbarung, sondern in der gegenständlichen Schöpfung mitgeteilt haben. Denn die Schöpfung entsprach nach Thomasischer, hier durchaus neuplatonischer Überzeu-

22 Ct. die Dokumentation der Positionen in dieser Auseinandersetzung: W. Maihofer (Hrsg.), *Naturrecht oder Rechtspositivismus?* Darmstadt 1962.

gung einer ideellen Totalität im göttlichen Intellekt, die durch die Vereinigung der substantiellen Formen mit Materie empirische Realität besitzen soll. Was für den menschlichen Verstand in der anorganischen und organischen Natur als objektive Teleologie aller Bewegungen sich darstellt, läßt ihn auf die Realität der *lex aeterna* schließen. Ist die Bewegung hier aber ohne Bewußtsein und Freiheit ihres Trägers auf ihr Ziel gerichtet, so hängt die Finalität der menschlichen Handlungen an der Leistung des Subjekts, das als synthetisch erkennendes frei ist. Aus der Erkenntnis des obersten Zwecks allen Rechtes und aller Moral kann ein Handeln folgen, das frei weil vernunftbestimmt ist.

Wie alle Bewegung und Tätigkeit in der Natur nach der Thomasischen Konzeption ein objektives Ziel hat, das mit dem Wesen des sich bewegenden Dinges identisch ist, so folgt auch die spezifisch menschliche Tätigkeit aus dem Wesen, auf dessen vollkommene Darstellung sie objektiv immer schon gerichtet ist. Die *rationalitas* ist nicht ruhende Qualität in den einzelnen Menschen, sondern das Wesen, das in jeder partikularen Tätigkeit erscheinen muß. Da das Wesen als solches aber stets allgemein ist, kann die Aktivität des Einzelnen nicht aus seiner punktuellen Singularität erfolgen. Sie ist vielmehr in allen Bereichen an Gesellschaft gebunden, deren Dasein Naturbedingung der individuellen Existenz ist und damit zur Aktualität der *essentia humana* gehört. Indem Thomas versucht, mit aristotelischen Mitteln Allgemeines und Besonderes noch einmal metaphysisch zu vereinen, gewinnt er die Einsicht in den gesellschaftlichen Charakter aller individuellen Lebensäußerungen. Hat die Gesellschaft aber, wie jedes Seiende, ein objektives Telos, so ist alles Denken und das ihm entspringende Handeln auf seine Verwirklichung hingeordnet. Die Gesetze, die dieses gesellschaftliche Handeln normieren, sind deshalb selbst auf ein Gut gerichtet, das als solches ein höheres Sein darstellt: »Lex pertinet ad id quod est principium humanorum actuum, ex eo quod est regula et mensura. Sicut autem ratio est principium humanorum actuum, ita etiam in ipsa ratione est aliquid quod est principium respectu omnium aliorum; unde ad hoc oportet quod principaliter et maxime pertineat lex. Primum autem principium in operativis, quorum est ratio practica, est finis ultimus. Est autem ultimus finis humanae vitae felicitas vel beatitudo. [...] Unde oportet quod lex maxime respiciat ordinem qui est in beatitudine.«[23]

Ein Gesetz ist daher nach Thomas nur dann seiner metaphysischen Bestimmung gemäß, wenn es durch seinen ethischen Zweck konkret

23 S. th., I-II, qu. 90, a. 2, c.

ist, nicht aber, wenn es, wie in der Neuzeit, nur die formale Garantie dafür abgibt, daß die Willkür jedes Einzelnen mit der jedes anderen zusammen bestehen kann. Die »ungesellige Geselligkeit«, die nach Kant die gesamte menschliche Geschichte kontinuierlich in Bewegung hält, entspringt erst der modernen geschichtlichen Entwicklung. Legalität und Moralität sind hiernach getrennt, während sie bei Thomas zwei Seiten derselben Sache sind. Denn die Maximen des individuellen Handelns richten sich auf Güter, die über die Intention des einzelnen Subjekts hinaus untereinander in einer objektiven Ordnung stehen, deren oberste Norm mit dem Telos jeder vernünftigen Rechtsordnung identisch ist. Die affirmative Vorstellung der Glückseligkeit des Einzelnen und der Menschheit als ganzer verbindet Moral- und Rechtslehre mit dem theologischen Heilsbegriff, der freilich in der Naturrechtslehre zugleich zum innerweltlichen Movens wird.[24] Alle menschliche Tätigkeit ist auf das Glück gerichtet, dessen volle Wirklichkeit auch nach Thomas transzendent ist, aber seine Idee wirkt selbst in den alltäglichen Handlungen der Menschen. Denn alle Handlungen sind auf ein Seiendes gerichtet, das als solches nach der scholastischen Transzendentalienlehre zugleich ein Gutes ist. Insofern weist auch das Streben nach dem irdischen Glück über sein unmittelbares Ziel hinaus, und das vergängliche Gut ist dem denkend Lebenden Zeichen des höchsten. Wenn deshalb zwar jede erreichbare Befriedigung hinter der absoluten zurückbleibt, so ist sie doch nicht einfach nichts wie in der traditionellen Denkweise. Die Realität des einzelnen Seienden, und damit auch das Recht des partikularen Bedürfnisses und seiner Befriedigung erlangen vielmehr im Thomasischen Aristotelismus ihre Anerkennung: »Omnis actio, inquantum habet aliquid de esse, in tantum habet de bonitate; in quantum vero deficit ei aliquid de plenitudine essendi quae debetur actioni humanae, in tantum deficit a bonitate, et sic dicitur mala; puta, si deficiat ei vel determinata quantitas secundum rationem, vel debitus locus vel aliquid hujusmodi.«[25]

Das Glück der Individuen ist nach der Thomasischen Theorie schon in der diesseitigen Welt auf die Gesellschaft bezogen, also

24 Die zeitgenössischen Bemühungen um eine Erneuerung des thomistischen Naturrechts haben dies verkannt. Die Protagonisten dieser Restauration wähnten, die Profanität der bürgerlichen Rechtsvorstellung in der Sphäre des Sakralen zu überhöhen, aber sie hatten mit der thomasischen Lehre doch nur ein Resultat auf dem Wege der Entsakralisierung der Gesellschaft in Händen.

25 S. th., I-II, qu. 18. a. 1c.

nicht das des für sich seienden Einzelnen, sondern abhängig von der vernünftigen Totalität aller Menschen: »Cum omnis pars ordinetur ad totum, sicut imperfectum ad perfectum (unus autem homo est pars communitatis perfectae), necesse est quod lex proprie respiciat ordinem ad felicitatem communem.«[26]

Die Norm aller Gesetze, deren gleichsam empirische Realität freilich immer schon unterstellt wird, ist das *bonum commune*. In diesem an vielen Stellen emphatisch vorgetragenen Element seiner Gesellschaftstheorie nimmt Thomas den traditionellen Primat des Allgemeinen über das Besondere auf; aber das Theorem ist mehr als die alte Apologie feudaler Herrschaft. Es entspringt vielmehr aus der Einsicht, daß der Einzelne nur in der Gesellschaft sich individuieren kannn, daß das Individuum geradezu eine gesellschaftliche Seinsweise des Menschen, nicht aber das der Gesellschaft historisch vorhergehende, für sich seiende Atom ist: »Manifestum est autem quod omnes qui sub communitate aliqua continentur, comparantur ad communitatem sicut partes ad totum; pars autem id quod est, totius est; unde et quodlibet bonum partis est ordinabile in bonum totius. Secundum hoc ergo bonum cujuslibet virtutis, sive ordinationis ipsum ad aliquas alias personas singulares, est referibile ad bonum commune, ad quod ordinat iustitia.«[27]

Dieser Primat der gesellschaftlichen Totalität schließt, affirmativ interpretiert, das Pseudos aller idealistischen Apologetik in sich, aber Thomas hat ihn selbst gar nicht ungebrochen vertreten, sondern hier – wie auch an anderen Stellen seines Werkes – eine im Kern dialektische Position eingenommen.[28] Das Allgemeine, das er als ganzes durchweg als das Vernünftige ansieht, ist nicht mit der Instanz der

26 L. c., qu. 90, a. 2c.
27 S. th., II-II, qu. 58, a. 5c.
28 Der Neuthomismus hat bis zur Mitte dieses Jahrhunderts auf dem Primat eines Gemeinwohls insistiert, dessen Begriff er nicht mehr konkretisieren konnte. So verkam die Idee des *bonum commune* zum ideologischen Topos im Kampf gegen säkulare Freiheitstendenzen. Cf. O. Schilling, *Die Staats- und Soziallehre des heiligen Thomas von Aquin*, 2. Aufl. München 1930. Auch dieses Standardwerk auf seinem Gebiet, dem dessen schlüssige Darstellung zu danken ist, setzt sich das apologetische Ziel, die Soziallehre des Thomas als zeitlos gültiges Gesetz zu bestimmen, dem das Mittelalter tatsächlich entsprochen habe. Mit Charles Maurras geriet der Ordnungsfanatismus der Action française, der sich auch auf Thomas beruft, in enge Verbindung zur faschistischen Weltanschauung. Cf. das Vorwort von Maurras zu: J. – L. Lagor, *La Philosophie politique de saint Thomas*, Paris 1948.

Herrschaft schlechthin identisch; es setzt der Gewalt des Partikularen vielmehr eine Grenze, die jedem einzelnen Subjekt bewußt werden kann: »Ille qui quaerit bonum commune multitudinis, ex consequenti etiam quaerit bonum suum, propter duo: primo quidem quia bonum proprium non potest esse sine bono communi vel familiae, vel civitati aut regni. [...] Secundo quia cum homo sit pars domus, vel civitatis, oportet quod consideret quid sibi sit bonum ex hoc quod est prudens circa bonum multitudinis. Bona enim dispositio partium accipitur secundum habitudinem ad totum.«[29] Die *prudentia* ist hier indessen nicht die individuelle Schlauheit im Konkurrenzkampf, sondern vielmehr die von jedem Individuum geforderte Reflexion seines eigenen Bedürfnisses durch das Interesse des Allgemeinen.

Wenn alle durch die Vernunft bestimmten Willensakte auf das *bonum commune* hingeordnet sind, so folgt daraus, daß alle vernünftigen Individuen diese Teleologie als Bestimmung ihres Wesens anerkennen müssen. Deshalb gelangt Thomas an einer exponierten Stelle zu der Einsicht, daß die gewöhnlich als Herrschaftsakt geltende Gesetzgebung, die dieses notwendige Verhältnis des vernunftbestimmten Willens zum *bonum commune* auf die kontingenten Sachverhalte anwendet, nicht prinzipiell ein Privileg der Herrschenden ist. Denn dies verstieße gegen die metaphysisch begründete Wesensgleichheit der Menschen: »Lex poprie primo et principaliter respicit ordinem ad bonum commune. Ordinare autem aliquid in bonum commune est vel totius multitudinis vel alicujus gerentis vicem totius multitudinis. Et ideo condere legem vel pertinet ad totam multitudinem, vel pertinet ad personam publicam quae totius multitudinis curam habet; quia et in omnibus aliis ordinare in finem est ejus cujus est proprius ille finis.«[30]

Diese Stelle belegt gewiß nicht umstandslos eine Parteinahme für die Demokratie, aber die Gleichheit des Wesens in allen Menschen, das nur in Gesellschaft sich realisieren kann, läßt doch den Gedanken zu, daß der Monarch als *persona publica* von seinen Untertanen überprüft werden kann. Richten sich seine Akte nicht auf das *bonum commune*, sondern auf seinen privaten Nutzen, so ist sogar der Widerstand hiergegen legitim: »Regimen tyrannicum non est justum, quia non ordinatur ad bonum commune, sed ad bonum privatum regentis. [...] Et ideo perturbatio hujus regiminis non habet rationem seditionis; nisi forte quando sic inordinate perturbatur tyranni regimen, quod multitudo subjecta majus detrimentum patitur ex perturbatione consequenti quam ex tyranni regimine. Magis autem tyrannus

29 S. th. II-II, qu. 47, a. 10, ad 2.
30 S. th. I-II, qu. 90, a. 3c.

seditiosus est, qui in populo sibi subjecto discordias et seditiones nutrit, ut tutius dominari possit: hoc enim tyrannicum est, cum sit ordinatum ad bonum proprium praesidentis, cum multitudinis nocumento.«[31]

Die Thomasische Deduktion des Rechts setzt die teleologische Weltordnung voraus, die umgekehrt im vollendeten Rechtszustand erst gesellschaftlich wirklich werden kann. Bis dahin ermöglicht dieser Gedanke die Kritik der Verhältnisse, die dem Maßstab, der ihnen immanent ist, nicht genügen. Die Rationalität dieses Maßstabs muß von allen kontingenten Willensakten der empirischen Menschen unabhängig feststehen. Thomas hat dies nachzuweisen versucht, indem er das Recht aus der göttlichen Vernunft herleitete.

Der Wille Gottes, der mit seinem Wesen ebenso identisch ist wie seine Vernunft, ist nach dieser Lehre an deren Unveränderlichkeit gebunden. Die intelligible Ordnung der Wesenheiten, die der göttliche Intellekt als die Struktur der Welt von Ewigkeit gedacht hat, kann auch der souveräne göttliche Wille nicht ändern. Er ist nur die Kraft, die das Intelligible in die Gott äußere Wirklichkeit gesetzt hat und in ihr erhält. Das Gesetz dieser Ordnung ist Gott immanent und deshalb menschlichem Denken nur indirekt erschließbar. Thomas nennt es *lex aeterna*. Sie begründet nach seiner Theorie die determinierten Verhältnisse der rein physischen, intellektlosen Dinge ebenso wie das in der Gesellschaft durch den menschlichen Willen gesetzte Recht. Der Begriff *ordo naturae* bezeichnet die einheitliche intelligible Struktur, die physische und moralische Welt gleichermaßen umfassen soll. Die beiden Bereiche differieren nur in der Weise, in der sie diesem *ordo* unterworfen sind. Verwirklichen die intellektlosen Dinge ihr Wesen, indem sie einem unbewußten *appetitus naturalis* folgen, so können die Menschen, ihres vernünftigen und zugleich gesellschaftlichen Wesens eingedenk, die gesetzlichen Regeln ihres Handelns so setzen, daß ihre Beziehung zum *bonum commune* allen evident ist.

Die für alle geltende *lex aeterna* ist für menschliches Denken, das aus dem Endlichen auf sie schließt, dem Plan analog, den ein Handwerker von den Gegenständen hat, denen er im Prozeß der Produktion ihr Funktionsgesetz vorschreibt:

»Sicut in quolibet artifice praeexistit ratio eorum quae constituuntur per artem, ita etiam in quolibet gubernante oportet quod praeexistat ratio ordinis eorum quae agenda sunt per eos qui gubernationi subduntur. Et

31 S. th. II-II, qu. 42, a. 2. ad 3.

sicut ratio rerum fiendarum per artem vocatur ars, vel exemplar rerum artificiatarum, ita etiam ratio gubernantis actus subditorum rationem legis obtinet. [...] Deus autem per suam sapientiam conditor est universarum rerum; ad quas comparatur sicut artifex ad artificiata. [...] Est enim gubernator omnium actuum et motionum quae inveniuntur in singulis creaturis. [...] Unde, sicut ratio divinae sapientiae, in quantum per ea cuncta sunt creata, rationem habet artis, vel exemplaris, vel ideae, ita ratio divinae sapientiae moventis omnia ad debitum finem obtinet rationem legis. Et secundum hoc lex aeterna nihil aliud est quam ratio divinae sapientiae, secundum quod est directiva omnium actuum et motionum.«[32]

Wie der Handwerker seinen Verstand im Produkt entäußert, so verweist auch die erkennbare Rationalität der Natur auf die substantielle Beziehung des Schöpfers zur Welt. Nur unter der Voraussetzung, daß der göttliche Logos in der menschlichen und außermenschlichen Natur sich verwirklicht hat und mit dem Wesen Gottes unabänderlich identisch ist, also nur unter der Voraussetzung des metaphysischen Realismus kann Thomas das menschliche Recht aus der *lex aeterna* herleiten. Wenn er die Substantialität eines Allgemeinen lehrt, das im einzelnen Seienden real ist und dessen Individualität dennoch nicht zum Nichtsein herabsetzt, so hat das für die Rechtslehre die Konsequenz, daß die Natur des Menschen, sowohl seine körperliche Unversehrtheit wie seine Seele, als Zweck an sich selbst gelten, den die herrschaftliche Gewalt nicht legitim außer Kraft setzen kann.

Die Menschen partizipieren vermöge ihrer Vernunft an der allumfassenden *lex aeterna*, die ihnen als *lex naturalis* einsichtig ist: »Inter caetera autem rationalis creatura excellentiori quodam modo divinae providentiae subjacet, in quantum et ipsa fit providentiae particeps, sibi ipsi, et aliis providens. Unde et in ipsa participatur ratio aeterna, per quam habet naturalem inclinationem ad debitum actum et finem; et talis participatio legis aeternae rationali creatura lex naturalis dicitur.«[33]

Die menschliche Vernunft muß sich demnach nur auf sich selbst besinnen, um die obersten Normen zu finden, denen alles positive Recht genügen muß. In dieser Konstruktion muß Thomas freilich seinen eigenen Aristotelismus verlassen und zu einem augustinisch-neuplatonischen Argument greifen, gegen das seine Erkenntnistheorie konzipiert ist. Weist er dort die Begründung der Erkenntnis durch Erleuchtung vielfach zurück, so rekurriert er in der Naturrechtslehre affirmativ auf das Theorem seiner augustinischen Gegner: »Omnis enim cognitio veritatis est quaedam irradatio et partici-

32 S. th. I-II, qu. 93 a 1c.
33 L. c., qu. 91, a. 2c.

patio legis aeternae, quae est veritas incommutabilis, ut Augustinus dicit in libro de vera Religione, cap. 31; veritatem autem omnes aliqualiter cognoscunt, ad minus quantum ad principia communia legis naturalis.«[34]

Diese prinzipientheoretische Deduktion des Naturrechts mißlingt, denn sie verfällt in die Aporien, die schon den Neuplatonismus kennzeichnen. Sollen die Prinzipien des Naturrechts wie durch eine Emanation aus der göttlichen *lex aeterna* hervorgegangen sein und stellen sie ihrerseits das Urbild für die positiven Gesetze dar, so wollte Thomas hiermit die Regeln für die kontingenten menschlichen Verhältnisse im Inbegriff absoluter Vernunft gründen. Aber abgesehen von der unlösbaren Frage, wie das Prinzip aus sich allein zum Prinzipiatum gelangt, reduziert die Thomasische Begründung des Naturrechts dessen Prinzip auf reine inhaltlose Identität. Die Begründung kann danach nur formal sein, im Widerspruch zu der Absicht, das Recht teleologisch auf inhaltliche Güter zu beziehen, die ihrerseits auf ein höchstes Gut hingeordnet sein sollten. Die Menschen können sich des Naturrechts nach Thomas durch das ontologisch verstandene Widerspruchsprinzip versichern. Wenn somit das Seiende, sofern es ist, nicht Nichtsein sein kann und mit dem Guten konvertibel ist, nach dem aller Wille strebt, so entspricht die axiomatische Begründung des Rechts einer Entfaltung des Identitätsprinzips:

»In his autem quae in apprehensione hominum cadunt, quidam ordo invenitur. Nam illud quod primo cadit sub apprehensione, est ens, cuius intellectus includitur in omnibus, quaecumque quis apprehendebit. Et ideo primum principium indemonstrabile est, quod non est simul affirmare et negare, quod fundatur supra rationem entis; et super hoc principio omnia alia fundantur. [...] Sicut autem ens est primum quod cadit in apprehensione simpliciter, ita bonum est primum quod cadit in apprehensione practicae rationis, quae ordinatur ad opus. [...] *Bonum est id quod omnia appetunt.* Hoc est ergo primum praeceptum legis quod *bonum est faciendum et prosequendum et malum vitandum;* et super hoc fundantur omnia alia praecepta legis naturae.«[35]

Aus der bestimmungslosen Identität des reinen Guten und Seienden folgt aber kein inhaltlich bestimmtes Recht. Nicht zufällig rekurriert Thomas in seiner Herleitung der Rechtsprinzipien auf die subjektive Gewißheit der Prinzipien, die metaphysischen Entitäten entsprechen sollen. Von hier aus ist es nur noch ein Schritt, das System

34 L. c., qu. 93, a. 2c.
35 L. c., qu. 94, a. 2c.

der metaphysischen Entitäten und ihr Prinzip auf seine Funktion im menschlichen Denken zu reduzieren. Danach erscheint der *ordo naturae* als subjektive Projektion auf die Welt, deren Struktur nicht notwendig auf die göttliche Vernunft hinweist, zumal die Welt sich als nicht so unwandelbar herausstellte, wie der ontologische Realismus der Hochscholastik es voraussetzte.

Die Evidenz des Thomasischen Satzes, alle legitimen Gesetze hätten in der göttlichen *lex aeterna* ihren unveränderlichen Maßstab, der als solcher der menschlichen Vernunft transzendent ist, beruht demnach auf einem Glauben, dessen Kongruenz mit dem Wissen auch Thomas nicht demonstrieren konnte. Seine Deduktion der Rechtsnormen im einzelnen hat mit der Schwierigkeit zu kämpfen, daß ihre systematische Begründung tautologisch ist. Der inhaltlich bestimmte Maßstab, an dem die emprische Welt rechtlich zu messen wäre, ist nach seinem Prinzip gar nicht gegeben. Das Recht kann sich letztlich nur an seiner eigenen inneren Widerspruchsfreiheit orientieren – ein gänzlich formales Kriterium, dem humane und inhumane Gesetzessysteme gleichermaßen genügen können.

Wenn zudem die *lex aeterna* mit dem Wesen Gottes identisch ist, dieses Wesen sich aber in seinen Wirkungen zu erkennen gibt, so kann das ewige Gesetz nur einer ein für allemal gegebenen Welt zur Regel dienen. Von der physischen Naturordnung abgesehen, müßten Veränderungen in den politischen und gesellschaftlichen Verhältnissen und in deren geistigem Ausdruck gleichwohl als Manifestationen des Unveränderlichen interpretiert werden. Dieses Problem deutet sich bei Thomas bereits an den Stellen an, wo es um die Frage geht, ob die Regel des beginnenden bürgerlichen Warenverkehrs, der Tauschhandel um des Profits willen, Kreditgeschäfte, Warenterminhandel und Zinsgeschäfte mit dem natürlichen Gesetz zu vereinbaren seien. Das Faktische, die gegebenen politischen und gesellschaftlichen Verhältnisse, sollte aber Erkenntnisgrund des Normativen sein. Die Begründung, die Thomas für das Naturrecht gibt, ist somit zirkulär, ein Fehler, der aus der Formalität des Prinzips der Deduktion folgt.

Ist zudem die unveränderliche Norm dem Faktischen immer schon immanent, so muß das Faktische entweder gänzlich statisch sein oder seine Entwicklung muß eindeutig die Richtung auf ihr Ziel erkennen lassen. Den ontologischen Dogmatismus der ersteren Position hat Thomas schon in Erkenntnistheorie und Metaphysik mit aristotelischen Mitteln erschüttert, aber die Lehre von der Immanenz des Zieles ist auch nicht gänzlich dagegen gefeit, einen historisch gegebenen Stand der gesellschaftlichen Organisation mit der göttlichen

Naturordnung der Gesellschaft überhaupt zu verwechseln, wenn sie sich genötigt sieht, in konkreten Fragen die natürliche Norm zu nennen, die die empirischen Verhältnisse erst noch verwirklichen sollen. Die Theorie des Thomas von Aquin, die sich allem Rechtpositivismus antizipierend entgegensetzt, trägt dessen Spur schon in sich, denn die Norm erscheint vielfach als die stilisierte Verdoppelung des Faktischen.

Die Spannung dieser Motive im Werk des Thomas von Aquin tritt besonders in seinen Reflexionen zur gesellschaftlichen Arbeitsteilung hervor. Die ökonomisch-reale Bedeutung seiner Bestimmung des Verhältnisses von Allgemeinem und Besonderem verschafft sich Geltung in jenen Partien seines Œuvres, in denen das *bonum commune* als virtuelles Resultat der individuellen Tätigkeiten erscheint. Denn über die aristotelische Bestimmung des guten Lebens der Polis hinaus ist das *bonum commune* nach Thomas nicht allein eine Folge des tugendhaften politischen Handelns der *personae publicae*, der traditionellen Herrscher und ihrer Vasallen, sondern ebenso der Arbeit der Privatpersonen. Alle Tätigkeiten gehören nach Thomas gleichermaßen zur Gesellschaft, und die Teilung der Arbeit ist geradezu eine Naturbedingung der menschlichen Existenz: »Omnes personae humanae non sunt unius naturae secundum numerum, ut oporteat unam esse omnium operationem tantum et unum effectum, ut accidit in divinis; et ideo quantum ad hoc non potuit attendi similitudo utrobique.«[36]

Hatte Aristoteles alle gegenständliche Arbeit den Unfreien und den Sklaven vorbehalten, die ohnehin keine Polisbürger waren, so stellt die *civitas perfecta* des Thomas von Aquin eine Totalität dar, die sich durch planmäßig geteilte Arbeit reproduziert. Die geistige Tätigkeit ist nicht von vornherein höher oder *toto genere* andersartig als die körperliche, vielmehr bezieht Thomas beide auf den Zweck, den natürlichen Mangel zu beseitigen: »Quia enim multa necessaria sunt ad hominis vitam, ad quae unus homo per se sufficere non posset, necessarium est per diversos diversa fieri, puta ut quidam sint agricultores, quidam animalium custodes, quidam aedificatores, et sic de aliis; et, quia vita hominum non solum indiget corporalibus, sed magis spiritualibus, necessarium est etiam ut quidam vacent spiritualibus rebus ad meliorationem aliorum, quos oportet a cura temporalium absolutos esse.«[37] Die Gesellschaft wird ihrem Zweck um so vollkommener gerecht, je weiter die Arbeitsteilung fortgeschritten ist. Wenn dieser

36 S. th., III, qu. 23, a. 2 ad 1.
37 C. g., III, c. 134

Gedanke auch schon bei Aristoteles angedeutet ist, so charakterisiert es doch die Epoche, daß Thomas von Aquin ihn mit weitaus größerem Nachdruck wiederholt und seine materielle Notwendigkeit hervorhebt: »Totum vero quod componitur ex partibus eiusdem speciei est imperfectum in genere naturae, sicut aer et aqua et alia inanimata corpora. Unde manifestum est quod, cum civitas sit quoddam totum perfectum oportet quod consistat ex partibus dissimilibus secundum speciem. [...] Tanto enim erit sibi sufficientior, quanto plures diversitates honinum in ea inveniuntur.«[38]

Wird aber die Gesellschaft als arbeitsteilige Totalität denkbar, so kann auch die Herrschaft nicht mehr ungebrochen als Repräsentant des metaphysisch Allgemeinen, das Individuum nicht als deren bloßes Objekt erscheinen; vielmehr begründet sich seine wachsende theoretische Bedeutung aus der zunehmenden ökonomischen Arbeitsteilung. Die Thomasische Wesensbestimmung des Menschen als *animal sociale* erhält hier erst ihren spezifischen Sinn. Das Ganze der Gesellschaft resultiert aus den Teilarbeiten der Individuen, die im theoretischen Idealfall teleologisch aufeinander bezogen sind.

Die Arbeitsteilung, deren geregelte Fixierung den Einzelnen gleichzeitig aufwertet und korporativ bindet, entspricht göttlicher Vorsehung und ist deshalb als solche natürlich: »Hoc autem distributio diversorum officiorum in diversas personas fit divina providentia.«[39] Alle gesellschaftlich nützlichen Arbeiten sind *officia*, deren Beziehungen das Muster der ständischen Ordnung abgeben. Diesem durch seine Nachgeschichte statisch-korporativ erscheinenden Moment der Thomasischen Gesellschaftslehre kontrastiert ein dynamisches, nach dem die Methoden der Arbeit wie die Erkenntnis kontinuierlich fortschreiten: »Ex parte quidem rationis, quia humanae rationi naturale esse videtur ut gradatim ab imperfecto ad perfectum perveniat. Unde videmus in scientiis speculativis, quod qui primo philosophati sunt, quaedam imperfecta tradiderunt, quae postmodum per posteriores sunt tradita magis perfecte. Ita etiam in operabilibus; nam primi qui intenderunt invenire aliquid utile communitati hominum, non valentes omnia ex se ipsis considerare, instituerunt quaedam imperfecta in multis deficientia, quae posteriores mutaverunt, instituentes aliqua quae in paucioribus deficere possunt a communi utilitate.«[40]

38 *In VIII libros Politicorum Aritotelis*, II, lect. 1 (n. 180 und 184).
39 C. g., l. c.
40 S. th. I-II, qu. 97, a. 1c.

Im theoretischen Verständnis der Gesellschaft kündigt sich bei Thomas die Einsicht in deren materiell-ökonomischen Fundament an, das ihm grundsätzlich veränderbar erschien: »Tanto sit perfectior multitudinis societas, quanto magis per se sufficiens erit ad necessaria vitae.«[41] Das Mittel der Vervollkommnung der Gesellschaft ist die Arbeit. Hierin ist die Thomasische Konzeption gänzlich weltlich. Indem sie die Gesellschaft materiell begründet, wendet sie sich von Augustinus weit ab. Ist nach Thomas das menschliche Wesen gesellschaftlich, so wäre es hiernach konsequent, es als materiell bestimmt zu denken. Eine andere Konsequenz dieses Gedankens ist, daß das System der Bedürfnisbefriedigung sich geschichtlich erweitert.

Aber diese Linien seiner gesellschaftstheoretischen Reflexionen zieht Thomas nicht weiter. Vielmehr zeigt sich hier die historische Schranke seines Denkens. Ganz auf der Höhe seiner Zeit bestimmt Thomas die Stadt als das vollkommenste Modell von Vergesellschaftung, nach dem deren Zweck am adäquatesten erreicht werden könne: »Quarum quidem communitatum cum diversi sunt gradus et ordines, ultima est communitas civitatis ordinata ad per se sufficientia vitae humanae. Unde iter omnes communitates humanas ipsa est perfectissima.«[42]

Die Vollkommenheit ist in diesem Zusammenhang mit einem ökonomischen Argument begründet, dessen Modell metaphysisch ist. Die Stadt konzipiert Thomas als autarkes Gemeinwesen, dessen Mitglieder ihre Subsistenz durch sinnvolle Arbeitsteilung selbst schaffen. Die Stadt erscheint ihm daher unabhängiger von äußerer Hilfe als andere politische Gebilde, vor allem die ländlichen Gemeinwesen. Sie ist daher im strengen Sinne mehr Substanz als diese, da sie aus sich selbst zu subsistieren scheint. Deshalb nimmt sie einen metaphysisch höheren Rang ein: »Tanto enim aliquid dignius est, quanto per se sufficientius invenitur; quia quod alio indiget, deficiens esse monstratur. Sufficientiam autem plenius possidet civitas cui circumjacens regio sufficiens est ad necessaria vitae, quam illa quae indiget ab aliis per mercationem accipere.«[43] Galt in den früheren Jahrhunderten des Mittelalters das ländlich-agrarische Leben als das subsistierend Sittliche, so zeugt das Thomasische Denken von einer Umwertung: Die städtische Produktionsweise und ihre Lebensformen sind dem Menschen angemessener als das Landleben, dessen zivilisatorischen Rückstand Thomas an verschiedenen Stellen feststellt.

41 *De regimine principum,* I, 1.
42 In VIII lib. Pol., Prooemium (n. 4)
43 De reg. princ., II, 3.

Ist die Stadt nach Thomas aber ein Organismus, der seine eigenen Existenzbedingungen produziert, so ist ihre Autarkie durch die gegenständliche Tätigkeit gesichert. Wie schon die Metaphysik des Aristoteles ihre Evidenz an handwerklichen Modellen und Beispielen gewinnt, so registriert die an sie anschließende Gesellschaftslehre des Thomas jene Momente der zeitgenössischen Entwicklung nur negativ, die über die handwerkliche Produktion und den daraus resultierenden einfachen Warentausch hinausgehen. Der Handel und der ihn bedingende Zahlungsverkehr schränken nach Thomas die Autarkie der Stadt ein, denn sie begründen Abhängigkeit, wenn ihre materielle Reproduktion an sie gebunden ist: »Dignior enim est civitas si abundantiam rerum habeat ex territorio proprio, quam si ab mercatorem abundet. Cum hoc enim videtur esse securius; quia propter bellorum evertos et diversa viarum discrimina de facili potest impediri victualium deportatio, et sic civitas per defectum victualium opprimitur.«[44]

Hierin kommt aus der realitätsgerechten Einsicht in die Unsicherheit der Verkehrswege ein Motiv zur Geltung, das dem universalistischen Grundzug des Thomasischen Denkens widerspricht. Denn die Stadtstaaten, die sich dem universalen römischen Reich gegenüber verselbständigen, sind im 13. Jahrhundert zwar die zivilisatorisch fortgeschrittensten gesellschaftlichen Gebilde, aber ihre Tendenz, sich äußerlich gegen ihr Umland und innerlich durch die geschlossenen Korporationen der Handwerker Grenzen zu ziehen, widerspricht der Dynamik, der sie ihren Aufschwung verdankten. Die Autarkie, die wohl nur in wenigen Fällen real gegeben war, hätte den Fortschritt der Methoden der Arbeit und die Verfeinerung ihrer Produkte gehemmt, denn die wirklich autarke Stadt hätte ja immer nur das einmal gegebene Material zur Verfügung. Deshalb haben die Städte, in denen die handwerkliche Produktion hoch entwickelt war, zugleich Handel getrieben, denn die artistische Naturbeherrschung übte sich besonders an Luxusprodukten, deren Rohmaterial aus fernen Ländern herbeigeschafft werden mußte. Der Fernhandel aber bedingte einen anderen Zahlungsverkehr als der einfache Warentausch auf lokalen Märkten. Kredit, Zins und Terminhandel, also eine ausgebildete Geldwirtschaft, machten langfristige und räumlich verzweigte Handelsoperationen möglich, in die die Produktion der eigenen Stadt einbezogen war.

Thomas hat die Phänomene des aufstrebenden Handels- und Geldkapitals sehr gut gekannt und an wichtigen Stellen Œuvres genau

44 L. c.

bestimmt.[45] Aber er hat deren Legitimität grundsätzlich bestritten. Fundamental ist das metaphysische Argument, daß der Zins Reichtum aus dem Nichts schaffe. Da aus nichts aber nichts werden kann, ist der Gewinn aus dem bloßen Fluß der leeren Zeit *contra naturam*: »Accipere usuram pro pecunia mutuata est secundum se injustum, quia venditur id quod non est; per quod manifeste inaequalitas constituitur quae justitiae contrariatur.«[46]

Versucht Thomas hiermit, das mittelalterliche Zinsverbot zu begründen, so hat er doch unversehens das Gesetz der Produktion von Wert erfaßt: Nur aus gegenständlicher Tätigkeit entspringt gesellschaftlicher Reichtum, während Handelsprofit und Zins aus Geldgeschäften nur die Derivate des dort geschaffenen Mehrwertes sind. Die Überzeugung, alle Waren hätten ihren gerechten Preis, weist in dieselbe Richtung.[47]

Aber die ökonomische Situation Europas im fortgeschrittenen 13. Jahrhundert war nicht mehr nur durch den einfachen Warentausch bestimmt. Die erweiterte Reproduktion, deren Bedingungen Thomas in zentralen Partien seines Werkes indirekt reflektiert, hatte auch die Entfaltung der Geldwirtschaft zur bewegenden Ursache. Der Tauschwert der Waren hatte sich schon gegenüber ihrem Gebrauchswert verselbständigt, und die Spekulation mit den Zeichen, die für die Dinge und ihre realen Qualitäten nur noch vermittelt stehen, bildete bereits ein ökonomisches Netz von Beziehungen aus, in dem die Naturalform der Waren gleichgültig wurde. Wenn Thomas den Mechanismus dieses Denkens mißbilligt, das aus fiktivem Kapital auf Kredit durch Kalkulation mit der Zeit realen Reichtum schafft, so behält seine Insistenz auf der naturalen Quelle des Reichtums gegen das lange nach ihm sich überschlagende Profitstreben recht. Aber in seiner Epoche kommt hierin auch die historische Grenze seiner Konzeptionen zum Ausdruck. Um das Geld als allgemeine Form des Wertes begreifen zu können, die mit der inneren Natur der Dinge im metaphysischen Sinne nichts zu tun hat, war ein Bewußtsein erforderlich, das den seit dem 12. Jahrhundert latenten Nominalismus offen hervorkehrt und die aristotelische Substanzenmetaphysik kritisch auflöste – ein Fortschritt, dessen Ambivalenz bis heute fortherrscht.

45 Cf. s. th. II-II, 78; *Quaestiones disp. II De malo*, qu. 13, a. 4, sowie *De emptione et venditione ad tempus*.

46 S. th: II-II, qu. 78, a. 1c.

47 Cf. s. th. II-II, qu. 77.

XI.

Finis totius humanae civilitatis: Dantes aporetische Politik

Der christliche Universalanspruch, der geistliche und weltliche Verhältnisse nach einem einheitlichen Prinzip einrichten wollte, hat sich auf dem zweiten Konzil von Lyon 1274 zum letzten Mal Ausdruck verschafft. Das Bewußtsein, nach dem der göttliche Logos unmittelbar die menschlichen Verhältnisse bestimme, hat sich danach nicht mehr ungebrochen äußern können. Die geistige und politische Dominanz lag nach langen Kämpfen mit den Staufern bei der Kirche. Nach der Hinrichtung Konradins im Jahre 1268 und während des Interregnums 1254–1273 begannen die partikularen Fürsten bereits, sich die weltliche Herrschaft zu teilen, zunächst zum politischen Nutzen der Päpste, denen die Rolle der historisch bestimmenden Universalmacht zuzufallen schien. Deshalb waren die Versuche der Päpste Urban IV., Clemens IV. und Gregor X. konsequent und aussichtsreich, die Zerrissenheit des Imperiums zu kompensieren und die westlichen, an die römische Kirche gebundenen Völker mit der byzantinischen Kirche geistlich zu vereinigen, um letzthin im Zeichen eines einheitlichen christlichen Sacerdotiums auch die alte Teilung in ein oströmisches und ein weströmisches Reich aufzuheben.

Die päpstliche Politik war am Ende des 13. Jahrhunderts noch immer im Sinne der *universitas christiana* zu interpretieren, auch wenn sie sich mit den weltlichen Mitteln des Machtkampfes gegen den konkurrierenden Universalanspruch Friedrichs II. durchzusetzen suchte. Das Zeitalter der europäischen Partikularstaaten war noch nicht angebrochen, denn auch die Politik des französischen Königs Ludwig des Heiligen war trotz ihrer ausgeprägten Tendenz zur administrativen Zentralisierung der königlichen Macht noch universalistisch orientiert. Der Tod Ludwigs auf dem erfolglosen siebenten Kreuzzug 1270 signalisiert ebenso wie das zweite Lyoner Konzil das Ende einer Epoche, die trotz aller Konflikte von der Überzeugung getragen war, das Allgemeine, die göttliche Vernunft sei die Realität, die alle irdischen Mächte in einer natürlichen Ordnung vereinige. Der göttliche Wille wurde als der Garant einer in ihren Prinzipien universalen Gesetzgebung angesehen, die aus der unveränderlichen Vernunft Gottes selber folge.

Das Konzil hat diesen traditionell-theologischen Gedanken noch einmal zu bekräftigen versucht, indem es ein die byzantinischen und die römischen Christen gleichermaßen verpflichtendes Glaubensbekenntnis verabschiedete. Das dogmatische Hindernis einer Aufhebung des Schismas war der Zusatz »filioque« im römischen Symbolum gewesen, durch den der Hervorgang des heiligen Geistes aus Vater und Sohn gleichermaßen festgelegt war. Die Formel des nicaeno-konstantinopolitanischen Glaubensbekenntnisses »Credimus in Spiritum Sanctun, Dominum et vivificantem ex Patre procedentem« war schon im 7. Jahrhundert im Westen durch den Zusatz »filioque« ergänzt worden.[1] Im Osten stieß diese Erweiterung auf Ablehnung, da sie die Einheit Gottes in Frage zu stellen schien. In dem Zusatz kommt das Prinzip der späteren Trinitätsspekulationen zum Ausdruck, nach dem die Einheit Gottes zugleich eine ursprüngliche Dreiheit sein soll. Das göttliche Wesen in den drei Personen hat demnach nicht die Identität einer *species*, die sich in drei Individuen ausdrückt, seine Identität ist vielmehr numerisch *eine*. Der hierin gelegene Widerspruch sollte aufgelöst sein durch die Lehre von den gleichrangigen gegenseitigen Ursprungsbeziehungen der göttlichen Personen untereinander.

Der Streit um dieses Grunddogma des Christentums, der schon im frühen Mittelalter begonnen hatte, berührte letztlich die metaphysische Möglichkeit der Inkarnation. Nur wenn objektiv einsichtig war, daß Gott Mensch geworden sei, hatte die im Mittelalter unangefochtene Lehre von der Einheit von Natur und Übernatur ein Fundament. Die menschliche Vernunft konnte so auch an der göttlichen partizipieren und die unabänderlichen Gesetze der praktischen Tätigkeiten der Menschen herleiten. Zwar wurde die Evidenz dieser Dogmen durch die Offenbarung begründet und war damit auf den Glauben verwiesen. Aber der Glaube war noch nicht als ein bloß subjektives Fürwahrhalten eines rational inkommunikabeln Inhalts bestimmt.

1 Cf. J. Gill, Art. »Filioque« in: *Lexikon für Theologie und Kirche*, Bd. 4, Freiburg 1960, col. 126 ff.

Vielmehr bot zunächst die neuplatonische und im 13. Jahrundert auch die aristotelische Philosophie nach dem jeweiligen Stande des Bewußtseins die Möglichkeit, diskursiv darzulegen, wie göttliche und menschliche Natur sich zueinander verhalten sollten. Der spätere Verzicht auf eine metaphysisch bündige Bestimmung dieses Verhältnisses charakterisiert dagegen eine neue, das Mittelalter ablösende Epoche.

Solange dies Verhältnis als ein rationales gelten konnte, weil die Natur Gottes selbst als Inbegriff von Vernunft bestimmt war, richtete sich auch die Sphäre des politischen Handelns teleologisch auf das höchste Gut. Zumindest in dem Bewußtsein, dessen philosophische Artikulation die Scholastik geleistet hat, war das politische Handeln heilsgeschichtlich bestimmt. Dies erschien mit der menschlichen Autonomie vereinbar, weil diese sich nur durch die Erkenntnis Geltung verschafft; denn das menschliche Wesen bestand ja in der *rationalitas*, die Sünde war also nur ein Handeln *contra naturam* und deshalb *contra hominem*. Folgt der Mensch also seiner Natur, die im Erkennen besteht, so entspricht er aus Freiheit dem objektiv vernünftigen Heilsplan Gottes.

Aber der Kampf um die Einheit der Christenheit, in dem der Anspruch auf die Vollendung der Menschheit überhaupt eingelöst werden sollte, war schon im späten 13. Jahrhundert verloren. Dieses praktische Scheitern der europäischen Metaphysik bekundet sich schon in jenen Versuchen, die nach Thomas von Aquin und Duns Scotus im frühen 14. Jahrhundert noch einmal affirmativ jene Einheit konzipieren wollten. Das zweite Lyoner Konzil führte zwar zur Annahme des gemeinsamen Glaubensbekenntnisses, in dem auch das »filioque« fixiert war, und damit zur Union von byzantinischer und römischer Kirche; aber es ist hieraus weder eine geistige noch eine politische Einheit entstanden. Die Beschwörung der Einheit war machtlos, denn es stellte sich heraus, daß die politischen Kräfte, die sie hätten realisieren können, längst partikulare Interessen verfolgten.

Diese Phase in der Entwicklung des Bewußtseins ist durch Affirmationen der obersten politischen Einheit bestimmt, die einander ausschlossen und dennoch einem analogen metaphysischen Denkmodell folgten. Die päpstliche Position, die als Kurialismus überliefert ist, begründete einen Absolutismus, dessen Fundamente trotz aller Berufung auf Thomas mit dessen Methaphysik nicht mehr übereinstimmten. Es verschaffte sich nämlich eine Neubewertung des Willens praktische Geltung, die in der Franziskanerschule theoretisch vorbereitet war. Die Zentralisierung der politischen Macht, welche die Kurialisten propagierten, hat trotz allem offen zur Schau getragenen Traditionalismus die »moderne« Folge, daß die vielfach gestufte und überall metaphysisch substantiell verstandene Lehns- und Ständeordnung sich auflösen mußte. Die relative Autonomie der Korporationen, besonders der Weltlichen, verliert an Bedeutung, wenn die Zentralgewalt den politischen und sogar den geistigen Primat besitzt. Wiewohl die Theoretiker des beginnenden 14. Jahrhunderts glaubten, die geistige Tradition fortzusetzen, haben sie in deren obersten Begriffen nichts als die Apologie monarchischer Herrschaft gesehen. Die Vermittlung von Allgemeinem und Besonderem, die bei Thomas von Aquin und auch bei Duns Scotus greifbar nahe schien, löste sich auf.

Die Affirmation der päpstlichen Universalmonarchie provozierte die weltlichen Fürsten zur Gegenwehr. Besonders der französische König Philipp der Schöne betrieb eine Politik, die zur nationalstaatlichen Souveränität führte. Aber deren theoretische Begründung unterscheidet sich im Kern nicht von der des päpstlichen Absolutismus. Die theologische Argumentation der päpstlichen Partei bemäntelt das weltliche Machtinteresse kaum noch, und die Königspartei braucht eine theologische Formel nur mehr zur Bestätigung einer faktisch ausgeübten Macht. Gegen diese Trivialisierung der Politik und die Instrumentalisierung der Theologie ist Dantes Schrift *Monarchia* gerichtet. Dante reagiert somit bereits auf den Kurialismus und die partikularstaatliche Souveränitätslehre, aber sein Versuch, das weltliche und doch metaphysisch begründete Kaisertum nochmals durch eine realistische Philosophie zu stärken, stellt gerade jenen Typus von Theorie dar, der in jener Epoche seine historische Liquidation erfuhr. Der Universalienralismus war bereits erschüttert, so daß Dantes affirmativer Rückgriff auf Aristoteles und Thomas mißlingen mußte.

Die politischen Philosopheme des frühen 14. Jahrhunderts machen in ihrer Gegensätzlichkeit die historische Situation deutlich, aus der das moderne Bewußtsein entstanden ist. Wenn sich auch viele Elemente der Modernität schon lange vor der Wende zum 14. Jahrhundert geltend gemacht haben, so ist das Ende des mittelalterlichen Universalismus doch erst zu diesem Zeitpunkt explizit zum Bewußtsein gekommen und politisch wirksam geworden. Die kurialistischen und partikularstaatlichen Souveränitätslehren, die einander bekämpften, partizipieren unwillentlich an jenem Bewußtsein, das sich in der theoretischen Philosophie als Nominalismus zu artikulieren begann. Wenngleich beide Parteien die philosophische Tradition in Anspruch nehmen und fortsetzen wollen, so haben sie doch die objektive Metaphysik der *via antiqua* bereits verlassen. Deren Bruch trat nun offen hervor. So zeigte sich, schärfer als im 12. und 13. Jahrhundert, daß das Universalienproblem nicht gelöst war; in den politischen Theorien entspricht dem, daß die Frage der höchsten Macht überhaupt mit diesem Nachdruck gestellt wird. Objektive Vernunft der gegebenen gesellschaftlichen Ordnung und die subjektive der ihr subsumierten Individuen stimmten offensichtlich nicht so überein, daß die Herrschaft auf Gewalt hätte verzichten können. Deshalb ist nicht mehr Vernunft die oberste Quelle der Macht, sondern der Wille. Herrschaft muß als ein allgemeiner Wille gegen die Individuen durch unmittelbare Gewalt oder durch den Konsens der Mehrheit durchgesetzt werden.

Dantes philosophische Konzeptionen sind den Positionen dieses Streites zunächst gänzlich entgegengesetzt. Dem Streit setzen sie Einheit entgegen, an der alle Menschen ihrer Natur nach partizipieren und aus der daher eine politische Weltordnung zu entwickeln sein soll. Aus der hochscholastischen Theorie über die Vernunftnatur des Menschen folgt für Dante ein ideales politisches Programm, das die Auflösung des Antagonismus von weltlicher und geistlicher Macht zum Gegenstande hat. Entsprach es im früheren Mittelalter der vorherrschenden augustinischen Orientierung, die Kirche und ihre Hierarchie als Statthalterin des Gottesstaates zu betrachten, dem der irdische Staat entgegengesetzt ist und dem er erst im Verlauf der Geschichte gemäß werden soll, so will Dante aus der Einheit der Vernunft den Dualismus aufheben. Die Menschen sind nach Dantes traditioneller Überzeugung immer schon an sich eines Sinnes. Sie müssen dessen nur innewerden, um politisch nach einem Prinzip handeln zu können.

In der Intellektbegabung des Menschen und in der Gleichartigkeit, mit der die Individuen ihren Verstand in der Erkenntnis betätigen, liegt für Dante das Prinzip der Vergesellschaftung beschlossen. Hatte Thomas von Aquin bereits die aristotelische Anthropologie so akzentuiert, daß die Wesensbestimmung der Menschen von ihrer Existenzweise als in Gesellschaft lebender Individuen nicht zu trennen war, so macht Dante diesen Gedanken zum zentralen Argument seiner Gesellschaftstheorie: »Non est ergo vis ultima in homine, ipsum esse simpliciter sumptum, [...] sed esse apprehensivum per intellectum possibilem; quod quidem esse nulli ab homine alii competit vel supra vel infra. [...] Patet igitur quod ultimum de potentia ipsius humanitatis est potentia sive virtus intellectiva. Et quia potentia ista per unum hominem, seu per aliquam particularium communitatum superius distinctarum, tota simul inactum reduci non potest, necesse est multitudinem esse in humano genere, per quam quidem tota potentia haec actuetur.«[2]

Der Begriff des *intellectus possibilis*, dem die aristotelische Tradition eine rein erkenntnistheoretische Bedeutung beigemessen hatte, zeigt bereits bei Thomas seine sozialphilosophische Implikation. Erkenntnis ist hier ja in Analogie zur gesellschaftlichen Arbeit bestimmt und steht unter der Bedingung einer Individuen und Generationen übergreifenden Akkumulation des Erkannten. In diesem Sinne lehrt Thomas, daß der ursprünglich unbestimmte *intellectus possibilis* durch die abstraktive Tätigkeit des *intellectus agens* die in den Dingen realen metaphysischen Formen, in Begriffe verwandelt, in sich aufnehme. Da es nach diesen Prämissen eine Apriorität bestimmter Ideen in der menschlichen Seele vor deren zeitlicher Existenz im Körper nicht geben kann, muß die jeweils aktuelle Erkenntnis der Begriffe sich bedienen, die der *intellectus possibilis* als Ergebnis empirisch-zeitlicher Erkenntnisprozesse schon gespeichert hat. Die Begriffe sind aber für den Universalienrealisten Thomas nicht bloß Zeichen für die Dinge, sondern vielmehr deren Wesen in *ordine intelligendi*. Weil der menschliche Intellekt nicht als individuiertes Vermögen je von neuem deren Bestimmung aus den seienden Dingen herauslesen kann, also nicht in jedem Individuum am absoluten Nullpunkt beginnen kann, deshalb ist, auch über Thomas hinaus, der *intellectus possibilis* als ein Artmerkmal des Menschen zu bestimmen. Insofern ist er mehr als das individuelle Gedächtnis, nämlich auch etwas Überindividuelles, an dem der einzelmenschliche Intellekt erst partizipiert, wenn er sich dessen Inhalt angeeignet hat und zu ihm durch eigene Tätigkeit beiträgt. Der *intellectus possibilis* ist daher das kollektive Gedächtnis der Menschheit, das selbst zum Gegenstand aktueller Reflexion werden kann. Aber es ist nie in *einem* Augenblick und in *einem* empirischen Subjekt aktuell. Seine vollendete Aktualität unterstellt vielmehr ein virtuelles menschliches Gesamtsubjekt.

Dante hat in diesen Implikationen der Thomasischen Intellektlehre seine eigene politische Theorie zu begründen versucht. Der *intellectus possibilis* ist ihm zufolge die metaphysische Einheit der Menschen, die durch die zielgerichtete und kontinuierlich ausgeübte Verstandestätigkeit aller Individuen real ist. Die Einheit der spekulativen Vernunft ist auch das Modell der praktischen: »Satis igitur declaratum est, quod proprium opus humani generis totaliter accepti est actuare semper totam potentiam intellectus possibilis, per prius ad speculandum, et secundario propter hoc ad operandum per suam extensionem.«[3]

2 Dante, *Monarchia*, I, 2.
3 L. c., I, 4.

Wenn das menschliche Gattungswessen in sich bereits ein Verhältnis zwischen dem einen virtuellen Gesamtsubjekt und den vielen empirischen Einzelsubjekten darstellt, dann liegt hierin die ideale Gesellschaft selbst beschlossen. Da das Denken immanent notwendig auf Folgerichtigkeit angelegt ist, folgt aus der Spekulation, in der der Intellekt sich selbst Gegenstand ist, der oberste Grundsatz aller Politik. Dieser »finis totius humanae civilitatis«[4] ist, anders als in den die Neuzeit dominierenden Theorien, der Friede, in dem der Antagonismus zwischen Allgemeinem und Besonderem beigelegt ist und der Kampf zwischen den Individuen gar nicht erst eintritt: »Et quia quemadmodum est in parte, sic est in toto, et in homine particulari contingit, quod sedendo et quiescendo prudentia et sapientia ipse perficitur, patet quod genus humanum in quiete sive tranquillitate pacis ad proprium suum opus, quod fere divinum est iuxta illud ›Minuisti eum paulo minus ab angelis‹, liberrime atque facillime se habet. Unde manifestum est quod pax universalis est optimum eorum quae ad nostram beatitudinem ordinantur.«[5]

Die menschliche Gesetzgebung, in der die politische Organisation des weltlichen Universalreiches Gestalt annehmen soll, hat in der göttlichen Intention ihr Urbild und Regulativ. Denn für Dante besteht ganz traditionell mittelalterlich die Aufgabe der Menschheit darin, Gott ähnlich zu werden. Deren Erfüllung sieht er aber, einen »modernen« Gedanken des Thomas von Aquin verstärkend, in der Errichtung einer diesseitigen Gesellschaft, die von Antagonismen nicht zerrissen ist.[6] Das adäquate Verhältnis des Menschen zu Gott kann dann nicht durch die aszetische Abtötung der individuellen Wünsche und Strebungen erreicht werden, sondern durch die Vereinigung der Individuen zu einer Gesellschaft, die den Mangel des schwachen Einzeldaseins kompensiert: »Et omne illud bene se habet et optime, quod se habet secundum intentionem primi agentis qui deus est. [...] De intentione dei est, ut omne causatum divinam similitudinem representet, in quantum propria natura recipere potest. [...] Ergo humanum genus bene se habet et optime, quando secundum quod potest deo assimilatur. Sed genus humanum maxime deo assimilatur, quando maxime est unum.«[7]

4 L. c., I, 3.
5 L. c., I, 4.
6 R. Imbach hat darauf hingwiesen, daß bei Dante die politische Philosophie über Thomas hinaus zur Autonomie strebe und in Gegnerschaft zur augustinischen Tradition gerate, die ihrerseits in der weltlichen Politik gar keinen legitimen Gegenstand der Spekulation sieht. Cf. R. Imbach, *Laien in der Philosophie des Mittelalters*, Amsterdam 1989, S. 132 ff.

Diesen Gedanken hat Dante in einer Richtung fortgeführt, die der Vermittlung von Allgemeinem und Besonderem wiederum entgegengesetzt ist. Aber zunächst evoziert die Spekulation auf die Einheit der menschlichen Gattung deren historisches Subjekt, eine Idee, die erst in der fortgeschrittenen Neuzeit unter entfalteten antagonistischen Verhältnissen kritische Bedeutung erhielt. Die mittelalterliche Denkweise beherrscht zwar noch die Theorie Dantes, indem er die Politik strikt in der Theologie gründen läßt, aber dieses Motiv ist zugleich Ausdruck der epochalen Verweltlichung der Theologie selber. Diese These von der Substantialität des Subjekts, die in den vielen Menschen eine ist und im einen Weltmonarchen personifiziert ist, liegt in der Linie einer philosophischen Tendenz, an deren Ende das menschliche Sebstbewußtsein sich an die Stelle Gottes setzte. Der augustinische Dualismus von *civitas Dei* und *civitas terrena*, der im gesamten Mittelalter auch die Vorstellung seiner Gegner bestimmte, sollte dieser Liquidation der Transzendenz entgegenwirken. Aber der Dualismus löste sich mit immanenter Notwendigkeit auf, und im selben Maße verlor die Theologie den Charakter objektiven Wissens, das die Politik begründete.

Dantes politische Philosophie steht noch in der Kontinuität der Hochscholastik und geht doch einen entscheidenden Schritt zur Moderne hin. Die Weltmonarchie, die er anstrebt, weil sie der göttlichen Herrschaft entspreche, knüpft an das historische Modell des römisch-christlichen Imperiums an, aber dessen Abhängigkeit von der geistlichen Macht soll ein Ende haben. Die Dualität von Sacerdotium und Imperium, die traditionell in der Lehre von den beiden Schwertern zum Ausdruck kam, ist – neben dem territorialstaatlichen Partikularismus – die historische Erscheinung, die Dante bekämpfte. Sollte der Dualismus im früheren Mittelalter der augustinischen Teilung der Reiche entsprechen, so transformierte er sich spätestens mit dem Investiturstreit in den Anspruch des Papstes auf die oberste Macht über alle weltlichen Fürsten. In diesem Machtkampf war die Kirche bis zum Ende des 13. Jahrhunderts selbst zu einer weltlichen Macht geworden. Um die zu diesem Zeitpunkt auf die Spitze getriebene Auseinandersetzung zwischen geistlicher und weltlicher Gewalt zu beenden, wollte Dante der Kirche rein geistliche Aufgaben zuweisen, die von jeder staatlichen Macht geschieden sein sollten. Denn offensichtlich hatte die alte Dualität ihr reales Fundament verloren. Die Geistlichkeit der traditionellen Kirche hatte sich als Illusion herausgestellt. Der Armutsstreit zu Beginn des 14. Jahrhunderts zeugt davon

7 Dante, l. c., I, 8.

ebenso wie Dantes Invektiven gegen die Päpste, die in der Hölle der *Divina commedia* mit den Köpfen zuunterst in steineren Löchern stecken.[8]

Bonifaz VIII. und andere der Simonie schuldige Päpste stehen hier für den kommerziellen Eigennutz des Wucherkapitals, vermöge dessen sie sich die geistliche Würde usurpiert hatten.

Da diese Kirche keine Universalität mehr besitzt, kann für Dante nur eine weltliche Herrschaft die politische Einheit der Menschheit repräsentieren, deren geistige Form eine erneuerte Kirche hervorbringt. Der Kaiser ist nach dieser Konzeption als Repräsentant eines Allgemeinen zu verstehen, das als vernünftige Ordnung der menschlichen Verhältnisse von sich aus am Göttlichen partizipiert:

»Humana universitas est quoddam totum ad quasdam partes et quaedam pars ad quoddam totum. Est enim quoddam totum ad regna particularia et ad gentes [...] ; et est quaedam pars ad totum universum, et hoc est de se manifestum. Sicut ergo inferiora humanae universitatis bene respondent ad ipsam, sic ipsa bene debet respondere ad suum totum. Partes eius bene respondent ad ipsam per unum principium tantum, ut ex surperioribus colligi potest de facili; ergo et ipsa ad ipsum universum sive ad eius principem, qui deus est et monarcha, simpliciter bene respondet per unum principium tantum, scilicet unum principem. Ex quo sequitur monarchiam necessariam mundo, ut bene sit.«[9]

Dantes Entwurf einer Universalmonarchie läßt eine Aporie der hochscholastischen Metaphysik hervortreten, die deren Liquidation als folgerichtig erscheinen läßt. Das Allgemeine, die Totalität, die den Individuen die Bedingungen ihrer Entfaltung bietet, sollte ihnen nichts Äußerliches sein. Vielmehr sollte die Allgemeinheit der metaphysischen Wesenheit, welche die Verstandestätigkeit so begründet, daß deren individuelle Resultate eine virtuelle Einheit bilden, auch in einer realen politischen Einheit der Menschen zum Ausdruck kommen. Die Einzelnen sollten in einem Gesamtwillen übereinstimmen, so daß jeder Einzelne sich in ihm wiederfindet. Für den Danteschen Universalismus ist hierbei indessen klar, daß die Pluralität der einander ausschließenden Einzelwillen Schein ist, da sie keiner Pluralität von individuellen Substanzen entspricht. Der Wille, den die Individuen nach Dante in einer vernünftigen politischen Ordnung äußern können, entspringt keiner metaphysischen individuellen Entität, vielmehr ist er durch das Allgemeine vorbestimmt. Die Allgemeinheit in

8 *Divina commedia,* Inferno, 19. Gesang.
9 *Monarchia*, I, 7.

diesem Sinne ist aber ideell, während die Selbständigkeit der existierenden Individuen empirisch ist. Auf Allgemeinheit, die in der normativen Verbindlichkeit des *bonum commune* zum Ausdruck kommt, können sich die Einzelnen vermöge ihrer natürlichen Vernunft ideell beziehen, eine Realität ist das *bonum commune* allein deshalb noch nicht: »Omnis concordia dependet ab unitate quae est in voluntatibus; genus humanum optime se habens est quaedam concordia. Nam sicut unus homo optime se habens, et quantum ad animam et quantum ad corpus, est concordia quaedam, et similiter domus, civitas et regnum, sic totum genus humanum. Ergo genus humanum optime se habens ab unitate quae est in volutatibus dependet.«[10]

Dantes Politik ist analog zur aristotelischen Intellektlehre konzipiert, deren gesellschaftstheoretische Implikationen zugleich hervortreten. Das traditionelle Motiv der Einheit des menschlichen Wesens ist hierbei auf das epochal neue Thema des individuellen Willens übertragen. Der Wille des Einzelnen bezieht sich auf die Gesamtheit aller Willen wie der einzelne Erkenntnisakt auf die Totalität alles Erkennbaren. Die Vereinigung der Einzelwillen zur politisch formierten Gesellschaft ist bei Dante unter dem Primat der Vernunft gedacht, da die Operationsweise des Intellekts deren Begründung ist. Der an die vielen denkenden Individuen gebundene Erkenntnisprozeß, der stets überindividuelle Bedingungen und Resultate hat, setzt umgekehrt die Vereinigung der Menschen zur Gesellschaft schon voraus.

Dieses Begründungsverhältnis erscheint zirkulär, da sein materielles Fundament bei Dante, anders als bei Thomas von Aquin, nicht thematisch wird. Die operative Verbindung von individueller Tätigkeit und allgemein gütligem Resultat entspricht nämlich dem Verhältnis von Teilarbeit und virtueller Gesamtarbeit in der Arbeitsteilung, die zumindest in der handwerklichen Produktion der Städte sich schon gesellschaftlich durchzusetzen begann. Dante hat dies Verhältnis idealistisch als Manifestation des menschlichen Wesens schlechthin aufgefaßt. Deshalb blieb die Einheit, der die Emphase seiner Theorie gilt, abstrakt. Schon in seiner gesellschaftstheoretischen Interpretation der aristotelisch-thomistischen Erkenntnislehre neigt Dante deutlich dazu, im Sinne des von ihm hochgeschätzten Averroismus nur einen Intellekt für alle Individuen anzunehmen. Im kontinuierlichen, Individuen und Generationen übergreifenden Erkenntnisprozeß aktualisiert die Menschheit ihre metaphysische Potenz, aber in diesem Modell des Verhältnisses von Allgemeinem und Be-

10 L. c., I, 15.

sonderem treten die Individuen hinter dem Allgemeinen zurück. So wird in idealer From der Reproduktionsprozeß der Species affirmiert, dessen verschwindendes Moment die Individuen sind.[11]

Die Einheit des politischen Willens, zu der die Willensäußerungen der Einzelpersonen führen sollen, nimmt nach Dante durch den einen säkularen Weltherrscher Gestalt an. Die Individuen sind allein nicht zur Herstellung der Einheit in der Vielheit in der Lage. Sie müssen durch die oberste Herrschaft hierzu bestimmt werden: »Sed [unitas voluntatum] esse non potest, nisi sit voluntas una domina et regulatrix omnium aliarum in unum, cum mortalium voluntates propter blandas adolescentiae delectationes indigeant directiva. [...] Nec ista una potest esse, nisi sit princeps unus omnium, cuius voluntas domina et regulatrix aliarum omnium esse possit.«[12]

Dantes Konzeption enthält widersprüchlich die Momente jener Theorien, die schon zu seinen Lebzeiten seine universalistische Metaphysik auflösten. Einerseits ist der Allgemeinwille das Resultat der partikularen Willen, die sich nach den Regeln der natürlichen Vernunft vereinigen, andererseits ist diese konsequente Wesensäußerung der Menschen nur als Folge herrschaftlicher Direktive möglich. In nuce liegen hierin die Lehre von der Volkssouveränität und die absolutische Doktrin. Beide konnten sich erst selbständig zur Geltung bringen, als die realistische Essenzenmetaphysik kritisiert war. Ist die *unitas voluntatum* aber eine Wirkung der *essentia humana*, welche weder fundamentaler Konsensbildung noch des herrschaftlichen Diktats bedürfte, dann ist die Institution der Herrschaft überhaupt ohne das metaphysische Fundament, das Dante ihr verschaffen wollte.

Das Dantesche Weltkaiserreich, in dem das Allgemeine und das Besondere zu der im Diesseits überhaupt möglichen Versöhnung gekommen sein sollen, ist mit einem Widerspruch behaftet, der in der folgenden Geschichte auch real hervortrat. Der Allgemeinheit, die vom Kaiser repräsentiert werden soll, kann nach aristotelischem Anspruch separate empirische Realität nicht zukommen; real kann sie nur als transempirische Bestimmung der vielen Individuen sein. Die Einheit des Willens, in dem die Einzelnen übereinstimmen und sich

11 Es ist deshalb keineswegs rätselhaft oder die Folge eines Mißverständnisses, daß Siger von Brabant im »Paradiso« der *Divina commedia* im Kreise der größten christlichen Philosophen sitzt und von seinem Gegner Thomas von Aquin respektvoll vorgestellt wird. Wie der Pilger im »Paradiso« die Stadien immer engerer Vereinigung des Besonderen mit dem Allgemeinen erfährt, so hat hier der Monopsychismus der Averroisten seinen Platz. Cf. *Divina commedia*, Paradiso, X, 133–138.

12 *Monarchia*, I, 15.

damit ihrer blinden Partikularität entledigen sollen, ist aber wiederum der Wille einer empirisch realen einzelnen Person.

Das Universalienproblem kehrt damit in umgekehrter Form wieder. Zwar sind die empirischen Individuen seit dem 12. Jahrhundert längst als metaphysisch substantiell bestimmt, aber die Frage, wie sie denn als solche die Allgemeinheit und Verbindlichkeit einer Gesellschaftsordnung konstituieren können, bleibt zunächst ungelöst. Die Logizität des Ganzen sollte von der Vernunft der Teile abhängen. Für das Ganze steht aber wiederum ein einzelnes Individuum, das dem Anspruch der Theorie zufolge nur aus akzidentellen Gründen ein höheres Maß an Rationalität aufweisen kann als andere. Wenn auch die einzelne Person nach klassischer Lehre durch das Allgemeine in ihrem Wesen bestimmt sein mag, so besteht doch eben darin die Gleichheit *aller* Personen. Was aber allen notwendig zukommt, kann nicht schlechthin von einem repräsentiert werden. Die empirische Existenz des Monarchen kann nicht die Garantie für die Wirklichkeit der Idealität oder gar diese Wirklichkeit selbst sein, durch die die Individuen sich aufeinander beziehen sollten, zumal diese Beziehung nicht nur formal, juristisch, sondern inhaltlich, metaphysisch begründet sein sollte. Die Erhöhung eines Monarchen zum Stellvertreter der Weltvernunft führt theoretisch in ein gesellschaftliches Gewaltverhältnis, das im päpstlichen und im territorialfürstlichen Souveränitätsstreben schon praktisch wirksam war.

Dantes Legitimation von Herrschaft durch eine Vernunft, deren Objektität durch die Offenbarung verbürgt sein sollte, mußte auf dem historischen Stande der metaphysischen Reflexion, auf den sie sich beruft, mißlingen. Die Reflexion spiegelte nämlich nicht nur affirmativ die realen Verhältnisse ihrer Zeit wider, sondern begründete antizipativ den Maßstab, nach dem Gewaltverhältnisse zu kritisieren sind. Denn die Partizipation der Individuen an der Vernunft, wie die Tradition sie lehrte, begründet der Möglichkeit nach einen gesellschaftlichen Zustand, der der Gewalt nicht bedarf. Die reale Ungleichheit unter den Menschen, die auch in der ungleichen Realisierung ihrer Vernunft besteht, kann dann aber zur metaphysischen Begründung unabänderlich notwendiger Herrschaft nicht taugen. Das Faktische, die Ungleichheit, ist nicht der Rechtsgrund seiner selbst. Auf diese Tautologie läuft aber jede Legitimation von Herrschaft hinaus. Wenn aber das *bonum commune* das Telos der diesseitigen Welt und der in ihr geltenden Rechtsverhältnisse ist, dann ist Widerstand nicht nur gegen Tyrannei, sondern gegen Herrschaft überhaupt legitim. Das ist im gesamten Mittelalter nicht als Implikat der Naturrechtslehre gesehen worden, stellt aber die versteckte gedankliche Verbindung des hochscholastischen Universalismus zur radikalen Kritik aller herrschaftlichen Gewalt in der Neuzeit dar.

Dantes Entwurf einer säkularen, von *sacerdotium* unabhängigen Weltordnung sucht seine Begründung nicht in der bloßen Positivität des Faktischen, verwechselt aber dennoch ein Empirisches mit einem notwendig Transempirischen. Das innerweltliche Subjekt, das die Einheit der partikularen Willen bewirken könnte, ist den empirischen Trägern von Willen gegenüber wiederum als empirisches Subjekt verselbständigt und büßt eben dadurch die Universalität ein, die es legitimieren soll. Dantes Ableitung der Monarchie aus der traditionellen Lehre von den Transzendentalien belegt dieses quid pro quo deutlich: »Constat igitur quod omne quod est bonum, per hoc est bonum, quod in uno consistit. Et cum concordia, in quantum huiusmodi, sit quoddam bonum, manifestum est ipsam consistere in aliquo uno, tanquam in propria radice. Quae quidem radix apparebit, si natura vel ratio concordiae sumatur. Est enim concordia uniformis motus plurium voluntatum, quae per uniformem motum datur intelligi, concordiae radicem esse, vel ipsam concordiam.«[13] Nach klassischer Lehre sind die Transzendentalien die obersten untereinander konvertiblen Bestimmungen von Seiendem überhaupt. Leitet Dante hieraus aber die Notwendigkeit personaler Herrschaft ab, so hypostasiert er die schlechthin notwendigen Seinsbestimmungen gegenüber dem Seienden. Was allem Seienden angehört und ihre substantielle Ähnlichkeit begründen soll und deshalb nicht selber Ding sein kann, wird verdinglicht und damit seines transzendentalen Charakters beraubt.

Theoretisch fällt Dante hiermit in die vornominalistische Metaphysik zurück, die von der Existenz einer *res universalis* überzeugt war. Dantes Tendenz, die schon im 12. Jahrhundert erfolgte Entdinglichung der Universalien an einem politisch zentralen Punkt unvermerkt rückgänging zu machen, hätte in praktischer Realisierung neue Gewaltverhältnisse befördert, die er im päpstlichen und nationalstaatlichen Absolutismus bekämpft hatte. Im Scheitern des Danteschen Versuches, den politischen Universalismus theoretisch wiederherzustellen, zeigt sich die Unwiderruflichkeit der geschichtlichen Entwicklung. Wohl wollte er retten, was an der politischen Konzeption des hohen Mittelalters human ist, aber er verdinglicht deren Universalität und wirkt damit seiner Absicht entgegen. Der Willkür partikularer Herrschaft, deren Zeitalter zu seinen Lebzeiten begann, ist nicht dadurch zu wehren, daß deren Prinzip zum Universalen erhoben wird.

13 L. c.

XII.

Souveräner Wille und der Zerfall des Universalen Zur Theorie des päpstlichen und königlichen Absolutismus

Der Streit zwischen Papst Bonifaz VIII. und König Philipp IV. von Frankreich hat Schlüsselcharakter für die Genesis der modernen Nationalstaaten und den Aufstieg der neuen bürgerlichen Klasse. In den Zeugnissen der politischen Protagonisten und den Reflexionen der Theoretiker beider Seiten kommt zum Ausdruck, daß die mittelalterliche Welt zu Beginn des 14. Jahrhunderts zu zerfallen begonnen hatte. Vordergründig ist die Auseinandersetzung noch mittelalterlich: Der Papst versteht sich als oberster Lehnsherr, der einige Vasallen zur Erfüllung ihrer Pflichten ermahnt. Die Könige, besonders Philipp IV. von Frankreich, weisen die Ansprüche der Päpste zurück, da sie nicht unter Berufung auf altes Recht begründet seien. Auseinandersetzungen dieser Art hatte es seit dem Investiturstreit immer wieder gegeben. Aber hinter dem Konflikt, der das 14. Jahrhundert einleitete, hatte sich eine epochale Veränderung vollzogen, in deren Folge zunächst die oberen und schließlich auch die niederen feudalen Abhängigkeirsverhältnisse aufgelöst wurden. Die mächtigsten Territorialfürsten kämpften jetzt im Namen von vorher nicht existierenden Nationen um die Ausdehnung des Herrschaftsgebietes, und darüber hinaus konkurrierten sie in einem neuen Sinne ökonomisch.

Das Gefolgschaftsverhältnis, aus dem sich die Vasallenpflicht herleitete, den König im Krieg zu unterstützen, begründete allein nicht mehr die Heeresordnung. Um die vielfältigen Kriege, die sie gegeneinander führten, durchzuhalten, mußten die Könige stehende Heere einführen, deren Unterhalt durch fortlaufende Geldzahlungen zu sichern war. Besonders Philipp der Schöne und Edward I. von England führten neue Steuersysteme ein, die es ihnen ermöglichten, wachsende Ausgaben mit steigender Belastung der Untertanen zu finanzieren. Diese Steuerpolitik führte zur Ausbreitung der Geldwirtschaft weit über den Bereich des schon früher bestehenden, vorwiegend städtischen Handels hinaus.

Das Geld für die Ausrüstung der Heere trieben die Könige als Steuern von den Landherren ein, die ihrerseits ihre Hintersassen immer neu belasteten. Dies hatte zur Folge, daß das herkömmliche System der Dienste und naturalen Abgaben immer mehr an Bedeutung verlor. Die alte Produktionsweise, die auf dem System der hierarchisch gestuften Abhängigkeiten beruhte, mußte sich deshalb verändern. Die Frondienste traten zurück, da sich die Unfreien durch Geldzahlungen die Freiheit erkaufen konnten, um teils selbständig produzierende Bauern, teils Lohnarbeiter in Stadt und Land zu werden.

Um überhaupt in den Besitz von Geld zu kommen, mußten große und kleine Landeigentümer in erweitertem Maße für den Markt produzieren. Dadurch und durch die wachsenden Kosten des allmählich entstehenden Staatsapparates weitete sich der Kredit aus – ein weiteres entscheidendes Moment in der historischen Bewegung, die von der Naturalwirtschaft fortführte. Die aus den wachsenden militärischen Aktivitäten und den hoheitlichen Aufgaben resultierenden königlichen Schulden wurden wiederum durch die Erschließung neuer Geldquellen in kriegerisch eroberten Gebieten und durch neue Steuern innerhalb des jeweiligen Herrschaftsgebietes bezahlt. Für die Vermittlung von Krediten zur Deckung der Staatsausgaben wird eine neue soziale Gruppe, die Bankiers, immer wichtiger.[1]

Philipps Steuergesetzgebung betraf besonders den grundbesitzenden Klerus. Diese Eingriffe in das kirchliche Vermögen veranlaßten Papst Bonifaz VIII. 1296 dazu, die Bulle »Clericis laicos« zu erlassen, in der allen weltlichen Fürsten die Besteuerung kirchlicher Güter und dem Klerus jegliche entsprechende Abgabe ohne Erlaubnis des Pap-

1 Cf. zu diesen historischen Zusammenhängen: R. Fawtier, *L'Europe occidentale de 1270 à 1380*, Paris 1940, S. 383 ff. Zeitweilig haben die Schatzmeister des Templerordens, eines der reichsten Kreditgeber im 13. Jahrhundert, in Personalunion den Staatsschatz des französischen Königs verwaltet. Cf. J. Piquet, *Des Banquiers au moyen âge: Les Templiers. Etude de leurs opérations financières*, Paris 1939, S. 181 ff.

stes bei Strafe der Exkommunikation untersagt wurden.[2] Der Streit erhielt mit dieser Urkunde grundsätzliche Bedeutung, denn der französische König war ja nicht der einzige Fürst, der sich an Gütern schadlos hielt, die kirchlicher Lehnsgewalt unterstanden.

Der Text der Bulle beruft sich auf altes Recht, nach dem der weltlichen Herrschaft der Zugriff auf kirchliche Güter untersagt sein sollte, und verlangt vordergründig nur die Wiederherstellung des früheren Zustandes. Aber die gebieterische Forderung, alle Güter, auch die weltlichen Lehen des Klerus, sollten von jeglichen Abgaben für immer frei sein, enthielt doch den Anspruch auf eine Ausdehnung der kirchlichen Gewalt über den dem Papst schon lange zustehenden Bereich der Spiritualia hinaus.

Dieser die historische Faktizität überschreitende Anspruch dokumentiert den letzten epochalen Machtkampf zwischen der weltlichen Herrschaft und dem universalen Papsttum und trägt selbst bereits ganz partikulare Züge. Dennoch wollte Bonifaz mit der Verweigerung staatlicher Abgaben nicht nur die eigene Position inmitten der untereinander vielfach verfeindeten territorialen Fürsten stärken, sondern zugleich deren kriegerische Konflikte beenden. In *dieser* Hinsicht ist die Position des Papstes im Streit mit den Königen eine der letzten Manifestationen des katholischen Universalismus gegen den militanten Partikularismus der sich ausbildenden Nationalstaaten.

An der Wende zum 14. Jahrhundert stellte sich heraus, daß der Versuch, die *universitas christiana* so zu verwirklichen, daß die Unterschiede des Blutes und des Stammes zum Unwesentlichen herabgesetzt waren, fehlgeschlagen war. In den nun sich formierenden Nationen erhielt die Partikularität regionaler Herrschaftsbereiche erneut Bedeutung, als die mittelalterliche Überzeugung von der substantiellen Einheit der *essentia humana* ins Wanken geriet. An die Stelle des universalen Wesens trat vom 14. Jahrhundert an zunehmend die partikulare Nationalität. Sie war es nun, die bis in die neueste Zeit die Identität der Individuen wie früher die archaische Stammeszugehörigkeit bestimmen sollte. Die Liquidation des mittelalterlichen Universalismus, die sich in der philosophischen Reflexion als eine Entmythologisierung verstand, war in der historischen Realität von der Wiederkehr nur scheinbar untergegangener Strukturen begleitet. Der moderne Mythos der Nation hat in dieser Epoche seinen Ursprung. Anders als zur Zeit der Karolinger existierte jedoch eine

2 Cf. C. Mirbt, *Quellen zur Geschichte des Papsttums und des römischen Katholizismus*, 3. Aufl. Tübingen 1911, S. 161 ff.

ausgebildete Herrschaftsordnung, die von den partikularen Souveränen garantiert wurde. Dieses war die Stütze eines weltlichen Rechts, das fixierte Eigentumsverhältnisse schon als weit überregional bestimmende Realität voraussetzt.

Die Bulle »Clericis laicos« greift in diese schon weit fortgeschrittene Entwicklung ein, indem sie sich gegen die im Kern bereits moderne Souveränität überhaupt wendet. Denn die regelmäßige Besteuerung der Einkünfte der Personen und Institutionen seines Machtbereichs ist ein wesentliches Merkmal des neuzeitlichen Souveräns. Ein mindestens im Entstehen begriffener Staatsapparat ist hierbei schon vorausgesetzt, dessen Unterhaltung wiederum ein regelmäßiges Steueraufkommen voraussetzt. Beruft Bonifaz sich auf altes Recht, so kann und will er doch nicht die alte Natural- und Subsistenzwirtschaft wiederherstellen. Der Streit um die Hegemonie spielt sich vielmehr nun im Medium des Geldes ab, das in dieser Epoche alle gesellschaftlichen Beziehnungen zu durchdringen beginnt. Dieser Entwicklung verdankt das Bürgertum, das zum Vermittler der Geldgeschäfte geworden war, seinen Aufstieg.

Die historisch neue Form der Souveränität kam in der Reaktion Philipps des Schönen auf die Bulle »Clericis laicos« sogleich zum Ausdruck. Hatte der Papst die königliche Besteuerung von Kirchengut auch verboten, um im Interesse des von ihm selbst betriebenen Zentralismus seinerseits den Ertrag der Kirchengüter in Form von Geld transferieren zu können, so verwehrte ihm Philipp ebendiesen Hoheitsakt in seinem Dekret vom 17. August 1296[3], in dem jeder Export von Kapital in Form von Naturalien und Geld strikt untersagt wird. Der hiermit beginnende Streit um die *plenitudo potestatis*, der in den philosophischen Theorien allenthalben widerhallt, geht es nicht mehr vorwiegend um feudale Forderungen aus persönlichen Abhängigkeitsverhältnissen, sondern vielmehr um bürgerliche Interessen. Denn das Bürgertum beginnt zunächst als Agent der finanziellen Transaktionen der oberen Souveräne und Territorialherren maßgeblichen Einfluß auf die gesellschaftlichen Verhältnisse zu nehmen. Die traditionelle Natur- und Vernunftordnung der Gesellschaft macht einem immer komplexer und abstrakter werdenden System zweiter Natur Platz, in dem der inzwischen vielgestaltige materielle Reichtum von Geld supponiert und vermittelt wird. Nach mehr als hundertjähriger Vorgeschichte wird das Geld nun in dieser Epoche, weit über

3 Cf. hierzu: P. Dupuy, *Historie du différend d'entre le pape Boniface VIII. et Philippe le Bel*, Paris 1655, S. 13

den Geltungsbereich regionaler Münzprägungen hinaus, zum allgemeinen Medium des Warentausches. Da das Geld dieser Zeit indessen noch nicht in einem System konvertierbarer Währungen allgemein verfügbares Äquivalent war, fand das frühe Bankkapital gerade in der hier herrschenden Uneinheitlichkeit und Unübersichtlichkeit die Funktion des Wechsels. Im Wechsel stellt sich die Gleichheit der Münzen her, und darüber hinaus werden tendenziell die Werte aller Waren einheitlich bestimmbar. Darüber hinaus ist das Wechselgeschäft das Modell des von der sinnlichen Präsenz des Geldes unabhängigen Zahlungsverkehrs und des daran gebundenen Profits geworden: Das Geld wird hier zum Zeichen, das die realen Werte nur vertritt[4]. Die zeitgenössische Begriffstheorie verzeichnet diese Emanzipation des Denkens von der sinnlichen Natur in der Gestalt der Suppositionslehre, vor allem in deren nominalistischer Interpretation. Beide, die Geldwirtschaft und die Operation mit begrifflichen Zeichensystemen, erweisen sich als Bereiche eigener Gesetzlichkeit, die aus der realistisch verstandenen Welt der Gegenstände nicht mehr herzuleiten ist. Umgekehrt ist diese freilich nun auch nicht mehr unmittelbar, ohne jene Systeme zweiter Natur, verfügbar.

Unter dem Schutz der partikularen, aber in ihrem Machtbereich Absolutheit beanspruchenden Souveräne konnte die Geldwirtschaft sich ausbreiten, zumal sowohl die weltlichen wie die geistlichen Herrscher die Mittel für ihre Kriege untereinander und für den Unterhalt ihrer Staaten vielfach auch aus dem Kredit zogen, den sie bei den Bürgern aufnahmen. Indem sie sich ihre Machtpolitik finanzieren ließen, wurden sie bald schon Werkzeuge ihrer Finanziers.

Lange jedoch bevor dies offenkundig wurde, waren die politischen Auseinandersetzungen zu Beginn des 14. Jahrhunderts von der höchsten Macht beherrscht. Das von alters her bestehende Regal der Münzprägung schien den Königen immer noch weitaus höhere Macht zu verleihen als den Bürgen der Gewinn aus Handel und Bankgeschäft. Besonders Philipp der Schöne hat durch seine Politik häufiger Münzverschechterung den Anschein erweckt, seinen eigenen Reichtum dekretieren zu können, wo er nicht durch die Beraubung der lombardischen und jüdischen Bankiers sowie durch die Vernichtung des Templerordens ohnehin vermehrt wurde.[5]

4 Cf. die komprimierte Darstellung dieser Entwicklung bei G. Fourquin, *Histoire économique de l'Occident médiéval*, 3. Aufl. Paris 1979, S. 199 ff.

5 Dante hat Philipp geradezu als einen Falschmünzer angesehen: cf. *Divina commedia*, Paradiso, XIX, 119. Die Templeraffäre, die Beraubung der italienischen Kaufleute und die Vertreibung der Juden aus Frankreich

Der Streit um die Legitimität der höchsten Macht war von einer intensiven theoretischen Auseinandersetzung begleitet. Die päpstliche Position wurde von den kurialistischen Autoren verfochten, während der König in seinen Beratern, den Legisten, seine theoretischen Fürsprecher fand.[6] Die Theorien, die hier einander gegenüberstehen, differieren in ihrem Kern nicht wesentlich: Auf beiden Seiten geht es um den Beweis der Legitimität von faktischer Herrschaft, und beide führen sie auf den göttlichen Willen zurück. Um die erhobenen Ansprüche als notwendig zu erweisen, beruft sich die kurialistische Partei auf das universale Recht, nach dem eine Teilung der Gewalt in eine geistliche und eine weltliche nicht geduldet werden könne. Wenn alle Macht von Gott ist, so ist sein Stellvertreter auf Erden deren privilegierter Verwalter. Dieses theokratische Theorem liegt der im übrigen vorwiegend juristischen Argumentation der Kurialisten zugrunde. Wiewohl ihre Intention extrem apologetisch war, haben sie in ihren Streitschriften die konsequenteste politische Philosohpie ihrer Zeit formuliert. Hier wird in besonderem Maße ablesbar, wie das Verhältnis von Allgemeinem und Besonderem am Anfang des 14. Jahrhunderts bestimmt war.

Die königlichen Legisten andererseits sind in ihren theoretischen Schriften weitaus weniger konsequent, aber sie bringen ein folgenreiches Motiv in die Kontroverse. Die dem König zukommende politische Gewalt soll ihren Rechtsgrund in der Faktizität seines Machtbereiches haben. Die Tatsache, daß der König in einem gegebenen Territorium die Macht ausübt, ist durch keine höhere Instanz approbiert. Philipp IV. verstand sich vielmehr, wie viele Monarchen nach ihm, als König von Gottes Gnaden. Als solcher ist er unmittelbar zu Gott, der Quelle aller ihrer Natur nach stets partikularen Macht. Einer

zeugen vom Bestreben des Königs, sich nicht nur allgemein-politisch, sondern auch ökonomisch zum absoluten Herrn zu setzen, das Geld- und Handelskapital seinem souveränen Willen zu unterwerfen.
Die Kirche hatte sich schon unter Bonifaz VIII. zu einer Finanzmacht herausgebildet. Ihr System der Steuererhebung geriet mit dem königlichen in Konkurrenz. Besonders die Zeit der sogenannten Babylonischen Gefangenschaft hat die Kirche dazu benutzt, sich von der alten, natural bestimmten Feudalität zu lösen und durch die Steuererhebung eine moderne Fiskalmacht zu werden. Geld- und Wechselgeschäfte wurden zuweilen auch gegen die eigene Lehre von der Sündhaftigkeit des Zinsgeschäftes zur Machtquelle. Cf. hierzu: Ch. Samaran et G. Mollat, *la Fiscalité pontificale en France au XIVe siècle*, Paris 1905, bes. S. 142 ff.

6 Cf. R. Scholz, *Die Publizistik zur Zeit Philipps des Schönen und Bonifaz VIII.*, Stuttgart 1903.

Einsetzung oder Approbation durch eine vermittelnde Universalmacht bedarf der Souverän nicht. Hierin lag die definitive Emanzipation vom Kaiser und vor allem vom Papst, schließlich auch die erst Jahrhunderte später vollendete Trennung von Staat und Kirche.

Der König versteht sich als Inbegriff des Willens seiner Nation und setzt sich zum autonomen politischen Subjekt. In der Konsequenz dieses Selbstverständnisses liegt der Absolutismus ebensowohl wie die Idee der Volkssouveränität. Die beiden später geschichtlich wirksam gewordenen Konzeptionen politischer Macht sind vordergründig einander unvereinbar entgegengesetzt, aber sie artikulieren sich aufgrund derselben historischen Prämisse: Die Universalmächte, die die Menschheit mit verschiedenen Mitteln, aber in einem Sinne zum allgemein erstrebten Heil führen sollten, sind funktionslos geworden. Denn der Gnadenakt Gottes, der dem König die Macht verleihen soll, ist nicht mehr in traditioneller Weise aus der *lex aeterna* herzuleiten. Der monotheistische Gott des Neuplatonismus und der aristotelischen Hochscholastik kann nicht mehr das Urbild für die Einheit der Herrschaft über die Christenheit liefern, da sie auf mehrere voneinander unabhängige Herrscher mit gleichem Recht zutreffen müßte. Die Aporie der realistischen Universalientheorie erweist hier ihre praktische Konsequenz.

Die Legitimation der Macht beruft sich nun vielmehr teils auf die bloße Faktizität der territorial begrenzten Herrschaft, teils auf den Willen der Nation, deren Subjekt der König sein will. Die nationalstaatliche Souveränität, die sich positivistisch durch ihr bloßes Dasein begründet, greift in der Phase ihrer Emanzipation von den Universalmächten gleichwohl nach einer theologischen Ableitung, in der das göttliche Wesen gegenüber der Tradition verändert ist. Nicht mehr primär in der Vernunft der *lex aeterna*, sondern im freien Willen teilt sich die göttliche Gnade den vielen irdischen Souveränen mit. Der Wille erhält so den Primat über die Vernunft, auch bei jenen Theorien, die bereits Anklänge an den Gedanken des Herrschaftsvertrages und damit der Volkssouveränität erkennen lassen. Der Monarch kann sich hier erst recht als Verkörperung des nationalen Gesamtwillens verstehen und ist als solche nur Gott verantwortlich.[7] Die Idee der

7 Die »absolutische« Variante der königlichen Souveränitätstheorien findet sich in Pierre Dubois' theoretisch durchaus eklektizistischer Streitschrift *De recuperatione terrae sanctae* (ed. Ch. V. Langlois, Paris 1891). Hier wird der König, der schon durch seine physische Natur aus den übrigen Menschen herausragen soll, zum personifizierten Machtzentrum seines Reiches, das nach Dubois' Vorstellungen zwar universal werden soll,

Volkssouveränität entfaltet sich erst bei Marsilius von Padua als eine demokratische Konzeption. Im Streit mit Bonifaz VIII. dient sie Philipp dem Schönen nur dazu, die mangelnde theologische Legitimation, die tautologische Begründung seiner Macht durch ein Argument zu kompensieren, dessen die hierarchisch konzipierte Macht der Kirche entraten mußte.

Die Theorien, die Motive der Lehre von der Volkssouveränität antizipieren, entspringen freilich nicht einer bürgerlichen Emanzipationsbewegung, sondern wollen den Nachteil wettmachen, der in der Partikularität der königlichen Souveränität liegt. Denn die Gnade Gottes, die deren Grund sein soll, endet an der historisch zufälligen Landesgrenze. Anders als bei dem Universalität prätendierenden Kaisertum tritt eine Mehrzahl konkurrierender rechtsetzender Subjekte auf. Eine solche Vielheit ist aus der Einheit Gottes nicht zwingend herzuleiten und widerspricht daher letztlich der Einheit des in Gott gründenden Naturrechts. Um dessen hierarchischer Konstruktion zu begegnen, mußte die partikularfürstliche Souveränität angeben, woher sie die *plenitudo potestatis* habe, wenn sie nicht rechtlose Gewaltherrschaft sein wollte. Läßt der traditionelle kirchliche Universalanspruch separate christliche Staaten eigentlich gar nicht zu, so ist deren faktische Existenz die Voraussetzung für die Legitimation der jeweiligen landesfürstlichen Souveränität; denn es läßt sich nicht naturrechtlich, also unter Rückgriff auf eine vermeintlich überhistorische Quelle begründen, warum die weltliche Herrschaft zwischen den Königen von Frankreich und England sowie den immer zahlreicher werdenden deutschen Territorialfürsten aufgeteilt sein soll. Die

dies aber nur aus einem chauvinistischen Antrieb heraus: Das aus klimatischen und astrologischen Gründen bevorzugte Frankreich ist zur Weltherrschaft berufen (cf. l. c., S. 128 f.). Solche Universalität ist freilich das Gegenteil ihres traditionellen Begriffs. Dubois antizipiert vielmehr eine imperialistische Politik, deren ökonomische Vorteile schon reflektiert sind. Das heilige Land wiederzuerobern ist nicht eine heilsgeschichtliche Tat, sondern eine dem französischen König zu empfehlende Strategie im bereits ökonomisch werdenden Konkurrenzkampf der nationalen Souveräne. Dazu stimmt, daß Dubois Philipps Zerschlagung des Templerordens rechtfertigt, die ja vor allem ökonomische Motive hatte.
Die Lehre von der Volkssouveränität ist demgegenüber an einigen Stellen bei Johannes Quidort von Paris antizipiert (cf. *De regia potestate et papali*, ed. F. Bleienstein, Stuttgart 1969). Charakteristich ist hier indessen, daß Johannes nur bei der Behandlung der päpstlichen Souveränität auf den Willen des Volkes rekurriert und damit ein Motiv der späteren konziliaren Bewegung andeutet (cf. S. 184 und 200).

metaphysische Grundlage des Naturrechts, der Universalienrealismus, mußte daher der Kritik verfallen, die Wilhelm von Ockham in weiten Passagen seines Werkes entfaltet hat: Wenn das Singuläre Substanz ist, so kann es nicht gleichzeitig ontologisch universal sein; umgekehrt kann eine universale Substanz sich nicht gleichursprünglich auf viele *singularia* verteilen. Hier liegt der historische Erfahrungsgehalt des Nominalismus, dessen Theoreme sich freilich im Medium der theoretischen Reflexion entwickelt haben und nur hier ihre Stringenz erhalten.

Nicht zufällig beginnt der Streit zwischen Bonifaz VIII. und Philipp dem Schönen mit einer Auseinandersetzung über die Steuerhoheit in Frankreich. Das Recht, Steuern zu erheben und die Pflicht, solche zu zahlen, setzen ein geschlossenes Herrschaftsgebilde voraus, das sich gegen andere gleichartige abgrenzt. Die auf dem Territorium eines Herrschers lebenden Personen sind aufgrund dieser Tatsache dessen Untertanen und zur Unterhaltung seines Staates verpflichtet, so wie umgekehrt der Herrscher diese bestehende Ordnung zu garantieren hat. Aus diesem faktisch stets durch Gewalt zustandegekommenen Verhältnis leitet sich in späteren Theorien ein rechtsstiftendes Vertragsverhältnis her. Das weltliche Recht ist nach diesem Verständnis ganz konsequent profaniert. Anders als im Thomasischen Naturrecht ist hier das Telos der Gesetzgebung nicht mehr primär das Wohl der Menschheit als ganzer, sondern das des geographisch begrenzten Machtbereiches, der sich politisch und rechtlich autonom setzt.

Der Prozeß der Verselbständigung der Partikularstaaten, der mit Philipp dem Schönen historisch bestimmend wird, ist von einer Veränderung der metaphysischen Lehre vom Menschen begleitet. Die *universitas christiana* sollte die Einzelnen nicht mehr durch die Sakramente dergestalt an die Kirche, den mystischen Leib Christi, binden, daß ihr profanes Handeln auf die *beatitudo aeterna* aller Menschen gerichtet war. Vielmehr gewinnt die individuelle Selbsterhaltung in einem gegebenen politischen Zusammenhang eine zunehmende Bedeutung. Hierbei kommt es auf den Willen des Einzelnen tendenziell mehr an als auf die traditionelle Norm der Korporation, der er angehört. In den Theorien der königlichen Partei, die gelegentlich – wie z. B. bei Pierre Dubois – liberalistische Motive vorwegnehmen, wurde die historische Zufälligkeit der Territorialgrenzen als eine für die königliche Herrschaft vorteilhafte Naturtatsache ausgegeben, die dem geistig begründeten katholischen Universalanspruch entgegengesetzt werden konnte. Was der einzelne König repräsentiert, ist nicht ein für sich unvollständiger Teil eines substantiellen, weil geistigen Universalen, sondern als historische Individualität der Nation der substantielle Grund der Souveränität. Denn die Nationen, die sich als Machtbereiche der Partikularfürsten aus der *universitas christiana* verselbständigten, erhielten nun ihrerseits den Charakter scheinbar irreduktibler metaphysischer Wesenheiten, ihrer historischen Kontingenz und Dynamik zum Trotz. Die Unterworfenheit unter einen durch Gewalt ausgedehnten und gegen konkurrierende Ansprüche durchgesetzten Herrschaftsbereich wird zu einer künstlichen Stammesverbundenheit erhoben, deren Natürlichkeit eine bloße Behauptung darstellt, die der traditionellen Metaphysik zuwiderläuft. In einer Epoche, die sich anschickt, die vormals als natürlich angesehenen Bindungen der Familie und des Stammes ökonomisch zur Bedeutungslosigkeit herabzusetzen, werden die Kunstgebilde der Nationen als Rechtsgrund partikularer und jeweils absoluter Herrschaft gesetzt.

Der Verlauf des Hundertjährigen Krieges zwischen Frankreich und England belegt diese Seite der Genesis der europäischer Nationen vielfach.[8] Das im Kern schon neuzeitliche, auf die Nation als virtuellen Willensträger gestützte Verständnis der Souveränität kommt zudem darin zum Ausdruck, daß Philipp IV. gegen den Anspruch der päpstlichen Suprematie 1302 eine »Parlament« genannte Versammlung der Stände des Landes einberief, in der zum ersten Mal auch das Bürgertum als dritter Stand vertreten war. Dies geschah vor allem, weil der König seinen Anspruch auf die *plenitudo potestatis* in seinem Lande gegen die Tradition des Papsttums mit einer eigenständigen Legitimation versehen wollte. Die Repräsentation der Stände, die sein Herrschaftssystem stützen sollten, diente der Demonstration nach innen und außen, daß der König dessen Subjekt sei. Indessen bekundet sich in der in dieser Form neuen Institution des Parlaments[9] auch, daß selbst der absolute Monarch zu seiner eigenen Legitimation auf einen wie immer verstandenen Konsens seiner Nation muß verweisen können. Der Gedanke der Volkssouveränität, der hier anklingt, intendiert also zunächst gar nicht die Kontrolle oder gar die Aufhe-

8 Die Willkürlichkeit, mit der die Könige von England und Frankreich Aquitanien für ihre Herrschaft beanspruchten oder auch wieder preiszugeben bereit waren, zeigt, daß die Nation am Anfang keineswegs ein *corpus mysticum* ist. Cf. die ausführlichen Darstellungen des Kriegsverlaufes bei J. Favier, *La guerre de cent ans*, Paris 1980.

9 In England hatte die Institution schon längere Tradition, nahm aber zu Beginn des 14. Jahrhunderts unter Edward I. eine ähnliche historische Funktion ein wie in Frankreich (cf. Fawtier, l. c., S. 253 ff.).

bung von Herrschaft, sondern vielmehr deren wirksame profane Legitimation.

Die kurialistischen Theorien wollten gegen sich abzeichnende welthistorische Individualität der nationalen Mächte die traditionelle *universitas christiana* verteidigen. In der Konfrontation mit ihren Gegnern geriet die kurialistische Position aber zu einem weitaus radikaleren Absolutismus. Ohne dies von ihrem metaphysischen Anspruch aus wollen zu können, muß die päpstliche Souveränitätslehre den Positivismus der weltlichen noch weit überbieten, denn sie muß deren historische Prämissen unfreiwillig anerkennen. Die epochale Entsubstantialisierung des Allgemeinen, die sich politisch ebenso geltend macht wie in den Reflexionen der zeitgenössischen Metaphysik, teilt sich den kurialistischen Theorien gerade dort mit, wo sie mit aller Gewalt die geistliche Universalmacht legitimieren wollen. Während Dante bereits innertheoretisch mit dem Versuch scheitert, das weltliche Kaisertum zu erneuern, weil seine Intention, Allgemeines und Besonderes zu vereinen, abstrakt und ein bloßes Postulat bleibt, haben die Kurialisten für dieselbe Epoche die modernste Theorie entwickelt. Sie weist über ihre historische Grenze weit hinaus, denn sie vereinigt die Elemente einer profan aufklärerischen Staatslehre mit der Apologie totaler Herrschaft.

In seinen Bullen »Ausculta fili«[10] und vor allem »Unam Sanctam« artikuliert Bonifaz VIII. ein Rechtsverständnis, nach dem es in der Welt überhaupt keinen rechtsfreien Raum mehr geben kann. Die Kirche, alle Gläubigen und selbst die Ungläubigen werden vielmehr von einer Rechtsordnung erfaßt, die dem Anspruch nach aus dem göttlichen Wesen stammen soll, wie es auch die Thomasische Naturrechtslehre forderte. Aber die Begründung, die Bonifaz selbst und vor allem seine theoretischen Berater Aegidius Romanus, Alvarus Pelagius und Augustinus Triumphus von Ancona für die Ausgestaltung jeder Rechtsordnung geben, verschieben die Gewichte zugunsten eines Positivismus, der alle Souveränität letztlich direkt in der Person des Papstes konzentriert. Die Faktizität der obersten Machtposition ist auch hier ihre eigene Legitimation; die in sich substantielle Vernunft Gottes tritt dabei hinter seinem Willen zurück. Der Wille Gottes erweist sich wiederum in der Faktizität, der existierenden Papstmacht selbst.

Die sich übersteigernde Apologie der päpstlichen Macht ist freilich durch eine längere Entwicklung vorbereitet. Ihre Wurzel geht ins 12.

10 Die Bulle, die Philipp der Schönen mit deutlich drohenden Worten zum Gehorsam ermahnt, interpretiert die geistliche Autorität des Papstes als weltliche Oberherrschaft.

Jahrhundert zurück, als in der weltlichen Beschäftigung mit dem römischen Recht ein frühes bürgerliches Selbstbewußtsein gegenüber der Feudalität sich regte. Das Rechtsdenken ist von der Kirche sehr bald so aufgenommen worden, daß nicht nur ihre Gemeinschaftsregeln, sondern schließlich sogar ihre Dogmatik in ein spezifisches System formalen Rechts einbezogen wurden. Die Kirche bestimmte sich schon lange vor Bonifaz traditionell als Rechtskirche, deren Verfassung in ihren Grundzügen durch die Offenbarung als Entsprechung zum absoluten göttlichen Recht gegeben sein soll.[11]

Mit dem Kirchenrechtslehrer Gratian trat diese Entwicklung in die Phase der Systembildung ein, die schließlich bei den Kurialisten ihr philosophisches Selbstbewußtsein erhielt. Gratian verstand seine Jurisprudenz als *theologia practica externa*, eine in ihrer Verfahrensweise eigenständige, aber doch sachlich von der Theologie fundierte Wissenschaft. Seine *Concordantia discordantium canonum* sucht die Widersprüche zwischen den überlieferten Rechtsquellen aufzulösen. Dabei war problemlos vorausgesetzt, daß das göttliche Recht Ausdruck der absoluten Vernunft sei. Widersprüche wären die Folge von Willkür, die mit der traditionellen Konzeption Gottes unvereinbar war. Das Recht war autoritativ gesetzt, aber die Autorität gründete metaphysisch in der Vernunft, an die auch der Wille Gottes gebunden war.

Solange diese metaphysische Gewißheit bestand, konnte die Beziehung zwischen Gott und den Menschen als ein Rechtsverhältnis gelten, dessen korporative Ausgestaltung im kanonischen Recht kodifiziert ist. Die Menschen sind hier nicht Objekte unerforschlicher Ratschlüsse, sondern sie erwerben sich durch ihr tugendhaftes Verhalten auf Erden gleichsam einen Rechtsanspruch auf Erlösung. Zu dessen Erfüllung bedarf es zwar auch der Gnade, aber sie ist doch nicht der einzige Grund für die Rechtfertigung. Wenn das Telos des menschlichen Lebens in der ewigen Glückseligkeit besteht, dann leitet sich hieraus für die Kirche die Notwendigkeit ab, die Institutionen recht-

11 Der Kanonist H. Barion hat, diese Verhältnisse resümierend, treffend bemerkt: »Daß die katholische Kirche [...] eine Rechtskirche ist, beruht [...] nicht auf der Fülle ihres Rechts überhaupt, ist nicht quantitativ gemeint, sondern qualitativ, als Verwurzelung dieses Rechts selbst noch in seinen äußersten Verzweigungen im unabänderlichen göttlichen Recht. Man kann daher sagen: Ohne das als göttliches Recht anerkannte und definierte Kirchenrecht wäre die katholische Kirche nicht mehr die gleiche, ihre geschichtliche Identität beruht auf ihrem Recht.« (Art. »Kirchenrecht«, in: *Die Religion in Geschichte und Gegenwart*, Bd. 3, 3. Aufl. Tübingen 1959)

lich zu normieren, innerhalb derer das individuelle Handeln das Heil zu fördern vermag. Die Kirche hat deshalb seit Gratian zunehmend die Verwaltung der Gnadenmittel in ein System bindender, rechtsdogmatisch deduzierbarer Normen gebracht. Der moderne Gedanke einer rechtsstaatlichen Verwaltung überhaupt, dessen Theoretiker sich aller theologischen Herkunft fern glauben, hat eine seiner entscheidenden Quellen in der kanonischen Systematik.

Die Bulle »Unam Sanctam« sollte das kanonische Rechtsverständnis im Kampf mit Philipp IV. nochmals bekräftigen und auf das politische Verhältnis zwischen Papst und weltlichen Fürsten anwenden. Sie proklamiert die übergeordnete Geltung des kirchlichen vor jedem profanen Recht:[12] »Spiritualem autem et dignitate et nobilitate terrenam quamlibet praecedere potestatem, oportet tanto clarius nos fateri, quanto spiritualia temporalia antecellunt. [...] Nam veritate testante spiritualis potestas terrenam potestatem instituere habet et iudicare, si bona non fuerit.«[13]

Aus der Überordnung des kanonischen Rechts folgert die Bulle zunächst das oberste Richteramt für den Papst, der selbst keinem irdischen Richter mehr unterstehen soll: »Ergo si deviat terrena potestas iudicabitur a potestate spirituali; sed si deviat spiritualis minor, a suo superiori; si vero suprema, a solo Deo, non ab homine potest iudicari.«[14]

Die Schwierigkeit für den Papst bestand darin, den für das Geistliche von den weltlichen Fürsten noch nicht bestrittenen Universalanspruch noch einmal geltend zu machen und aus ihm zwingend die oberste Jurisdiktionsgewalt überhaupt herzuleiten. Dabei konnte er die faktische weltliche Rechtsprechung nicht in Frage stellen, aber er mußte sie zur nachgeordneten Gerichtsbarkeit herabsetzen. Als Hebel bot sich hierfür an, daß auch die königliche Partei das geistliche Recht nicht bestritt, alle Menschen und damit auch die Könige nach ihren Sünden zu beurteilen und ihnen Bußen aufzuerlegen. Wenn also die Könige *ratione peccati* der geistlichen Gerichtsbarkeit unterstehen, dann ist die von ihnen faktisch ausgeübte Rechtsprechung, um der Einheitlichkeit des Rechts willen, am kirchlichen Recht zu messen. Rechtsakte der weltlichen Gewalt sind somit nur insoweit

12 Aus diesem über den unmittelbaren Anlaß hinauswirkenden Grunde wurde die Bulle auch in voller Länge in den Codex iuris canonici aufgenommen (CIC, Extr. comm. I, 8,1).

13 C. Mirbt, *Quellen zur Geschichte des Papsttums und des römischen Katholizismus*, S. 163.

14 L. c.

legitim, wie sie vom geistlichen Recht sanktioniert sind und von den Organen der geistlichen Justiz überprüft werden können. Diese Kontrolle bedient sich aber nicht nur geistlicher Mittel wie der Buße oder der Zensuren des Interdiks, der Suspension oder der Exkommunikation, sondern beansprucht auch das weltlich-politische Recht, einen König abzusetzen. Die traditionellen geistlichen Strafen hatten offenkundig seit dem Investiturstreit und den Auseinandersetzungen mit den Staufern ihre Wirksamkeit weithin verloren.

Mit dieser Rechtskonstruktion hatte die kirchliche Universalmacht ihren höchsten spirituellen Anspruch im weltlichen Machtgefüge festgemacht: Die Oberherrschaft, die Bonifaz anstrebte, ist vollkommen weltlich in ihren praktischen Konsequenzen. Der Papst versteht sich als Garant der Einheit des menschlichen Rechts. Setzen sich die vielen Souveräne als unabhängige Quellen des jeweiligen positiven Rechts, so will der Papst deren einheitliche Normierung als Naturrecht durchsetzen. Die Voraussetzung, die spirituelle Begründung dieser Macht aus der Rationalität des traditionellen Naturrechts sei evident, war indessen am Anfang des 14. Jahrhunderts unzutreffend geworden. Das metaphysische Fundament der kirchlichen Institutionen, die in Analogie zur Universalienhierarchie konzipiert waren, hatte seine unmittelbare Geltung schon eingebüßt. Zudem machten die Kurialisten ihre Rechts- und Souveränitätskonstruktion allein in der Person des Papstes fest. Der berühmte Schlußsatz der Bulle »Unam Sanctam« lautet deshalb: »Porro subesse Romano pontifici omni humanae creaturae declaramus, dicimus, et definimus, omnino esse de necessitate salutis.«[15]

Die Bulle beschwört die Einheit der Christenheit, die sie nicht mehr theoretisch bestimmen kann. Sie spricht vom Heil der Menschen, aber es soll vor allem von deren Unterwerfung unter eine in der Welt präsente Macht notwendig abhängen und nicht von ihrer *deificatio* genannten aszetischen geistlichen Vervollkommnung. Das Motiv der Gewalt und seiner philosophischen Rechtfertigung erhält eine neue Bedeutung. Die Religion verschleiert hier nicht die faktische herrschaftliche Gewalt, der die Menschen gehorchen müssen, sondern umgekehrt: die Gewalt bekennt sich offen als Grund des religiösen Verhältnisses. Die Ecclesiologie ist damit radikaler als zuvor zu einer diesseitigen Machtlehre geworden.

Die Transformation des spirituellen Universalanspruches in einen weltlichen Herrschaftsanspruch ist den Kurialisten zumeist als hybride Überschätzung der gegebenen Möglichkeiten des Papsttums aus-

15 L. c., S. 164.

gelegt worden. Noch zu Lebzeiten Bonifaz VIII. hat sich diese Interpretation zwar als historisch zutreffend herausgestellt, aber der Kurialismus ist dennoch mehr als die letzte Manifestation einer geschichtlich besiegten Kraft, nämlich unter der Hand die modernste politische Theorie. Indem er mit den fortgeschrittensten Mitteln der Jurisprudenz eine lückenlose Weltordnung entwarf, erwies er sich, über seinen offenkundigen Konservatismus weit hinaus, als antizipative geistige Potenz.

Der Kurialismus brachte die Phantasmagorie des grenzenlosen Leviathan hervor, in dem die höchste Autorität das Recht setzt, dessen Ideal die innere Widerspruchsfreiheit seines Systems ist. Konkurrierende Rechtsansprüche gleicher und freier Personen sind es freilich nicht, die hier nach einer verbindlichen Regel miteinander verträglich gemacht werden sollen, vielmehr regelt das kurialistische Rechtssystem vornehmlich die Pflichten der unteren gegenüber den jeweils höheren Stufen der Hierarchie. Diese Ordnung ist ein formales Subsumtionsverhältnis, in dem die metaphysische Begründung ihre Funktion gewechselt hat. Der politische Allgemeinheitsanspruch des Katholizismus gründet hiernach nicht mehr hauptsächlich in einer Metaphysik, die von der Inkorporation des Wesens in den Dingen, theologisch von der Inkarnation des Logos überzeugt sein konnte, so daß die Allgemeingültigkeit des Rechts Ausdruck einer subsistierenden Naturordnung war. Das Gefüge der Begründung hat sich vielmehr umgekehrt: Die Allgemeingültigkeit des Rechts verweist auf eine oberste rechtsetzende Gewalt, die von allen naturalen und metaphysischen Bestimmungen unabhängig ist. Dieser Akt der Rechtsetzung kann, um der Wiederspruchsfreiheit des Rechtssystems willen, nur einen Urheber haben, der als *potestas absoluta* ursprünglich unumschränkt ist. Die alte metaphysische Naturordnung, die alle Dinge und so auch die menschlichen Seelen durch Vernunft aufeinander verwies, ist hierbei implizit aufgehoben. Denn die kurialistische Rechtsordnung ist eine hierarchische Befehlsstruktur, die die Menschen nicht ihrem metaphysischen Vernunftwesen gemäß zur Einheit bringt, sondern vielmehr durch den erzwingbaren Gehorsam. Die Individuen werden also äußerlich den allgemeinen Rechtsnormen subsumiert. Eine innere Wesensverwandtschaft zwischen ihnen und dem Gesetz ist nicht erforderlich. Nicht stiftet, wie noch bei Thomas, die Partizipation des Einzelnen an der objektiven Vernunft die konkrete Allgemeinheit, sondern der Wille der obersten Macht.

Die Kurialisten haben die absolute Gewalt Gott vorbehalten und zugleich den Papst zu ihrem unumschränkten irdischen Vollstrecker gemacht. Hierin sind sich alle Vertreter einig. Sie unterscheiden sich in der apologetischen Metaphorik, in der sie den Papst über alle übrigen irdischen Mächte hinaus theologisch überhöhen. Augustinus Triumphus von Ancona erhebt ihn über alle Engel.[16] Alvarus Pelagius wendet auf den Stellvertreter Gottes auf Erden geradezu die Lehre von den zwei Naturen Christi an. Dies soll ausdrücklich nicht nur für die Institution des Papsttums, also ein Universale, sondern für den einzelnen Papst gelten: »Vicarius generalis et singularis papa participat cum Christo quodammodo naturam divinitatis, quoad spiritualia, et humanitatis quoad temporalia.«[17]

Hiernach wäre der Papst auch als natürliche Person Gott auf Erden gleich. Noch im 13. Jahrhundert wäre diese These eine Häresie gewesen. Indessen zeigt sich hier, wie der traditionelle Universalismus selbst bei seinen Verteidigern erschüttert ist. Das Allgemeine, die Christenheit als ganze, ist eine willkürliche Setzung, die durch keine innere Finalität, etwa ein *desiderium naturale* der Individuen, zustandekommt, sondern nur durch den Machtspruch Gottes, der durch den Papst vollstreckt wird. Die größere Macht ist der *potestas absoluta* Gottes näher als die vollkommene Erkenntnis.

Der kirchenpolitisch bedeutendste Vertreter des Kurialismus war Aegidius Romanus. Seine Schrift *De ecclesiastica potestate*, die hier als Modell der kurialistischen Argumentation untersucht werden soll, ist das Manifest des päpstlichen Absolutismus. Wahrscheinlich im Jahre 1302 verfaßt, enthält sie die theoretische Begründung der Bulle »Unam Sanctam«. Deren Schlußsatz, der den Gehorsam gegenüber dem Papst als heilsnotwendig erklärt, ist das *thema probandum* der Reflexionen des Aegidius.[18]

16 Augustinus Triumphus von Ancona, *Summa de potestate ecclesiastica*, Rom 1584, S. 113: »Papa est maior Angelis in sacramentorum administratione, quae eis concessa non fuit, propter eorundem carentiam idoneitatis, quae praesertim requiritur in sacramentorum administratione.«
17 Alvarus Pelagius, *De Planctu Ecclesiae*, Venedig 1560, 1. Buch, 37. Kap., S. 10^v.
18 Das Werk des Aegidius Romanus ist nicht einheitlich. Der Augustinereremit, der im Laufe seines Lebens Magister an der Pariser Universität, General seines Ordens und schließlich Erzbischof von Bourges war, hatte sich in seiner Jugend an Thomas Aquin angeschlossen, dessen Lehre er sich besonders verpflichtet glaubte. Nachdem er mit dem Pariser Bischof Stephan Tempier wegen der thomistischen Lehre von der Einheit der Form im Menschen in Streit und in den Verdacht der Häresie geraten war und den französischen Kronprinzen und späteren König Philipp den Schönen zum Schüler hatte, wurde er später zum engen Berater von dessen

Der Aegidianische Kurialismus lehrt eine neue Anthropologie. Das Wesen des Menschen besteht nicht mehr primär in der Vernunft, sondern in der Macht. Deren größeres oder geringeres Maß bestimmt den Platz, den der Einzelne in einer Welt einnimmt, die Aegidius ganz traditionell als hierarchische Stufenordnung versteht. Hatte die Hochscholastik aber noch versucht, diese Hierarchie metaphysisch mit der Ordnung der Seinsgrade zu begründen, in der die spirituellen, der Beziehung auf sich selbst und damit auf ihr göttliches Prinzip fähigeren Substanzen die höheren sein sollten, so tritt bei Aegidius der Rekurs auf die metaphysische Vernunftordnung und die auf ihr beruhende Kosmologie in den Hintergrund. Seine juristisch orientierte Argumentation behandelt die Macht vielmehr als eine Entität, die den Menschen als gesellschaftliches Wesen bestimmt und die er darüber hinaus geradezu als konstitutives Prinzip der außermenschlichen Welt zu erweisen sucht. Die Vollkommenheit eines Menschen liegt also nicht primär in seiner Geistigkeit, sondern in seiner Machtfülle beschlossen. Die Vernunft ist dann erst eine Folge der Macht, die einem Individuum durch seinen Status in der gesellschaftlichen Hierarchie zufällt.

Dieses Gefüge der Machtbefugnisse entspricht den Rechtsverhältnissen, die nach Aegidius alle gesellschaftlichen Beziehungen begründen. Insofern setzt Aegidius das kanonische Rechtsdenken fort. Die oberste Macht ist die Jurisdiktionsgewalt, die aber von vornherein voluntaristisch-dezisionistisch bestimmt ist. Die Vernunft ist nur das Instrument dieser Macht, die von der moralischen Qualität ihres Inhabers unabhängig sein soll:

»Duplicem esse perfeccionem personalem et secundum statum, dicta sanctorum et doctorum communiter protestantur. Que due perfecciones sic differre videntur, quod perfeccio quidem personalis consistit in serenitate et in mundicia consciencie; sed perfeccio status et potissime status prelatorum [...] consistit in iurisdiccione et in plenitudine potencie, ut ille sit status perfeccior cui potencia amplior et iurisdiccio plenior respondebit. Sensibiliter itaque et per raciones exortas a sensibus liquido ostendi-

erbittertem Gegner Bonifaz VIII. Dieser wechselvolle Lebenslauf hat sich in seinen Schriften niedergeschlagen. Die im engeren Sinne theologischen und philosophischen Werke vertreten mit einigen Varianten eine thomistische Doktrin, während die politischen Schriften die extreme kurialistische Position beziehen, deren Begründung mit der Thomasischen Lehre nicht vereinbar ist. Eine Ausnahme bildet nur *De regimine principum*, ein Werk, das der Schrift mit dem gleichen Titel des Thomas folgt und für den Kronprinzen Philipp verfaßt ist.

mus, quod spiritualis homo iudicat omnia et ipse secundum quod huiusmodi a nemine iudicatur. Qui ergo est spiritualis secundum perfeccionem personalem, ille secundum quod huiusmodi et secundum mensuram consciencie, non iudicatus ab aliis, poterit alia iudicare. Qui autem secundum statum est spiritualis et perfectus in summo secundum iurisdiccionem et plenitudinem potestatis, erit ille spiritualis homo qui omnia iudicabit et ipse a nemine poterit iudicari.«[19]

Die Darlegung enthält bereits den Gedanken, der für den Rechtsstaat der Moderne grundlegend wird: Die moralische Disposition des Einzelnen wird von seiner Funktion im geltenden Rechtssystem unabhängig. Moralität und Legalität treten auseinander. Im Zeitalter der bürgerlichen Revolutionen wird diese Unterscheidung vorgenommen, um die Sphäre der privaten Freiheit zu begründen, bei Aegidius entspringt sie dem Interesse, zu beweisen, daß aus der moralischen Qualität des Inhabers der höchsten Macht keine Folgerung für oder gegen die Rechtsgültigkeit seiner Entscheidungen gezogen werden kann. Das heißt implizit aber auch, daß die Moralität auf das Individuum beschränkt ist und mit der Allgemeinheit des Rechts nichts zu tun hat; in anderen Worten, daß die Moralität machtlos ist und nur der mächtigste Funktionsträger dem Ideal des Menschen entspricht.

Aegidius Romanus glorifiziert auf eine geschichtlich neue Weise den Machtmenschen. Indem er gegen den Sinn des zum Beleg zitierten Bibeltextes Geist und Macht offen identifiziert, beschreitet er einen Weg, der Jahrhunderte später zur Liquidation aller Objektivität des Geistigen führte. Seine unmittelbare Intention ging indessen dahin, dem Papst die höchste Macht als ein Implikat des Geistes zuzusprechen, dessen Repräsentant er traditionell war. Die kurialistische Behauptung, dem Papst gebühre die oberste Gewalt auch in weltlichen Dingen, soll also Evidenz aus der Objektivität der Religion und ihrer geistigen Begründung erhalten. Aber damit band sich die im Kern überaus moderne politische Konzeption des Kurialismus an

19 Aegidius Romanus, *De ecclesiastica potestate*, ed. R. Scholz, Weimar 1929, S. 6. Das Kapitel, in dem sich dieses Zitat findet, biegt den offenkundigen Sinn des Verses aus dem 1. Korintherbrief 2, 15 in eine Behauptung der obersten Jurisdiktionsgewalt des Papstes um. Die Stelle lautet in der Vulgata: »Spiritualis autem judicat omnia, et ipse a nemine judicatur.« Die Unterscheidung des Geistlichen vom Animalischen, die in dem Kapitel des 1. Korintherbriefes vorgenommen wird, bezieht sich auf die innere Verfassung der Gläubigen, nicht aber auf eine Hierarchie richterlicher Gewalt. Dieselbe Argumentation findet sich auch in der Bulle »Unam Sanctam«.

eine Metaphysik, die jener widerspricht und zudem bereits dem Zweifel ausgesetzt war.

Der Modernität des Kurialismus entsprach es, die Macht, die das gesellschaftliche Wesen des Menschen ausmachen soll, in einer Hand zu zentralisieren. Souverän ist letztlich nur eine Person, die jene Entscheidungsgewalt innehat, über der es keine Appelationsinstanz mehr gibt. Vollkommen im Sinne der Aegidianischen Rangordnung ist diese Person nur, wenn sie kraft ihrer Stellung im System die Norm, nach der sie urteilt, selber setzt:

»Illud autem quod legitur de Deo Sapientie XI°: *Omnia in mensura et numero et pondere disposuisti*, potest ad ecclesiam adaptari. [...] Hec ergo verba ad ecclesiam idest ad summum pontificem possumus adaptare, ut dicamus, quod summus pontifex totam ecclesiam disponit in numero, pondere et mensura, quia omnia que sunt in ecclesia disponit ut habeant suum numerum, suum pondus et suam mensuram. Vel secundum exposicionem aliam omnia disponit in numero, pondere et mensura, quia omnia disponit in seipso, qui est numerus sine numero pondus sine pondere et mensura sine mensura, quia suum posse est sine numero, pondere et mensura.«[20]

Diese absolutistische Übersteigerung des kanonischen Rechtsdenkens entspricht gleichwohl einer Verfassung der Kirche, die sich seit Innozenz III. entwickelt hatte. Die Kirche hatte zu Beginn des 14. Jahrhunderts eine weitaus straffere Zentralisation ihrer Organe verwirklicht als die nationalen Königreiche oder gar das Kaiserreich. Die territorialen Herrscher verfügten zwar über größere Heere, aber die kirchliche Verwaltungshierarchie war, nicht zuletzt durch die Pflicht der Kleriker zum Gehorsam, ungleich effektiver als die der Könige. Da die unproduktiven Kosten für stehende Heere weithin entfielen, war die päpstliche Finanzmacht, die sich auf die Einnahme des Zehnten und anderer naturaler und vor allem geldlicher Abgaben stützte, für die Könige, die Waffen und Heere für die Garantie ihrer Macht hielten, ein gefährlicher und schwer faßbarer Gegner. Philipp der Schöne war der erste große Territorialfürst, der dies begriffen hatte, und deshalb entbrannte der Streit zwischen ihm und dem Papst folgerichtig in einer Steuerfrage.

20 L. c., S. 260. Aus diesem Anspruch, unumschränkte normsetzende Gewalt zu sein, folgt unmittelbar, daß das kanonische Recht jedes partikulare weltliche bricht: »Omnes leges imperiales et potestatis terrene sunt ad ecclesiasticos canones ordinande, ut inde sumant robur et eciam firmitatem.« (l. c., S. 92)

Die Spiritualität, auf der die Papstmacht nach Aegidius beruht, erstrebt politische Universalität im Medium des Geldes, das als allgemeine Aequivalentform die Beziehungen der Menschen zunehmend bestimmt. Was die Bulle »Unam Sanctam« nur versteckt zugibt, erhebt deren theoretische Begründung bei Aegidius zum zentralen Punkt der gesamten Machtlehre. Die oberste Jurisdiktionsgewalt, die der Papst für sich beansprucht, erstreckt sich auf die Temporalia ebenso wie auf die Spiritualia. Aus dem Doppelsinn der beiden Begriffe schlägt Aegidius Kapital: Weil das Weltliche dem Geistlichen unterlegen ist, deshalb unterliegen auch die weltlichen Güter dem finanziellen und jurisdiktionellen Zugriff des *homo spiritualis*: »Ipse igitur res temporales possunt dici spirituales, si sunt a summo spiritu imperate; secundum quem modum decime inter spiritualia computantur, quia non a homine, sed a Deo, qui est summus spiritus, sunt institute. Possunt ergo decime dici esse debita ecclesiis, esse sanctuaria ecclesiarum et possunt dici res spirituales, ad que omnia iura adaptari possunt.«[21]

Sollte es nach der schon drei Jahrhunderte früher metaphorisch formulierten Rechtfertigungslehre letzthin nur einen Gläubiger für die gefallene Menschheit geben, so versteht Aegidius den Schuldbegriff, wie er etwa von Anselm von Canterbury verwendet wird, wörtlich und irdisch. Der Stellvertreter Gottes auf Erden hat das Recht, die geschuldeten Zahlungen für sich zu verbuchen und für eigene weltliche Zwecke zu verwenden, die eo ipso *spiritualia* sind. Die Vermehrung des kirchlichen Vermögens wird nun zum Mittel der Beförderung des Heils erhoben. Wenn auch diese Akkumulation noch keine eigenständige ökonomische Gesetzmäßigkeit im gesamtgesellschaftlichen Sinne ausgebildet hat, sondern aus dem Gehorsam der Zahlungspflichtigen resultiert, so ist doch erkennbar, daß der kurialistische Versuch, den katholischen Universalismus vermöge der Substitution des Geistes durch das Geld zu retten, nicht zu den bedrohten Traditionen zurückführt, sondern die Inkorporation eines neuen Wesens betreibt, das in den Jahrhunderten nach Aegidius in der Tat Objektivität erlangt hat.

Der absoluten Macht des Papstes sind nach der Theorie des Aegidius alle weltlichen Partikulargewalten zugeordnet und untergeben. Mag diesen auch die Blutgerichtsbarkeit unterstehen, so dürfen sie sie doch nicht gegen geistliche Weisung ausüben: »Immo dominium potestativum, quod habet Cesar, et eciam materialis gladius, quo uti-

21 L. c., S. 170.

tur Cesar, est pro ecclesia et ad nutum ecclesie exercendum.«[22] Aus diesem Grundsatz folgt, daß der weltliche Fürst nicht einmal im vollen Sinne Eigentümer seiner Güter sein kann. Sein Land steht in einem ganz materiellen Sinne unter der Oberherrschaft des Papstes: »Ex quo dominio superiori et primario, quod habet ecclesia super temporalibus, omnes habentes temporalia sunt tributarii ecclesie, debentes ei decimas que de suis temporalibus possesionibus colligun-tur.«[23] Die Rechtsfolge der päpstlichen Oberherrschaft, die Tributpflichtigkeit der weltlichen Fürsten, nimmt Aegidius sogleich als Begründung für die Legitimität dieser Herrschaft: »Istud autem dominium ecclesie est magis dominativum et magis altum super ipsis temporalibus rebus, quam sit dominium, quod habet Cesar vel quod habet quicumque dominus temporalis, quia ex hoc dominio superiori et primario habet ecclesia a fidelibus et a possessionibus fidelium censum sive tributum.[24] Der Papst hat folglich auch das Recht, Fürsten abzusetzen, wenn sie nach seinem Urteil die kanonische Rechtsordnung verletzt haben. Umgekehrt ist nur die vom Papst eingesetzte Herrschaft legitim.

Nach der Anthropologie des Aegidius ist die Rechtsordnung voluntativ bestimmt, zumal die Willensäußerungen eines Papstes seine Nachfolger nicht binden.[25] Das kanonische Recht, das Aegidius in diesem wichtigen Punkt aus der Naturrechtstradition loslöst und positivistisch interpretiert, stiftet gleichwohl die Institution, die er als gesellschaftlich konstitutiv ansieht: das Eigentum. Hierbei gibt es

22 L. c., S. 204.
23 L. c., S. 203.
24 L.c.
25 Cf. l. c., S. 165: »Papa predecessor per id quod agit et per legem quam statuit, in nullo potest suo successori preiudicare, quia non est simile de imperatore et papa, quia imperator et quilibet secularis princeps per id quod facit, potest preiudicare suo successori; quia quantumcumque imperator vel quicumque secularis princes sit supremus in ordine potestatum terrenarum, non est tamen supremus simpliciter, quia habet superiorem summum sacerdotem.« Hier kündigt sich die für die Epoche charakteristische Veränderung im Begriff des Willens an, die bei Duns Scotus zur Unterscheidung von *potentia Dei absoluta* und *potentia Dei ordinata* führt. Aegidius macht eine analoge Voraussetzung, wenn er den Willen des Papstes sogar gegenüber den Entscheidungen seiner Vorgänger absolut setzt und ihn doch zum Garanten einer allgemeinen Rechtsordnung macht. Der kirchliche Traditionalismus, nach dem die Lehrentscheidungen der jeweils früheren Päpste bindend sind, löst sich bei seinem entschlossensten Verteidiger schon auf.

nur einen graduellen, aber keinen qualitativen Unterschied zwischen dem Eigentum eines Fürsten und dem eines bürgerlichen Privatmannes. In dieser Hinsicht löst Aegidius die traditionelle Gesellschaft bereits theoretisch auf, denn die Eigentümer, von denen er redet, sind als solche gleichermaßen dem Recht unterworfen, das hier kein Privileg mehr kennt, denn alle Eigentümer sind abgabepflichtig. Dieses Rechtssystem ist lückenlos, weil die päpstliche Macht, die es setzt, als Abbild der göttlichen keine Grenze kennt. Die unmittelbare Herleitung von Recht und Gesellschaft aus der göttlichen Natur tritt im Kurialismus zurück; es genügt der Hinweis auf die göttliche Herkunft der päpstlichen *plenitudo potestatis*, um dem ihr entspringenden positiven Rechtssystem universale Geltung zu verschaffen.

Wenn Aegidius auch versucht, aus dem kanonischen Recht einen der Neuzeit ganz fremden päpstlichen Absolutismus abzuleiten, so verweist seine Rechtskonzeption dennoch in einem zentralen Punkt auf den modernen Begriff des Rechts. Die traditionelle naturrechtliche Vorstellung von der Einheit des göttlichen Gesetzes, der die Wirklichkeit des Mittelalters mit ihren vielfältigen regionalen Rechtstraditionen durchaus nicht entsprach, wird nun an einem Punkt konkret, an dem in der Tat später die historische Entwicklung ansetzte, um schließlich zum System des bürgerlichen Rechtes zu gelangen. Wie in der Neuzeit sind die Personen, für die das allgemeine und gleiche Recht gilt, als Eigentümer bestimmt. Das Eigentum wird also erst in der rechtlich verfaßten Gesellschaft konstituiert, aber im Unterschied zum bürgerlichen Recht ist es ausschließlich von der Kirche verliehen. Nur sie ist letzthin der Garant der Rechtmäßigkeit jeglicher Eigentumstitel: »Nullum est dominium cum iusticia nec rerum temporalium nec personarum laicarum nec quorumcumque, quod non sit sub ecclesia et per ecclesiam, ut agrum vel vineam vel quodcumque aliud quod habeat hic homo vel ille non potest habere cum iusticia, nisi habeat illud sub ecclesia et per ecclesiam.«[26]

Wenn die Kirche, wie Aegidius mehrfach betont, das *dominium superius* über alle Temporalia besitzt, besagt dies, daß sie die rechtliche Allgemeinheit stiftet, innerhalb derer es überhaupt erst legitimes Privateigentum geben kann. Darin liegt ein Fortschritt gegenüber der unendlichen Ungleichheit im Privatrecht des Mittelalters, die in manchen Ländern erst im 19. Jahrhundert beseitigt wurde. Aber die Allgemeinheit und Gleichheit des Rechts, später eines der Kampfziele der Französischen Revolution, ist bei Aegidius nicht eine

26 L. c., S. 73

notwendige Bedingung der bürgerlichen Freiheit der Personen, sondern die Folge ihrer heilsnotwendigen Unterworfenheit unter den Papst und die römische Kirche. Zwar ist nach diesem wie nach dem modernen Rechtsverständnis ein verbindlicher Konsens unter kontrahierenden Personen nur unter Berufung auf das geltende allgemeine Recht möglich, aber für Aegidius ist die Kirche selbst der vollkommene Ausdruck dieses Rechts. Daraus folgt, daß nur Personen, die der Kirche durch den Empfang der Sakramente, zumal der Taufe und der Beichte, angehören, eigentumsfähig sind. Denn nur die Gemeinschaft der Gläubigen, die durch die Sakramente hergestellt und stets erneut bestätigt wird, kann das Fundament für den bürgerlichen Verkehr der Individuen sein.[27]

Wer also durch kirchlichen Richtspruch exkommuniziert ist, scheidet damit auch aus der »bürgerlichen Gesellschaft« aus und verliert den Anspruch auf privates Eigentum. Hier ist offensichtlich, daß in der kurialistischen Theorie die geistliche Instanz dergestalt säkularisiert ist, daß die *communio fidelium* mit dem Zahlungsverkehr identisch wird. Das Medium, das die Menschen untereinander und an die allein seligmachende Kirche bindet, ist nämlich hier das Geld. Die geistliche Gemeinschaft der Kirche, die die augustinische Tradition des Mittelalters als den Kern der *civitas Dei* verstand, in welcher am Ende aller Zeiten die herrschaftliche Gewalt ein Ende haben wird, transformiert sich nach der hellsichtigen Gedankenkonstruktion des Aegidius in eine Gesellschaft von Warenbesitzern, die aber nicht durch eine positive Kommunität, sondern durch universale Konkurrenz gekennzeichnet ist und durch eine wirksame Zentralgewalt gezügelt wird.

Ein exkommuniziertes Individuum verliert nach Aegidius seinen Charakter als Person, den es nur durch seine Partizipation am kirchlich gesetzten Recht haben kann. Der Exkommunizierte ist also rechtlos und hat deshalb kein legitimes Eigentum, darf keine Erbschaft antreten und nicht einmal heiraten, denn die Ehe ist ja eines der Sakramente, von denen er ausgeschlossen ist. Er darf sich in einem Rechtskonflikt nicht einmal unter Berufung auf das Recht verteidigen, denn dieses gilt ja für ihn nicht mehr. Die Exkommunikation wird als Ausschluß nicht nur aus der geistlichen, sondern radikal auch auch aus der weltlichen Gesellschaft interpretiert: »Nam claro clarius est, quod excommunicati, si considerentur secundum se, nec possunt de iure in aliquo foro agere nec eciam se defendere, cum et agere et se

27 Cf. das 12. Kapitel des 2. Buches von *De ecclesiastica potestate*, l. c., S. 100 ff.

defendere sit cum aliis communicare, et ipsi extra aliorum communionem sint positi.«[28]

Diese Konsequenzen des kurialistischen Rechtsdenkens knüpfen zwar an die im gesamten Mittelalter existierende Möglichkeit der Acht von Delinquenten an, aber sie haben dennoch einen anderen Charakter. Die Lückenlosigkeit des kurialistischen Systems, nach dem es für die gesamte Menschheit nur *ein* Recht geben soll, läßt den Geächteten nur die Perspektive der Vernichtung, denn außerhalb des Rechts hat der Einzelne gar keine Existenz. Die absolute Vorherrschaft des Allgemeinen über das Besondere, die Aegidius hiermit lehrt, scheint nur die universalistische Tradition zu vollenden und zielt dennoch zugleich auf das moderne Formalrecht, das noch im neuzeitlichen Absolutismus die bürgerliche Freiheit unter dem Schutz autoritärer Gewalt begünstigte. Gedacht als Drohung gegenüber den selbständig werdenden Territorialfürsten und gegenüber ihren bürgerlichen Helfern, lassen die Folgen der Exkommunikation, die Aegidius darstellt, doch erkennen, daß die intendierte päpstliche Alleinherrschaft in der Welt gegen die historische Tendenz erkämpft werden sollte, die den päpstlichen Universalismus untergrub. Die Genauigkeit, mit der die weltlichen Zwangsmaßnahmen bestimmt werden, verrät, daß die kurialistische Lehre bei aller Gewaltsamkeit, mit der sie die sich herausbildende bürgerliche Individualität zähmen will, deren säkulare Lebensweise als legitimes Element der Realität in ihren Kalkül einbezieht. Um das Seelenheil der Menschen geht es nur noch dem Vorwande nach, denn der Weg hierzu wurde immer noch als die traditionelle Aszese verstanden, durch die die Seele sich aus ihrer Bindung an das Irdische lösen sollte. Praktisch hatte die Kirche aber daran zu Beginn des 14. Jahrhunderts gar kein vordringliches Interesse, denn die Menschen hätten dann ja auf den fortschreitenden Erwerb materiellen Reichtums verzichten müssen und zwangsläufig weniger oder gar keine Abgaben an die Kirche geleistet. Das kurialistische Machtkalkül wäre damit unterminiert. Indem Aegidius die Legitimation dafür erbringen will, daß die Kirche sich gleichsam zum Subjekt der bereits begonnenen Akkumulation des Geldkapitals und des Reichtums überhaupt macht, provoziert er den Armutsstreit, der schon Jahrzehnte zuvor den Franziskanerorden

28 L. c., S. 160. Wenn Aegidius in diesem Zusammenhang auch hinzufügt, daß die Kirche öfters Gnade vor Recht ergehen lasse, so mildert dies die harte Konsequenz des kurialistischen Rechtsdenkens nicht; es bietet nur einer Rechtunsicherheit Raum, die den Absolutismus der kirchlichen Entscheidungsgewalt fördert.

gespalten hatte und wenige Jahre nach dem Tode von Bonifaz VIII. erneut entbrannte. Armut war die Forderung an die Kirche, die Papst Johannes XXII. trotz ihrer Ohnmacht mit allen Mitteln zum Verstummen bringen mußte, um das kurialistische Verständnis der päpstlichen Universalmacht realpolitisch zu behaupten.

Die kurialistische Gewaltlehre, die sich als bruchlose Fortsetzung der metaphysischen und naturrechtlichen Tradition verstand, partizipiert wider Willen am Bewußtsein der *via moderna*, das sich zu Beginn des 14. Jahrhunderts bereits Ausdruck verschaffte. Wenn Aegidius Romanus sich auch für einen getreuen Schüler des Thomas von Aquin hielt, so zeugt doch die metaphysische Begründung, die er seiner Lehre von der kirchlichen Macht gab, von einer Denkweise, in der die Thomasische Vermittlung von Allgemeinem und Besonderem aufgegeben ist, ohne daß die rigorose Apologie des Allgemeinen die unveränderte Wiederkehr des alten neuplatonischen Realismus wäre. Im Gegenteil, der scheinbare Ultrarealismus des Aegidius entspringt einem modernen Bewußtsein, das in der Metaphysik den Nominalismus und in der Naturphilosophie eine neue mechanistische Betrachtungsweise hervorbrachte.

Der realhistorische Antagonismus zwischen kirchlicher Universalmacht und weltlichen Partikulargewalten, der im 14. Jahrhundert sich zu einem ausschließenden Gegensatz zugespitzt hatte, affizierte die Metaphysik. Wenn Aegidius lehrt, daß alle irdische Gewalt ihren Auftrag nur aus der kirchlichen *plenitudo potestatis* erhalten habe und folglich jederzeit dem Richtspruch des Papstes unterstehe, dann kommt der Kirche in diesem Verhältnis auch die Zwangsgewalt zu. Die übrigen Mächte können diese nur in nachgeordneter Weise gegenüber den ihnen untergebenen Institutionen und Individuen ausüben. In dieser Konstruktion ist vorausgesetzt, daß die untergeordneten Mächte und vollends die Individuen keine ihnen wesentliche Intention haben, sich um eines gemeinsamen Zieles willen zu vereinigen. Das Thomasische *bonum commune* ist nicht mehr das Telos alles praktischen Willens.[29] Im Gegenteil, die einzige natürliche Bestrebung des Einzelnen scheint nach der Annahme des Aegidius nur darauf gerichtet zu sein, sich selbst zu erhalten und im Konfliktfall das

29 A. Dempf spricht zutreffend von »Untertanenauffassung«; Cf. *Sacrum Imperium. Geschichts- und Staatsphilosophie des Mittelalters und der politischen Renaissance*, 4. Aufl. Darmstadt 1973, S. 452. Das Buch, dessen Text seit der 1. Auflage 1929 unverändert blieb, bildet eine bis heute nicht überholte Darstellung und Interpretation der politischen Philosophie des gesamten Mittelalters.

Allgemeine zu dissoziieren. Wenn diese Voraussetzung auch nicht offen ausgesprochen wird, so ist sie doch wirksam, denn anders ist der drohende Nachdruck nicht verständlich, mit dem Aegidius überall auf dem dienenden Gehorsam des Unteren gegenüber dem Höheren insistiert, während er niemals die Verpflichtungen des letzteren gegenüber dem ersteren erörtert.

In der juristischen Konstruktion, in der Aegidius das Verhältnis von Allgemeinem und Besonderem vorträgt, stellt die Zwangsgewalt ein oberstes, von Gott verliehenes Privileg dar, welches aber nur dann ein positives Rechtsverhältnis begründen kann, wenn es von den Betroffenen stillschweigend oder durch einen eigenen Akt anerkannt wird. Das aber war gerade strittig. Einige weltliche Souveränitätslehren haben hier einen argumentativen Vorteil, denn sie unterstellen ein wie auch immer fiktives Vertragsverhältnis zwischen Souverän und Untertanen, welches für einen territorial begrenzten Bereich gelten sollte. Die universale kurialistische Norm, daß der Kirche die *plenitudo potestatis* zukomme, muß ihre Geltung daher anders beweisen.

Die Unterwerfung, die alle Partikularmächte und alle Individuen dem Papste schulden, beruht nach Aegidius Romanus nicht auf einem Vertrag, also einer wechselseitigen Verpflichtung, sondern auf der Ordnung der Natur. Vordergründig knüpft er hierein wiederum unmittelbar an Thomas von Aquin an. In der Tat kam es ihm darauf an, die klassische Lehre von der Einheit von Natur und universalem Recht aufzugreifen, die Ordnung der Natur indessen so zu interpretieren, daß sie mit der kurialistisch konzipierten Rechtsordnung übereinstimmte. Die teleologische Ordnung, welche Gott der gesamten Natur eingeprägt haben sollte, konnte hierbei nicht mehr dienlich sein, denn sie beruhte auf dem Gedanken, daß die Vernunft durch Schöpfung und Inkarnation in der physischen und moralischen Welt gleichermaßen objektive Gestalt angenommen hatte. Die menschliche Vernunftnatur hatte demnach nur sich selbst zu folgen, um dem Weltzweck zu entsprechen. Eines externen Zwanges bedurfte es hierzu nicht. Um dessen Legitimation ist es Aegidius aber zu tun. Deshalb antizipiert seine Staatsphilosophie eine im Kern mechanistische Theorie der Natur, deren eigentliche Epoche erst drei Jahrhunderte später kommen sollte.

Diese Theorie bedient sich des aristotelischen Begriffs der Potenz, ohne dessen teleologische Beziehung zum Akt. Die innere Teleologie des Seienden und aller Handlungen, zentrales Lehrstück des Thomas von Aquin, ist vielmehr aus den Reflexionen des Aegidius Romanus stillschweigend verschwunden. Deshalb setzt Aegidius den metaphysischen Begriff der *potentia* mit dem der *potestas* gleich: »Quelibet res naturalis per suam virtutem et per suam potenciam [est] potens.«[30] In gradueller Abstufung kommt diese Potenz allem Seienden zu, als natürlicher Wirkungsumfang, als »Macht«, über sich hinaus andere Dinge zu beeinflussen. Das Innere der Dinge ist nach dieser Metaphysik nicht mehr statische, qualitativ zu bestimmende Essenz, sondern ein Quantum Kraft, die sich äußern muß, um die Existenz des Dinges zu behaupten. Für den Bereich der physischen Natur ist damit aber nicht eine dem Willen analoge Instanz gesetzt, vielmehr ist die Äußerung der dem Ding immanenten Kraft, welche sich in Bewegung umsetzt, der vorher geäußerten Kraft eines anderen stärkeren Dinges geschuldet. Je umfassender der Einfluß einer Kraft ist, desto allgemeiner und damit höher ist sie: »Et sicut in rebus naturalibus videmus aliquas superiores aliquas inferiores, sic in artibus alique sunt superiores alique inferiores. [...] Virtutes iste Inferiores famulantur celestibus eo quod particularius agunt. [...] Nam celi est in omnia influere, omnia iuvare: iuvat enim elementa et elementata, iuvat enim aquam ad infrigidandum, ignem ad calefaciendum. [...] Virtus itaque celi est generalis et ideo dominatur; virtutes autem istorum inferiorum, cum sint elementorum sive elementatorum, sunt particulares et ideo famulantur.«[31]

Die physische Naturordnung ist in einem neuen Sinne das Modell der politischen Verfassung der Menschheit, denn die Stufen der Hierarchie sind durch den Kraftumfang gleichsam mechanisch bestimmt. Je wirkmächtiger als *causa efficiens* eine Instanz ist, desto höher steht sie: »Dominium ecclesiasticum imitatur virtutes celestes, quarum est in omnia influere; dominium vero terrenum virtutes istas inferiores, quarum est particulares effectus efficere«[32]

Die im Physischen und Moralischen wirkende universelle Natur ist nach Aegidius ein Gefüge von Kräften, die sämtlich durch ihre Wirkursächlichkeit, nicht durch ihre Finalität bestimmt sind. Sie sind Potenzen, aber ihre *actus*, von denen Aegidius in diesem Zusammenhang nicht ausführlich spricht, bestehen nicht in der Verwirklichung von Zweckursachen, die schließlich noch untereinander in einer höchsten *causa finalis* verbunden wären. Der Akt prägt somit nicht eine Form in eine Materie ein, die hierzu in Potenz steht, vielmehr muß er als Kraftstoß verstanden werden.

Das politische Denken des Aegidius Romanus, das auf die physische Natur rekurriert, um eine metaphysische Analogie zu demonstrieren,

30 Aegidius Romanus, l. c., S. 62
31 L. c., S. 63
32 L. c., S. 67.

konvergiert in seinem Modell mit den zu seiner Zeit modernsten Theorien, welche die neuzeitliche Mechanik vorbereitet haben. Die Lehre vom Impetus wollte das Problem lösen, wie ein von seiner Bewegungsursache getrennter Körper sich bewegen kann, wenn kein Agens erkennbar ist, das die einmal begonnene Bewegung erhält. Als wichtiger Schritt auf dem Wege zum Trägheitsgesetz hat die Impetustheorie der Wissenschaft von der quantitativen Bestimmung der Naturphänomene den Weg bereitet.[33]

Die Aegidianische Analogie zwischen physischer und gesellschaftlicher Natur löst aber die Metaphysik auf, deren Geltung sie bestätigen soll. Denn es ist nicht mehr die alte *analogia entis*, nach der die Dinge innerlich in ihrem Sein übereinstimmen und die ihren Grund im göttlichen Intellekt hatte. Diese Theorie ist bei Aegidius vielmehr schon in den Hintergrund getreten. Die Natur ist nur noch als Schöpfung mit Gott verbunden und ist deshalb seinem Willen gefügig. Dieser Wille wird vom Beginn des 14. Jahrhunderts an immer mehr als absolutes, dem Maßstab der Vernunft transzendentes Agens bestimmt. Die *potestas absoluta* ist bei Aegidius die oberste Wirkursache. Sie teilt den geschaffenen Dingen die je untergeordnete Kraft mit, ihrerseits zu wirken. So wird die Natur tendenziell als System nichtteleologischer Kräftewirkungen von den metaphysischen Bestimmungen unabhängig. Die Naturwissenschaft, die sich in derselben Zeit von der Theologie zu lösen beginnt, entdeckt hier ein Reich geschlossener Gesetzmäßigkeit, das spekulativ bestimmt wird und zugleich die operative Erkenntnis exakt begrenzter Naturphänomene ermöglicht.

Die innere Teleologie von Potenz und Akt und damit auch von Materie und Form, die Aegidius auflöst, ersetzt er durch eine »ratio oboedientialis«. Die Materialität eines Dinges, das nach aristotelischer Lehre nicht zu beliebigen Formen in Potenz steht, sondern nur zu solchen, die der ihm bereits inkorporierten Form nicht ausschließend entgegengesetzt sind, kann nach Aegidius der beliebigen Formung durch eine hinreichend starke Macht nicht widerstehen. Deshalb kann Gott jederzeit Wunder wirken. So kann er aus einem Baumstamm ein Kalb machen. Das Ding muß also gehorchen und koste es sein eigenes Wesen:

»In uno et eodem generabili et corruptibili vel in quolibet creabili seu factibili potencia eciam tempore seu duracione precedit actum. Quodcumque enim sit huiusmodi factibile, [...], sive sit factibile solum secundum

33 Cf. hierzu A. Maier, *Studien zur Naturphilosophie der Spätscholastik*, Bd. I: *Die Vorläufer Galileis im 14. Jahrhundert*, Rom 1949, S. 132 ff.

potenciam agentis [...]; vel secundo si huiusmodi factibile sit eciam in potencia materie secundem racionem obediencialem, prout habet esse in operibus miraculosis, ut puta si Deus de trunco faceret vitulum: in ipsa enim materia trunci, et si non est in ea racio seminalis, ut de ea fit vitulus, est tamen in ea racio obediencialis, ut materia trunci obediat creatori suo, ut de ea, cum creator voluerit, faciat inde vitulum. [...] Si autem fiat et educatur de potencia materie secundum racionem obedicialem, ut puta in operibus miraculosis, velut si de trunco fieret vitulus, ille vitulus factus prius fuit in potencia obedinciali materie et postea fuit factus in actu.«[34]

Die metaphysische Naturordnung, deren Verteidigung von dem Thomisten Aegidius Romanus eigentlich zu erwarten wäre, ist in seiner Lehre vielmehr in mehrfacher Hinsicht durchbrochen. Die Wesenheiten, deren Ordnung die von Gott gestiftete intelligible Naturordnung ausmachen sollte, sind gegenüber dem göttlichen Eingriff außer Kraft gesetzt. Wenn die Natur also der Macht Gottes, die ein Wunder bewirken will, widerstandslos offensteht, dann liegt die nominalistische Lehre nahe, den Wesenheiten als den Universalien nur noch ein Sein im menschlichen Verstande zuzusprechen, dem in der extramentalen Realität keine metaphysische Entität mehr entspricht. Denn deren Grund, der unveränderliche, im Intellekt gründende Wille Gottes, wird seit der Scotischen Unterscheidung von *potentia absoluta* und *potentia ordinata* zunehmend als ein Absolutes verstanden, das der menschlichen diskursiven Erkenntnis sich entzieht.[35] Die hierarchische Ordnung der Wesenheiten entspricht nach dieser modernen Auffassung nicht notwendig dem göttlichen Willen, son-

34 Aegidius Romanus, l. c., S. 19 f.
35 Die Trennung des Gegenstandes der Theologie vom menschlichen Erkenntnisvermögen beginnt ebenfalls bei Duns Scotus. Indem er zwischen einer *theologia in se* und einer *theologia in nobis* unterscheidet, bereitet er unwillentlich der späteren Glaubenstheologie den Boden. Nur die *theologia in se* könne ihren Gegenstand so erfassen, wie er an sich selbst ist. Der menschliche Intellekt ist hierzu nicht fähig, denn ihm stellt sich das Göttliche nur in der durch die eigene Unvollkommenheit vermittelten Form dar: »Aliter est loquendum de theologia in se et de theologia in nobis, sicut est de quocumque alio habitu, quia licet geometria in se sit scientia, tamen non cognoscenti principia geometriae sed tantum credenti ea, non est scientia. Unde cognitio quae est proportionata obiecto secundum se, est simpliciter scientia; et sic cognitio de obiecto theologiae quae nata est haberi secundum se, est theologia simpliciter. Sed theologia nostra non est nisi secundum capacitatem intellectus nostri.« (Duns Scotus, *Lectura in librum I sent.*, prol. qu. 3, n. 65, Ed. Vat., Bd. XVI, S. 25 f.)

dern stellt nur die menschliche Weise dar, von Gegenständen zu sprechen, deren metaphysischer Kern der Rede entgeht.

Aegidius waren der Nominalismus und besonders dessen herrschaftskritische Implikationen freilich ganz fremd. Denoch kommt seine Konzeption der Macht der *via moderna* entgegen. Die Umdeutung des traditionellen Potenzebegriffs zeugt davon, daß das Denken seine Stellung zur Objektivität verändert hat. Nicht der *actus*, die vollendete Realität der Form hat, wie es aristotelischer Tradition entspräche, die ontologische Priorität; Aegidius setzt vielmehr die Potenz an den Anfang der metaphysischen Entitäten, die nur deren graduell unterschiedene Erscheinungen sind. Wenn die niedere Potenz der höheren gehorchen muß, so liegt im Gehorsam die einzige Garantie für die Kohärenz der Welt. Kein Ding ist dann mehr an und für sich bestimmt, sondern nur noch als Sein für anderes. An die Stelle der Thomasischen *analogia entis* tritt ausdrücklich das durch die Macht gesetzte Gewaltverhältnis, und die Macht ist der politischen Philosophie des Aegidius der einzige Gegenstand der Metaphysik: »Distinximus ergo quatuor genera potestatum, quia dicimus alias potestates esse virtutes naturales, alias res artificiales, alias raciones seminales et alias principatuum et hominum gubernaciones.«[36]

Das Machtgefüge, aus dem nach Aegidius Romanus die ganze Welt bestehen soll, läßt sich indessen selbst nicht mehr begründen. Der letzte Grund der Welt, die herrschaftliche Gewalt, ist vielmehr sich selbst Grund durch ihr bloßes Dasein. Darin bestand das Prinzip der Säkularisierung: Die politische Macht löst sich von ihrem früheren Heilsauftrag ab, und jede neue Legitimation wird zur Ideologie, in der die Tautologie der Begründung von Gewalt verschleiert wird. Denn jede Rechtfertigung muß das Faktum durch von ihm verschiedene Rechtsgründe einsichtig machen. Sie unterstellt dem Maßstab der Vernunft, was dieser unversöhnlich entgegengesetzt ist, daher gerät sie selbst notwendig in Widersprüche und befördert so zugleich die Kritik, die sie entkräften will.

Das Denken des Aegidius und der anderen kurialistischen Autoren hat in diesem Sinne die Säkularisierung geradezu zur eigenen Sache gemacht, obwohl es sich dieser historischen Tendenz aufs äußerste entgegensetzte. Seine Position läuft theoretisch auf denselben Positivismus der Macht hinaus wie die der weltlichen Legisten. Zwar war die Vorstellung Gottes von jeher mit den Insignien der Herrschaft versehen, aber im Kurialismus treten Vernunft und Güte als Bestimmungen des göttlichen Wesens zurück vor der Macht, die durch ihre

36 L. c., S. 64.

bloße Stärke alles Seiende zum Gehorsam zwingt. Die Zwangsgewalt, die keinen anderen Zweck mehr hat, wird zum göttlichen *principium mundi*, dessen Abbild die päpstliche Universalherrschaft sein will.

Aber es ist die weltliche Gewalt selbst, die sich zum Göttlichen aufwirft und sich in der selbstgemachten Vorstellung der *potestas absoluta* spiegelt. Besteht das Heil, wie es die Bulle »Unam Sanctam« verkündet, in der Unterwerfung, so ist dessen augustinische Idee, die das gesamte Mittelalter bewegt hatte, schon aufgegeben. Heilsgeschichte, in der die Menschheit, des Zieles ihrer künftigen Erlösung gewiß, das irdische Dasein durchwandert, ist danach nicht mehr denkbar. Geschichte wäre nach den Prämissen des Aegidius vielmehr ein blinder Prozeß, in dem der Kirche nicht einmal die oberste Macht sicher ist. Denn das absolutistische Machtkalkül hat ein mechanisches Kräfteverhältnis zum Modell, in dem der Träger der stärksten Kraft kein inneres Privileg vor den unterworfenen schwächeren Gliedern der Gehorsamsordnung besitzt. Die prunkhafte Übersteigerung der päpstlichen Dignität bemäntelt bereits ein metaphysisches Vakuum, dem der realpolitische Sturz der Universalmacht folgen mußte: Am 7. September 1303, kaum ein Jahr nach dem Erlaß der Bulle »Unam Sanctam«, wurde Papst Bonifaz VIII. von Wilhelm Nogaret, dem Großsiegelbewahrer Philipps des Schönen, zu Anagni gefangengenommen.

XIII.

Wilhelm von Ockham und die Ambivalenz der Moderne

Das Denken Wilhelms von Ockham nimmt geistig das Ende des Mittelalters vorweg. Die tragenden Momente der *via moderna*, die in den vorangegangenen Jahrhunderten sich schon herausgebildet hatten und mit der traditionellen Orientierung in vielfältiger Spannung und Wechselwirkung standen, schließen sich bei dem Venerabilis Inceptor ausdrücklich zu einer durchgängig neuen Stellung des Denkens zur Objektivität zusammen. Der epochale Bruch des philosophisch reflektierten Bewußtseins mit seiner Tradition ist deren eigene innere Konsequenz, die sich zu Beginn des 14. Jahrhunderts bei Autoren verschiedener Schule, wie bei dem Dominikaner Durandus von Saint Pourçain und dem Franziskaner Petrus Aureoli, bemerkbar macht. Aber erst bei Ockham gelangen die Momente der Moderne zu einer ersten in sich überaus konsequenten systematischen Konzeption.

Ohne daß Ockham irgendwo darauf anspielte, nimmt er in seiner Philosophie viele der Argumente gegen den Universalienrealismus platonischer und aristotelischer Spielart auf, die seit Boethius geäußert worden waren. In objektiver gedanklicher Folgerichtigkeit setzt sich Okhams Nominalismus den Systemen der Hochscholastik entgegen, ohne seine Vorläufer aus dem 12. Jahrhundert zu kennen und auch ohne sich dessen bewußt zu sein, daß der Aristotelismus seiner Hauptgegner hierauf bereits eine Reaktion darstellt. Im 13. Jahrhundert war das Universalienproblem nämlich aus dem theoretischen Bewußtsein verschwunden, denn es schien nach der Rezeption des

Aristoteles und seiner Kommentatoren gelöst. Deshalb treten die logischen, metaphysischen und theologischen Entwürfe Ockhams, wiewohl in der Form ganz schulgerecht, dennoch mit dem für die Moderne fortan charakteristischen Gestus des unvermittelt Neuen auf. Noch weitaus offener bekundet sich das Bewußtsein des noch nie Dagewesenen in den später geschriebenen politischen Streitschriften, die aus den theoretischen Grundpositionen folgen, auch wenn sie historisch aus heterogenen Anlässen entstanden sind.

Wenn Ockham der historischen Vermittlung seines Denkens auch kaum Aufmerksamkeit widmete, so hat er doch umgekehrt gleichsam das Programm des neuzeitlichen Geistes bis in dessen zeitgenössische Manifestationen entworfen. Die meisten Denkmodelle der neueren Philosophie, die nach geläufiger Überzeugung erst mit Descartes beginnt, sind hier bereits versammelt. Die rationalistischen und empiristischen Implikationen der klassischen bürgerlichen Philosophie, die im 17. und 18. Jahrhundert als gegnerische Richtungen auftraten, hat Ockham mit wesentlichen Argumenten ebenso antizipiert wie die irrationalistische Komponente der Moderne, die sich mit dem Niedergang des Bürgertums verselbständigte. Der Positivismus in Logik, Sprach- und Rechtsphilosophie könnte seine Grundsätze ebenso bei Ockham wiederfinden wie die behavioristische Psychologie. Die protestantische Theologie, deren Lehre nur in einem durch göttliche Gnade bewirkten Glauben gewiß ist und deren verborgener Gott absoluter Wille ist, verdankt sich direkt nominalistischem Denken, ebenso wie der aufklärerische Atheismus, der Gott als hypostasiertes *ens rationis* entmythologisiert. Indem Ockham die Einheit der Wissenschaft als die Einheit ihrer Sätze bestimmte und damit in der Reflexion gründen ließ, motivierte er die kopernikanische Wende und präformierte darüber hinaus den Kern des deutschen Idealismus. Seine politische Theorie enthält keimhaft die bürgerliche Freiheitsbewegung ebenso wie den autoritären Staat.

Der mit Ockham beginnende Umbruch hat somit kritische, produktive und regressive Potenzen aktiviert, deren Dialektik die geistige und reale Geschichte der Neuzeit bestimmt. Denn am Beginn des 14. Jahrhunderts werden die Kräfte entbunden, die die Neuzeit bewegen und deren Prinzip spekulativ in der Philosophie schon antizipiert ist. Es hat freilich noch Jahrhunderte gedauert, bis der von Ockham kompromißlos proklamierte Geist in alle Bereiche des Denkens und des gesellschaftlichen Seins eingedrungen ist, aber die von Ockham so nachhaltig ins Spiel gebrachte Kritik an der Tradition und die nominalistische Denkweise sind für die spätere Zeit bis heute prägend geblieben. Hier hat sich ein irreversibler Schritt des Bewußtseins vollzogen, auch wenn dessen Konsequenzen ihrerseits Kritik auf sich ziehen, die ohne reflektierten Rückgriff auf die geschmähte Tradition nicht möglich ist.

Die im 14. Jahrhundert anbrechende Epoche, im Kern bereits Neuzeit, ist ohne die innerlich konsequente Ambivalenz der neuen Denkweise auch in ihrer realhistorischen Struktur nicht zu begreifen. Die fatale Folgerichtigkeit, mit der seither Fortschritte und Katastrophen einander wechselseitig bedingen, die Dialektik des Fortschritts, ist das Produkt jenes Zeitalters, in dem sich die Weltgeschichte als universaler, alle scheinbar natürlichen Grenzen sprengender Prozeß zu formieren begann. Das geschah indessen nicht im Namen einer neuen, ihrer selbst bewußten Universalmacht, sondern im Gegenteil durch die reale Negation des Universalen, die Etablierung jenes durchgängigen Antagonismus, den schließlich Kant als Gesetz der Geschichte bestimmte. Die Verselbständigung partikularer Kollektive und die Emanzipation des Einzelnen haben die Idee der persönlichen Freiheit gebracht und zugleich die Unterwerfung unter das universale Gesetz des Krieges aller gegen alle.

Die metaphysische Position Wilhelms von Ockham, die seine sämtlichen Reflexionen bestimmt, hat einen negativen Grundsatz: »Nulla natura realis est communis, nec est a parte rei aliqua natura communis secundum quodcumque esse.«[1] Ockhams Nominalismus[2] beruht

1 Wilhelm von Ockham, Sent. I, d. 25, qu. unica (*Opera theologica*, Bd. IV, S. 138).

2 Die Gegnerschaft mancher Philosophiehistoriker gegenüber dem Begriff Nominalismus ist systematisch nicht gerechtfertigt. Bei P. Boehner OFM, dem die Initiative zur kritischen Edition der theoretischen Werke Ockhams zu danken ist, war die Intention maßgebend, Ockham für die katholische Philosophie, auch im eigenen Orden, zu rehabilitieren. Dies schien ihm nur möglich, wenn die politischen Schriften als theoretisch unerhebliche Verirrungen eines von seinem Wege abgekommenen, im Grunde ganz konventionellen Denkers ausschieden und wenn dieser vor allem vom Vorwurf des Nominalismus befreit wurde. Denn diese Denkrichtung war für die bis vor kurzem im katholischen Bereich bestimmende Neuscholastik ein Gegner, die *via moderna* gleichsam der Sündenfall der Geistesgeschichte.
Die Charakterisierung, die Boehner seinerseits vorschlägt, ist indessen mit den Texten nicht zu vereinbaren. Ein »realistischer Konzeptualismus« wäre für Ockham eine ebenso widerspruchsvolle Position wie andere hochscholastische Theoreme: ein hölzernes Eisen (cf. P. Boehner, »The Realistic Conceptualism of William Ockham«, in: *Traditio*, Bd. IV, 1946, S. 307 ff.). Ein Teil der inzwischen umfangreichen Literatur über Ockham folgt Boehner,

auf der Negation der Allgemeinheit im traditionellen ontologischen Sinne. Er ist also zunächst eine radikale Kritik des naiv-realistischen Denkens, das im Falle der Gewißheit die Struktur seiner Sätze für den Ausdruck der von ihnen bezeichneten extramentalen Realität hält. Weder die neuplatonische These von der Subsistenz eines rein Allgemeinen, dem das Singuläre nur akzidentell ist, noch die aristotelische Lehre, das Allgemeine sei in den singulären Dingen inkorporiert, die dann durch ein Individuationsprinzip einzeln sind, bleibt vor dem Ockhamschen Verdikt bestehen. Es kann daher nur eine allgemeine affirmative Aussage über die existierenden Dinge gemacht werden: »Quaelibet res singularis se ipsa est singularis. Et hoc persuadeo sic: quia singularitas immediate convenit illi cuius est, igitur non potest sibi convenire per aliquid aliud; igitur si aliquid sit singulare, se ipso est singulare.«[3] Was dem Verstand äußerer Gegenstand ist, hat seine ontologische Bestimmung rein in sich selbst, nicht aber durch eine Gemeinsamkeit mit dem, was es nicht numerisch selbst ist. Sein Wesen ist gänzlich individuell; es ist nicht das den *singularia* Gemeinsame, sondern das sie Unterscheidende, während in der Tradition der spezifische Unterschied den Individuen gemeinsam und die individuelle Differenz nicht zum Wesen gehören sollte: »Omnis res se ipsa

zuweilen auch ohne apologetisches Interesse. Auch in einigen der besten neueren Veröffentlichungen wird gegen den Begriff Nominalismus pauschal Reserve angemeldet, Ockhams Position aber dennoch durch dessen konstitutive Momente bestimmt (cf. etwa G. Leff, *William of Ockham. The Metamorphosis of Scholastic Discoure*, Manchester 1975). Daß der Begriff des Nominalismus, recht verstanden, ein historisch und systematisch komplexes Phänomen bezeichnet und nicht willkürlich auf eines seiner Momente eingeengt werden darf, zeigt der Aufsatz von C. Crockett, »The Confusion over Nominalism«, in: *The Journal of Philosophy*, Bd. 47 (1950), S. 752 ff. Zuweilen wird Ockhams Position so grotesk verzeichnet, daß sie geradezu als eine bruchlose Fortsetzung der Hochscholastik erscheint, während ihre zentralen Aussagen in einer Fülle von unbegriffenen Details verschwimmen (cf. H. Junghans, *Ockham im Lichte der neueren Forschung*, Berlin und Hamburg 1968). Hier zeigt sich die Tendenz der gegenwärtigen Philosophiegeschichtsschreibung, ihre Untersuchungsgegenstände immer radikaler zu singularisieren und allgemeine Bestimmungen immer weniger zuzulassen – eine späte Wirkung der Ockhamschen Denkweise selbst.

3 Sent. I, d. 2, qu. 6 (Op. theol., Bd, II, S. 196). Das Zitat steht für viele fast gleichlautende, die sich besonders in der umfangreichen 2. Distinctio des 1. Buches des Sentenzenkommentars, aber auch in den logischen Werken finden.

vel per aliquid sibi intrinsecum distinguitur essentialiter ab omni alia re a qua essentialiter distinguitur.«[4]

Das Wesen, traditionell der affirmative Kern des Seienden, der dessen Zufälligkeit transzendieren sollte, ist bei Ockham negativ bestimmt: Das, was das einzelne Ding ist, ist zwar ein positives Etwas, das sich aber zum Inneren eines jeden anderen Dinges ausschließend negativ verhält. Es kann damit weder eine neuplatonische *res universalis* sein, die das Ding mit anderen teilen müßte, noch kann ihm, wie bei Thomas von Aquin, eine unvollständige Substantialität als *forma essentialis* zukommen; auch kann es nicht von einem univok verstandenen Sein formal distinkt sein, wie bei Duns Scotus. Die Identität des Dinges geht vielmehr nur auf es selbst zurück, die Gemeinsamkeiten mit anderen sind ihm insoweit gleichgültig: »Esse idem et diversum consequuntur ens immediate, igitur nihil est idem vel diversum ab aliquo per aliquid extrinsecum. Similiter [...] omne ens est unum per essentiam et non per additum, igitur nihil est unum numero per aliquid additum; igitur natura quae est in Sorte, si sit una numero, se ipsa vel aliqua sibi essentiali erit una numero.«[5]

Die Konvertibilität von Einem und Seiendem im Sinne der scholastischen Transzendetalienlehre bezieht sich hier nur auf die singuläre *res*, deren Identität geradezu mit ihrer numerischen Gegebenheit zusammenfällt. Ontologisch gibt es deshalb für Ockham so viele Wesenheiten wie Einzeldinge: »In individuo non est aliqua natura universalis realiter distincta a differentia contrahente, quia non posset ibi poni talis natura nisi esset pars essentialis ipsius individui; sed semper inter totum et partem est proportio, ita quod si totum sit singulare non commune, qualibet pars eodem modo est singularis proportionaliter, quia una pars non potest plus esse singularis quam alia; igitur vel nulla pars individui est singularis vel quaelibet; sed non nulla, igitur quaelibet.«[6]

Diese Lehre von der radikalen Singularität des Seienden und seiner Bestimmungen geht über die frühnominalistische Position Abaelards hinaus. Hatte Abaelard nur kritisch eingewendet, daß die Allgemeinheit der Begriffe keinen unmittelbaren Rückschluß auf die Weise zulasse, in der das Allgemeine in den bezeichneten Dingen subsistiert,

4 L. c., S. 184. Dieser Kerngedanke der Ockhamschen Ontologie ist kürzlich zum systematischen Zentrum einer umfangreichen Interpretation von Ockham gemacht worden: P. Alféri, *Guillaume d'Ockham le singulier*, Paris 1989.

5 L. c., S. 184 f.

6 L. c., qu. 5, S. 158 f.

so vollzieht Ockham die bei Abaelard nur angelegte Scheidung der Begriffe und damit des denkenden Verstandes von der inneren Natur der zu erkennenden Dinge radikal. Von der letzteren kann Ockham nicht mehr sagen, als daß sie von aller in Begriffen ausdrückbaren allgemeinen Bestimmtheit verschieden sei. Was immer als ein subsistierendes Allgemeines erscheint, ist in Wahrheit begrifflicher Natur, Begriffe aber sind grundsätzlich subjektiv und willkürlich als Zeichen für die Dinge eingesetzt: »Conceptus et quodlibet universale est aliqua qualitas existens subiective in mente, quae ex natura sua ita est signum rei extra sicut vox est signum rei ad placitum instituentis.«[7]

Zu dieser Lehrmeinung gelangt Ockham, indem er die ihm vorgegebenen Positionen des aristotelischen Realismus zu widerlegen sucht. Im Kern besagt seine im einzelnen differenziert und immanent geführte Argumentation jedesmal, daß der Gegner sich in einen Widerspruch verwickelt habe, wenn er ein subsistierendes Ding zugleich als ein besonderes und als ein allgemeines bestimmt: »Illa res quae est singularis non est preadicabilis de pluribus, sed illud quod est universale est preadicabile de pluribus; igitur non est idem. Et hoc est sic arguere: impossibile est contradictoria de eodem primo verificari; sed praedicabile de pluribus et non praedicabile de pluribus verificantur de singulari et universali; igitur non sunt idem.«[8]

Ockham hat wie kaum ein moderner Autor nach ihm die metaphysische Natur des Singulären als solchen in allen seinen Theorien betont. Darin manifestiert sich ein primär kritisches Bewußtsein, das die überkommene Wissenschaft eines fundamentalen Pseudos überführt: Sämtliche Entitäten, essentielle und akzidentelle Bestimmungen, die gesamte kategoriale Verfaßtheit der erkennbaren Welt, sind nicht reale Momente des extramentalen Seienden als solchen, sondern *intentiones animae*, Zeichen, die der Intellekt nach den logischen Regeln verbindet. Die Analogie dieser Zeichen und ihrer Verknüpfungen zu ihren Gegenständen ist nicht selbst etwas Dinglich-Reales und führt auch nicht auf das irreduktible extramentale Sein. Sie besteht vielmehr im Medium des Denkens, dessen Instrumentarium die Logik ist. Das abstraktive Denken konstruiert sich seinen

7 L. c., qu. 8, S. 289. Hier wie an einigen anderen Stellen zeigt sich der Wandel des Begriffs »Subjekt« und »subjektiv« zu seiner modernen Bedeutung: Das ὑποκείμενον (*subjectum*), dem das Universale inhäriert, kann nach Ockham nur die *anima intellectiva*, der denkende Verstand sein, dessen klassisch ontologisches Verständnis bei ihm bereits ansatzweise in ein funktionales transformiert ist.

8 L. c., qu. 7. S 236

Gegenstand selbst. Die Elemente hierzu sind Zeichen und Sätze, die immer wieder auf andere Zeichen und Sätze sich beziehen. Da die Dinge ontologisch rein singulär sind, Begriffe aber von vielen *singularia* ausgesagt werden, vertreten sie diese in den logischen Operationen des Verstandes.

Die Termini sind indessen nach den Regeln der Supposition gesetzt, ohne daß in ihnen das Wesen der supponierten Dinge ausgedrückt würde. Die Wissenschaft hat also in Sätzen ihren Gegenstand sowie in den Begriffen, die die Dinge supponieren:

»Omnis scientia est respectu complexi vel complexorum. Et sicut complexa sciuntur per scientiam, ita incomplexa ex quibus complexa componuntur sunt illa de quibus illa scientia considerat. Nunc autem ita est quod complexa quae sciuntur per scientiam naturalem, non componuntur ex rebus sensibilibus nec ex substantiis, sed componuntur ex intentionibus seu conceptibus animae communibus talibus rebus. Et ideo proprie loquendo scientia naturalis non est de rebus corruptibilibus et generabilibus nec de substantiis naturalibus nec de rebus mobilibus [...]. Sed proprie loquendo scientia naturalis est de intentionibus animae communibus talibus rebus et supponentibus praecise pro talibus rebus in multis propositionibus.«[9]

Eine Wissenschaft von den allgemeinen Bestimmungen des Seins kann es nach Ockhams Konzeption nicht mehr geben. Da die allgemeinen Begriffe vom Verstande als Zeichen für die Dinge eingesetzt sind, ist eine Supposition nur eine *proprietas termini*, nicht aber verweist sie auf eine metaphysische Analogie von Begriff und Begriffenem. Daß ein Allgemeinbegriff von vielen Einzeldingen ausgesagt werden kann, belegt nicht, daß die vielen unter den Begriff subsumierbaren Dinge an einem gemeinsamen Wesen partizipieren, dessen Ausdruck der Begriff wäre. Vielmehr supponiert der Begriff die vielen Dinge einzeln, so daß die Gleichheit ihrer Eigenschaften eine definierbare *logische Klasse*, aber keine metaphysisch verstandene *species* konstituiert. Ockham greift hier auf die Suppositionslehre zurück, die schon im 13. Jahrhundert von Wilhelm von Shyreswood und Petrus Hispanus entwickelt war, aber bei diesen Autoren unter der Voraussetzung des aristotelischen Realismus eine ganz andere Funktion hatte als bei Ockham. Hier wie dort soll die Beziehung der Begriffe auf das von ihnen Bedeutete nach einem methodischen Verfahren in die logischen Operationen einbezogen werden. Indem die Wei-

9 *Exp. super VIII lib. Physicorum Artist.*, Prologus (*Opera philosophica*, Bd. IV, S. 11).

sen distinguiert werden, in denen Begriffe für ihren semantischen Gehalt stehen können, werden bestimmte Fehlschlüsse auflösbar. Der Unterschied der Ockhamschen Suppositionslehre zu der seiner Vorgänger liegt in der metaphysischen Voraussetzung: ob *extra mentem* nur Einzeldinge existieren oder ob diese Dinge eine im Begriff ausdrückbare allgemeine und als solche reale Wesensform besitzen.

Im Unterschied zu Petrus Hispanus beschränkt Ockham die Suppostitionslehre auf die Methode, die Bedeutung von Zeichen zu setzen und den Termini ein bestimmtes Verhältnis zu ihrem Gehalt zu verschaffen, d. h. den Gegensatz zwischen allgemeinem Begriff und besonderem Ding rein logisch, ohne Anleihe bei der traditionellen Wesenslehre zu überbrücken. Besonderes Gewicht legt Ockham deshalb auf die *suppositio personalis*, während er von einer *suppositio communis* gar nicht mehr redet[10], weil in ihr der allgemeine Begriff für das Wesen steht, während er in der ersteren jedes subsumierte Ding einzeln vertritt. Das ist nur möglich, weil die Dinge, für die der Begriff supponiert, aus sich selbst, d. h. kontingent in einem Merkmal übereinstimmen und so die Bildung einer logischen Klasse zulassen. Umgekehrt ist aber die im Begriff festgehaltene Übereinstimmung nicht als solche für die Dinge konstitutiv. Das besondere Ding konstituiert sich vielmehr gänzlich aus sich selbst, während es des Allgemeinen überhaupt nicht bedarf, ebenso wenig wie eines Individuationsprinzips.

Deshalb verfällt die traditionelle Universalienlehre besonders in ihrer Scotischen Version der radikalen Kritik Ockhams. Seine eigene Begriffslehre hat sich aus dieser negativen Beziehung zu dem in seinen Texten allenthalben präsenten Vorgänger entwickelt. Wenn nach Duns Scotus *essentia* und *haecceitas* das existierende Individuum innerlich begründen und doch nicht mit ihm identisch sein sollen, so bedeutet das für Ockham einen offenen Widerspruch, denn ein Mittleres zwischen Allgemeinheit und Besonderheit kann es ihm zufolge nicht geben. Die alte Boethianische Paradoxie, daß das Universale als innere Bestimmung der *res* nicht allgemein, sondern je individuiert, als subjektive Denkbestimmung aber nicht real ist, wird nun gegen eine Philosophie gekehrt, die sich die ontologische Vermittlung von *essentia* und *res* zur Aufgabe gesetzt hatte. Wollte dieser Vermittlungsversuch auf aristotelischer Basis das Universalienproblem lösen, so erkennt Ockham darin den fundamentalen Widerspruch, den er nun

10 Cf. Petrus Hispanus, *Tractatus (Summulae logicales)*, ed. L. M. de Rijk Assen 1972, S. 81.

mit einer vollständigen Trennung zwischen Seiendem und Begriff, mit der Scheidung von Ontologie und Logik eliminieren will.

Duns Scotus hatte das Seiende durch die formal distinkten Konstitutionsgründe konstruiert, so daß das Ding als eine reale Einheit formal unterschiedener Bestimmungen gedacht wurde. Dabei war die Beziehung von realer Einheit des Seienden und der Verschiedenheit der begrifflich auseinanderweisenden Bestimmungen implizit selbst in die Reflexion gefallen, so daß die Universalien keine rein objektiven Entitäten höheren Seinsgrades mehr waren; vielmehr stellten sie sich als Konstitutionsgründe dar, denen unabhängig vom Produkt ihrer Vermittlung, der konkreten *res*, kein vollständiges Sein zukommen konnte. Aber Duns Scotus hatte mit der *haecceitas* den Grund der Besonderheit selbst zum Allgemeinen gemacht. Das zuinnerst dialektische Problem einer Vermittlung von Allgemeinem und Besonderem hat er deshalb auch nicht gelöst, weil er seine eigene Neuerung, trotz der gegenläufigen Tendenz seines Denkens, als rein ontologisch mißverstand. Für Ockham boten die sich hieraus ergebenden Widersprüche die Ansatzpunkte seiner Kritik, die freilich die Intention der Hochscholastik preisgab und Allgemeines und Besonderes auf neue Weise radikal trennte.

Die Scotische Formaldistinktion kann für Ockham nur eine reale oder eine *distinctio rationis* sein:

»Si dicatur quod res non est complete universalis sed secundum quod est considerata ab intellectu: [...] quaero de illo quod immediate denominatur universale: aut est praecise una res extra animam, aut est praecise ens rationis, aut est aggregatum ex ente reali et ente rationis. Si detur primum, habetur propositum, quod res singularis est simpliciter completive universale, – contra dictum proprium, quia extra, secundum eos [scil. Scotum, G. M.], nulla est res quin sit realiter singularis –, et per consequens eadem res quae est realiter singularis est communis et non plus una quam alia; igitur quot sunt singularia tot sunt completive universalia. Si detur secundum, sequitur quod nulla res est universalis nec completive nec inchoative. [...] Igitur si praecise ens rationis est completive universale, et in actu, et nullo modo res extra animam, sequitur quod res extra animam nullo modo est universalis. [...] Si detur tertium, habetur propositum, quia semper ad multiplicationem cuiuscumque partis sequitur multiplicatio totius vel aggregati.«[11]

Hatte Duns Scotus seine Stelllung zum Universalienproblem und besonders seine Lehre vom Individuationsprinzip bereits gegen die

11 Sent I, d. 2, qu. 6, 1. c., S. 182.

bei anderen Autoren sich abzeichnende nominalistische Position zu begründen versucht, indem er deren Impuls in die eigene universalistische Theorie aufnahm[12], so steht bei Ockham gerade dieses implizit dialektische Motiv zur Kritik. Den Widerspruch, der ihm darin zu liegen schien, daß Scotus Allgemeines und Besonderes im je singulären Ding vereinigt und zugleich formal distinguiert, glaubte er nur durch vollständige Trennung der Momente auflösen zu können. Allgemeines und Besonderes treten wieder, wie bei Platon, auseinander, freilich unter umgekehrtem Akzent. Auf paradoxe Weise teilt Ockham, der doch die Universalien radikal entmythologisieren wollte, mit dem platonischen Realismus die Überzeugung, daß das Allgemeine seine angemessene Seinsweise im Ideellen habe, welches nur die Seele adäquat erfassen könne, während das Empirische, die einzelnen sinnlichen Dinge, von jenem Ideellen gar nicht affirmativ bestimmt sei.

Aber die Bedeutung von Idealität und Realität hat sich in der *via moderna* umgekehrt: Das wahre Sein kommt nur der Mannigfaltigkeit der *singularia* ohne jede *natura communis* zu, während das Ideelle seiner Objektivität beraubt und zur insgesamt kontingenten Setzung des menschlichen Intellekts bestimmt ist. Die Wiederherstellung des platonischen Chorismos setzt den κόσμος νοητός zum System der nach dem Widerspruchsgesetz verknüpfen Zeichen herab, deren *subiectum* nunmehr der menschliche Intellekt ist. Der μέθεξις entspräche die Supposition, die freilich nicht die Teilhabe der kontingenten Dinge am Notwendigen bedeutet, sondern vielmehr die begriffliche Konstanz des *singulare* als einmal gesetztes Zeichen. Konsequent können die Universalien auch nicht mehr als unvergängliche Ideen angesehen werden. Ihre Genesis ist vielmehr die willkürliche Einsetzung durch den Intellekt: »Hoc tamen teneo, quod nullum universale, nisi forte sit universale per voluntariam institutionem, est aliquid existens quocumque modo extra animam, sed omne illud

12 Cf. Duns Scotus, Ord. II, d. 3, pars 1, qu. 1, n. 5 – 10. An dieser Stelle argumentiert Scotus gegen eine Position, derzufolge die Dinge primär aus sich selbst singulär sind: »Contra istud arguitur sic, primo ex parte communitatis naturae: si de se est haec, repugnat communicari. [...] Probatur etiam, quia cui convenit ex se unum oppositorum, sibi repugnat reliquum; sed naturae materiali non repugnat communicabilitas. Item, si natura secundum illud quod est in re, esset de se haec, impossibile esset eam intelligere universalem nisi intelligatur sub opposita ratione intelligendi talis obiecti. Item, si in ratione naturae includitur singularitas, tunc repugnat sibi esse non-hoc (et ita esse universalis) quia repugnat incluso, et includenti.« (l. c., textus interpolatus, Ed. Vat, Bd. VII, S. 394)

quod est universale praedicabile de pluribus ex natura sua est in mente vel subiective vel obiective, et quod nullum universale est de essentia seu quidditate cuiuscumque substantiae.«[13]

Wenn Ockham den Begriff, paradigmatisch für die ihm nachfolgende Moderne, radikal subjektiviert, so dient ihm als kritischer Ansatzpunkt die Inkonsequenz der Hochscholastik, die zwar in vielen Wendungen zumindest implizit die Rolle der Reflexion für die Vermittlung von Allgemeinem und Besonderem angedeutet hat[14], aber in ihrem Resultat am rein ontologischen Charakter ihrer Theoreme festhielt. Daß die *natura communis* nach Scotus nur durch die *haecceitas* in der *res* konkret werden soll, zeigt indessen schon an, daß das Vermittlungsproblem unter der Voraussetzung reiner subjektunabhängiger Entitäten gar nicht lösbar war. So erschien es Ockham konsequenter, die *haecceitas* und jedes andere Individuationsprinzip zu streichen, auch wenn dadurch die Zahl der Essenzen mit der der Individuen identisch wurde: »Si natura communis esset eadem realiter cum differentia individuali, igitur tot essent realiter naturae communes quot sunt differentiae individuales, et per consequens nullum eorum esset commune, sed quodlibet esset proprium differentiae cui est eadem realiter.«[15]

Der metaphysische Wesensbegriff wird hiermit vollkommen individualisiert. Wenn Ockham überhaupt noch affirmativ vom Wesen spricht, so bindet er es an ein ontologisches Residuum. Denn das *singulare* ist das letzte unauflösliche *subiectum praedicationis*, das übrig bleibt, wenn alle *communitas* auf das zeichensetzende und reflektierende Subjekt als ihren Ursprung zurückgeführt ist. Daß nur der subjektive menschliche Intellekt durch Abstraktion über das solcherart subsistierende Individuelle hinaus das Universale festzuhalten vermag, dient Ockham zum Beleg dafür, daß es nur dem Intellekt angehöre. Dabei hätte es nahegelegen, das Produkt der Scheidung des Begrifflich-Allgemeinen vom Subsistierend-Besonderen selbst als einen Reflexionsbegriff zu bestimmen. Die Unmittelbarkeit des einzelnen Seienden, dem alle Zeichensetzung und Prädikation gilt, ist durch

13 Ockham, l. c., qu. 8, S. 291.

14 So kommt etwa bei Thomas von Aquin im Begriff der *intentio intellecta* zum Ausdruck, daß Allgemeines und Besonderes vermöge der Reflexion konkret werden: »Dico autem intentionem intellectam id quod intellectus in seipso concipit de re intellecta. Quae quidem in nobis neque est ipsa res quae intelligitur neque est ipsa substantia intellectus, sed est quaedam similitudo concepta intellectu de re intellecta quam voces exteriores significant.« (c. g., I, c. 11)

15 Ockham, *Summa logicae I*, c. 16 (Op. phil., Bd. I, S. 55).

den Abstraktionsprozeß vermittelt, der es jenseits aller begrifflichen Bestimmtheit zu einer gänzlich negativen Instanz der Reflexion macht: Nur indem das abstrahierende Denken von sich selbst absieht, kann es das Singuläre als material Reales denken. Dieser höhere Abstraktionsgrad verbürgt aber – wie Ockham an vielen Stellen selbst hervorhebt – weder einen höheren Seinsgrad, noch überhaupt ein affirmativ Seiendes. Das ontologische Residuum des *ens singulare* verdankt sich also bei Ockham der Hypostasierung eines Denkproduktes, einem Fehler, den er seinen Gegnern unablässig vorhält.

Die Allgemeinheit hat gegenüber dem Singulären nur ein Sein als *ens rationis*. Dies ist das Gegenstück zur Lehre von der Substantialität des Individuums. Auch dieses Motiv Ockhamschen Denkens verdankt sich Duns Scotus, so sehr es sich gegen ihn richtet. Denn Scotus wollte die ontologische Vermittlung von *essentia* und *haecceitas* leisten, ohne daß die *haecceitas* selbst eine allgemeine Entität wurde: »Primo expono quid intelligo per individuationem sive unitatem numeralem sive singularitatem. Non quidem unitatem indeterminatam (quia quidlibet in specie, dicitur esse unum numero), sed unitatem signatam (ut ›hanc‹), – ita quod, sicut prius dictum est quod individuum incompossibile est dividi in partes subiectivas et quaeritur ratio illius incompossibilitatis, ita dico quod individuum incompossibile est non esse ›hoc‹ signatum hoc singularitate, et quaeritur causa non singularitatis in communi sed ›huius‹ singularitatis in speciali, signatae, scilicet ut est ›haec‹ determinate.«[16]

Wenn das existierende Individuum hiernach in der Singularität seine Substanz hat, dann kann die Substanz, entgegen der traditionellen Bestimmung, nichts Allgemeines mehr sein, das mehreren Individuen gleichermaßen zukäme, denn sonst wäre – was Ockham ja auch eingewendet hat – das Allgemeine selbst schon eine existierende *res*. Deshalb sind bei Scotus die *principia rei* nicht real, sondern formal geschieden. Ist das existierende Ding die je konkrete Einheit von *essentia* und *haecceitas*, von der das Wesen nur formal, durch einen Schritt der Abstraktion, unterschieden werden kann, dann läßt sich außer der von Scotus beabsichtigten ontologischen Konsequenz auch die Folgerung ziehen, daß jene Bestimmungen Reflexionsbegriffe sind. Der *modus intelligendi* und der *modus subsistendi* sind schon bei Scotus so weit auseinandergetreten, daß er deren traditionell realistische Entsprechung kaum noch dartun kann. Denn die Verbindung der distinkten Entitäten zur Einheit des singulären Dinges ist eine Funktion des menschlichen Verstandes, der die Seite der

16 Duns Scotus, Ord. II, d. 3, qu. 4, n. 76 (Ed. Vat., Bd. VII, S. 426 f.).

ontologischen Einheit freilich nicht diskursiv, sondern intuitiv erfassen soll. Die Lehre von den beiden Erkenntnisarten soll bei Scotus ermöglichen, vom Gegenstand der Metaphysik an sich zu reden, ohne in naiven Realismus zurückzufallen.

Ockham stößt im Gegensatz hierzu auf den von der aristotelisch-scholastischen Metaphysik weithin vernachlässigten Sachverhalt, daß nicht nur die Bestimmung der Begriffe, sondern auch deren Verhältnis zur singulären *res* in der Reflexion gründet. Die Analyse des Dinges, die seine verschiedenen Bestimmungen ergibt, und deren Synthesis zur Einheit, die einer singulären Substanz als ihrem Träger zugeschrieben werden, setzen das reflektierende Subjekt als das Medium voraus, in dem die Relata in Beziehung treten. Da die Begriffe und ihre Verknüpfungen nicht mehr Abbilder der extramentalen Realität sein können, schließt Ockham hieraus, daß die *voluntaria institutio* der Begriffe, d. h. die Setzung der Bedeutung von Allgemeinbegriffen und deren Synthesis zu Urteilen und Schlüssen, nur der Tätigkeit des Subjekts sich verdanken. Da ihm die tastenden Versuche der Hochscholastik, die Arbeit der Erkenntnis und die objektive Intelligibilität ihrer Gegenstände spekulativ in ein Verhältnis zu setzen, widersprüchlich erschienen, gibt er die Intelligibilität überhaupt preis und zieht die Stiftung von Objektivität ganz in das Subjekt. Das hat zur Folge, daß der traditionelle Begriff der Wahrheit liquidiert werden muß:

»Videndum est, quid ad veritatem propositionum requiritur; et primo de propositionibus singularibus de inesse et de praesenti et de recto tam a parte subiecti quam a parte praedicati et non aequivalentibus propositioni hypotheticae. Circa quod dicendum est, quod ad veritatem talis propositionis singularis, qui non aequivalet multis propositionibus, non requiritur, quod subiectum et praedicatum sint idem realiter; nec quod praedicatum ex parte rei sit in subiecto vel insit realiter subiecto; nec, quod uniatur a parte rei extra animam ipsi subiecto – sicut ad veritatem istius ›iste est angelus‹ non requiritur, quod hoc commune ›angelus‹ sit idem realiter cum hoc, quod ponitur a parte subiecti; nec quod insit illi realiter, nec aliquid tale –, sed sufficit et requiritur, quod subiectam et praedicatum supponant pro eodem.«[17]

Daraus folgt nicht notwendigerweise ein unbedingter Skeptizismus, sondern bei Ockham zunächst eine Wissenschaftstheorie, die sich von der Naivität freigemacht hat, ihre Gegenstände unmittelbar als Maßstab für die Wahrheit ihrer Sätze zu haben. Wissenschaft be-

17 Ockham, *Summa logicae II*, c. 2, l. c., S. 249 f.

zieht sich bei Ockham ganz traditionell auf allgemeine Sätze, aber deren Allgemeinheit ist, seiner Grundposition zufolge, nicht Ausdruck eines realen Universalen, sonderen gleichsam die denkökonomische Abbreviatur des mannigfaltigen Besonderen, das von ihm supponiert wird: »Scientia realis est de rebus, sed non de rebus universalibus, quia pro illis non fit suppositio; nam in ista propositione in mente ›omne corpus componitur ex materia et forma singulari‹ non fit suppositio pro aliquo corpore universali, quia nullum tale corpus – etiam si esset – sic componitur ex materia singulari et forma singulari. Sed scientia isto modo est de rebus singularibus, quia pro ipsis singularibus termini supponunt.«[18]

Ockhams Nominalismus hat somit nicht die Verwendung von Universalien schlechthin verworfen, sonderen sie auf die subjektive Seite des Erkennens beschränkt. Wenn Erkenntnis ihm zufolge auch an den empirisch gegebenen Wahrnehmungen ansetzt, so hat sie in ihnen doch kein getreues Abbild der ansichseienden Gegenstände, sondern nur ein bestimmungsloses subjektives Innesein. Da ja die Begriffe, mit denen die Dinge bezeichnet werden, als *intentiones animae* kein extramentales Sein haben, ist das Resultat der Erkenntnis die subjektiv konstituierte Aussage. Das erkennende Subjekt gelangt demnach nicht über den Umkreis seiner Vorstellungen und der als Universalien eingesetzten Zeichen hinaus. Aus der Kritik der traditionellen, rein ontologisch verstandenen Verhältnisses von universalem Wesen und einzelnem Ding ensteht folgerichtig die Problematik der modernen Erkenntnistheorie: Erst als die Gewißheit einer vom menschlichen Denken unabhängigen intelligiblen Naturordnung erschüttert war, konnte nach den subjektiven Bestimmungsgründen der Erkenntnis gefragt werden. Wenn das zu Erkennende das unbekannte extramentale Ding ist, alle darauf bezogenen Aussagen aber nur subjektimmanente Zeichen sind, dann entsteht das Problem, wie über diese Immanenz hinaus die Allgemeinheit und Notwendigkeit wissenschaftlicher Sätze begründet werden kann. Alle neuzeitlichen Erkenntnistheorien von Descartes bis Husserl stehen insofern in der Nachfolge Ockhams und haben seine Aporien geerbt.

Auch Ockhams Suppositionslehre hat das erkenntnistheoretische Problem des Verhältnisses von *res* und *conceptus rei* nicht lösen können, denn sie reduzierte sich nach seinen nominalistischen Prämissen auf eine innerlogische Methode, Zeichen widerspruchsfrei auf Zeichen zu beziehen. Ist ein Gegenstand für die diskursiv operierende Wissenschaft nur gegeben, wenn er konzeptuell identisch ist, d. h.

18 Sent. I, d. 2, qu. 4, l. c., S. 137 f.

wenn stets die gleichen Zeichen mit demselben semantischen Gehalt auf ihn angewendet werden, dann wird eine fundamentale methodische Regel der Erkenntnis zu deren Objekt. Aus einer formalen Bedingung kann aber der Inhalt nicht entspringen, denn jede dieser in Sätzen festgelegten Bestimmungen ist einzeln genommen arbiträr; als einmal fixierte Beziehung von Subjekt und Prädikat jedoch ist sie für die Wissenschaft der identische Gegenstand, dessen extramentales Sein sie nur supponiert. Die Wahrheit wissenschaftlicher Sätze kann sich hiernach nur durch die Konstanz der Termini und die logische Kohärenz der verknüpften Aussagen ausweisen. Das System allen Wissens wäre daher nur eine Konstruktion des Verstandes, die der extramentalen Realität äußerlich bleibt: »Nihil igitur refert ad scientiam realem an termini propositionis scitae sint res extra animam vel tantum sint in anima, dummodo stent et supponant pro ipsis rebus extra; et ita propter scientiam realem non oportet ponere aliquas tales res universales distinctas realiter a rebus singularibus.«[19]

Der Unterschied zwischen Real- und Rationalwissenschaft liegt in der rein suppositionslogischen Distinktion, daß die Begriffe im ersteren Falle für die Dinge, im zweiten für andere Begriffe stehen: »Breviter [...] est dicendum quod scientia realis non per hoc distinguitur a rationali quia scientia realis est de rebus, ita quod ipsae res sunt propositiones scitae vel partes illarum propositionum scitarum, et rationalis non est sic de rebus, sed per hoc quod partes, scilicet termini propositionum scitarum scientia reali, stant et supponunt pro aliis.«[20]

Rationalwissenschaft und Realwissenschaft sind somit logisch gleich strukturiert, denn die Realität der letzteren ist ein *complexum*, das der zeichensetzende Intellekt in seiner Bestimmtheit konstituiert. In dieser radikal formulierten These liegt unentfaltet die Einsicht beschlossen, daß die Einheit der Wissenschaft in der Reflexion gründe, also nur durch die vorgängig subjektive, aber zugleich transempirische Einheit des menschlichen Verstandes möglich sei. Dies kommt gerade dort zum Ausdruck, wo im Prolog des Physikkommentars die Einheitlichkeit des Gegenstandes von Wissenschaft bestritten wird. Ein nichttriviales Wissen kann nur entstehen, wenn die Gegenstände nicht identisch und die Definitionen der supponierenden Termini

19 L. c.

20 L. c., S. 138. Anachronistisch ausgedrückt, bezeichnet Ockham hier den Unterschied von Objekt- und Metasprache. Dieser in der gegenwärtigen Wissenschaftstheorie als so fundamental angesehene Unterschied verdankt sich einem Denken, das in die Ockamschen Aporien zurückgefallen ist.

nicht tautologisch sind. Andererseits ist aber eine Sammlung isoliertter assertotischer Aussagen über verschiedene *subiecta* ebenso bedeutungslos wie die leere Tautologie. Die Verschiedenheit läßt sich zudem nur durch das Bewußtsein vorgängiger Einheit überhaupt bestimmen. Gründet die Einheit der Wissenschaft also nicht, wie Duns Scotus lehrte, in der Einheit des univoken Seins, dann in dem Verstande, der die mannigfaltigen *subiecta* so bezeichnet, daß hieraus konsistente Klassen entstehen, welche ihm widerspruchsfreies Operieren ermöglichen. Das aber bedarf der empririschen Mannigfaltigkeit der Gegenstände – eine Voraussetzung, die der erkennende Verstand sich wiederum selbst schafft: »Unde quaerere, quid est subiectum philosophiae naturalis, est simile quaestioni, qua quaereretur, quis est rex mundi, quia, sicut nullus est rex mundi, sed unus est rex unius regni et alter alterius, sic est de subiectis diversarum partium scientiae talis; nec plus scientia, quae est talis collectio, habet unum subiectum, quam mundus habet unum regem vel quam unum regnum habet unum comitem.«[21]

Die neuzeitliche Naturwissenschaft beruht auf diesen theoretischen Grundsätzen, aber Ockhams Reflexionen enthalten ebenso einen Positivismus, der auf jeden Gegenstand verzichtet, der nicht aus der Methodologie des Verstandes erzeugt ist. Wenn nämlich der Gegenstand der Ockhamschen Wissenschaft nur in den Zeichen und ihren Verknüpfungen gegeben ist, dann hat der Verstand das Erkennbare selbst geschaffen. Diese Beziehung des Begriffs auf den Gegenstand, in der der Verstand sich unerkannt nur auf sich selbst bezieht, hat Ockham nicht weiter untersucht, wenn er auch an manchen Stellen ausspricht, daß der Intellekt nach seiner Theorie die Gegenstände ideell schafft, die er erkennt.[22]

Ist die Natur nur in den wissenschaftlichen Sätzen verfügbar, dann bildet sie ein Geflecht von Zeichen, eine zweite Natur, die die erste supponieren soll. Nun wäre es aber darauf angekommen, die Beziehung beider zu reflektieren und zu fragen, ob ›supponieren‹ so viel wie ›vertreten‹ oder wie ›ersetzen‹ heißt. Aber Ockhams radikal nominalistische Position läßt diese Frage gar nicht zu, da er die subjektiven Bedingungen, durch die ein Gegenstand erkennbar ist, schon

21 *Exp. super VIII Phys.*, l. c., S. 10.

22 Cf. Sent. I, d. 2, qu. 8, l. c., S. 272: »Et hoc per istum modum quod intellectus videns aliquam rem extra animam fingit consimilem rem in mente, ita quod si haberet virtutem productivam sicut habet virtutem fictivam, talem rem in esse subiectivo – numero distinctam a priori – produceret extra.«

zum Grunde der Intelligibilität erhebt. Da die extramental existierenden *singularia* vom Verfahren des Verstandes gänzlich unberührt bleiben, schafft sich der wissenschaftliche Intellekt eine begriffliche Scheinwelt – eine Reduktion der Wissenschaft auf die Untersuchung der sprachlichen Gestalt, in der etwa die Physik ihre Fragen formuliert.[23]

Wie wenig eine solche Verfahrensweise der Wissenschaft allgemeine und notwendige, zugleich aber empirisch gehaltvolle Erkenntnis begründen oder gar erzeugen kann, wird an jenen begriffstheoretischen Reflexionen deutlich, die das Verhältnis von Universale und *singulare* gänzlich in das Denken verlegen. Zugleich wird aber in diesen Theoremen die produktive Einbildungskraft entdeckt, ohne die in der Tat keine wissenschaftliche Innovation denkbar wäre.

Die Lehre der Hochscholastik, daß die sinnlich-empirische Welt vom göttlichen Intellekt als intelligible Natur produziert sei, hatte ihr Modell an der handwerklichen Produktion. Die Einsicht, daß die menschliche Erkenntnis der produktiven Arbeit analog sei, nimmt Ockham von dieser Tradition auf und radikalisiert sie insofern, als

23 Die Nähe Ockhams zu den sprachanalytischen Tendenzen der Gegenwart wird in seinem Physikkommentar deutlich, wo zentrale Termini der Aristotelischen Naturlehre, wie die Bewegung und die Zeit, als falsche Hypostasierungen sprachlicher Wendungen dargestellt werden: »Hoc nomen motus non significat aliquam rem absolutam sicut hoc nomen ›homo‹ vel ›asinus‹, nec eodem modo significandi, sed ponitur aliquando in propositione causa brevitatis, aliquando propter ornatum locutionis. Et ideo hoc nomen ›motus‹ aequivalet huic composito ›quando aliquid movetur‹ vel huic ›quod movetur‹« (*Quaest. in lib. Phys. Arist.*, qu. 20, Op. phil., Bd. VI. S. 448) »Quaedam sunt nomina propter eloquii ornatum inventa, quae sine omni tropo proprie non supponunt pro rebus quibuscumque, sed ponuntur loco plurium dictionum et quandoque loco verborum et adverbiorum et huiusmodi. Et talia sunt multa nomina ab adverbiis et verbis et allis partibus orationis ficta et formata, cuiusmodi sunt talia: actio, passio, motus, mutatio et consimilia. Et quando talia ponuntur in orationibus, resolvendae sunt orationes in alias in quibus ponuntur dictiones proprie sine omni tropo et figura, et secundem tales sunt aliae intelligendae.« *(Summulae philosopiae naturalis*, l. 3, c. 4. l. c., S. 256 f.)
Zum Problem der Zeit bei Ockham cf. die eingehenden Analysen von A. Goddu, *The Physics of William of Ockham*, Leiden und Köln 1984, S. 137 ff. Es ist für Ockhams Theorie der Realwissenschaft charakteristisch, daß er die Begriffe nicht als Niederschlag der Sachprobleme aufnimmt, sondern etwa den Sprachgebrauch der Physik nur auf seine innere logische Stimmigkeit untersucht. Die Sache existiert nur als Satz, der »de virtute sermonis« als Realität erscheint.

die Erkenntnis sich nur auf vorgängig von ihm selbst Bestimmtes beziehen kann. Dem menschlichen Intellekt schreibt Ockham also eine dem göttlichen gleiche Funktionsweise zu, wenngleich seine eigene Theologie das göttliche Handeln ganz anders bestimmt als die Tradition. In der aristotelischen Schule ist die menschliche Erkenntnis freilich auf Gegenstände bezogen, deren intelligible Struktur letzthin göttlichen Ursprungs sein sollte, auch wenn das Erkennen schon das Formieren des zu erkennenden Materials einschloß. Nachdem Ockham die Universalien als das Intelligible von der Mannigfaltigkeit der *singularia* getrennt hatte, konnte die hierdurch entstandene Kluft nur durch die subjektive Reflexion überwunden werden. Ockham nimmt hierin die Problematik der Erkenntnistheorie seit Descartes und besonders der Transzendentalphilosophie vorweg.

Ein Vermittlungsversuch ist in Ockhams Bemerkungen über das *fictum* zu sehen. Allgemeine Sätze sind aus Termini zusammengesetzt, die die einzelnen Dinge supponieren. Da alle Termini mental sind, ist deren Ähnlichkeit mit dem zu erkennenden Ding insofern fingiert, als dieses durch den Begriff erkannt werden soll. Die Adäquation an das extramentale *singulare* soll hierdurch vom Verstande selbst zustande gebracht werden. Erst das Ergebnis dieses Prozesses ist der Begriff, der in die Wissenschaft eingeht. Da Ockham von einer Adäquation von Begriff und Ding eigentlich nur reden könnte, wenn er ein Gemeinsames zwischen dem extramentalen Sein und dem Denken zugestünde, wird diese in seiner Theorie zur Fiktion, zu einer Projektion auf die mannigfaltigen Gegenstände, durch die ihre Ähnlichkeiten bestimmbar sind. Bei Ockham ist dies ein Vorgang nur im Medium des Denkens, auch wenn der Vergleich zwischen dem fingierten Modell und dem Ding, auf das es projiziert wird, durch produktive gegenständliche Tätigkeit vermittelt ist. Dennoch bedarf auch die Fiktion eines Begriffes, der für das singuläre Ding supponieren kann, eines Anhaltspunktes in diesem selbst. Also nimmt sich der Intellekt aus dem Einzelding ein Muster für die begriffliche Projektion, d. h. er denkt sich einen allgemeinen Gattungs- oder Artbegriff nach dem Vorbild eines *ens singulare.* In Anlehnung an Hervaeus Natalis und Heinrich von Harclay konstruiert Ockham in diesem Sinne eine Position, gegen die er nach seinen eigenen Worten nichts von Gewicht einzuwenden hat:

»Et per hunc modum potest dici quod intellectus apprehendens singulare fingit consimile singulare et illud singulare sic fictum non est alicubi existens realiter, non plus quam castrum quod artifex fingit existit realiter antequam producat ipsum, et tamen est tale in esse ficto quale est aliud extra. Et propter istam causam potest supponere in propositione pro re ex qua fingitur, et potest vocari passio pro eo quod non habet esse nisi per operationem animae. Potest etiam vocari intentio aniame pro eo quod non est aliquid reale in anima, sed habet tantum esse intentionale, scilicet esse cognitum, in anima. Et propter idem potest vocari conceptus mentis, et terminat actum intelligendi quando non intelligitur aliqua res singularis extra et tamen intelligitur aliquid commune rebus extra. Et illud sic formatum sive fictum potest dici universale, quia aequaliter respicit omnia a quibus abstrahitur per talem formationem sive fictionem. Et ex his formantur propositiones, quae propositiones intelliguntur et sciuntur; in multis tamen propositionibus non supponunt nisi pro rebus extra.«[24]

Dies Theorem ist in sich brüchig. Denn es unterstellt entgegen den Ockhamschen Prämissen, daß in den extramentalen Dingen die Analogie zu Gattungs- oder Artbegriffen enthalten sei. Umgekehrt wären diese nichts als Verdoppelungen der Einzeldinge. Dann aber ist inhaltlich konkrete Erkenntnis nicht möglich. Indessen skizziert die Theorie des *fictum* über den engen Kontext hinaus einen Weg der Reflexion, der die metaphysische These, nur das Singuläre sei real, ebenso suspendierte wie die entgegengesetzte Lehrmeinung, die nur dem Allgemeinen Substantialität zuweist. Dazu wäre es aber erforderlich gewesen, Allgemeines und Besonderes als Momente eines Reflexionsprozesses zu bestimmen, dessen in toto folgerichtige Genesis zugleich unter kontingenten Bedingungen steht, die dennoch für das Resultat konstitutiv sind. Die Allgemeinheit wissenschaftlicher Aussagen hätte dann ihren Grund in einer Natur des von ihr bestimmten Dinges, die ihrerseits, als Resultat vorgängiger Erkenntnis, der Reflexion zwar angehört, aber nicht von ihrer Genesis in der historisch prozedierenden gegenständlichen Tätigkeit losgelöst werden könnte. Die universale Natur der Dinge, die sich als je spezifisches Gesetz ihrer Erscheinungen zu erkennen gibt, ist insofern produziert, als sie durch die *ficta* des Intellekts theoretisch postuliert, durch gegenständliche Tätigkeit, experimentierenden Eingriff in den Naturvorgang, so bestätigt werden muß, daß durch die Herstellung geeigneter materieller Bedingungen ein beliebig wiederholbares Ergebnis und damit die postulierte Allgemeinheit in den einzelnen Erscheinungen manifest wird. Die *ficta* wären dann aber nicht mehr als willkürliche terminologische Setzungen, sondern als logische Konsequez akkumulierter Erfahrung zu interpretieren umgekehrt stünden die

24 Ockham, *Expositio in libr. Perihermeneias Arist.* I, Proem., § 7 (Op. phil., Bd. II, S. 359 f.).

Experimente grundsätzlich unter dem Primat ihrer theoretischen Konstruktion.

Dem Verfahren der modernen Naturwissenschaft ist diese aus dem Ockhamschen Nominalismus folgende Konzeption immanent, aber Ockham selbst hat sie nicht weiter entwickelt, denn seine Suppositionslehre stand dem entgegen. Zwar wollte er eine Vermittlung von Subjekt und Objekt, Begriff und Ding leisten, aber ohne das Medium des subjektiven Denkens zu verlassen. Ein *fundamentum in re* erhalten die Begriffe dadurch nicht, denn die ansichseienden *singularia* und die Tätigkeit des abstrahierenden Verstandes berühren einander nicht.

Dieser schroffe Dualismus des Denkens und der extramentalen *singularia* wird noch offenkundiger, wo Ockham den erkenntnistheoretischen Status von Sätzen und Schlüssen bestimmt. Wenn die Begriffe den Dingen äußerlich sind, dann können ihre verschiedenen möglichen Verbindungen auch nicht auf realen Eigenschaften der Dinge beruhen. Die Verhältnisse von Inhärenz, Modalität und kausaler Folge umfassen stets mehrere Dinge und können deshalb nicht selbst singuläre Dinge, d. h. im engen Sinne extramentale Realität sein. Sätze und Schlüsse haben nur ein Sein *in mente*, das nicht notwendig auf reales Sein bezogen ist. Sie sind *figmenta*, die letzthin nur hypothetische Geltung haben, ohne daß ein extramentales Kriterium ihrer Prüfung gegeben wäre: »Propositiones, syllogismi et huiusmodi, de quibus est logica, non habent esse subiectivum; igitur tantum habent esse obiectivum, ita quod eorum esse est eorum cognosci.«[25]

Ockhams Einwände gegen das traditionelle Verständnis des relationalen Seins und damit auch der Kausalität sind aus seinen metaphysischen und erkenntnistheoretischen Reflexionen leicht herzuleiten. Wenn nur die isolierten Einzeldinge Realität besitzen, dann supponieren nur die für sie eingesetzten Termini, nicht aber deren Verknüpfungen. Der Aussage eines Relations- oder Kausalsatzes entspricht also kein extramentales relationales Sein: »Et ideo non debet dici quod relatio fundatur in re, quia si relatio fundaretur in re, aut relatio ibi supponit pro re, et hoc est falsum, quia nulla est ibi talis res quae possit sic fundari; aut supponit pro nomine, et hoc est falsum, quia nomen non fundatur in re quam significat. Et ideo non debet dici quod relatio fundetur in re nisi metaphorice loquendo de re.«[26] Wenn Ockham von dieser grundsätzlichen Position aus das Kausalverhältnis auch nicht überall und konsequent als *ens rationis* behandelt hat,

25 Sent. I, d. 2, qu. 8, l. c, S. 273.
26 *Exp. in libr. praed. Arist.*, c. 13, § 5, (Op. phil, Bd. II, S. 258).

so ist bei ihm der metaphysische Begriff der Kausalität dennoch aufgegeben; dies um so mehr, als die geschaffene Welt und ihre Ordnungen durch die Allmacht Gottes kontingent sind.

Ockham hat die Trennung von subjektivem Begriff und objektivem Einzelding, die im Kern schon bei ihm der Gegensatz von Subjekt und Objekt ist, durch die Theorie der *notitia intuitiva* zu überbrücken versucht. Da die Einsetzung und die Verknüpfung von Begriffen im Medium der Allgemeinheit sich vollziehen, bedarf die Erkenntnis der Dinge, für welche die begrifflichen Zeichen stehen, eines Momentes, vermöge dessen zumindest deren Existenz oder Nichtexistenz evident ist: »Notitia intuitiva rei est talis notitia virtute cuius potest sciri utrum res sit vel non, ita quod si res sit, statim intellectus iudicat eam esse et evidenter cognoscit eam esse, nisi forte impediatur propter imperfectionem illius notitiae.«[27]

Die *notitia intuitiva* umfaßt deshalb die Akte des Bewußtseins, die den logischen Operationen des Verstandes vorangehen. Ein intuitives Wissen kann es demnach nur von Singulärem geben, denn das Allgemeine, Begriffe, Urteile und Schlüsse, gehört der abstraktiven Erkenntnis an, welche ihrerseits aus sich heraus keine Aussage über die Existenz des Dinges machen kann, dem sie Bestimmungen prädiziert: »Aliter accipitur cognitio abstractiva secundum quod abstrahit ab existentia et non existentia et ab aliis condicionibus quae contingenter accidunt rei vel praedicantur de re.«[28]

Die Intuition hat bei Ockham zunächst die Bedeutung der sinnlichen Gewißheit eines äußeren singulären Objekts, mit der alles Wissen beginnt. In radikaler Umkehr der traditionellen Rangordnung der Erkenntnisvermögen und der ihnen entsprechenden Gegenstände bestimmt er das *singulare* geradezu als das Ersterkannte: »Tertio dico quod notitia singularis sensibilis est simpliciter prima pro statu

27 Sent. I, Prol. qu. 1 (Op. theol., Bd. I, S. 31). Auch dieses Theoriestück ist von Duns Scotus übernommen, aber charakteristisch verändert. Bei Scotus zielt die *cognitio intuitiva* auf die existierende *res* in der Einheit ihrer Bestimmungen, während die *cognitio abstractiva* die Seinseinheit unterscheiden muß unter Absehung ihrer Existenz hier und jetzt. Das Theorem steht also in enger Beziehung zur Lehre von der Univozität des Seins und von der *distinctio formalis*. Sie ist deren erkenntnistheoretisches Komplement. Bei Ockham verfällt die ontologische Voraussetzung der nominalistischen Kritik. Cf. die eingehende Erklärung der Scotischen Lehre von abstraktiver und intuitiver Erkenntnis bei L. Honnefelder, *Ens inquatum ens. Der Begriff des Seienden als solchen als Gegenstand der Metaphysik nach der Lehre des Johannes Duns Scotus*, Münster 1979, S. 218 f.

28 L. c.,

isto, ita quod illud idem singulare quod primo sentitur a sensu idem est sub eadem ratione primo intelligitur intuitive ab intellectu; [...], quia de ratione potentiarum ordinatarum est quod quidquid et sub eadem ratione – potest potentia inferior potest et superior.«[29]

Hierin liegt ein Motiv, das im Empirismus der Neuzeit aufgenommen wurde: Die intellektive Erkenntnis, die das Zufällige ausscheidet, ist gegenüber der sinnlichen Wahrnehmung des Dinges in der Fülle seiner Akzidentien keineswegs das Höhere. Ihr Resultat, der universale Wesensbegriff, ist nicht ein Prius, sondern ein Posterius. In dieser Wendung liegt der Sturz jener Metaphysik beschlossen, der die Hierarchie der Wesenheiten theoretisch wie praktisch als die ewige Struktur der Welt galt: »Quando cognitum a potentia superiori est simpliciter imperfectius cognito a potentia inferiori, tunc superior potentia non cognoscit modo eminentiori illud quod cognoscitur a potentia inferiori; sed universale est simpliciter imperfectius et posterius ipso singulari; igitur intellectus non cognoscit obiectum sensus modo eminentiori.«[30]

Wegen des Vorranges der sinnlichen Wahrnehmung des Singulären ist die *notitia intuitiva* in diesem Sinne die Ursache für die Bildung der Begriffe und die Operationen des Verstandes, also auch jener Tätigkeit, die nach den Regeln der Suppositionslogik Zeichen für die Dinge einsetzt: »Obiectum motivum intellectus est praecise singulare. Et dico quod omne singulare est motivum intellectus, quia omne singulare potest intelligi notitia intuitiva, quantum est ex natura animae et intellectus nostri.«[31] Indessen hat Ockham die These vom Vorrang der Erkenntnis des Einzelnen polemisch gegen die Scotische Lehre gewendet, Seiendes als solches sei das Ersterkannte. Der Universalienrealismus dieser Theorie wird bei Ockham aufgelöst, ohne daß er deshalb eine ausgeführte empirisch-sensualistische Erkenntnistheorie an deren Stelle gesetzt hätte. Die *notitia intuitiva* ist vielmehr der theoretische Begriff, in dem Ockham die residuale Ontologie des Singulären überhaupt mit dem Erkenntnisvermögen zusammenbringt. Dies geschieht freilich nicht wiederum in ontologischen Begriffen, denn wie Seiendes das Erkenntnisvermögen affiziert, ist nicht wie ein denkunabhängiger Kausalvorgang zu bestimmen; zu reden ist vielmehr nur von jenem Punkt, an dem der Anstoß bewußt wird. Die Kausalität des Singulären auf den Intellekt ist daher nur ein denknotwendiges Postulat: »Sed ad notitiam intuitivam requiritur quod ipsa

29 L. c., d. 3, qu. 6 (Op. theol. Bd. II, S. 494).
30 L. c., S. 495.
31 L. c., qu. 8, S. 540.

res cognita intuitive causet intellectionem, quia aliter non posset illam cognosci intuitive, igitur quodlibet singulare est motivum ipsius intellectus ad sui ipsius notitiam intuitivam.«[32]

Die letzthin zirkuläre Begründung, die Ockham hier für die *notitia intuitiva* gibt, liefert nicht den subjektunabhängigen Kausalvorgang, in dem das *singulare* von außen zielgerichtet die Seele um ihrer eigenen Erkenntnis willen affizierte, denn das schriebe dem Ding implizit die begriffliche Intelligibilität wieder zu, die Ockham konsequent bestritten hatte. Die Stelle ist vielmehr nicht zufällig doppeldeutig. Sie läßt auch die Interpretation zu, daß der Intellekt durch den äußeren Anstoß des singulären Dinges zum intuitiven Bewußtsein seiner selbst gelange.

In der Tat bieten die Reflexionen, die her *notitia intuitiva* gelten, Fragmente einer Analyse des Bewußtseins, die erst in der fortgeschrittenen Neuzeit systematischen Charakter annahmen. Das Verhältnis der *notitia intuitiva* zu den Gegenständen außerhalb der Seele kann nämlich nicht einmal deren Dasein verbürgen. Ockham muß dieses Verhältnis vielmehr insofern suspendieren, als es nicht das einer Wesensursache zu ihrer Wirkung auf das Erkenntnisvermögen sein kann. Dann aber steht der Akt der intuitiven Erkenntnis in einem kontingenten Verhältnis zum Gegenstand: »Igitur si obiectum inquantum terminans non habet rationem causae essentialis respectu notitiae intuitivae, si obiectum in quantum terminans simpliciter destruatur secundum omnem exsistentiam suam realem, potest poni ipsa notitia intuitiva; igitur ipsa re destructa potest poni ipsa notitia intuitiva. Et ita notitia intuitiva, secundum se et necessario, non plus est exsistentis quam non exsistentis, nec plus respicit exisistentiam quam non-exsistentiam, sed respicit tam existentiam quam non-exsistentiam rei.«[33]

Wenn wegen der Kontingenz der Gegebenheit der Akt der Intuition nicht notwendig auf den äußeren Gegenstand trifft, der ihn doch erst auslösen soll, dann kann die Analyse dieses Aktes über die ontologische Bestimmtheit des Dinges ebenso wenig erschließen wie die abstraktive Erkenntnis, deren Begriffe ja ohnehin nur intramentale Zeichen sind. Deshalb hat die *notitia intuitiv*a auch dann, wenn sie sich über das Dasein eines äußeren Dinges täuscht, einen Gegenstand. Der Intellekt ist sich, unabhängig von der sinnlichen Wahrnehmung, in seinen Akten seiner selbst gewiß: »Patet etiam quod intellectus noster pro statu isto non tantum cognoscit ita sensibilia, sed in

32 L. c.
33 Sent. I, Prol., qu. 1, l. c., S. 36.

particulari et intuitive cognoscit aliqua intelligibilia quae nullo modo cadunt sub sensu, non plus quam substantia separata cadit sub sensu, cuiusmodi sunt intellectiones, actus voluntatis, delectio consequens et tristitia et huiusmodi, quae potest homo experiri inesse sibi quae tamen non sunt sensibilia nec sub aliquo sensu cadunt.«[34]

Der scheinbar nur sensualistisch-empiristische Begriff der *notitia intuitiva* erweitert sich an dieser Stelle zu dem eines Bewußtseins, das sich in seinen Funktionen auf sich selbst zurückbezieht. Die Gewißheit, die das erkennende Bewußtsein von sich hat, erhält im selben Zusammenhang die Priorität gegenüber der Erfahrung der äußeren Gegenstände. Systematisch analog wie später bei Descartes, resultiert die Selbstgewißheit des Denkens aus der Kontingenz des Gegebenen: »Quod enim talia cognoscantur a nobis in particulari et intuitive, patet, quia haec est evidenter mihi nota ›ego intelligo‹. Igitur haec est prima et immediate accepta ex notitia incomplexa terminorum vel rerum, vel scitur per aliquam priorem notiorem.«[35] Das Selbstbewußtsein kann aber nicht aus einem anderen kontingenten Satz hergeleitet werden, es geht vielmehr jeder solchen Aussage vorher: »Secundum non potest dari, quia nulla [scil. notitia, G. M.] est contingens, ex qua necessario sequitur ista ›ego intelligo‹. [...] Et ita ista inter contingentes est simpliciter prima, et ita non potest evidenter cognosci per aliam priorem.«[36]

Der Subjektprimat der modernen Erkenntnistheorie ist hier angedeutet. Freilich ist die tranzendentalphilosophische ursprüngliche Einheit des Subjekts erst eine der Konsequenzen, die den Nominalismus mit seinen eigenen Mitteln über seine urprüngliche Grenze hinaustreiben. Die Allgemeinheit und Notwendigkeit im Kantischen transzendentalen Sinne konnte Ockham den Resultaten der Verstandesoperationen noch nicht zuschreiben, denn es ging ihm um die Kritik des Scheins einer extramentalen Allgemeinheit. Die Bestimmung der Bedingungen, unter denen die Sätze der Wissenschaft apodiktische Geltung haben, setzte die Resultate jener Wissenschaft voraus, deren Entwicklung zur Zeit Ockhams noch kaum begonnen hatte. So ist die Selbstgewißheit, die bei Ockham die Priorität hat, auch nach einem empristischen Modell konzipiert, das er dem traditionellen metaphysischen Begriff der Seele entgegenstellt.

Das Selbstbewußtsein, das Ockham reflektiert, ist das des empirisch einzelnen Menschen, nicht ein die Menschheit bestimmendes

34 L. c., S. 40.
35 L. c.
36 L. c., S. 40f.

Wesensmerkmal. Hierin liegt ein weiterer Unterschied seines Denkens zur metaphysischen Tradition, der aus seiner Kritik am Realismus folgt. So wie hier die Wesenheiten zu subjektiven Begriffen werden, war auch die *anima intellectiva*, als welche nach traditionellem Verständnis die spezifische Wesensbestimmung den einzelnen Menschen innewohnen sollte, von der nominalistischen Entsubstantialisierung betroffen. Das Vermögen, das die Begriffe verbindet und trennt und dem Ockham mit der *notitia intuitiva* einen historisch neuen Grad von Autonomie gegenüber dem naturalen Material zugewiesen hatte, wird damit in seinem theoretischen Status selbst zu einem subjektiven Begriff, dem nur in der reinen Beziehung des Bewußtseins auf sich selbst ein Gegenstand gegeben ist. Die Tautologie des reinen Selbstbewußtseins bleibt bei Ockham auf das Individuum beschränkt. Eine metaphysische Psychologie im Sinne der Hochscholastik oder gar des Neuplatonismus hat Ockham hieraus nicht entwikkeln können.

Damit fällt auch die Substantialität des Selbstbewußtseins insofern fort, als es seinerseits an keinen Träger mehr gebunden ist, zumal es für sich betrachtet ein gegenstandsloses Verhältnis zu sich selbst darstellt. Insgesamt gehört die überkommene Seelenlehre nur mehr in das Gebiet der Theologie, deren Sätze für Ockham philosophisch nicht mehr beweisbar sind. Die Existenz einer in sich subsistierenden Seele, die gleichwohl Form des Körpers ist, und zwar, wie Aristoteles schon lehrte, ganz in jedem seiner Teile, ist deshalb nicht wissenschaftlich zu beweisen. Ob es überhaupt eine Substanz gebe, in der die Akte des Bewußtseins sich vollziehen, ist über die intuitive Selbstgewißheit hinaus vielmehr ein Gegenstand des Glaubens: »Dico quod intelligendo per ›animam intellectivam‹ formam immaterialem, incorruptibilem quae tota est in toto corpore et tota in qualibet parte, nec potest evidenter sciri per rationem vel per experientiam quod talis forma sit in nobis, nec quod talis anima sit forma corporis, [...], sed ista tria solum credimus.«[37]

37 Quodl. I, qu. 10 (Op. theol., Bd. IX, S. 63 f.). Die Stelle zeigt außerdem die Veränderungen, die die nominalistische Denkweise in der Theologie bewirkt. Die zentralen Glaubensartikel sind nach Ockham nicht mehr beweisbar. Weder Gottes Dasein noch die Trinität noch die göttliche Wirkursächlichkeit in der Welt sind durch philosophische Argumente zwingend zu begründen. Da die Artikel aber weiter gelten sollten, mußte der Glaube gegenüber dem diskursiven Wissen eine eigene Art der Gewißheit darstellen: »Ad istam quaestionem dico quod (articuli fidei) non possunt demonstrari a viatore, quia nec demonstratione quia nec propter quid.«

Wenn das Denken seiner selbst intuitiv gewiß ist, dann folgt für Ockham hieraus dennoch nicht, daß das Denkvermögen an den Körper gebunden sei, noch nicht einmal notwendig, daß die einzelnen Denkakte auf eine Substanz *sui generis* bezogen seien. Aus der Selbstgewißheit läßt sich nach Ockham also keine affirmative Substanzlehre ableiten. Das Theorem von der *notitia intuitiva* antizipiert hier dennoch implizit die Position von Descartes. Denn die Trennung des Denkvermögens und seines Apparates von der zu erkennenden *res* ist so weit vollzogen, daß die Wahrnehmung, die er an anderen Stellen ganz empiristisch als *notitia intuitiva sensitiva* bezeichnet, für die Erkenntnis gar keine konstitutive Bedeutung mehr haben soll. Zugleich ist das rationalistische Element bei Ockham suspendiert, denn einen Grund für die Selbstgewißheit kann es ihm zufolge nicht geben, da nicht einmal beweisbar sei, daß der Intellekt die Ursache der Erkenntnis ist; er ist nur deren faktischer Träger: »Ex isto sequitur quod non potest sufficienter probari quod intellectus est causa effectiva cognitionis, sed sufficit ad salvandam omnia quod sit subiectum cognitionis.«[38]

Läßt sich also schon nicht streng beweisen, daß der intuitive Akt der Selbstgewißheit überhaupt einen substantiellen Gegenstand hat, so sind die kontingenten Urteile über die eigenen psychischen Akte doch gewisser als die Sätze über kontingente äußere Sachverhalte. Hatte Descartes später den hierin gelegenen erkenntnistheoretischen Solipsismus mit seiner Version des ontologischen Gottesbeweises aufzubrechen versucht, so kann Ockhams Theorie ihrer radikalen Universalienkritik wegen ein solches Fundament des Wissens nicht legen. Denn diese Kritik hatte vom objektiv Seienden nur die beziehungslose Individualität übriggelassen.

Auch im Denken selbst betätigt sich nur die je individuelle Selbstgewißheit. Ob es außerhalb des einzelnen seiner selbst gewissen Subjekts überhaupt andere Menschen gibt, ist auch nicht beweisbar. Fremdpsychische Akte sind im strengen Sinne gar nicht erkennbar; sie werden nur aus äußeren Anzeichen erchlossen, aber dieses Schließen ist im Grunde ein Glauben. Was vermöge der *notitia intuitiva* von anderen Menschen erscheint, läßt nicht notwendig auf ein menschliches Wesen hinter den Phänomenen schließen. Dies gilt um so mehr, als die göttliche Allmacht in das Verhältnis von Ding und Wahrnehmung eingreifen kann: »Per nullum effectum potest probari

(Quodl. II, qu. 3, l. c., S. 117) Nur wer der Gnade der Seligkeit teilhaftig ist, kann die Einheit des Geglaubten und des Gewußten erschauen.

38 Sent. I, d. 1, qu. 3 (Op. theol.., Bd. I, s. 148).

quod aliquis sit homo, maxime per nullum effectum qui apparet in nobis, quia omnia quae videmus in homine potest angelus incorporatus facere, sicut comedere, bibere etc.«[39]

An die Stelle des Engels kann ebenso ein Dämon treten; für die Gewißheit, die das erkennende Subjekt aus eigener Kraft gewinnen kann, macht es keinen Unterschied. An Stellen wie dieser wird deutlich, wie sehr die Welt des 14. Jahrhunderts im Bewußtsein der Zeitgenossen ihre jedem vernünftigen Wesen erkennbare Struktur verloren hatte. Das göttliche Handeln ist nicht mehr eindeutig aus seinen Wirkungen erkennbar. Magie, Geisterglaube und die daraus folgenden Hexenverfolgungen beginnen denn auch nicht zufällig in dieser Epoche sich besonders zu verbreiten.

Einer fraglos objektiven Theorie der Welt kann Ockham kein Argument mehr entnehmen, um die Natur des Intellekts und sein Verhältnis zu seinen Gegenständen zu bestimmen. Nicht einmal der Existenz der Außenwelt kann der Intellekt allein und aus eigener Kraft sicher sein. Sie ist auch in der *notitia intuitiva* nur als wahrscheinlich gegeben. Dieses bei Ockham häufige Motiv läuft, für sich genommen, auf einen modernen Skeptizismus hinaus, als deren Urheber er öfter angesehen wurde. Indessen hat er den Gedanken theologisch gefaßt und damit versucht, den Skeptizismus zu vermeiden. Wenn es keine Sicherheit dafür gibt, daß den Sinneswahrnehmungen ein Objekt korrespondiert, dann entfällt der letzte Grund, einen denknotwendigen Zusammenhang zwischen den singulären Dingen anzunehmen.

Diese Kontingenz im Verhältnis von Wahrnehmung und singulärem Ding hat nach Ockham aber ihrerseits einen Grund. Sie leitet sich aus der übernatürlichen Allmacht Gottes her. Für Gott ist es möglich, dem erkennenden menschlichen Subjekt ein Nichtseiendes als ein Seiendes vorzuspiegeln. Zwar hat Ockham noch nicht die an den cartesianischen Dualismus anschließende occasionalistische Konsequenz vorweggenommen, nach der jeder Akt des menschlichen Verstandes nur durch die Vermittlung Gottes ihrem Objekt adäquat sein kann, aber der böswillige Geist Descartes' ist für Ockham geradezu eine Bestimmung Gottes selbst. Ob es sich um den natürlichen Gang der Erkenntnis handelt oder um eine übernatürlich verursachte Täuschung, ist für den menschlichen Intellekt im einzelnen Fall nicht unterscheidbar: »Sensus potest intuitive cognoscere rem absentem

39 Sent. II, qu. 4 (Op. theol., Bd. V, S. 73). Unter ausdrücklicher Berufung auf Augustinus, *De Trinitate*, XIII, 3 bestimmt Ockham an anderer Stelle das Verhältnis des je einzelnen Bewußtseins zu einem fremden als »coniectura«; cf. Sent. I, Prol. qu. 1, l. c., S. 42.

et non existentem. Igitur sine contradictione potest res videri sine situatione, saltem per potentiam divinam, et ita intellectus potest. [...] Quia naturaliter nihil intuetur intellectus nisi mediante sensu exsistente in actu suo, sed supernaturaliter potest, et ita sensus.«[40]

Wenn die menschliche Subjektivität aus sich heraus der Existenz der äußeren Gegenstände nicht sicher sein kann, dann ist ihr Verhältnis zu den Dingen kontingent. Kontingenz bedeutet aber das Fehlen eines gesetzmäßig wirkenden Grundes: Was sein kann oder auch nicht, hat keinen Grund. Da Ockham das alte metaphysische Verhältnis von Grund und Begründetem suspendiert, wird die Welt insgesamt kontingent. Aber die Privation des vollständigen Grundes hat nach Ockham selbst einen Grund, den er in Gott verlegt. Der göttliche Wille, in der Tradition stets die oberste Garantie für die erkennbare natürliche Ordnung der Welt, kann dem Subjekt schon die elementare Wahrnehmung eines Dinges vortäuschen; die hieran anschließenden intellektiven Akte sind ohnehin subjektiv und instrumentell: Schärfer als hier ist der Bruch mit den theoretischen Grundlagen des mittelalterlichen Denkens auch in der Neuzeit nicht vollzogen worden.

Ockham bleibt indessen gerade in seiner Negation der überkommenen Lehre vom Seienden und seinen Gründen einer metaphysischen Argumentationsweise verhaftet, indem er das Nichtsein konkreter natürlicher Kausalverhältnisse auf eine übernatürliche Ursache zurückführt. Es ist aber offenkundig, daß dies bereits ein Rückzugsgefecht der Theologie ist, in dem die traditonelle Bestimmung Gottes auf den Kopf gestellt wird. War Gott, wie alles affirmativ Seiende, als Agens verstanden worden, das nur ihm Ähnliches, also affirmatives Sein, bewirkt, so wird er hier zur Ursache eines privativen Nichts; das aber ist die traditionelle Bestimmung des Bösen, das keinen göttlichen Ursprung haben kann.

Die theoretische Philosphie Ockhams hat die Aufwertung des Besonderen, die seit der Mitte des 13. Jahrhunderts die Philosophie zunehmend bestimmt hatte, spekulativ bis zur Konsequenz des Bruches mit dem überkommenen Bewußtsein getrieben. In dieser Kritik

40 L. c., qu. 13, S. 284 f. die luzideste Darstellung der hier reflektierten Probleme bei Ockham bietet immer noch E. Hochstetter, *Studien zur Metaphysik und Erkenntnistheorie Wilhelms von Ockham*, Berlin 1927, S. 56 ff. Das Buch ist einer der ersten Versuche, die theoretische Position Ockhams systematisch zu konstruieren; dennoch gelingt es ihm nicht, die Theoreme ohne unnötigen Bruch gedanklich zu verbinden, weil der Autor bereits hier den Begriff des Nominalismus zu vermeiden sucht.

des vorangegangenen entwickelt Ockham die Grundlage des zukünftigen modernen Denkens. Die politisch sich bereits vollziehende Auflösung des Allgemeinen erhält ihren theoretischen Ausdruck in der radikalen Kritik der Universalien *extra animam*, welcher die Lehre von der alleinigen Realität des Besonderen entspricht. Hierin und in der Zurückführung aller die Begriffe setzenden und verknüpfenden Operationen auf den menschlichen Intellekt bekundet sich eine neue Stellung des Bewußtseins zur Welt und damit zu sich selber. Die Spontaneität des Geistes wird entfesselt, da der Intellekt nicht mehr an die passive Aufnahme der intelligiblen Weltordnung gebunden ist. Die Freiheit des Einzelnen wird zu einer moralischen und politischen Perspektive, die in der Ontologie des singulären Seins fundiert zu sein scheint und doch ganz ambivalent ist.

Diese produktiven Potenzen der *via moderna*, deren philosophisches Bewußtsein bei Ockham konsequent formuliert ist, haben die Entwicklung der gesamten europäischen Zivilisation geprägt. Die menschliche Individualität wird erst im 14. Jahrhundert bis ins empirische Detail Gegenstand wissenschaftlichen und künstlerischen Interesses. In Malerei und Skulptur gewinnen die einzelnen menschlichen Gestalten eine Fülle von Bestimmungen, der gegenüber die traditionelle Darstellungsweise des Menschen geradezu schematisch erscheint. Mit Giotto, einem Zeitgenossen Ockhams, beginnen für die Malerei Motive konstitutiv zu werden, die vorher als akzidentell galten. Das räumlich und zeitlich begrenzte Dasein wird in das Bild thematisch aufgenommen. Der Bildraum wird in elementarer Form perspektivisch erfaßt und begrenzt, so daß die dargestellten Figuren und Dinge als körperlich Seiende mit individuellen Zügen hervortreten. Zugleich gestalten die Bilder und Plastiken die Bewegung ihrer Kompositionselemente. Die Malerei des Mittelalters war demgegenüber vornehmlich symbolische Demonstration des Wesens, das von Raum und Zeit unabhängig sein sollte. Daher sind die fast unkörperlichen Figuren einander oft zum Verwechseln ähnlich, denn die sinnliche Erscheinung des einzelnen Menschen, die Geste des Augenblicks waren nichts, was sich im Bilde festzuhalten lohnte.[41]

41 Auf die geistigen Zusammenhänge zwischen dem Universalienproblem und den Tendenzen der künstlerischen Produktion hat die Kunstgeschichte bisher nur wenig geachtet. Cf. etwa E. Rosenthal, *Giotto in der mittelalterlichen Geistesentwicklung*, Augsburg 1924, bes. S. 194 ff. Die hier nur angedeutete Durchdringung immanenter Analyse der Werke und der Reflexion des in ihnen zum Ausdruck gelangenden Bewußtseins wäre konsequent aufzunehmen.

Im Gegensatz hierzu sucht die Kunst vom 14. Jahrhundert an auch den vergänglichen Augenblick zu erfassen, Bewegung stillzustellen. Die Spannung von Vergängnis und Dauer wird für die Kunst konstitutiv, so daß der Widerspruch zwischen dem einzelnen verschwindenden Augenblick und der exemplarischen Erscheinung wesenhafter Dauer zum Kompositionsgesetz des Bildes wird. Die autonome Kunst, die sich im späten Mittelalter herausbildet, beruht ebenso wie andere Bereiche des Geistes dieser Zeit auf der nominalistischen Denkweise: Eine Kunst, der das Verhältnis von Allgemeinem und Besonderem nicht zum Problem geworden wäre, hätte sich niemals vom Sakralen gelöst. Die autonome Kunst der Neuzeit, in der jedes authentische Werk mit immanenter Gesetzmäßigkeit als unwiederholbares Gebilde hervortritt, wäre nicht entstanden ohne das nominalistische Bewußtsein, dem die Individualität des Wesens schon früh zum zentralen Topos geworden war.

Wenn nur das singuläre Ding ein Wesen hat, das es mit keinem anderen Seienden teilt, dann begründet diese Lehre auch die neuzeitliche Individualpsychologie, die den einzelnen als unverwechselbaren Charakter behandelt. Nur aus sich selbst, nicht als Ausdruck eines Allgemeinen, soll der Einzelne sich zu dem entfalten, der er an sich schon immer ist. Das neuzeitliche bürgerliche Selbstbewußtsein, das den Einzelnen zum freien Urheber seines Schicksals erhebt, das im Charakter immer schon angelegt sein soll, beruht auf der Ockhamschen Prämisse, daß das Wesen nur singuläre Existenz habe.

Die Implikationen dieser Prämisse sind widersprüchlich. Anarchische Freiheit kann sich ebenso auf sie berufen wie die Zwangsordnung des autoritären Staates. Die Forderung nach der Abschaffung der überkommenen Rangordnungen und Stände hat dieselben nominalistischen Voraussetzungen wie der Ruf nach der Zentralgewalt, die den Krieg aller gegen alle niederhält. Autonomie des Einzelnen und seine haltlose Unterwerfung unter heteronome Gewalt sind die komplementären Seiten der neuzeitlichen Freiheitsbewegung, deren geistige Grundlagen im 14. Jahrhundert gelegt werden.

Diese Ambivalenz der Moderne ist wiederum bereits in Ockhams theoretischer Philosophie deutlich angelegt. Die Erkenntnistheorie mündete in der Aporie, daß einerseits die allgemeinen Sätze der Wissenschaft in der Reflexion gründen, die sich an die für die Dinge gesetzten Zeichen anschließt, daß aber andererseits das Subjekt aus eigener Kraft der Dinge, die das Erkenntnisvermögen affizieren, nicht einmal intuitiv zweifelsfrei gewiß sein kann. Das Problem für den späteren Sensualismus, wie Erkenntnis beim Fehlen des äußeren Sinnesreizes möglich sei, stellt sich für Ockham als das der *notitia intuitiva* eines Nichtseienden. Was der neuzeitliche Sensualismus durch physikalische und neurophysiologische Erwägungen erklären will, soll bei Ockham der allmächtige Gott leisten. Die Spontaneität des denkenden Subjekts, die Ockham aus den alten ontologischen Ordnungen befreit, verfällt damit einer undurchschaubaren Macht. Da nach der Universalienkritik der Verstand an den Dingen kein reales Allgemeines finden kann, das die Abstraktion herausarbeiten könnte, andererseits eine Reflexion auf die im Kantischen Sinne transzendentalen Bedingungen objektiver Erkenntnis noch nicht angestellt werden konnten, schreibt Ockham der göttlichen Allmacht unmittelbar zu, was nach traditioneller Auffassung durch die teleologische Naturordnung im Ganzen, nach moderner durch die unprüngliche Einheit des Bewußtseins begrifflich werden sollte.

Den prekären Zusammenhang zwischen den subjektiven Sinnes- und Verstandesvermögen kann nach Ockham letztlich nur der Glaube stiften. Die weltliche menschliche Erkenntnis wird durch dieselbe Argumentation zugleich emanzipiert und radikaler als zuvor eingeschränkt. An dem Punkt, wo seine Erkenntnistheorie sich als undialektisch und deshalb abstrakt erweist, kann Ockham deren Aporie nur durch einen Sprung in den Glauben lösen. Wenn die Evidenz von Erkenntnis letztlich keinen diskursiv bestimmbaren Grund hat, dann bedeutet dieser Verzicht auf die Wahrheit im traditonellen Sinne die Apologie einer Allmacht, die der Wissenschaft transzendent sein soll und eben deshalb das *sacrificium intellectus* verlangen kann: »Cognitio intuitiva potest esse per potentiam divinam de obiecto non exsistente. Quod probo primo per articulum fidei: ›Credo in Deum Patrem omnipotentem‹. Quem sic intelligo quod quodlibet est divinae potentiae attribuendum quod non includit manifestam contradictionem; sed istud fieri a Deo non includit contradictionem; igitur etc.«[42]

Freilich hat Ockham mit der These von der erkenntnisbestimmenden Macht Gottes nicht alle rationalen Konstanten der Welt leugnen wollen.[43] Denn es entspricht auch der Macht Gottes, eine faktische Ordnung zu erhalten, die er nicht ohne Selbstwiderspruch aufheben könnte. Noch weniger wollte Ockham die Unterwerfung zur obersten intellektuellen Norm erheben wie die Kurialisten. Seine theoretische

42 Quodl. VI, qu. 6 (Op. theol.., Bd. IX, s. 604).

43 Cf. hierzu die Explikationen von J. P. Beckmann, »Allmacht, Freiheit und Vernunft. Zur Frage der ›rationalen Konstanten‹ im Denken des Späten Mittelalters«, in: J. P. Beckmann u. a. (Hrsg.), *Philosophie im Mittelalter. Entwicklungslinien und Paradigmen*, Hamburg 1987, S. 275 ff. Der Kritik an H. Blumenberg ist insbesondere zuzustimmen.

J. F. STEINKOPF

Antiquariat GmbH
Marienstraße 5 · 70178 Stuttgart
Telefon 07 11 / 2 26 40 21
Telefax 07 11 / 2 26 40 23

Datum: 8.4.2003

Anschrift

Anz.	Artikel	Preis	€	Cent
1	[illegible]			

Philosophie hat vielmehr das Subjekt zum Prinzip der Wissenschaft als der widerspruchsfreien Ordnung von Sätzen gemacht und damit die objektive Bedingung von Freiheit im modernen Sinne erkannt. Aber diese Wissenschaft bleibt ohnmächtig, da sie aus sich selbst keinen Grund für ihre Angemessenheit an die Dinge entwickeln kann. Die Bindung des Denkens an den Willen Gottes mag bei Ockham subjektiv noch auf traditoneller Frömmigkeit beruhen, ihrer inneren Konstruktion nach folgt der abrupte Übergang der Argumentation in die Theologie aus der abstrakten Immanenz des erkennenden Subjekts, die ein heteronomes Korrektiv zu fordern scheint. In der folgenden Entwicklung der europäischen Zivilisation hat sich die Ambivalenz der Motive seiner Philosophie deutlich gezeigt.

Der Ausgangspunkt der politischen Theorien Ockhams ist die Lehre von der in sich distinkten Macht Gottes, die er wiederum von Duns Scotus übernommen und zugleich charakteristisch variiert hat. Schon bei Scotus ist die Macht Gottes dem Intellekt gegenüber prävalent und absolut, ohne deshalb das Prinzip unberechenbarer Willkür zu sein. Der göttliche Wille ist ursprünglich frei, die Schöpfung deshalb ein durch nichts erzwungener Prozeß. Ihre Ordnung ist als ganze kontingent, aber in sich rational. Insofern Gott die Ordnung insgesamt außer Kraft setzt, handelt er *de potentia absoluta*, alle übrigen Akte seines Willens folgen der von ihm selbst gesetzten Regelmäßigkeit, sie geschehen *de potentia ordinata*.[44]

Ockham ist dieser Unterscheidung gefolgt und hat aus ihr Konsequenzen gezogen, die bei Scotus noch latent sind. Hatte für Thomas von Aquin gegolten, daß der Wille Gottes der in ihm selbst liegenden Wahrheit folge und daß die *lex naturalis*, nach der alle menschlichen Handlungen normiert sind, die für die Menschen erkennbare Seite dieser Wahrheit sei, so verliert bei Ockham dieses Verhältnis seine essentielle Unveränderlichkeit. Die oberen Normen, nach denen der prinzipiell freie menschliche Wille sich seinerseits als *potentia ordinata* richtet, sind von Gott frei gesetzt und könnten auch andere

44 Cf. Duns Scotus, Ord. I, d. 44, qu. unica, n. 3 (Ed. Vat., Bd. VI, S. 363 f.): »In omni agente per intellectum et voluntatem, potente conformiter agere legi rectae et tamen non necessario conformiter agere legi rectae, est distinguere potentiam ordinatam a potentia absoluta; et ratio huius est, quia potest agere conformiter illi legi rectae, et tunc secundum potentiam ordinatam [...], et potest agere praeter illam legem vel contra eam, et in hoc est potentia absoluta, excedens potentiam ordinatam.« Die gesamte Quaestio wendet diesen Grundgedanken auf die Macht Gottes an.

sein. Was somit für den menschlichen Willen Wahrheit ist, folgt aus dem absoluten Willen Gottes, den Ockham mit seinem Wesen schlechthin identisch setzt. Kosequent ist keine Handlung als solche mehr tugendhaft: »De virtute sermonis nullus actus est necessario virtuosus. Hoc probatur, tum quia nullus actus necessario est, et per consequens non est necessario vituosus; tum quia omnis actus potest fieri a solo Deo, et per consequens non est necessario virtuosus, quia talis actus non est in potestate voluntatis.«[45]

Wenn der in sich rationale Codex naturrechtlicher Normen, den Gott gesetzt hat, von ihm gegen einen anderen ausgetauscht werden kann, dann besteht die Tugendhaftigkeit der Handlung nicht in der Erfüllung konkreter Vorschriften, sondern im Gehorsam gegenüber jedem Gebot, an dessen göttlichen Ursprung zu glauben ist: »Generaliter tam in praedestinato quam in reprobato est aliqua ratio et causa, [et] potest dici quod omnis voluntas recta est conformis rationi rectae, sed non semper est conformis rationi rectae praeviae quae ostendat causam quare debet voluntas hoc velle. Sed eo ipso quod voluntas divina hoc vult, ratio recta dicat quod est volendum«[46]

In diesem Lehrstück ist die Einheit des moralischen Bewußtseins und der theoretischen Erkenntnis, so wie sie bei Thomas von Aquin bestimmt war, aufgelöst. Was moralische Pflicht ist, folgt nicht mehr aus einer naturrechtlichen Deduktion, sondern aus der Liebe zu Gott, die der Einzelne in sich trägt. Gegenüber diesem inneren Gehorsam ist der sachliche Gehalt des Gebotes sekundär. Nur diese subjektive Bestimmung des Einzelnen ist überhaupt an sich tugendhaft: »Ille actus necessario virtuosus [...] est actus voluntatis, quia actus quo diligitur Deus super omnia et propter se, est huiusmodi; nam iste actus sic est virtuosus quod non potest esse vitiosus.«[47] Das einzelne menschliche Subjekt wird so einerseits in einer neuen Weise zur Quelle der Moralität und ist dies doch nur durch verinnerlichte Abhängigkeit gegenüber der obersten Macht. Die Ambivalenz der sich emanzipierenden Subjektivität der Moderne ist hierin angelegt.

Die Priorität der absoluten Vernunft, derzufolge der menschliche Verstand die Übereinstimmung von Maxime, Handlung und vernünftigem Gebot überprüfen konnte, ist in Ockhams Denken aufgelöst. Das hat seinen Grund in der Veränderung des Gottesbegriffs. Gottes Wesen ist nicht mehr der Inbegriff der Rationalität, die nach alter

45 Quodl. III, qu. 14 (Op. theol., Bd. IX, S. 254 f.).
46 Sent. I, d. 41, qu. unica (Op. theol., Bd. IV, S. 609f.).
47 Quodl., l. c., S. 255 f.

theologischer Überzeugung der Welt *per analogiam* innewohnen sollte, sondern vielmehr die absolute Macht, überhaupt etwas zu tun, was nicht einen manifesten Widerspruch in sich trägt. Diese Einschränkung, die Ockham ausdrücklich vornimmt, bindet den göttlichen Willen insofern an das Prinzip von Rationalität, als eine darüber hinausgehende Macht sich selbst aufhöbe. Gebunden an das Widerspruchsprinzip, ist der Wille Gottes *potestas ordinata*, die durch die gegebene Ordnung hindurch wirkt. Wenn diese auch nicht an beliebigen Stellen ohne Widerspruch im Ganzen zu durchbrechen ist, so hat das Prinzip selbst doch seine vormalige Eindeutigkeit verloren, denn die Quelle der in sich stimmigen Weltordnung ist letztlich ein Willkürakt.

Daß die Welt auf Willkür beruhe, ist die historische Erfahrung der Epoche. Die Gewißheit, alles Seiende sei in ewiger in sich ruhender Vernunft analog, war nachhaltig erschüttert. Macht und Gewalt sind deshalb die zentralen Motive des 14. Jahrhunderts. Nicht das Gesetz ist das Erste, sondern die Macht, die es gesetzt hat. Der Relativierung der Rationalität auf die Macht entspricht der Zusammenbruch der alten Heilsgewißheit, die sich in den früheren Jahrhunderten mit der Wissenschaft eins wissen konnte. Im 14. Jahrhundert hat sich die Gewalt auch praktisch gegenüber der Vernunft verselbständigt. Die Universalmächte waren paralysiert oder in Auflösung begriffen, die Königreiche England und Frankreich befanden sich im Hundertjährigen Krieg. Vielfältige Aufstände von Bauern und Städtern durchzogen das 14. Jahrhundert ebenso wie wirtschaftliche Katastrophen. Brutale Judenverfolgungen, astrologischer Aberglaube, kollektive Psychosen wie das Geißlertum wurden durch die großen Seuchenzüge von Pest und Lepra befördert.[48] Die Gewalt, die im 14. Jahrhundert thematisch bis in die subtilsten philosophischen und theologischen Spekulationen vordrang, ist in der Realität gleichsam anthropologisch geworden. Die Massenpsychosen und der Hexenwahn erwachsen parasitär aus dem Zusammenbruch der alten Überzeugung von der Substantialität des Allgemeinen, an dem der Einzelne mit seiner *anima intellectiva* teilhaben sollte.

48 Diesen sozialhistorischen Zusammenhängen sind in letzter Zeit viele eingehende Studien gewidmet worden. Sie alle zeigen auf verschiedene Weise, daß das traditionelle Bewußtsein sich ebenso auflöste wie die Institutionen, die es ermöglichten. Cf. besonders F. Graus, *Pest, Geißler, Judenmorde*, Göttingen 1987. Angesichts der drastischen Befunde verliert die philosophiehistorische Bemühung, das heile Mittelalter wenigstens bis zur Reformation zu retten, jede Evidenz. Gerade Ockhams Denken ist Ausdruck seiner Zeit, die er ja auch mitgestaltet hat.

Ockhams politische Theoreme sind sämtlich aus praktischen Anlässen entstanden und sind als Versuche zu verstehen, dem Chaos der historisch bestimmenden Willkür ein Ende zu bereiten. So skizziert Ockham eine Rechts- und Gesellschaftsordnung, deren oberstes Prinzip jedoch eine Gewalt ist, die keiner weiteren Legitimation fähig ist. Ockhams politische Philosophie tritt mit der Prämisse auf, daß es einen unwandelbaren Logos, der allem Einzelnen vorgeordnet ist, nicht gebe. Alle Regeln in Recht und Gesellschaft sind vielmehr kontingent gesetzt. Sie gründen zwar letzthin im Willen Gottes, der sich in der Offenbarung zu erkennen gegeben hat, aber ein Naturrecht im thomistischen Sinne ist daraus nicht herzuleiten.

Die Wendung des Gottesbegriffs zur Autokratie des Willens teilt Ockham mit den Kurialisten, seinen schärfsten Gegnern. Deren Insistenz auf dem Gehorsam gegenüber dem von Gott gesetzten und in seinem Auftrag von der kirchlichen Hierarchie interpretierten Gebot hatte den Primat des göttlichen Willens bereits nachdrücklich betont. Ockham geht hierüber konsequent hinaus, gerade indem er das kurialistische Kirchenverständnis bekämpft, das trotz allen Voluntarismus noch immer naturrechtlich geprägt ist. Die *ecclesiastica potestas* und ihr institutioneller Apparat sollten einem unveränderlichen göttlichen Auftrag entstammen. Der Papst und die ihm nachgeordneten Instanzen sollten deshalb die oberste Jurisdiktionsgewalt in weltlichen Dingen und das Recht besitzen, aus den zahlreichen kirchlichen Gütern Abgaben zu beziehen und sie zu weltlichen Machtzwekken zu verwenden. Ockham hat die Mittlerrolle des Papstes und der kirchlichen Instanzen, ohne die nach kurialistischem Verständnis der Einzelne nicht zum Heil gelangen kann, konsequent bekämpft: Was Gott als *potentia ordinata* durch die Instanzen der Kirche bewirkt, kann er auch unmittelbar, *de potentia absoluta* tun. Die kanonische Rechtsordnung der Kirche ist also nicht die einzige Vermittlung des Gläubigen mit Gott.

Ockhams Position in Fragen der politischen Philosophie bildete sich während seines erzwungenen Aufenthaltes am päpstlichen Hof in Avignon heraus, wo er als Häretiker angeklagt war. Bei dieser Gelegenheit lernte er die Positionen im gleichzeitigen theoretischen Armutsstreit kennen, in dem der Franziskanerorden und die Kurie einander gegenüberstanden.[49] Die Minoriten vertraten schon seit der Gründung ihres Ordens die Lehre, die Kirche müsse der Verstrik-

49 Eine knappe und dennoch detaillierte Darstellung der historischen Entwickung des Streites findet sich bei J. Miethke, *Ockhams Weg zur Sozialphilosphie*, Berlin 1969, S. 348 ff.

kung in die irdischen Macht- und Besitzverhältnisse entsagen und zur Armut der Urkirche zurückkehren. Diese Lehre hatte den Orden innerlich entzweit, und die Vertreter ihrer radikalen Version wurden als Spirituale von Papst Johannes XXII. grausam verfolgt. Der Streit erhielt während Ockhams Aufenthalt in Avignon neue Schärfe, als die Frage diskutiert wurde, ob Christus und die Apostel einzeln oder in Gemeinschaft ein Eigentum gehabt hätten. Der Papst sah durch die These einiger Franziskaner, die das Eigentum Christi und der Apostel bestritt, die Legitimität seiner eigenen weltlichen Rolle in Frage gestellt, was dem Streit politische Bedeutung verschaffte.

Ockhams umfangreiche Stellungnahme, die über die ursprüngliche Frage weit hinausgeht, ist das *Opus nonaginta dierum*, in dem auch seine späteren politischen Theoreme angelegt sind. Deren tragende Argumentation ist trotz dieser Verbindung zu den historischen Kämpfen ihrer Zeit, wie sie in Ockhams Flucht zu Kaiser Ludwig dem Bayern deutlich wird, aus der nominalistischen Kritik an der überkommenen Metaphysik erwachsen. Das Denken Ockhams ist trotz des Wechsels seiner Gegenstände und mancher innerer Widersprüche in seinem Impuls das gleiche geblieben.[50]

Aus der Armutslehre der Franziskaner, die Ockham affirmativ, jedoch nicht so radikal wie die Spiritualen vertritt, folgt, daß die Kirche nur im geistlichen Sinne legitime Herrschaft ausüben darf. Denn das *regnum Christi* ist nicht von dieser Welt, es erstreckt sich nur auf die Gläubigen und wird umgekehrt nur durch den Akt des Glaubens zusammengehalten: »Sed regnum Christi fuit ecclesia Christi comprehendens solummodo credentes in Christum; et ita regnum Christi

50 An dieser Stelle ist der in der Sekundärliteratur gelegentlich geäußerten These zu widerprechen, Ockhams »akademische« Schriften und seine polemisch-politischen Traktate entstammten zwei gänzlich verschiedenen Denkmodellen. Bereits E. Longpré hatte diese Ansicht vertreten: Cf. »La philosophie du Bienheureux Duns Scot«, in *Etudes Franciscaines,* Bd. 35 (1927), S. 583. J. Miethke hat sich erst kürzlich in ähnlichem Sinne geäußert: Cf. »Die Institutionen des späten Mittelalters«, in: E. P. Bos u. H. A. Koop (Hrsg.), *Ockham and Ockhamists*, Nijmegen 1987, S. 131. Die Argumente dagegen finden sich schon bei L. Baudry, »Le philosophe et le politique dans Guillaume d'Ockham«, in: *Archives d'Histoire doctrinale et littéraire du Moyen Age*, Bd. 14 (1939), S. 209. Der Beweis ist ganz textimmanent zu führen: Die logische Berechtigung, von gesellschaftlichen Institutionen zu sprechen, bezieht Ockham explizit aus seiner Universalienkritik und der daraus folgenden Suppositionslehre. Im *Opus nonaginta dierum* wird im 62. Kapitel schon dieselbe Argumentation benutzt wie später bei der Eposition des Kirchenbegriffs im Dialogus.

non fuit regnum saeculare, sed fuit regnum spirituale, hoc est, fuit ecclesia Christianorum ab eo spiritualiter gubernanda.[51]

Das geistliche *regnum* wird nun aber in scharfem Gegensatz zum Kurialismus von den weltlichen Herrschaftsansprüchen getrennt. Dies ist bei Ockham nicht ein ungebrochener Rekurs auf die traditionelle Zweigewaltenlehre, sondern vielmehr die Skizzierung des Begriffs einer Kirche, die von den einzelnen, prinzipiell gleichen Menschen als Gläubigen konstituiert wird, so wie die Menschen als weltliche Wesen den rein diesseitigen Staat bilden. Die Ockhamsche Gesellschaftslehre bildet sich mit seinem Kirchenbegriff heraus. Die Ekklesiologie ist das Modell, nach dem komplementär der weltliche Staat konzipiert ist.

Für Ockham steht fest, daß die historisch wirkliche Kirche weder in ihrem institutionellen Aufbau noch in den tragenden Rechtskonstruktionen schlüssig aus einem unwandelbaren göttlichen Willen hergeleitet werden kann. Deshalb hat er auch die in der Vergangenheit immer wieder vorgebrachten Argumente für die göttliche Einsetzung einer weltlichen päpstlichen Herrschaft zurückgewiesen. Die geistliche Jurisdiktionsgewalt hat die Kirche vielmehr durch Übertragung von den Gläubigen erhalten. Dieser Lehrmeinung seiner Ordensbrüder stimmt Ockham ausdrücklich zu: »Dicunt quod papa Romanus illam iurisdictionem temporalem, quam nascitur obtinere, non habuit ex successione Petri. [...] Non ergo ratione successionis sed collatione fidelium papa habet iurisdictionem in diversis regionibus temporalibus.[52]) Auch andere traditionelle Vorrechte des Papstes, wie die Kaiserkrönung, folgen nicht aus der Nachfolge Petri. Die Konstantinische Schenkung, die damals noch nicht als Fälschung erkannt war, ist geradezu der Beweis, daß die Papstmacht von einem Menschen übertragen wurde.[53]

Wenn die Kirche eine menschliche Einrichtung ist, dann beruht die *plenitudo potestatis* des Paptes nicht auf seiner Rolle als Stellvertreter Christi. Diese scharfe Kritik an den traditionellen kirchlichen Rechtspositionen entspricht der Auflösung der als falsch erkannten Hypostase des Allgemeinen. Beruhte das überkommene Kirchenverständnis

51 Ockham, *Opus nonaginta dierum,* c. 93 (*Opera politica,* Bd. II, S. 680). Das gesamte Kapitel ist dem Nachweis gewidmet, daß die weltliche Gewalt des Paptes illegitim sei.

52 *Opus nonaginta dierum,* c. 93, l. c., S. 689.

53 Cf. Ockham, *Octo quastiones de potestate papae* (Op. pol., Bd. I, S. 53 f.). Dazu G. de Lagarde, *La naissance de l'esprit laïque*, Bd. IV, Paris 1962, S. 136.

seit Pseudo-Dionysius Areopagita auf der neuplatonischen Emanationslehre, so konnte nach deren Liquidation die klerikale Hierarchie nicht mehr metaphysisch legitimiert werden. Schärfer als die Kurialisten hat Ockham aus dieser historischen Erfahrung die Konsequenzen gezogen. Seine beiden metaphysischen Hauptthesen – einerseits, daß nur das Einzelne real sei, dem Allgemeinen aber keine separate Existenz *extra animam* zukomme, andererseits, daß die göttliche Macht keine Grenze außer dem Widerpruchsgesetz kenne – verbinden sich in seiner Ekklesiologie derart, daß die einzelnen Menschen zu Gott ein unmittelbares, nicht aber ein notwendig durch die hierarchischen Instanzen vielfältig vermitteltes Verhältnis haben. Deshalb sind weder die dogmatischen Entscheidungen der Päpste noch die der Konzilien unfehlbare Interpretationen der Offenbarung. Die Prozesse der Dogmenbildung und der Entwicklung kirchenrechtlicher Normen, letzthin die gesamte nachbiblische Theologie verlieren damit insofern ihre vormalige überzeitliche Objektivität, als sie menschliche und damit überall fehlbare Interpretaionen des göttlichen Wortes darstellen. Die Theologie kann auf dieser Grundlage nur zu wahrscheinlichen Sätzen gelangen, nicht aber zu zwingenden Beweisen. Für den eigentlichen Glauben, die *fides infusa*, ist die theologische Gelehrsamkeit also nicht erforderlich: »Et si quaeratur quid faciunt rationes probabiles adductae pro credibilibus: aut inducunt fidem aut opinionem aut scientiam aut nihil, – potest dici quod augmentant fidem adquisitam, quamvis non augmentant fidem infusam; unde etiam tales rationes aliquando generant ipsam.«[54]

Die Resultate des jahrhundertelang ausgeübten kirchlichen Lehramtes werden hiermit säkularisiert zu menschlichen Gedanken, die im Zusammenhang mit anderen menschlichen Gedanken stehen. Eine verdinglichte Ordnung, nach der alle Menschen zum Heil finden, ist daraus nicht herzuleiten. Die Menschen sind vielmehr als einzelne durch die Gnade der *fides infusa* mit Gott verbunden. Diesen Glauben erhalten die Menschen durch einen Akt der göttlichen Allmacht; aus den theologischen Argumenten entspringt er nicht. Insofern ist der reflektierteste Theologe gegenüber einem ungebildeten alten Weiblein nicht im Vorteil.[55] Im Gegenteil, selbst der Papst kann Häretiker sein. Viele von Ockhams politischen Schriften verfolgen das Ziel, Johannes XXII. als Häretiker zu entlarven. Wie später im Protestantismus ist dabei die Bibel die einzige unzweifelhafte Autorität in den Angelegenheiten des Glaubens: »Firmiter est tenendum, quod

54 Sent. I, Prol., qu. 7 (Op. theol., Bd. I, S. 206).
55 Cf. l. c., S. 187 und 205.

scriptura sacra errare non potest. Ideo nisi aliqua causa moveat specialis non oportet legere vel audire aliquam probationem contra ipsam, qualescunque et quotcunque affirment se posse probare aliquid contra eam. Sed de papa firmiter catholici literati praecipue et intelligentes ac ratione vigente credere obligantur, quod potest errare.[56]

Gegen das gesamte Gebäude der überlieferten, als rein objektiv geglaubten Dogmatik, das Ockham selbst keineswegs konsequent und radikal umgestürzt hat, stellt er nun aber den subjektiven Glauben als die Kraft, die allein eine verbindliche Auslegung zustande bringen kann. Da die Menschen in dieser Hinsicht aber grundsätzlich gleich sein sollen und die Theologie ja ohnehin nur Wahrscheinlichkeitsbeweise erbringen kann, entfällt die Rechtfertigung für das hierarchisch gestufte Lehramt der Kirche. Die Prälaten stehen letztlich ebenso unmittelbar zur biblischen Offenbarung wie die Laien, denen das Recht zur Auslegung der Bibel nicht abgesprochen werden darf: »Nam licet simplices non teneantur regulariter explicite credere, nisi illa quae iam nunc credenda sunt a clero explicite declarata, tamen simplices legendo scripturas divinas rationis acumine (quo et simplices non omnino carent) aliquid (quod papa et cardinales minime declaraverunt) advertunt evidenter sequi ex scripturis divinis: hoc possunt et debent in hoc casu explicite credere.«[57]

Das Argument zielt auf die Autonomie der einzelnen Subjekte in den Angelegenheiten des Glaubens. Was hier wahr sein soll, ist zwar bei Ockham noch nicht auf die beliebige Meinung des Individuums relativiert, aber es muß doch, unabhängig von der Autorität der kirchlichen Institutionen, von ihm als sein eigener Glaube erfahren werden. Das äußerliche Bekenntnis zu einer vorgegebenen religiösen Lehre ist kein wirklicher Glaube, keine *fides explicita:* »Sed diceret forte aliquis qod simplices salvantur in fide maiorum, igitur non debent habere fidem explicitam de aliquo, nisi de quo papa et Cardinales habent fidem explicitam. [...] Sed respondetur, quod simplices salvantur in fide propria: quia si ipsi non habent fidem in se, non salvantur.«[58]

Der Ockhamsche Kirchenbegriff bringt das egalitäre Moment des Christentums zur Geltung, das seit der Spätantike hinter den verschiedenen Versionen des hierarchischen Herrschaftsdenkens fast verborgen war. Das Problem, wie die essentiell voneinander geschiedenen Individuen Körperschaften wie die Kirche und auch den welt-

56 *Dialogus de potestate papae et imperitoris*, ed. M. Goldast, Frankfurt a. M. 1614 (Reprint Turin 1959), S. 843.
57 L. c., S. 770.
58 L. c.

lichen Staat bilden können, sucht Ockham logisch unter Rekurs auf seine Suppositionslehre zu lösen. Dabei ist freilich vorausgesetzt, daß der Glaube eines Individuums dem jedes anderen gleichrangig ist und es nicht sozial diskriminiert. Hier ist bereits der Impuls der späteren Freiheitsbewegungen wirksam, die nicht zufällig zunächst an Fragen der religiösen Selbstbestimmung ansetzten. Unter dem Titel der kirchlichen Instanzen leistet Ockham Kritik an gesellschaftlicher Herrschaft überhaupt, die sich zu Unrecht auf die menschliche Natur beruft.

Aber nach den nominalistischen Prämissen gibt es eine *essentia humana* als ein subsistierendes Universale nicht mehr. Der Allgemeinbegriff »Mensch« supponiert nicht für das Wesen, sondern für alle Menschen einzeln: »Hoc enim nomen ›homo‹ non significat primo unam naturam communem omnibus hominibus, sicut multi errantes imaginantur, sed significat primo omnes homines particulares. [. . .] Ille enim qui primo instituit hanc nomen 'homo', videns aliquem hominem particularem, instituit hanc vocem ad significandum illum hominem. [. . .] Unde de natura communi non oportuit eum cogitare, cum non sit aliqua talis natura communis.«[59] Alle Menschen, d. h. die Summe aller Individuen, sind demnach die Menschheit. Deren *natura communis* war freilich traditionell die Vernunft, die bei Ockham ihre Bestimmung als subsistierendes Universale verliert. Deshalb argumentiert er auch nicht im Sinne des traditionellen Vernunftbegriffs, um die Gleichheit der Menschen zu belegen. Thomas von Aquin hatte aus der prinzipiell gleichen Vernunftbegabung der Menschen deren essentielle Hinordnung auf die Gesellschaft abgeleitet und sogar das Recht der Herrschaft ihrem Maßstab kritisch unterworfen. Die Kirche galt unter denselben Kriterien als die geistige Einheit der Menschheit, denn der Glaube war selbst als eine Äußerungsweise der Vernunft verstanden, nicht als etwas Irrationales.

Für Ockham aber ist der Glaube vom Wissen bereits scharf geschieden. Er ist zwar ein Inhalt des Bewußtseins und somit ein Gegenstand des Denkens. Deshalb bedarf die übernatürlich bewirkte *fides infusa* auch der Entfaltung der *fides acquisita*. Da aber die Sätze der Theologie, deren Aufgabe diese Entfaltung ist, nur probabiliter gelten, ist der Glaubensinhalt nicht wie die Wissenschaft für jedes denkende Subjekt evident. Der Glaube ist vielmehr ein subjektiver Akt des Fürwahrhaltens, also grundsätzlich eine Bestimmmung des Menschen als Individuum. Einer Objektivierung ist er streng genommen schon bei Ockham nicht mehr fähig.

59 *Summa logicae*, I, c. 43 (Op. phil. Bd I, S. 124)

Ockham geht den ersten Schritt auf dem Wege zu einer Subjektivierung des Glaubens, der am Ende zu Kierkegaards paradoxem Christentum führen wird. Aber Ockham ging es noch nicht um die unendliche Leidenschaft des an der Objektivität verzweifelnden Einzelnen, sondern um die Begründung einer Kirche und eines weltlichen Staates, die nicht verabsolutierte Universalien sind, sondern die wirkliche Repräsentation des singulären Glaubens und Willens. Freilich ist für Ockham die Kirche immer noch die idelale menschliche Gesellschaft, die *civitas Dei*, dergegenüber der weltliche Staat die Bedingungen der diesseitigen Existenz der Menschen pragmatisch zu verwalten hat. Das Modell der Konstitution ist jedoch beide Male dasselbe.

Die je individuell als Gläubige bestimmten Subjekte sind in ihrer Summe die existierende Kirche, die in ihren Organen alle realen Individuen nur vertritt. Weder der Papst noch das allgemeine Konzil haben die *plenitudo potestatis*, die den Souverän kennzeichnet. Souveränität kommt vielmehr der Kirche insgesamt zu. Im Gegensatz zu den Kurialisten meint dies bei Ockham nicht die hierarchische Spitze, auch nicht alle Kleriker, sondern die Totalität aller Gläubigen. Nur der Kirche, die vom Willen aller auf individuelle Weise Gläubigen gebildet wird, kann überhaupt Autorität zukommen. Die *ecclesia universalis* in diesem Sinne umschließt nicht nur die zu einem gegebenen Zeitpunkt lebenden getauften Individuen, sondern auch die Christen der Vergangenheit: »Aliquando (accipitur ecclesia) pro tota congregatione fidelium simul in hac vita mortali viventium. Aliquando vero nomen *Ecclesia* non solum totam congregationem catholicorum viventium, sed etiam fideles mortuos comprehendit. [...] Non est autem mirum, si maior est auctoritas totius quam partis. Et ideo maior est auctoritas totius congregationis comprehendentis evangelistas et omnes alios orthodoxos usque ad haec tempora quam unius vel etiam plurium personarum congregationis eiusdem.«[60]

Diese nur ideell, d. h. im Gedanken existierende *ecclesia universalis* ist mit der zu einem gegebenen Zeitpunkt realen nicht identisch. Als ein Teil repräsentiert sie nur das Ganze, dem die volle Souveränität zukäme. Allein die Gemeinschaft aller christlichen Seelen könnte bindend dogmatische und politische Entscheidungen treffen. Da diese Totalität, die ideelle Summe aller Teile, *pro statu isto* nicht weltlich-real ist, hat die jetzt und hier existierende Amtskirche nur den Auftrag zur Geschäftsführung zu erfüllen. Der Primat der autonomen Individualität führt bei Ockham zur Lehre von der kirchlichen Volkssouveränität. Die kirchliche Hierarchie, wenn es sie nach Ockhams Konzep-

60 L. c., S. 402.

tion überhaupt noch geben kann, ist nicht das neuplatonische Abbild der Himmelshierarchie und insofern den metaphysischen Seinsgraden analog, sondern die vom Kirchenvolk delegierte Gewalt. Die Einsetzung des Papstes, des Klerus und die Berufung der Konzilien ist das Recht des Gesamtsouveräns und der von ihm legitimierten Repräsentanten.

Aus dem im *Dialogus* breit ausgeführten Gedanken der Repräsentation folgt, daß die Instanzen, an welche die Gewalt teilweise delegiert ist, irren können: »Concilium generale repraesentat ecclesiam universalem et eius vices gerit; ita etiam Papa repraesentat ecclesiam universalem et eius vices gerit: quia est persona publica totius communitatis gerens vices et curam. Sed Papa, hoc non obstante, potest contra fidem errare, igitur et generale concilium, hoc non obstante, potest contra fidem errare.«[61]

Wenn der Aufbau der Kirche nicht mehr objektiv-metaphysisch bestimmt ist, dann kann sie nach pragmatischen Aspekten geordnet sein. Ein Konzil, das in Glaubensdingen entscheidet, soll nicht nur Kleriker, sondern auch Laien verschiedener Stände umfassen.[62] Da das Papsttum ja menschlichen Ursprungs ist, kann es auch mehrere legitime Päpste gleichzeitig geben, wenn die politische Situation es erfordert.[63]

Für den Ockhamschen Nominalismus ist es ein Problem, wie eine kollektive Einheit gesellschaftlicher Gebilde denkbar ist, die selbst zur Ausführung von Handlungen befähigt ist, denn real sind ja nur die Einzelnen, das Ganze nur die ideelle Summe ihrer Teile. Aus der Kritik der hypostasierten Allgemeinheit und ihrer politischen Repräsentation ergibt sich ein Kirchenbegriff, der dem Papst und der ihm nachgeordneten Hierarchie die *plenitudo potestatis* aufgrund göttliche Einsetzung nimmt. Der Papst ist nach Ockham vielmehr dem Konzil verantwortlich, und dieses stellt seinerseits nur die Repräsentation der *ecclesia universalis* dar. Die Kirche und ihre repräsentativen Organe müßten nach dieser Lehre rein fiktive Rechtspersonen sein. Innerhalb des gesetzten Systems von weltlichen Rechtssätzen läßt Ockham diese These auch uneingeschränkt gelten. Wie in der Erkenntnistheorie die Universalien die einzelnen Dinge supponieren, so vertreten im Kontext des gesetzten Rechtes die repräsentativen Personen und Körperschaften die unter ihnen befaßten empirischen Individuen.

61 L. c., S. 494.
62 Cf. etwa l. c., S. 603.
63 Cf. l. c., S. 818.

Aber die Ockhamsche Kirche ist durch das säkulare Recht nicht vollständig bestimmt. An dieser Stelle ist sie vielmehr über die bloße Summe empirischer Individuen hinausgehoben. Das ist in sich widersprüchlich und doch konsequent. Widersprüchlich, weil die Universalienkritik auch den gesellschaftlichen und politischen Institutionen ihre metaphysische Natur genommen hat. Von einem eigenständigen Gesamtsubjekt hätte also nicht mehr die Rede sein können. Konsequent ist die Einschränkung des Nominalismus in der Ekklesiologie deshalb, weil sie der Trennung von Glauben und Wissen entspricht, die ihrerseits aus der Wissenschaftstheorie folgt. Als *corpus* aller Christen, dem nur die Verwaltung von deren geistlichen Belangen zusteht, sollte das Oberhaupt der Kirche Christus, nicht aber der Papst oder das Konzil sein. Insofern war die Kirche, ganz traditionell, selbst ein Gegenstand des Glaubens, der nicht aus einem rein säkularen und pragmatisch geschlossenen Vertrag hervorgehen konnte, denn dies hätte den häretischen Gedanken impliziert, daß die Kirche überhaupt keine Einrichtung aus göttlichem Willen sei, ihr Bestehen vielmehr nur dem Willen ihrer Mitglieder verdankte.

Aber die Kirche entspringt nach Ockham dem Willen Gottes, der sich de *potentia ordinata* in der Spendung der Sakramente und in der Lehre Geltung verschafft. Die Gesamtkirche ist unter diesem Aspekt mehr als ein atomistisch verfaßtes virtuelles Subjekt. In diesem Punkt schränkt Ockham sogar die Universalienkritik ein:

»Quod enim est tantum repraesentatum et imaginarium est fantasticum non existens extra animam. Sed ecclesia non est quid fantasticum non existens extra animam; ergo non est persona repraesentata et imaginaria. Confirmatur: Quia aut ecclesia est extra animam, aut in anima tantum aut aliquid compositum ex ente in anima et ente extra animam. Si est in anima tantum, vel aliquid compositum ex ente in anima et ente extra animam, ergo nullum reale nec iurisdictionem realem potest habere: quae dicere de ecclesia est impium et blasphemum. Si autem ecclesia est extra animam, vel ergo est una res, vel plures; et sive sit una sive plures, non est persona repraesentata et imaginaria; quia nec una res est persona imaginaria, nec plura res sunt una persona repraesentata et imaginaria.«[64]

Die Argumentation, durch die eine reale Allgemeinheit als ein kollektives Subjekt begründet werden soll, vermag indessen ihre empiristischen Prämissen nicht zu überspielen. Die Kirche ist nur durch die existierenden einzelnen Mitglieder Realität. Damit aber ist der Prozeß der Konstitution des Allgemeinen noch nicht erklärt. Ohne

64 *Opus nonaginta dierum*, c. 62 (Op. pol., Bd. II, S. 568).

eine die Individuen übergreifende Bestimmung käme eine handlungsfähige kollektive Einheit nicht zustande. Deshalb ist die Ockhamsche Kirche durch den Glauben der einzelnen Subjekte konstituiert. Dies ist im Gegensatz zur Vernunft eine Bestimmung, die primär das Indiviuum allein betrifft, durch die es in seinem subjektiven Bewußtsein von allen anderen abgesondert auf Gott bezogen ist. Insofern ist der Glaube ein Prinzip der Egoität, aber dieses subjektive Bewußtsein der Besonderheit ist Wirkung des göttlichen Willens, der die Glaubensakte der Individuen zur *congregatio fidelium* zusammenführt. Diese Allgemeinheit ist aber deren primärem subjektivem Glaubensakt ganz äußerlich, denn sie kann ja nicht durch diskursives Denken verbindlich als notwendige Bestimmung dargetan werden. An dieser Stelle zeigt sich die Ambivalenz der nominalistischen Konzeption von Allgemeinheit. Von überlieferten herrschaftlichen Institutionen frei sollten die Menschen sich als religiöse Subjekte bestimmen, aber durch den Glaubensakt sind sie unter die abstrakte Allgemeinheit des göttlichen Willens subsumiert, der ja durch keine vorgegebene *lex aeterna* wesenhaft bestimmt ist.

Zudem versucht Ockham, die Allgemeinheit des kirchlichen Gesamtsubjekts *ex effectu* zu beweisen. Diese im Kern positivistische Argumentation läßt aber die sonst so insistent gestellte Frage nach der Legitimität des Untersuchten außer Betracht. Zum Beweis genügt es, daß die von der Kirche gesetzten Akte, wie die Juridiktion in bestimmten Fällen, darauf schließen lassen, daß die Kirche keine imaginäre Größe ist: »Illud quod potest habere actum realem non est persona imaginaria et repraesentata. Sed ecclesia est quaedam communitas quae multas potest actus reales exercere; habet ecclesia iurisdictionem magnam, per quam potest iudicare inter litigantes, res ecclesiae defensare et multa alia facere quae personae imaginariae et repraesentatae non possunt.«[65]

Die faktische Rechtsordnung und die nach ihr verfahrende Praxis werden hier wiederum zum Erkenntnisgrund ihrer Legitimität. Da diese aus der göttlichen *potestas absoluta* sich herleitet, läuft die Ockhamsche Argumentation auf die von seinen kurialistischen Gegnern schon vorgetragene Tautologie der Machtbegründung hinaus, denn der politische Wille der Gesamtkirche ist durch das Wort Gottes vorherbestimmt.

Zudem gehen Ockhams Reflexionen zur kirchlichen Machtbefugnis von dem Ausnahmezustand aus, daß ein Häretiker das Papstamt innehat, was Ockham zufolge der Fall Johannes' XXII. war. Die Pflicht

65 L. c., c. 6 (Op. pol., Bd. I, S. 372).

des souveränen Kirchenvolkes ist es danach, Widerstand gegen seine häretischen und verweltlichten Repräsentanten zu leisten. In dieser Weise durchbricht die *potentia dei absoluta* den gewohnten Normalzustand. Die Bildungselite und sogar die Inhaber der weltlichen Macht sind in diesem Falle dazu berufen, den Papst zu stürzen.[66]

In Ockhams Überlegungen zum Ausnahmezustand kündigt sich ein zentrales Motiv der frühen neuzeilichen Staatstheorie an: Was die Vergesellschaftung unter den Menschen ermöglicht, ist nicht eine aus der *essentia humana* folgende Soziabilität, sondern der Nutzenkalkül der Einzelnen oder eine aus einer solchen Berechnung folgende Zwangsgewalt, die den Interessenkonflikt der Einzelnen eindämmt. Der Ausnahmezustand war in den klassischen Naturrechtsentwürfen nur als ein defizienter Modus des Normalzustandes gedacht, wie die tyrannische Herrschaft, die ihrer Norm nicht entspricht und deshalb nach Thomas von Aquin gestürzt werden darf.

Für das mit Ockham beginnende moderne Bewußtsein verliert der Begriff im Grunde seinen Sinn, da die Norm selber kontingent ist. Der Widerstand des Kirchenvolkes gegen falsche Autorität ist durch den Glauben als Prinzip der Vergesellschaftung legitimiert. Da aber das verbindliche Lehramt der Kirche durch Ockhams laizistische Tendenzen durchbrochen ist, wird auch der Konflikt fanatischer Sekten eine Perspektive, die von der historischen Entwicklung eingeholt wurde: In Namen ihres unmittelbaren und als solchen unverrückbar evidenten Glaubens haben sich Individuen und partikuläre Gruppierungen wechselseitig hingeschlachtet. Der Inhalt des Glaubens wurde seit den nachreformatorischen Religionskriegen gänzlich austauschbar. An die Stelle der Religion trat die Nation und andere noch partikularere Kräfte, die den Individuen die gläubige Identifikation abverlangen. Dem Weltbürgerkrieg wurde der Boden bereitet durch die wahnhafte Verabsolutierung des Individuums, in die seine primäre Befreiung längst umgeschlagen ist.

Gegenüber den Reflexionen zur kirchlichen Form der Vergesell-

66 Cf. *Dialogus*, S. 736: »Contingit enim dupliciter Papam haereticum impugnare, scil. corporaliter contra ipsum, si oportuerit, materialia arma movendo: et spiritualiter tam ipsum quam errores eius auctoritatibus et rationibus convincendo. Primo modo potentia praediti temporali debent idonei reputari ad Papam haereticum impugnandum. Secundo modo in sacris literis eruditi sunt idonei, ut sint quasi duces et principales impugnatores Papae haeretica pravitate maculati.« Das Pathos der Reformation und der an sie anschließenden Religionskriege wird in dieser Passage schon antizipiert.

schaftung sind Ockhams Gedanken zum weltlichen Staat rhapsodische Variationen des bereits dargestellten Modells der Volkssouveränität. Der traditionellen augustinischen Lehre folgend, skizziert Ockham den weltlichen Staat als Folge des Sündenfalls. Der paradiesische Zustand der Menschheit ist durch die natürliche Gleichheit charakterisiert. In diesem Stadium folgen die menschlichen Verhältnisse vollends dem göttlichen Willen, der sich in einem ursprünglichen Naturrecht geäußert hat.[67] Hier genügen die menschlichen Handlungen von sich aus den Geboten, die deshalb auch noch gar nicht explizit sind, während sie nach dem Sündenfall erst ausdrücklich als Forderungen erscheinen, die gegen die Neigungen der gefallenen menschlichen Natur gerichtet sind. Traditionelle Motive der Interpretation des Mythos vom Sündenfall aufgreifend, setzt Ockham hier der ersten paradiesischen die zweite irdische Natur entgegen. Seine Betrachtungen zum weltlichen Staat gehen deshalb von einer zweiten, in ihrer Verfaßtheit gänzlich kontingenten Natur aus. Durch gesetzte Normen bestimmt entspricht diese gesellschaftliche Natur dem empirischen Zustand *post lapsum*. Unter dieser Voraussetzung kann Ockham noch vom Naturrecht reden, dem Begriff aber eine rechtspositivistische Bedeutung beilegen. Denn das Naturrecht »secundo modo« entspricht einer Ordnung, die Gott den Menschen auferlegt, um allen Folgen des Sündenfalls zu begegnen. Der menschliche Wille hat sich als *potentia ordinata* hieran zu halten, wenn er das Naturrecht »tertio modo«, die positiven Gesetze, beschließt.

Da das ursprüngliche Reich der Freiheit und der *communitas bonorum* mit der Vertreibung aus dem Paradies zerstört wurde, ist es legitim, einen Staat zu gründen, dessen Aufgabe vornehmlich repressiv ist. Die Menschen dieses empirisch gegebenen Zustandes sind nach Ockham zwar von Natur aus in einer neuen Weise frei, sich als unabhängige Individuen zueinander zu verhalten, aber ihr moralischer Fall hat doch zur Folge, daß Herrschaft notwendig ist. Die Einsicht der Menschen reicht nur so weit, sie zur Errichtung von Rechts- und Herrschaftsordnungen zu befähigen, in denen ihre Willkür durch eine Sanktionsgewalt eingeschränkt ist. In dieser Zwecksetzung stimmen alle Staatsformen überein, wenn auch einer Universalmonarchie – aus pragmatischen Erwägungen – der Vorzug zu geben ist.

Ockham skizziert in diesen Reflexionen in theologischen Begriffen den Prozeß der Säkularisierung des Rechts. Die Menschen haben das

67 Cf. *Dialogus*, S. 932. Hier findet sich die Unterscheidung von drei Arten des Naturrechts, die implizit drei Stadien der historischen Entwicklung der Menschheit entsprechen.

Recht und die Befähigung, nach dem Modell der Repräsentation und der Delegation vielfältig verschiedene positive Rechts- und Herrschaftssysteme zu bilden. Der laizistische Staat ist theologisch gerechtfertigt durch die Lehre vom Sündenfall. Als dessen Folge haben die Menschen ihren ersten Naturzustand verlassen und damit die problematische Freiheit der individuellen Eigentumsbildung gewonnen. Denn die paradiesische Gleichheit wird von der irdischen Ungleichheit abgelöst, die Ockham bereits ganz bürgerlich als Differenz des Eigentums bestimmt.

Aber das Eigentum wird erst dann legitim, wenn es, wie alles Recht, durch eine vorgängige vertragsähnliche Übereinkunft zur Institution erhoben ist: »Ius fori ius consuetudinis, large sumpto vocabulo ›consuetudinis‹, potuit appelari. Et de isto iure dicitur in decretis [...], ex quibus verbis datur intelligi quod *istud ius per pactionem seu ordinationem humanam constituitur:* post quam pactionem seu ordinationem consuetudine aut lege firmatam violari ad placitum cuiuscunque non debet.«[68]

Diese Überlegung ist das Grundelement einer Theorie des Herrschaftsvertrages, die bei Ockham freilich noch nicht ausgeführt ist. Der zentrale Gedanke dieses Theorietypus ist indessen schon zu erkennen: Die einzelnen, zunächst undeterminierten menschlichen Willenswesen schließen sich nach der Zerstörung der ursprünglichen *aequitas naturalis* zu einer nach Regeln verfaßten Gesellschaft zusammen und delegieren die Zwangsgewalt an einen Herrscher. Wie die Souveränität in geistlichen Dingen von der Gesamtheit der Gläubigen ausgeht, so *in temporalibus* von der Gesamtheit der Sterblichen. Anders als in der Lehre von der Kirche ist hier nicht eine repräsentative Staatsform intendiert, vielmehr dient der Gedanke der weltlichen Volksouveränität nur der Rechtfertigung von Herrschaft überhaupt. Dies ist nicht einfach eine Inkonsequenz Ockhams, der etwa hinter seinem Zeitgenossen Marsilius von Padua an Radikalität zurückstünde[69], sondern womöglich ein indirektes Zeug-

68 *Opus nonaginta dierum,* c. 65, l. c., S. 574. Hervorhebung von mir, G. M.

69 Im *Defensor pacis* des Marsilius wird in der Tat eine vollkommen säkulare Staatstheorie auf der Basis der Volkssouveränität vorgetragen. Der Verzicht auf eine theologische Begründung der weltlichen Herrschaft weist Marsilius als den ersten der Sache nach neuzeitlichen Theoretiker aus. Hier kam es indessen auf den immanenten Hervorgang der laizistischen Staatstheorie aus der Bewegung des theologischen Denkens an. Cf. die historisch akzentuierte Analyse diese Prozesses bei G. de Lagarde, *La naissance de l'esprit laïque*, Bd. III, *Le Defensor Pacis,* Löwen und Paris 1970.

nis dafür, daß er der Gesamtheit der profanen Eigentümer doch die Übereinstimmung in der Vernunft zutraute, die zur Bildung einer irdischen Zwecken dienenden Gesellschaftsordnung erforderlich ist, eine Vernunft, die aus dem bornierten Partikularinteresse freilich nicht entspringen kann.

Es enstpricht nämlich göttlichem Willen, daß es überhaupt Herrschaft gebe; eine Vernunftordnung, die auf die Zwangsgewalt verzichten kann, weil alle Individuen die Gesetze des Ganzen als vernünftige Bestimmung ihres eigenen Willens anerkennen, ist *pro statu isto* nicht denkbar, und über die menschliche Verfassung im Jenseits macht Ockham keine Aussagen. Durch die menschliche Übereinkunft, aus der die politischen Gewalten hervorgehen, macht sich göttliche Mitwirkung geltend: »Potestas Imperialis et universaliter omnis potestas licita et legitima est a Deo, non tamen a solo Deo. Sed quaedam est a Deo per homines, et talis est potestas Imperialis, quae est a Deo sed per hominem.«[70] Die Ausgestaltung des Herrschaftsverhältnisses ist dem Willen der Menschen überlassen. Es ist dies der Bereich des öffentlichen Rechts, das menschlichen Ursprungs ist: »Potestas transferendi Imperium uno modo vel alio modo principalissime est apud universalitatem mortalium, sicut et apud ipsam principalissime constituendi Imperium.«[71]

Durch den Willensakt, das Reich zu gründen, haben die Einzelnen ihrer Willkür eine Grenze gesetzt, und der Herrscher ist umgekehrt an die geltenden Gesetze gebunden: »Imperator lex animata vocatur.«[72] Dem Kaiser kommt also eine *potentia ordinata* zu, die aber nur mehr den negativen Zweck hat, das Böse zu unterdrücken, während als ein affirmatives Staatsziel nur die Sicherheit seiner Mitglieder genannt wird: »Sed leges sunt factae ut malorum audacia coerceatur, et boni tuto vivant. [...] Igitur ut coerceantur mali et boni quiete vivant, est regimen principum institutum.«[73]

70 *Dialogus,* S. 899. Ockhams Verteidigung des Römischen Reiches und des Kaisers ist zwar grundsätzlich und nicht etwa auf Ludwig den Bayern beschränkt, aber sie ist von Dantes Idee der Monarchie gänzlich verschieden. Die traditionelle metaphysische Wesensbestimmung des Menschen als *animal sociale,* die bei Dante zentral steht, ist Ockhams nominalistischem Bewußtsein zum Opfer gefallen. Das Kaiserreich hat deshalb bei ihm überhaupt keine sakrale Aufgabe mehr. Seine Universalität, die Ockham befürwortet, entspringt pragmatischen Gesichtspunkten und ist so kontingent wie jede irdische Ordnung.

71 L. c., S. 902.

72 L. c., S. 871.

73 L. c.

Damit wird, charakteristisch für die spätere Moderne, der Schutz des Einzelnen, der je allein aus sich selbst sein soll, was er ist, zur Funktion des Allgemeinen erhoben. Diese Konstellation kann schon bei Ockham nicht darüber hinwegtäuschen, daß beide Seiten dieses Verhältnisses ganz formale Bestimmungen sind. Gerade eine politische Theorie, deren höchstes Interesse dem Individuum gilt, kann nicht mehr sagen, was der Einzelne wirklich ist, denn sie müßte sein Wesen durch gesellschaftliche, also allgemeine Begriffe bestimmen. Die politischen Formationen andererseits reduzieren sich auf ihre Funktionalität: auf den Schutz der Rechtsperson und des Eigentums, durch das sie definiert ist. Der Zweck der Gesetze und der politischen Zwangsgewalt ist denn auch bei Ockham nicht zufällig repressiv, während das *bonum commune* ganz zurücktritt. Die Staatsgewalt soll eindämmen, was doch als einzig reale Wesensäußerung der Individuen das Leben der Gesellschaft ausmachen soll: die freie Äußerung des individuellen Willens. Was dem Nominalisten als alleinige Realität gilt, muß er vor sich selbst schützen.

Wie viele neuzeitliche Denker nach ihm hat Ockham in einheitlicher und möglichst unumschränkter Herrschaft das Mittel gesehen, das Chaos der individuellen Willkür aufzuheben. Alle Menschen, die überhaupt Kontakt untereinander haben können, sind nur unter einer einheitlichen Herrschaft zum Frieden zu zwingen. Dieses Verhältnis von Allgemeinem und Besonderem zu erzeugen, ist ihre politische Aktion: »Tum quia omnes, qui communicationem ad invicem habent, vel habere possunt, unam civitatem, unum collegium, unam gentem, unum regnum efficiunt vel efficere possunt, et nisi efficiunt unum, sunt nullatenus ordinati, sed monstruosum est corpus et civitas et collegium, et gens atque regnum, quod nulla vel plura capita habet. Quare omnes, qui communicationem habere possunt ad invicem in temporalibus, uni principi seculari debent esse subiecti, nec poterit aliter optime gubernari.«[74]

Die alte Idee des Kosmopolitismus ist in diesen Überlegungen aufgenommen und zugleich ganz verändert. Bei den Stoikern entspringt sie aus der Überzeugung von der substantiellen Weltvernunft, die von den Menschen in den politischen Verhältnissen mit Bewußtsein zu verwirklichen ist. Unter den nominalistischen Prämissen, die nur das Singuläre als substantiell und als Quelle allen Rechtes gelten lassen, ist der Weltstaat verabsolutierte Gewalt. Ockham hat gesehen, daß das Individuum nur in einem politischen System zu seinem Recht kommt, in dem die Gleichheit aller Menschen ohne Grenzen

74 L. c.

verwirklicht ist. Aber die politische Theorie Ockhams, die an dieser Stelle gegen ihren individualistischen Duktus die Perspektive einer innerweltlich versöhnten Menschheit freigibt, verstellt diese Idee im selben Zug des Gedankens. Denn das Verhältnis der Individuen ist durch Gewalt bestimmt, und die Gewalt, die sie an den Weltherrscher delegieren, soll den im Diesseits überhaupt möglichen Frieden erzwingen. Das Negative, der durch Gewalt bestimmte Unterschied unter den Individuen, soll sich pragmatisch selbst negieren, aber das Ergebnis dieser Negation der Negation ist nicht die Versöhnung von Allgemeinem und Besonderem, sondern der autoritäre Staat, die zum System erstarrte Willkür. In Ockhams Denken wie in der Realität, die er im Gedanken antizipierte, bleibt die Ambivalenz der Moderne ungelöst.

Bibliographie

1. Antike und mittelalterliche Quellen

ABAELARD, Petrus: Ouvrages inédits d'Abélard, ed. V. Cousin, Paris 1836
- Philosophische Schriften, ed. B. Geyer, Münster 1919 ff.
- Opera Petri Abaelardi, ed. V. Cousin, Paris 1849 (Reprint Hildesheim 1970)
- Dialectica, ed. M. L. de Rijk, 2. Aufl., Assen 1970
- Epistola 14, PL[1] 178
- Peter Abaelard's Ethics, ed. D. E. Luscombe, Oxford 1971
- Dialogus inter Philosophum, Judaeum et Christianum, ed. R. Thomas, Stuttgart 1970

ADELARD von Bath: De eodem et diverso, ed. H. Willner, Münster 1908

AEGIDIUS Romanus: De ecclesiatica potestate, ed. R. Scholz, Weimar 1929 (Reprint Aalen 1961)

ALVARUS Pelagius: De planctu Ecclesiae, Venedig 1500

ANSELM von Besate: Rhetorimachia, ed. K. Manitius, Weimar 1958

ANSELM von Canterbury: Opera omnia, ed. F. S. Schmitt, Rom 1940–1949

ANONYM: De generibus et speciebus in: Ouvrages inédits d'Abélard, ed. V. Cousin, Paris 1836

AUGUSTINUS, Aurelius: Opera omnia (Nachdruck der Mauriner Ausgabe) PL 32–47

AUGUSTINUS Triumphus von Ancona: Summa de potestate ecclesiatica, Rom 1584

ARISTOTELES: Opera, ed. Academia Regia Borussica, Berlin 1831 ff.

BACON, Roger: Opera hactenus inedita, ed. R. Steele, Oxford 1905–1941
- Fr. Rogeri Bacon opera quaedam hactenus inedita, ed. J. S. Brewer, London 1859
- The Opus maius of Bacon, ed. J. H. Bridges, Oxford 1879–1900

BERENGAR von Tours: De sacra coena, ed. A. F. und F. Th. Vischer, Berlin 1834 (Reprint Hildesheim 1975)

BERNHARD von Clairvaux: S. Bernardi Opera, ed. J. Leclerq u. a., Rom 1957 ff.

BOETHIUS, de Dacia: Opera, ed. G. Sajó u. a., Kopenhagen 1969 ff.

1 Die Abkürzung PL steht für: Migne, J. P. (Hrsg.), Patrologia, Series latina, Paris 1878–1890

BOETHIUS, Manlius Severinus: In Isagogen Porphyrii commenta, ed. S. Brandt, Wien und Leipzig 1906
– In Categorias Aristotelis libri quatuor, PL 64
BONAVENTURA: Doctoris Seraphici opera omnia, Quarcchi 1882–1902
DANTE Allighieri: Monarchia, ed. L. Bertalot, Friedrichsdorf 1918
– Poetische Werke (ital.-deutsch). ed. R. Zoozmann, Freiburg i. Br. 1908
DENZINGER, H.: Enchiridion Symbolorum, definitionum et declarationum de rebus fidei et morum, 13. Aufl., Freiburg i. Br. 1921
DUBOIS, Pierre: De recuperatione terrae sanctae, ed. Ch. V. Langlois, Paris 1891
DUNS Scotus, Johannes: Opera omnia, ed. P. Balić u. a. (Editio Vaticana), Rom 1950 ff.
– Opera omnia, ed. L. Wadding, Lyon 1639 (Reprint Hildesheim 1968 bis 1969)
GARLANDUS Compotista; Dialectica, ed. M. L. de Rijk, Assen 1959
GILBERTUS Porretanus: In librum de duabus naturis et una persona Christi, PL 64
GREGOR VIII., Papst: Registrum, PL 148
GREGORIUS Magnus: Libri morales, PL 76
HAURÉAU, B.: Notices et extraits de quelques manuscrits latins de la Bibliothèque Nationale, Bd. 5, Paris 1892
HUGO von St. Victor: Eruditio didascalica, PL 176
– De unitate corporis et spiritus, PL 177
– De vanitate mundi, ed. K. Müller, Bonn 1913
JOHANNES Quidort von Paris: De regia potestate et papali, ed. F. Bleienstein, Stuttgart 1969
JOHANNES von Salisbury: Metalogicus, PL 199
– Policraticus, PL 199
JOHANNES Scotus Eriugena: De divisione naturae, Oxford 1681 (Reprint Frankfurt a. M. 1964)
LANFRANC: De corpore et sanguine Domini, PL 150
LORRIS, G. und Jean de Meun, Le Roman de la Rose, ed. A. Lanly, Paris 1973–1976
MIRBT, C. (Hrsg.), Quellen zur Geschichte des Papsttums und des römischen Katholizismus, 3. Aufl., Tübingen 1911
OTTO von Freising: Gesta Friderici Imperatoris, ed. F. J. Schmale, Darmstadt 1974
PETRUS Aureoli: Commentariorum in primum librum Sententiarum, Rom 1591
PETRUS Damiani: De divina omnipotentia, PL 145
– Opusculum 11, PL 145
– Epistolae, PL 144
PETRUS Hispanus: Tractatus (Summulae logicales), ed. M. L. de Rijk, Assen 1972
PLATON: Opera, ed. J. Burnet, Oxford 1899 – 1905
PLOTIN: Schriften (griechisch-deutsch) ed. R. Harder, Hamburg 1956 ff.

PORPHYRIUS: Isagoge, übers. v. E. Rolfes, Hamburg 1958
PSEUDO-AUGUSTINUS: Categoriae decem ex Aristotele decerptae, PL 32
MANEGOLD von Lautenbach: Opusculum contra Wolfelmum Coloniensem, PL 155
SIGER von Brabant: Tractatus de necessitate et contingentia causarum, in: P. Mandonnet, Siger de Brabant et l'averroïsme latin au XIIIe siècle, 2. Aufl. Löwen 1908
– Tractatus de anima intellectiva, ed. B. Bazán, Löwen und Paris 1972
– Quaestiones in tertium de anima, ed. B. Bazán, Löwen und Paris 1972
THIERRY von Chartres: De sex dierum operibus, in: W. Jansen, Der Kommentar des Clarenbald von Arras zu Boethius De Trinitate, Breslau 1926
THOMAS von Aquin: Opera omnia, ed. L. Vivès, 2. Aufl., Paris 1889–1890
– Opera omnia iussu Leonis XIII. edita cura et studio Fratrum Praedicatorum, Rom 1882 ff.
WILHELM von Ockham: Opera theologica, ed. Institutum Franciscanum Universitatis S. Bonaventurae, St. Bonaventure, N. Y. 1967 ff.
– Opera philosophica, ed. Institutum Franciscanum Universitatis S. Bonaventurae, St. Bonaventure, N. Y. 1974 ff.
– Opera politica, ed. E. R. Bennet, u. a., Manchester 1940–1956
– Dialogus de potestate Papae et Imperatoris, ed. M. Goldast, Frankfurt a. M. 1614 (Reprint Turin 1959)

2. Sonstige Literatur

ADLHOCH, B. F., Roscelin und Sanct Anselm, in: Philosophisches Jahrbuch, Bd. 20 (1907)
ADORNO, Th. W., Stichworte. Kritische Modelle 2, Frankfurt a. M. 1969
ALFÉRI, P., Guillaume d'Ockham le singulier, Paris 1989
BARION, H., Artikel »Kirchenrecht« in: Die Religion in Geschichte und Gegenwart, Bd. 3, 3. Aufl., Tübingen 1959, col. 1501 ff.
BARON, R. Science et sagesse chez Hugues de St. Victor, Paris 1957
BAUDRY, L., Le philosophe et le politique dans Guillaume d'Ockham, in: Archives d'Histoire doctrinale et littéraire du Moyen Age, Bd. 14 (1939)
BECKMANN, J. P., Allmacht, Freiheit und Vernunft. Zur Frage der ›rationalen Konstanten‹ im Denken des Späten Mittelalters, in: J. P. Beckmann u. a. (Hrsg.), Philosophie im Mittelalter. Entwicklungslinien und Paradigmen, Hamburg 1987
BLOCH, M., La société féodale. La formation des liens de dépendence, Paris 1939
BLOMME, R., La doctrine du péché dans les écoles théologiques de la première moitié du XIIe siècle, Löwen 1958
BOEHNER, P., The Realistic Conceptualism of William Ockham, in: Traditio, Bd. 5 (1946)
BRAUN, J., Handbuch der katholischen Dogmatik, Freiburg i. Br. 1926
BULTHAUP, P., Zur gesellschaftlichen Funktion der Naturwissenschaften,

Frankfurt 1973
BULTOT, R. Une fausse querelle à propos de saint Pierre Damien, Löwen u. Paris 1956
– La doctrine du mépris du monde, Bd. 4, 1: Pierre Damien, Löwen und Paris 1963
CHARLES, E., Roger Bacon, sa vie et ses doctrines, Paris 1861
CLERVAL, A., Les écoles de Chartres au Moyen Age du Ve auXVI[e] siècles, Chartres 1895
CROCKETT, C., The Confusion over Nominalism, in: The Journal of Philosophy, Bd. 47 (1950)
DEMPF, A., Sacrum Imperium. Geschichts- und Staatsphilosophie des Mittelalters und der politischen Renaissance, 4. Aufl., Darmstadt 1973
DRESSLER, F., Petrus Damiani, Leben und Werk, Rom 1954
DUBY, G., L'économie rurale et la vie des campagnes dans l'occident médiéval, Paris 1962
– Die drei Ordnungen, Frankfurt a. M., 1981
– Guerriers et paysans, Paris 1973
DUPUY, P., Histoire du différend d'entre le pape Boniface VIII. et Philippe le Bel, Paris 1655
ENNEN, E., Frühgeschichte der europäischen Stadt, Bonn 1953
FALLER, F., Die rechtsphilosophische Begründung der gesellschaftlichen Autorität bei Thomas von Aquin, Heidelberg 1954
FAVIER, J., La guerre de cent ans, Paris 1980
FAWTIER, R., L'Europe occidentale de 1270 à 1380, Paris 1940
FLICHE, A., Etude sur la polémique religieuse à l'époque de Grégoire VII., Paris 1916
– La réforme grégorienne, Löwen und Paris 1925
FOURQUIN, G., Histoire économique de l'occident médiéval, Paris 1979
GANDILLAC, M. de et Jeauneau, E., Entretiens sur la Renaissance du 12e siècle, Paris 1962
– Œuvres choisies d'Abélard, Paris 1945
GILL, J., Artikel »Filioque«, in: Lexikon für Theologie und Kirche, Bd. 4, Freiburg i. Br. 1960, col. 126 ff.
GIMPEL, J., La révolution industrielle du Moyen Age, Paris 1975
GODDU, A., The Physics of William of Ockham, Leiden und Köln 1984
GONSETTE, J., Pierre Damien et la culture profane, Löwen und Paris 1956
GOTTSCHALD, M., Deutsche Namenkunde, 5. Aufl., Berlin 1982
GRABMANN, M., Die Geschichte der scholastischen Methode, Freiburg i. Br. 1909–1911
– Ein neuaufgefundenes Bruchstück der Apologia Abaelards, München 1930 (Sitzungsber. d. Bayer. Akademie d. Wissenschaften, Phil.-hist. Abt., Jahr. 1930, Heft 5)
GRAUS, F., Pest, Geißler, Judenmorde, Göttingen 1987
GRUNDMANN, H., Vom Ursprung der Universität im Mittelalter, Darmstadt 1976
HAAG, K. H., Kritik der neueren Ontologie, Stuttgart 1960
– Der Fortschritt in der Philosophie, Frankfurt a. M. 1983

HEERS, J., Le travail au Moyen Age, 2. Aufl., Paris 1968
HEGEL, G. W. F., Wissenschaft der Logik, Sämtliche Werke (Jubiläumsausgabe). ed. H. Glockner, Bd. 4, 3. Aufl., Stuttgart 1958
HISSETTE, R., Enquête sur les articles condamnés à Paris le 7 mars 1277, Löwen und Paris 1977
HOCHSTETTER, E., Studien zur Metaphysik und Erkenntnistheorie Wilhelms von Ockham, Berlin 1927
HONNEFELDER, L., Ens inquantum ens. Der Begriff des Seienden als solchen als Gegenstand der Metaphysik nach der Lehre des Johannes Duns Scotus, Münster 1979
IMBACH, R., Laien in der Philosophie des Mittelalters, Amsterdam 1989
JAFFÉ, P. Bibliotheca rerum Germanicarum, Berlin 1869
JEAUNEAU, E., Lectio philosophorum. Recherches sur l'Ecole de Chartres, Amsterdam 1973
JOLIVET, J., Arts du langage et théologie chez Abélard, Paris 1969
– Non-réalisme et platonisme chez Abélard, in: Abélard en son temps, Paris 1979
JUNGHANS, H., Ockham im Lichte der neueren Forschung, Berlin und Hamburg 1968
KANTOROWICZ, E., Kaiser Friedrich der Zweite, Berlin 1928
KLUXEN, W., Der Begriff der Wissenschaft, in: Weimar, P. (Hrsg.), Die Renaissance der Wissenschaften im 12. Jahrhundert, Zürich 1981
KULISCHER, J., Allgemeine Wirtschaftsgeschichte des Mittelalters und der Neuzeit, 4. Aufl., Darmstadt 1971
LAGARDE, G. de, La naissance de l'esprit laïque au déclin du moyen âge, 3. Aufl., Löwen und Paris 1956 ff.
LAGOR, J. L., La philosophie politique de saint Thomas d'Aquin, Paris 1948
LAVEDAN, P., Histoire de l'urbanisme, Paris 1959
LECLERQ, J., Saint Pierre Damien. Ermite et homme de l'Eglise, Rom 1960
LEFF, G., William of Ockham. The Metamorphosis of Scholastic Dicourse, Manchester 1975
LE GOFF, J., La civilisation de l'occident médiéval, Paris 1965
– Artikel »Arbeit V«. in: Theologische Realenzyklopädie, Bd. 3, Frankfurt, Berlin und Wien 1978, S. 626 ff.
– La naissance du purgatoire, Paris 1981
– Les intellectuels au Moyen Age, Paris 1980
– Ein anderes Mittelalter, Frankfurt, Berlin und Wien 1984
– Marchands et banquiers du Moyen Age, Paris 1980
– Quelle conscience l'université a-t-elle eu d'elle-même? In: Miscellanea Mediaevalia, Bd. 3, Berlin 1964
LESNE, H., Les écoles de la fin VIIIe à la fin du XIIe siècle, Lille 1940
LEY, H., Studie zur Geschichte des Materialismus im Mittelalter, Berlin 1957
LONGPRÉ, E., La philosophie du bienheureux Duns Scot, in: Etudes Franciscaines, Bd. 35 (1927)
LUCHAIRE, A., Innocent III. Les royautés du Saint-Siège, Paris 1908

LUSCOMBE, D. E., The School of Peter Abelard, Cambridge 1969
MAIER, A., Studien zur Naturphilosophie der Spätscholastik, Rom 1949 ff.
MAIHOFER, W. (Hrsg.), Naturrecht oder Rechtspositivismus, Darmstadt 1962
MICKWITZ, G., Die Kartellfunktion der Zünfte und ihre Bedeutung bei der Entstehung des Zunftwesens, Helsinki 1936
MIETHKE, J., Die Institutionen des späten Mittelalters, in: E. P. Bos und H. A. Koop (Hrsg.), Ockham and Ockhamists, Nijmwegen 1987
– Ockhams Weg zur Sozialphilosophie, Berlin 1969
MITTEIS, H., Lehnrecht und Stastsgewalt, Weimar 1933
MONTCLOS, J. de, Lanfranc et Bérenger, Löwen 1971
MÜLLER, F. W., Der Rosenroman und der lateinische Averroismus des 13. Jahrhunderts, Frankfurt a. M., 1947
PERROY, E., Le Moyen-Age. L'expansion de l'orient et la naissance de la civilisation occidentale, 4. Aufl., Paris 1965
PINBORG, J., Logik und Semantik im Mittelalter, Stuttgart 1972
PIQUET, J., Des banquiers au moyen âge: Les Templiers. Etude de leurs opérations financières, Paris 1939
PIRENNE, H., La civilisation occidentale au Moyen Age, 2. Aufl., Paris 1969
REINERS, J., Der aristotelische Realismus in der Frühscholastik, Aachen 1907
– Der Nominalismus in der Frühscholastik, Münster 1910
RENAN, E., Averroès et l'averroïsme latin, Paris 1852
ROLAND-GOSSELIN, M. D., Le ›De ente et essentia‹ de S. Thomas d'Aquin, Paris 1948
ROOS, H., Die modi significandi des Martinus de Dacia. Forschungen zur Sprachlogik im Mittelalter, Münster 1952
ROSENTHAL, E., Giotto in der mittelalterlichen Geistesentwicklung, Augsburg 1924
SAMARAN, Ch. und Mollat, G., La Fiscalité pontificale en France au XIVe siècle, Paris 1905
SCHALLER, H. M., Endzeiterwartung und Antichristvorstellungen in der Politik des 13. Jahrhunderts, in: G. Wolf (Hrsg.), Stupor mundi. Zur Geschichte Friedrichs II. von Hohenstaufen, 2. Aufl., Darmstadt 1982
SCHILLING, O., Die Staats- und Soziallehre des heiligen Thomas von Aquin, 2. Aufl., München 1930
SCHOLZ, R., Die Publizistik zur Zeit Philipps des Schönen und Bonifaz VIII., Stuttgart 1903
SCHÜPPERT, H., Kirchenkritik in der lateinischen Lyrik des 12. und 13. Jahrhunderts, München 1972
SIKES, J. G., Peter Abailard, Cambridge 1932
SÖHNGEN, G., Rectitudo bei Anselm von Canterbury als Oberbegriff von Wahrheit und Gerechtigkeit, in: H. Kohlenberger (Hrsg.), Sola ratione, Stuttgart 1970
STELLING-MICHAUD, S., L'université de Bologne et la pénétration du droit romain et canonique en Suisse, Genf 1955

STEENBERGHEN, F. van, La philosophie au XIIIe siècle, Löwen und Paris 1966
THOMAS, R., Der philosophisch-theologische Erkenntnisweg Peter Abaelards, Bonn 1966
ÜBERWEG-GEYER, Grundriß der Geschichte der Philosophie, Bd. 2, Berlin 1928
URBAN, C., Nominalismus im Naturrecht. Zur historischen Dialektik des Freiheitsverständnisses in der Theologie, Düsseldorf 1979
VILLIER, M. und Olphe-Gaillard, M., Artikel »Ascèse, Ascètisme«, in: Dictionnaire de spiritualité, Paris 1932
WETTER, F., Die Trinitätslehre des Johannes Duns Scotus, Münster 1967
WIELAND, G., Rationalisierung und Verinnerlichung, in: J. P. Beckmann (Hrsg.), Die Philosophie im Mittelalter, Hamburg 1987
WOLF, G., Universales Kaisertum und nationales Königtum, in: Miscellanea Mediaevalia, Bd. 5, Berlin 1968
ZIMMERMANN, A., Gedanken des Thomas von Aquin über defectus naturalis und timor, in: Miscellanea Mediaevalia, Bd. 19, Berlin 1987

Personenregister